"十三五"国家重点出版物出版规划项目

中国化马克思主义研究丛书

中国化马克思主义经济理论研究

李楠 等 著

武汉大学出版社

图书在版编目(CIP)数据

中国化马克思主义经济理论研究/李楠等著.—武汉：武汉大学出版社,2023.3

中国化马克思主义研究丛书

"十三五"国家重点出版物出版规划项目　国家出版基金项目　湖北省学术著作出版专项资金资助项目

ISBN 978-7-307-23678-3

Ⅰ.中…　Ⅱ.李…　Ⅲ.马克思主义政治经济学—研究—中国　Ⅳ.F0-0

中国国家版本馆 CIP 数据核字(2023)第 054294 号

责任编辑:韩秋婷　　　责任校对:李孟潇　　　版式设计:韩闻锦

出版发行：**武汉大学出版社**　　（430072　武昌　珞珈山）
　　　　　（电子邮箱：cbs22@whu.edu.cn　网址：www.wdp.com.cn）
印刷:湖北金港彩印有限公司
开本:720×1000　　1/16　　印张:26　　字数:391 千字　　插页:3
版次:2023 年 3 月第 1 版　　　2023 年 3 月第 1 次印刷
ISBN 978-7-307-23678-3　　　定价:90.00 元

目　录

第一章
中国化马克思主义经济理论的形成与发展

中国化马克思主义经济理论饱含珍贵的思想资源，吸收了相关经典理论以及经典论述，将中国革命、建设、改革以来的经济建设实践经验作为理论来源，运用若干方法，使之逐步上升为科学的理论，较为完整地展现了具有中国特色的马克思主义经济理论形成脉络、发展道路以及发展规律，其主要包括毛泽东经济思想、中国特色社会主义经济理论和习近平经济思想等内容，指导着全党全国各族人民不断开创中国化马克思主义经济实践新局面。

一、中国化马克思主义经济理论的理论基础

中国化马克思主义经济理论不是"无根"的理论，而是在马克思列宁主义指导下产生的科学理论；不是毫无用处的空想性理论，而是紧密结合中国具体实际并解决了中国革命、建设、改革中遇到的经济问题的科学理论；不是处于"闭关锁门状态"的封闭理论，而是借鉴国外一切优秀哲学社会科学文化成果的开放性理论。

（一）马克思、恩格斯关于未来社会经济理论的思想

马克思和恩格斯在深入了解资本主义社会现状之后，在深入把握英国古典政治经济学、德国古典哲学以及英法两国空想社会主义基础上，将创立的唯物辩证法运用于资本主义社会发展问题的研究，深刻地考察了关于人类社会发展的相关问题，进而揭示了科学社会主义的发展阶段，揭示了关于人类社会的普遍真理以及发展的客观规律，形成了一系列与社会主义建设、改革相关的经济理论，主要包括关于未来社会经济形态的思想、关于未来社会分配方式的思想、关于公有制的思想等几个方面。

1. 关于未来社会经济形态的思想

未来社会经济形态是社会所有制。当然，这一社会所有制是建立在高度发

达、充分发展的生产力基础之上的。社会所有制的含义在于社会劳动者作为社会生产的重要部分，在整个社会生产中占据主体地位。社会劳动者在社会生产过程中实现了与生产资料的直接结合，而不是间接结合。在这种情况下，劳动者在全社会可以普遍地、平等地、自由地支配生产资料。在这一意义上，也就是实现了劳动者个人所有制，那么所谓"自由人联合体"就已经成为新社会的表征。社会中的所有身处于如此联合体中的成员因此自然而然地拥有了自由而全面发展的可能，那么所有的人都将成为自由而全面发展的个体。这是人类社会的理想状态。在最初的《资本论》原文中，只是提出了"重新建立个人所有制"。在此之后，由马克思亲自修订的法文版《资本论》中，其将"劳动者"这一定语安置在了"个人所有制"之前。发挥限定作用的"劳动者"一词的被强调，正是将马克思主义特征反映于其所有制理论的每一个词、每一个字。某种程度上而言，这与马克思在国家问题上主张建立"劳动共和国"的观点有着很强烈的相似性。由此可见，马克思所说的重建个人所有制，是在"自由人联合体"中的个人所有制，其主体只能是马克思眼中自由而全面发展的个人。马克思重建个人所有制的问题必须围绕着社会所有制与自由人联合体展开讨论与研究。

"社会主义所有制"不仅是对于"资本主义私有制"的否定，同样也是对"劳动者个人所有制"的否定之否定，是存在一定的包容关系的，即社会主义（非共产主义的）的公有制一定程度上存在着劳动者的个人所有制，公有制和私有制是对立的，但公有制并不同所有制对立。这是讨论马克思、恩格斯关于公有制的论述时需要先明晰的。原始状态的"劳动者个人所有制"对社会的生产资源实行个人所有，并不断地向"资本主义私有制"的方向发展，最终形成了当今世界资本主义经济制度。作为"资本主义私有制"的掘墓人，"社会主义公有制"将前者彻底否定并取而代之后，真正稳定的"劳动者个人所有制"在"自然资源的全民公有制"的基础上稳定存在，如此形成的"生产资料劳动者个人股份所有制"也就失去了可能成为"资本主义私有制"的一切剥削属性，可以称之为一种"劳动者平等公有制"。① 马克思、

---

① 王珏、张松坡：《现代公有制与现代按劳分配制度分析》，北京：中共中央党校出版社2001年版，第45页。

恩格斯所论述的"公有制"绝不是根据字面意思理解的简单的"国家所有制"或者"集体所有制",这种"公有制"是"社会自然资源的全民公有制",从而形成以"利润劳资分享制"为核心的"按劳分配制度",消灭剥削,形成了全民平等的劳动合作。这种公有制是生产资本使用权的集中化,却并不是生产资本所有权的集中化,反而是社会生产资本所有权的分散化,同时必然伴随全体社会生产劳动者的公平收益和共同富裕。

恩格斯在《反杜林论》中指出:"靠剥夺剥夺者而建立起来的状态,被称为重新建立个人所有制,然而是在土地和靠劳动本身生产的生产资料的社会所有制的基础上重新建立。"①可以明确,马克思、恩格斯关于公有制的一致论述是,社会主义公有制必定是一种个人所有制,这种个人所有制是建立在社会主义公有制的基础上,即"生产资料的社会公有制"基础上的"消费品个人所有制",这同单纯的"生产资料个人所有制"有着根本性质的区别。往后的社会主义建设实践也可以证明,在社会主义社会中实行生产资料公有制和消费品个人所有制的统一,才能既消灭资本主义的剥削又保证实现最终的共同富裕。马克思、恩格斯畅想的社会主义公有制下,生产资本的所有权广泛地分散在劳动者手中,体现出按劳分配的特点,而生产资本的使用权却高度集中于社会化的大生产,体现出协作化的特点。最终这种社会主义公有制,也就是公有制发展的第一个阶段,实现"生产资料所有权个人所有制"和"生产资料使用权集体公共占有制"的统一。这种第一阶段的公有制排除了剥削,将不可能根据个人和集团的某些垄断地位来进行占有。在公有制发展的第二个阶段,即更高级的共产主义经济形态。此时,劳动已经不作为一种谋生手段,占有的条件和标准有了不同的变化,个人和他的社会地位之间的个别差别也不再是经济占有方面的基本差别。共产主义社会在建设经济制度中将生产资料公有制看作普遍推行的所有制,与此同时,在社会主义社会中消灭与废除生产资料私有制。生产资料公有制的鲜明特点在于社会主义社会对于生产

---

① 《马克思恩格斯选集》(第 3 卷),北京:人民出版社 2012 年版,第 509 页。

资料的直接占有，相应地，在共产主义社会中则是按照社会成员的实际需求来对社会所拥有的自然资源加以分配，并有组织地对社会生产进行管理。在这种方法下，个人劳动从属于社会劳动的一部分，相应地，个人利益也与社会利益直接相关。个人劳动与社会劳动、个人利益与社会利益在社会主义社会中实现了密切结合和有机统一。

2. 关于未来社会分配方式的思想

在马克思、恩格斯的论述中，按劳分配作为社会主义第一阶段的分配原则，主要基于如下的理由：第一，只有活劳动才是使人生成的历史实践，因而人们凭借自己的劳动所得到的财产才是正义的。第二，以资本形式存在的物化劳动对活劳动的支配是不合理的。第一点是基于马克思的劳动价值论，劳动创造价值，劳动者也只有通过自己的活劳动创造的价值所收获的成果才是没有"剥削"在里面的，是正义的。那么与劳动者的活劳动相对，关于"物化劳动"是否应该取得收益，马克思认为，只有活劳动创造的价值才是值得的，按劳分配的原则就否认了不劳而获，也就是通过"物化劳动"来获取收益。因此，"物化劳动"获得收益的方式——支配活劳动是不正义的、不合理的。马克思、恩格斯关于按劳分配的论述中，共产主义第一阶段在消灭资本主义生产资料私有制的同时也就消灭了资本家利用生产资料所有权获得收入的条件，劳动成为分配个人消费品的唯一依据。[1]

只有在共产主义社会高级阶段，"在劳动已经不仅仅是谋生的手段，而且本身成了生活的第一需要之后；在随着个人的全面发展，他们的生产力也增长起来，而集体财富的一切源泉都充分涌流之后，——只有在那个时候，才能完全超出资产阶级权利的狭隘眼界，社会才能在自己的旗帜上写上：各尽所能，按需分配！"[2]

---

① 《马克思分配正义思想研究》，北京：中国社会科学出版社 2016 年版，第 91 页。
② 《马克思恩格斯选集》(第 3 卷)，北京：人民出版社 2012 年版，第 365 页。

从总体上来看，马克思、恩格斯关于未来社会分配方式的设想可以概括为适用于"共产主义社会第一阶段"的分配原则的同时也适用于"共产主义社会高级阶段"的"各尽所能，按需分配"原则两种情况。

(二)列宁社会主义经济理论

19世纪末，自由资本主义逐渐向着垄断资本主义过渡，并最终走向帝国主义时代。帝国主义对世界上的众多国家进行残酷的剥削之际，列宁作为马克思主义者走向了世界政治舞台的最中央。他以无比的勇气和智慧毅然接受了这些挑战，成为马克思主义最忠实最坚决的捍卫者。列宁清醒地认识到时代赋予俄国无产阶级的任务，就是摧毁沙皇专制制度这个当时最强大的反动势力堡垒。他运用马克思主义基本原理，创造性地分析和解决了俄国具体实际问题，写下了大量闪烁着智慧光芒的论著，捍卫和发展了马克思主义，把马克思主义推进到了崭新的阶段。

1. 以马克思主义为指导探索本国经济发展道路

马克思主义认为，资本主义必然灭亡，社会主义必然胜利，这是人类社会发展的一般规律。但是，事物本身的复杂多样性，使得规律的表现形式也具有多样性。"在人类从今天的帝国主义走向明天的社会主义革命的道路上，同样会表现出这种多样性。一切民族都将走向社会主义，这是不可避免的，但是一切民族的走法却不会完全一样，在民主的这种或那种形式上，在无产阶级专政的这种或那种形态上，在社会生活各方面的社会主义改造的速度上，每个民族都会有自己的特点。"[1]

对于列宁来说，苏联社会主义建设的政治前提在于俄国通过革命建立了无产阶级领导的政权，但要完全组织起社会主义社会，进行更有效率的经济建设，则

---

[1] 《列宁全集》(第28卷)，北京：人民出版社2017年版，第163页。

远非易事。对此，列宁提出俄国必须利用当时国际关系上出现的"均势"机遇，加强同资本主义国家的经济联系，展开经济建设。经济建设是一个关系苏维埃政权前途命运的大问题，"现在我们是通过我们的经济政策对国际革命施加我们的主要影响。……我们一旦完成了这个任务，那我们在国际范围内肯定就取得最终的胜利。因此，经济建设问题对于我们有非常重大的意义。"①

2. 战时共产主义政策与向社会主义过渡的经济理论

列宁过渡时期经济理论的形成经历了一个曲折的过程。早在十月革命前夕，在《四月提纲》《大难临头，出路何在?》等著作中，列宁就提出了一些重要经济措施以促进苏联由民主革命向社会主义革命转化。十月革命胜利前夕，列宁再次肯定了马克思提出的关于过渡时期的理论。1918 年 3 月在俄共(布)第七次代表大会上作《关于战争与和平的报告》时，列宁在理论上阐明了在资本主义与社会主义之间必然会存在一个相当长的过渡时期的原因。1918 年 4 月，列宁发表《苏维埃政权的当前任务》，指出俄国面临着新的历史任务即"组织任务"，这实际上就是列宁当时设想的从资本主义关系过渡到社会主义关系的具体步骤。1918 年 5 月，列宁发表《论"左派"幼稚性和小资产阶级性》，论述了从资本主义向社会主义过渡的经济特点和当时俄国社会经济结构的多元化。1918 年夏，在外国帝国主义武装干涉和国内战争爆发的大背景下，列宁提出了"一切为了前线"的号召，实行了国际社会主义建设中著名的"战时共产主义"政策。列宁将"战时共产主义"政策看作是向社会主义"直接过渡"的政策。1919 年 10 月，列宁发表了《无产阶级专政时代的经济和政治》，其在文中精辟分析了俄国在过渡时期的经济结构、阶级结构，论证了无产阶级专政时代的经济和政治任务。列宁在领导俄国人民向社会主义过渡的艰难探索过程中，形成了一系列重要的有关过渡时期经济理论的思想。

---

① 《列宁全集》(第 28 卷)，北京：人民出版社 2017 年版，第 342 页。

第一，列宁认为，过渡时期是一个相对独立的发展阶段，有其自身的特征。过渡时期同时含有资本主义和社会主义两种不同的经济结构的显著特征，各国在社会主义过渡时期的社会经济基本成分中至少有共产主义经济、资本主义经济和小商品经济三种不同性质的经济成分。与此相对应，在各国社会主义过渡时期必然会存在资产阶级、小资产阶级和无产阶级。过渡时期不是一个独立的社会形态，而是介于资本主义和社会主义之间的"过渡社会形态"。

第二，列宁还论述了关于过渡时期的经济结构。在《论"左派"幼稚性和小资产阶级性》中，列宁基本上奠定了社会主义过渡时期经济结构分析的基础。他认为，俄国虽然通过十月社会主义革命使土地、生产工具和银行实现了国有化，但就整个国民经济而言，小农经济仍占优势，从而具有过渡性的特征。随后，列宁列举并分析了俄国当时存在的五种经济成分：宗法式的，即在很大程度上是自然的农民经济；小商品生产(这里包括大多数出卖粮食的农民)；私人资本主义；国家资本主义；社会主义。他在考察了这五种经济成分之间的关系之后指出，在五种经济成分中，"在这里不是国家资本主义同社会主义作斗争，而是小资产阶级和私人资本主义合在一起，既同国家资本主义又同社会主义作斗争。小资产阶级抗拒任何的国家干涉、计算与监督，不论它是国家资本主义的还是国家社会主义的"。① 因此，列宁认为，"国家资本主义较之我们苏维埃共和国目前的情况，将是一个进步"，② 因为在"国家资本主义中没有任何使苏维埃政权感到可怕的东西"。③

3. 新经济政策与社会主义商品经济理论

劳动价值论在马克思主义政治经济学中具有基础性的作用。在马克思主义政治经济学发展的过程中，以列宁为代表的无产阶级先锋根据实事求是、具体问题具体分析等方法，结合当时时代状况，不断用新鲜的理论与实践丰富发展马克思

---

① 《列宁专题文集　论社会主义》，北京：人民出版社 2009 年版，第 119~120 页。
② 《列宁专题文集　论社会主义》，北京：人民出版社 2009 年版，第 118 页。
③ 《列宁专题文集　论社会主义》，北京：人民出版社 2009 年版，第 122 页。

主义政治经济学。

马克思主义政治经济学拥有与时俱进的理论品质，而新经济政策是列宁根据马克思主义基本原理，结合当时苏维埃俄国的具体国情，运用实事求是、与时俱进的方式所作出的独创性的社会主义经济建设理论。在此之前，战时共产主义政策虽然在一定程度上解决了苏维埃俄国由于常年的国内外战争、落后的工业基础和混乱的农业生产而导致的国家危机，为战争的胜利、国家政权的稳固打下了坚实的基础，但过于失衡的政策导向使得国家的农民苦不堪言。列宁作为时任苏维埃俄国最高领导人清晰、敏锐地洞察到这一点，从当时的历史条件和现实出发，采取了新经济政策。

一方面，粮食税取代了余粮收集制，是新经济政策中做出的重大调整。列宁在《论粮食税》中指出："在我国，工人即无产者没有在人口中占绝对优势，没有很高的组织程度，胜利的因素是最贫苦的、迅速破产的农民对无产者的支持。"[1]农民作为无产阶级可靠的同盟，在战时共产主义经济政策的背景下，其生活水平不断降低，由此农民的生产积极性也始终得不到提高。列宁正是意识到农民与农业生产对于国家发展的重要性，在新经济政策中提出给予农民更多的生产与买卖的自由，以此在一定程度上改善农民的生活环境以及生产的积极性。列宁认为，"这种改变就是用粮食税来代替余粮收集制，而这种代替是与交完粮食税之后的贸易自由，至少是与地方经济流转中的贸易自由相联系的"[2]。余粮收集制的取消在客观上打通了农民与工人阶级之间商品交换的通道，以此促进了乡村与城市之间的经济交流，进而促进了国家经济的发展。

另一方面，新经济政策放宽对于货币与市场的使用。战时共产主义经济政策禁止私人生活必需品的交易、取消货币的使用、实行配给制等政策严重地阻碍了商品之间的流通，人与人之间的劳动无法得到有效的交换。新经济政策的实施客观上使得僵化的商品交换关系进一步发展。列宁对新经济政策的实施相当重视：

---

① 《列宁选集》(第4卷)，北京：人民出版社2012年版，第497页。
② 《列宁选集》(第4卷)，北京：人民出版社2012年版，第501页。

"我们应当认识到，我们还退得不够，必须再退，再后退，从国家资本主义转到由国家调解买卖和货币流通"，① 以货币为媒介调动国家商品交换的活跃，并推动城乡经济的发展，盘活国家经济大局。新经济政策实际上是列宁从马克思主义政治经济学的角度出发，坚持实事求是，坚持求真务实，立足于当时苏维埃俄国的实际情况，将规律的客观性与意识的能动性相结合起来而产生的杰出经济政策。这种政策反映了苏维埃俄国在建国初期，面对积贫积弱的国内经济状况，在社会主义建设过程中对于商品经济与市场经济的探索与尝试。新经济政策的理论与实践也在客观上丰富与发展了马克思主义政治经济学的内容、拓宽了马克思主义发展道路。

（三）斯大林关于社会主义社会经济理论的论述

在列宁逝世后，斯大林接过了苏联社会主义建设的红旗。其在领导苏联建设社会主义过程中所发展起来的经济理论丰富和发展了马克思主义政治经济学说。斯大林的社会主义经济理论主要包括：关于两种所有制的理论、关于商品经济的理论和关于对外经济关系的理论。我们认识斯大林的社会主义经济理论要采取全面客观的态度。斯大林在社会主义建设中不断探索和创新发展起来的经济理论，仍值得借鉴和学习。

1. 关于两种所有制理论的论述

生产资料公有制在斯大林时期的苏联占据着绝对的统治地位。斯大林在《苏联社会主义经济问题》中指出，苏联存在着社会主义生产的两种基本形式：一种是国家的即全民的形式，另一种是集体农庄形式。② 具体来说，社会主义制度下有两种公有制形式：国家所有制和合作社集体农庄所有制。与此相对应的有两种社会主义经济形式：国营经济和合作社（集体）经济。他论证了集体农庄形式的

---

① 《列宁选集》(第4卷)，北京：人民出版社2012年版，第605页。
② 《斯大林文集》，北京：人民出版社1985年版，第608页。

社会主义所有制性质，即在集体农庄，实现了在国家的土地上基本生产资料的公有，即拖拉机和各种主要的农业机器都归全民所有。

集体所有制与全民所有制之间的差别在于，集体农庄的本质是合作企业，其按照劳动日将庄员劳动的收入分配给庄员，并且集体农庄自身拥有年年更换的用于生产的种子。这种所有制的优点在于可以完全自由地支配自己的财产，除了建筑物和集体农庄庄员的个人副业外，这些财产就是集体农庄生产的产品。这些产品通过商品流通系统进入市场。所以，在斯大林看来，如果将集体农庄生产的剩余品从商品流通中排除出去，纳入国家工业和集体农庄之间的产品交换系统，就可能把集体农庄所有制提高到全民所有制的水平。

2. 关于商品经济理论的论述

斯大林在商品经济理论方面的主要贡献有：提出商品生产并不是资本主义所独有、在两种公有制并存情况下论证商品的生产与流通环节的存在以及指出价值规律在社会主义商品生产条件下发挥作用等。对于社会主义商品生产与不同所有制之间的关系，斯大林认为，商品形式的交换必然会存在于全民和集体农庄两种所有制基本形式的共存中，因此商品生产的存在也是必然。

斯大林认为，商品生产的历史比资本主义更加悠久，它服务过奴隶社会和封建社会，但是却没有引导奴隶社会和封建社会到资本主义，由此归纳出一个结论：由于社会主义社会建立了生产资料公有制，消灭了雇佣劳动和剥削制度，所以商品生产不会漫无限制和包罗一切地扩展着，因此商品生产在一定时期内可以为社会主义服务。[1] 他指出，因为集体农庄的产品属于集体农庄的财产，这种产品只有以商品的形式才能换得集体农庄所需要的商品。[2] 所以他认为，商品生产和商品流通对于社会主义国家来说是必要的。[3] 他要求把商品生产和商品流通作

---

[1] 《斯大林文集》，北京：人民出版社1985年版，第609页。
[2] 《斯大林文集》，北京：人民出版社1985年版，第608页。
[3] 《斯大林文集》，北京：人民出版社1985年版，第609页。

为国民经济体系中必要的和极其有用的因素保存着。① 他还指出："我国的商品生产并不是通常的商品生产，而是特种的商品生产，是没有资本家参加的商品生产，它所涉及的基本上都是联合起来的社会主义生产者(国家、集体农庄、合作社)所生产的商品。它的活动范围只限于个人消费品。显然，它决不能发展为资本主义生产，而且它注定了要和它的'货币经济'一起共同为发展和巩固社会主义生产的事业服务。"②

另外，斯大林还认为"在有商品和商品生产的地方，是不能没有价值规律的"。③ 他认为价值规律作为"调节者"在社会主义社会中能够起到一定的作用，其作用范围主要包括商品流通、商品交换以及商品生产。④ 他还认为，企业在生产时要考虑到价值规律对商品生产的影响，这在一定程度上可以教育经济工作人员来合理地进行生产，并使他遵守纪律。⑤ 所以斯大林高度评价价值规律的作用："这是很好的实践的学校，它促使我们的经济工作干部迅速成长，迅速变成现今发展阶段上社会主义生产的真正领导者。"⑥

3. 关于社会主义基本经济规律的论述

在《苏联社会主义经济问题》中，斯大林集中阐述了社会主义基本经济规律的主要理论问题。

首先，斯大林对社会主义基本经济规律的特点和要求进行了系统而科学的阐明。其认为，社会主义基本经济规律的主要特点和要求可以大致表述如下："用在高度技术基础上使社会主义生产不断增长和不断完善的办法，来保证最大限度地满足整个社会经常增长的物质和文化的需要。"⑦文中强调了社会主义生产发展

---

① 《斯大林文集》，北京：人民出版社1985年版，第609页。
② 《斯大林文集》，北京：人民出版社1985年版，第609页。
③ 《斯大林文集》，北京：人民出版社1985年版，第611页。
④ 《斯大林文集》，北京：人民出版社1985年版，第611页。
⑤ 《斯大林文集》，北京：人民出版社1985年版，第611~612页。
⑥ 《斯大林文集》，北京：人民出版社1985年版，第612页。
⑦ 《斯大林文集》，北京：人民出版社1985年版，第628页。

的一切主要方面和主要过程都是以社会主义基本经济规律为决定意义而运行的，社会主义基本经济规律就是决定社会主义生产的本质的东西，它对其他经济规律起主导、制约和决定作用。

其次，斯大林在书中将社会主义基本经济规律与资本主义基本经济规律进行对比，并将两者的区别进行了详细的论述。社会主义基本经济规律是让人民群众获取最高限度的物质文化，不断创新社会生产所需求的高新技术，让社会生产持续发展。而资本主义基本经济规律是让资本家获取最高限度的利润，不断经历高涨和危机以至往复循环的阶段，让社会生产处于周期性间歇状态。

最后，在提出并论证国民经济发展过程中需要有计划按比例发展规律的基础上，斯大林论述了国民经济有计划按比例发展规律与社会主义基本经济规律两者之间的联系。在资本主义制度下竞争和生产无政府状态规律的抗争过程中，国民经济有计划按比例发展规律应运而生。而在社会主义制度下，由于社会主义公有制将资本主义的基本矛盾消灭，国民经济各部门和企业逐渐联结成根本利益一致的有机整体，因此，在社会主义建设过程中实行国民经济有计划按比例发展规律是一种必然。斯大林谈道："至于说到国民经济的计划化，那么，它只有遵守下列两个条件，才能得到良好的结果，这两个条件是：（一）它正确地反映国民经济有计划发展的规律的要求；（二）它在各方面适应社会主义基本经济规律的要求。"①针对苏联经济学界长期把国家经济计划等同于经济规律的看法，该书认为不能把两者混为一谈，只有研究了国民经济有计划按比例发展规律，学会熟练地运用这个规律，才能制定符合实际的国家经济计划。

二、毛泽东经济思想

毛泽东经济思想是毛泽东思想的重要组成部分，这些思想在坚持马克思主义

---

① 《斯大林文集》，北京：人民出版社1985年版，第629页。

经济理论的基础上，在革命和建设时期的伟大实践中创造性地回答了一系列经济问题，提出了一系列原创性观点，是马克思主义经济理论中国化的第一个理论成果，为后来的中国特色社会主义经济建设提供了丰富经验。

（一）毛泽东经济思想的形成与发展

毛泽东经济思想在指导新民主主义革命时期的根据地和解放区经济建设、新民主主义经济建设和社会主义经济建设中取得了巨大的成就。了解毛泽东经济思想的形成条件以及发展过程，有利于我们加深对毛泽东经济思想主要内容和历史地位的理解。

1. 毛泽东经济思想的形成条件

马克思主义经济理论在中国的传播，是从 20 世纪初伴随马克思主义的传播开始的。20 世纪初，一些中国人开始翻译马克思主义经济理论著作。十月革命胜利后和五四运动时期，一批初步确立共产主义信念的知识分子和马克思主义理论家、翻译家涌现出来，他们研究和传播了一些马克思主义经济理论著作。中国共产党成立后，一些党内先进分子开始有计划、有组织地传播马克思主义经济理论，一批无产阶级革命家还通过演说、讲课等形式来宣传马克思主义经济理论。马克思主义经济理论相关内容在中国的早期传播为毛泽东经济思想的形成奠定了理论基础。

如何在一穷二白的旧中国发展生产力，进行社会主义革命和建设，是以毛泽东为代表的中国共产党人从新民主主义革命时期就开始苦苦思索的问题。旧中国极为落后贫瘠的生产力，呼唤科学的中国化马克思主义经济思想来解决中国经济问题，这是毛泽东经济思想形成的时代背景。以毛泽东同志为主要代表的中国共产党人长期扎根基层而艰苦卓绝的革命斗争经历，以及后来领导人民在过渡和建设时期的成功实践，是毛泽东经济思想形成和发展的实践基础。

2. 毛泽东经济思想的发展过程

毛泽东经济思想是在革命和建设时期的实践过程中，在总结党领导人民进行经济建设的正反两方面历史经验的基础上，逐步形成和发展起来的，是指引中国从半殖民地半封建经济转变为新民主主义经济，进而转变为社会主义经济的科学经济思想。

(1)新民主主义革命时期。

新民主主义革命时期，以毛泽东同志为主要代表的中国共产党人在艰苦卓绝的革命斗争实践中，将马克思主义经济理论基本原理与中国实际相结合，创造性地回答了经济建设如何服务于革命目标等重要问题。毛泽东在 20 多年的革命实践中，先后发表了《中国社会各阶级的分析》《中国的红色政权为什么能够存在?》《中国革命和中国共产党》《新民主主义论》《抗日时期的经济问题和财政问题》《组织起来》《论联合政府》《目前形势和我们的任务》《论人民民主专政》等著作。这些著作科学分析了中国社会经济的性质及其特点，提出了在革命根据地和解放区发展经济的相关思想，阐明了新民主主义革命的经济纲领，构成了新民主主义经济理论的主要内容。

(2)社会主义过渡时期。

新中国成立后，以毛泽东同志为主要代表的中国共产党人在马克思主义经济理论基本原理的指导下，创造性地提出了向社会主义过渡的一系列思想，形成了从新民主主义向社会主义过渡的经济理论。这一理论的主要内容集中体现在以下论著中：《关于国家资本主义》《改造资本主义工商业的必经之路》《关于农业互助合作的两次谈话》《关于农业合作化问题》《〈中国农村的社会主义高潮〉的序言》《〈中国农村的社会主义高潮〉的按语》《加快手工业的社会主义改造》等。过渡理论指导新中国迅速恢复了遭到严重破坏的国民经济，成功实现了从新民主主义向社会主义的转变，建立起社会主义基本制度，为后来的大规模社会主义经济建设打下坚实基础。

（3）探索建设社会主义时期。

社会主义制度建立后，如何在经济文化相对落后的国家开展大规模的社会主义经济建设，成为以毛泽东同志为主要代表的中国共产党人重点思考的问题。然而，马克思主义经济学教科书并没有现成的答案，苏联和东欧社会主义国家的经济建设也暴露出一些弊端。为此，毛泽东提出要把马克思列宁主义基本原理同中国实际进行"第二次结合"，"走自己的路"。《论十大关系》《关于正确处理人民内部矛盾的问题》等论著是这一时期的代表作。这一时期，毛泽东还作出了一系列重要论述、讲话和指示批示，制定了一系列经济政策，围绕协调处理社会主义国家经济建设中的若干关系、社会主义社会矛盾、社会主义商品生产与价值规律等重大问题作出回答，推动了社会主义经济建设，丰富了马克思主义经济理论的宝库。

（二）毛泽东经济思想的主要内容

无论是新民主主义革命时期，还是新中国成立后，毛泽东都始终致力于建设一个经济繁荣的新中国，并将马克思主义经济理论与革命和建设时期的经济实践相结合，形成了丰富的经济思想，主要概括为：新民主主义革命经济理论、向社会主义过渡的经济思想、社会主义建设时期的经济理论等。

1. 新民主主义革命经济理论

（1）根据地和解放区经济建设的思想。

新民主主义革命时期，如何使根据地和解放区的经济建设更好地为革命斗争服务，是以毛泽东为代表的中国共产党人思考的首要问题。该方面的经济思想主要包括以下内容。

关于根据地经济建设和革命战争辩证关系的思想。20世纪30年代初，面对根据地要不要进行经济建设的争论，毛泽东于1932年撰写了《必须注意经济工作》，其中批评了只重视经济建设或革命斗争的"一点论"错误思想，辩证分析了革命战争与经济建设的关系，指出："革命战争的激烈发展，要求我们动员群众，立即开展经济战线上的运动，进行各项必要和可能的经济建设事业。"①在革命战争中，进行必要的、可能的经济建设，是非常重要的。但是，在这一时期，把经济建设当成中心任务，也是错误的。经济建设不只是经济问题，也是政治问题。在革命战争时代，这种经济建设必须在服务于革命战争的同时，也承担着支援革命战争的重要任务。因为"只有在国内战争完结之后，才说得上也才应该说以经济建设为一切任务的中心"。②

关于根据地经济建设的中心任务的思想。1934年，毛泽东在《我们的经济政策》中提出，根据地要"进行一切可能的和必须的经济方面的建设，集中经济力量供给战争，同时极力改良民众的生活，巩固工农在经济方面的联合，保证无产阶级对于农民的领导，争取国营经济对私人经济的领导，造成将来发展到社会主义的前提"。③革命根据地的经济建设，是为了保证革命战争的物质需要和改善人民生活，为了达到这一目的，根据地经济建设的中心与重心应当是以发展工农业生产和对外贸易为重点，最主要的是将农业生产放在第一位。

关于根据地和解放区经济工作和财政工作方针的思想。在井冈山时期，毛泽东就认识到"有足够给养的经济力"④是革命根据地存在和发展的重要条件，当时就已开始进行一些必要和可能的经济建设。在土地革命时期，毛泽东指出："从发展国民经济来增加我们财政的收入，是我们财政政策的基本方针。"⑤关于财政的支出，应该根据节省的方针，"节省每一个铜板为着战争和革命事业，为着我们的经济建设，是我们会计制度的原则"，⑥"贪污和浪费是极大的犯罪"。⑦

（2）新民主主义革命的经济纲领思想。

在《新民主主义论》和《论联合政府》中，毛泽东系统阐述了新民主主义的基

① 《毛泽东选集》（第1卷），北京：人民出版社1991年版，第119页。
② 《毛泽东选集》（第1卷），北京：人民出版社1991年版，第123页。
③ 《毛泽东选集》（第1卷），北京：人民出版社1991年版，第130页。
④ 《毛泽东选集》（第1卷），北京：人民出版社1991年版，第57页。
⑤ 《毛泽东选集》（第1卷），北京：人民出版社1991年版，第134页。
⑥ 《毛泽东选集》（第1卷），北京：人民出版社1991年版，第134页。
⑦ 《毛泽东选集》（第1卷），北京：人民出版社1991年版，第134页。

本纲领,为新民主主义革命指明了具体奋斗目标,其中经济纲领的主要内容有以下三点。

没收封建地主阶级的土地归农民所有。在半殖民地半封建社会的中国,土地所有制延续了封建社会的基本特点,即地主阶级占有绝大多数的土地。要根本改变旧中国贫困落后的面貌,必须实行"耕者有其田",进行彻底的土地革命,依靠贫雇农,团结中农,有步骤、有分别地消灭封建土地剥削制度,发展农业生产。

没收官僚资本归新民主主义国家所有。官僚资本主义是一种买办的封建的国家垄断资本主义,它与帝国主义、地主阶级相结合对中国人民进行残酷剥削并从中获利。毛泽东认为,没收官僚资本,并在此基础上建立起社会主义性质的国营经济,在新民主主义经济中应当居于主导地位,并为向社会主义过渡奠定坚实基础。

保护民族工商业。同官僚资本主义相比,民族资本主义同帝国主义和封建主义的联系较少。旧中国的生产力极度落后,民族资本主义对发展生产力具有相当的积极作用。因此,在新民主主义社会对民族工商业进行保护是有必要的,但这种保护必须是在资本主义经济不能操纵和有害于国计民生的前提下进行的。

2. 向社会主义过渡的经济思想

(1)新民主主义社会的经济成分与阶级构成。

新民主主义社会是一个过渡性质的社会,其经济成分相对于其他社会形态而言要复杂一些,在这一时期的经济种类主要有以下五种:一是具有社会主义性质的国营经济,二是具有半社会主义性质的合作社经济,三是农民和手工业者的个体经济,四是私人资本主义经济,五是国家资本主义经济。其中占主要地位的是国营经济、个体经济和资本主义经济。新民主主义社会发展的目的性决定了这一阶段必须强化国营经济的主导地位,并改造完全非社会主义性质的经济成分,最后逐步过渡到社会主义。

新民主主义社会的阶级成分主要有农民阶级、工人阶级、民族资产阶级等。由于个体经济本身不具有独立的发展方向，有可能走向资本主义，所以需要引导它逐渐走向社会主义。新民主主义社会的经济成分和阶级力量之间的矛盾就集中表现为资本主义和社会主义、工人阶级和资产阶级之间的矛盾。民族资产阶级在新民主主义社会具有两面性，他们作为土地改革后最后的剥削阶级，是社会主义革命要消灭的对象；但他们在工人阶级及其政党的领导下，又是可以团结的力量和改造的目标。鉴于这些阶级的存在，对非社会主义经济成分的改造就显得十分必要。

在新民主主义社会，社会主义的因素已经取得了在经济和政治上的领导地位，将继续增长并取得最终胜利；虽然非社会主义的因素仍然大量存在，但已经受到种种限制并将被改造。资本主义和社会主义在这一时期将不断斗争，斗争的结果将决定我国社会之后的发展方向。为了从根本上维护来之不易的无产阶级政权，彻底改变旧中国积贫积弱的状况，向社会主义现代化不断前进，必须适时逐步地引导新民主主义社会向社会主义过渡，最终彻底消灭剥削阶级，实现社会主义革命的胜利。

（2）过渡时期的总路线。

1953 年，毛泽东正式提出过渡时期的总路线和总任务："从中华人民共和国成立，到社会主义改造基本完成，这是一个过渡时期。党在这个过渡时期的总路线和总任务，是要在一个相当长的时期内，逐步实现国家的社会主义工业化，并逐步实现国家对农业、对手工业和对资本主义工商业的社会主义改造。"[①]

党在过渡时期总路线的主要内容可以概括为"一化三改"。"一化"即社会主义工业化，"三改"即对农业、手工业和资本主义工商业的社会主义改造。毛泽东以总路线的形式开创性解答了如何在落后国家同时进行社会主义建设和改造的问题，实现了解放与发展生产力、变革生产关系与发展生产力的有机统一，是对马克思主义经济理论的创造性运用和发展。

---

① 《毛泽东文集》（第6卷），北京：人民出版社1999年版，第316页。

（3）社会主义改造的思想。

毛泽东关于社会主义改造的思想，在实践中逐步将过渡时期保留的资本主义经济和个体经济全部改造为社会主义经济，在中国大陆彻底消灭了剥削制度，实现了生产关系的伟大变革，同时非但没有阻碍，反而促进了社会生产力的发展，社会主义基本制度在我国基本确立起来。

对于农业的社会主义改造，党和政府积极组织农民，以自愿互利、典型示范和国家帮助为原则，逐渐走上互助合作的经济发展道路。毛泽东延续了新民主主义革命时期的阶级划分方法，正确分析了农村的阶级状况并据此制定农村经济改造政策。此外，还要坚持积极领导、稳步前进的方针，采取循序渐进改造农村经济组织形态的步骤，这具体分为互助组、初级社和高级社三个发展阶段。

对于手工业的社会主义改造，积极领导、稳步前进的方针仍然至关重要。手工业和农业同为个体经济，改造的方针政策有很大相似之处。党和政府以说服教育和示范帮助为主，引导手工业者自愿参与合作社，逐步建立集体所有制，提出了从供销合作入手，逐步发展到走生产合作的道路，在实践中历经手工业供销小组、手工业供销合作社、手工业生产合作社三个形态，合作规模由小到大、由低级到高级，最终将手工业的个体所有制转变为集体所有制。

对于资本主义工商业，以毛泽东同志为主要代表的中国共产党人探索出一条符合中国国情的社会主义改造道路，它主要包括三点内容。第一，和平赎买。毛泽东等中国共产党人根据马克思、恩格斯和列宁关于和平变革所有制的设想，并基于中国具体国情，提出了对资本主义工商业的和平赎买方法，即国家以让渡赎买后的国营企业部分利润给资本家的方式，有偿将民族资本主义变更为社会主义，将私营经济改造为国营经济。第二，采取从低级到高级的国家资本主义的过渡形式。初级形式的国家资本主义是国家对资本主义工商业进行委托加工、计划订货、统购包销、经销代销等，高级形式则是个别企业和全行业的公私合营。第三，将资本主义工商业者改造为社会主义劳动者。在资本主义工商业的改造中，国家对民族资产阶级实行"包下来"的政策，根据"量才使用，适当照顾"的原则，在政治、工作、生活上均予以适当照顾，以改造阶级成分的方式实现了整体上消灭资产阶级的目标。对资本主义和资产阶级的改造相结合，实现了避免阶级对抗和推动生产力发展的双重目的。

3. 社会主义建设时期的经济理论

(1)协调处理经济建设中的若干关系的思想。

新中国成立后，党中央领导集体积极探索中国的工业化道路，在这一过程中毛泽东就如何处理经济建设中诸多关系的问题进行了集中分析。毛泽东总结了苏联和我国进行工业化建设的经验教训，就如何实现工业化、如何处理工业化过程中出现的种种关系等问题进行了不懈探索和思考，提出了重工业是重点，协调发展农业和轻工业、平衡工业发展布局、加强国防首先要加强经济建设等经济发展思想。

在1956年4月中央政治局扩大会议上，毛泽东作了题为《论十大关系》的报告。报告中，毛泽东初步总结了1953年到1956年"三大改造"期间我国社会主义建设的基本经验，从十个方面详细地论述了我国社会主义建设的实践中需要重点把握的重大关系，这标志着以毛泽东同志为主要代表的中国共产党人开始探索适合中国实际情况和基本国情的社会主义建设道路，即开始"走自己的路"。

《论十大关系》中的前五项主要讨论了社会主义经济建设中需要重点关注的五种关系。第一是重工业、轻工业和农业的关系。强调为了维护国家独立、统一和安全，实现国家的富强，必须以工业为主导，把发展重工业作为我国经济建设的重点工作来推进，逐步建立起独立的比较完整的基础工业体系和国防工业体系，这是毫无疑问、不容否定的。但同时必须充分注意发展农业和轻工业，要以发展农业为基础，以农轻重为序发展国民经济。他认为，要想真正地发展重工业，就要同时"注重农业、轻工业，使粮食和轻工业原料更多些，积累更多些，投到重工业方面的资金将来也会更多些"。[1] 以此为基础，毛泽东还提出了一整

---

[1] 《毛泽东文集》(第7卷)，北京：人民出版社1999年版，第25页。

套"两条腿走路"的工业化发展方针，强调抓住经济发展的各个方面、各个环节、各个领域，不可偏废。

第二是沿海工业和内地工业的关系。半殖民地半封建社会的中国工业分布极不均衡，"约百分之七十在沿海，只有百分之三十在内地"，"为了平衡工业发展的布局，内地工业必须大力发展"。① 朝鲜战争后，毛泽东认为"短时期内打不起来"，② 应当在这样一个世界形势相对和平的窗口期充分利用并继续发展沿海工业基地，避免因平衡布局而对其采取消极态度，这对发展内地工业也是有益的。

第三是经济建设和国防建设的关系。毛泽东认为"把军政费用降到一个适当的比例"③是必要的，国防建设不能满足于当前的"飞机""大炮"，应当使经济建设和国防建设相互协调、相互引导，将经济建设作为国防建设的基础，适当降低军政费用以抽出资金支持经济建设。

此外，毛泽东还提出了兼顾国家、集体和个人的关系，做到"公私兼顾"，以及处理好中央和地方的关系，充分发挥中央和地方两个积极性的观点，进一步从政治经济学的角度出发阐释了与经济建设紧密相关的一系列重大问题。

(2)社会主义社会矛盾的思想。

在 1957 年 2 月的最高国务会议上，毛泽东作了题为《关于正确处理人民内部矛盾的问题》的讲话，对社会主义社会矛盾进行了分析。他指出，"在社会主义社会中，基本的矛盾仍然是生产关系和生产力之间的矛盾，上层建筑和经济基础之间的矛盾"，④ 但是在完成社会主义改造之后，我国的生产关系和生产力的发展已基本相适应、上层建筑和经济基础也处于相适应的状况，新的历史时期和历史条件下的矛盾，是在人民根本利益一致基础上的矛盾。它与旧社会时期中国的社会矛盾"具有根本不同的性质和情况"，社会主义建设时期的矛盾不是对抗性的，而是非对抗性的矛盾。因此，社会主义社会的基本矛盾具有既相适应又相矛

---

① 《毛泽东文集》(第 7 卷)，北京：人民出版社 1999 年版，第 25 页。
② 《毛泽东文集》(第 7 卷)，北京：人民出版社 1999 年版，第 26 页。
③ 《毛泽东文集》(第 7 卷)，北京：人民出版社 1999 年版，第 27 页。
④ 《毛泽东文集》(第 7 卷)，北京：人民出版社 1999 年版，第 214 页。

盾的特点，它"可以经过社会主义制度本身，不断地得到解决"，① 最终推动社会的发展。

我国社会主义改造的任务完成以后，阶级矛盾基本得到有效解决，人民内部矛盾逐步成为国家政治生活中的主要矛盾。对此，毛泽东指出社会主义社会同时存在着根本利益一致基础上的人民内部矛盾和根本利益对立基础上的敌我矛盾两种性质完全不同的矛盾。在社会主义制度建立以后，人民内部矛盾取代敌我矛盾成为我国的社会主要矛盾。因此，必须严格区分两类矛盾，调动一切积极因素发展社会主义。

在马克思主义社会基本矛盾的理论基础和分析社会主义建设时期国内两种不同性质的矛盾的实践基础上，毛泽东提出了社会主义社会主要矛盾的理论。党的八大正确分析了社会主义改造后我国社会主要矛盾的变化，指出社会主义制度在我国已经基本建立起来了，现阶段的矛盾是先进的工业国和落后的农业国之间，经济文化发展和不能满足人民需要之间的矛盾。这对当时我国社会的主要矛盾作出了科学判断，提高了全党对经济建设重要性的深刻认识，为把党的工作重心转移到技术革命和社会主义建设上来提供了认识基础和理论前提。

毛泽东关于社会主义社会矛盾的学说是对马克思主义理论宝库的又一原创性贡献，它科学揭示了社会主义社会发展的动力，为正确处理社会主义社会各种矛盾、创造良好的经济发展环境、政治环境和社会环境提供了基本的理论依据，也为后来的社会主义改革奠定了理论基础。

(3)社会主义商品生产与价值规律的思想。

针对一些学者主张废除商品、货币的观点，毛泽东等领导人一再肯定商品、货币、价值规律在社会主义时期的积极意义。毛泽东强调，"在社会主义时期废除商品经济是违背经济规律的"，② 不能抛弃一切还有积极意义的诸如商品、价值法则等经济范畴，而应该用它们来为社会主义服务。中国是商品生产很不发达

---

① 《毛泽东文集》(第7卷)，北京：人民出版社1999年版，第213~214页。
② 《中国共产党历史大事记》，北京：人民出版社1989年版，第240页。

的国家，商品生产不应被消灭，而是要大大发展。为了团结几亿农民，必须发展商品交换；废除商业和对农产品实行调拨，就是剥夺农民。毛泽东指出，"商品生产不能与资本主义混为一谈"，① 必须区别资本主义和社会主义两种不同制度下的商品，不应害怕商品生产，不能认为它一定会导致资本主义。我国现在的情况是，已经把生产资料的资本主义所有制变成了全民所有制，已经把资本家从商品生产和商品流通中排挤出去，现在商品生产和商品流通领域占统治地位的是国家和人民公社，这同资本主义以剥削工人和价值增殖为目的的商品生产和商品流通是有本质差别的。

毛泽东等领导人还论述了价值规律在社会主义社会中的作用，认为价值规律可以为社会主义建设服务。"这个法则是一个伟大的学校，只有利用它，才有可能教会我们的几千万干部和几万万人民，才有可能建设我们的社会主义和共产主义。否则一切都不可能。"②

(三)毛泽东经济思想的历史地位

毛泽东经济思想是马克思主义经济理论中国化的一个重大理论成果，是马克思列宁主义经济思想在中国的运用和发展，是被实践证明了的关于中国经济建设的正确的理论原则和经验总结，是中国共产党集体智慧的结晶，是党在经济建设过程中必须长期坚持的指导思想。

1. 马克思主义经济学中国化第一次飞跃的理论成果

毛泽东在继承了马克思主义经济学的基础上，先后提出了关于根据地和解放区的经济建设、社会主义社会的矛盾、社会主义时期不同所有制的多种经济成分并存、社会主义生产目的、社会主义经济规律、社会主义的商品生产和商品流通、社会主义国家经济与社会协调发展、社会主义国家的对外经济关系等理论观

---

① 《毛泽东文集》(第7卷)，北京：人民出版社1999年版，第439页。
② 《毛泽东文集》(第8卷)，北京：人民出版社1999年版，第34页。

点。这些大多是在马克思列宁主义经典作家没有涉及或涉及不多的领域中完成的，或解答了他们虽然提出但由于种种原因而未能解决的重大理论问题，因而就更具有创造性，无疑是对马克思列宁主义经济理论的重大发展。

2. 为中国革命和建设时期的经济发展提供了科学指引

正如马克思主义政治经济学是马克思主义的三大组成部分一样，毛泽东经济思想是毛泽东思想科学体系的重要组成部分，与毛泽东哲学思想、毛泽东军事思想、毛泽东文艺思想等共同构成了毛泽东思想的理论宝库。

毛泽东经济思想指导了革命根据地的经济社会建设，指引人民群众推翻了"三座大山"，建立了新中国，取得了新民主主义革命的胜利，指导了土地改革和国民经济初步恢复；指导进行了三大改造，取得了社会主义革命的胜利；指引我国建立了社会主义经济制度，对建设社会主义道路进行了艰辛探索。尽管我们也遭遇过严重的挫折，但这一时期的实践探索和理论成果为社会主义经济建设积累了宝贵经验，为中国革命和建设时期的经济建设和发展提供了科学指引。实践证明，毛泽东经济思想是能够根本扭转近代以来中国穷困落后的科学的经济思想，是能够指引中国人民过上富足幸福生活的行动指南。

3. 为中国特色社会主义经济理论和习近平经济思想的形成发展提供了理论基础

毛泽东经济思想形成和发展的历史条件，与我们今天面临的形势和任务有很大的不同，但并不是说毛泽东经济思想过时了，其理论和实践价值丝毫没有减少。毛泽东经济思想的基本原理、原则和科学方法对马克思主义经济理论中国化具有普遍的指导意义。毛泽东认为坚持公平正义的基础是人民平等地占有生产资料，认为坚持社会公平的核心是坚持分配公平，认为坚持社会公平的目标是实现共同富裕，等等。这些一直是中国人民不断奋进的强大精神动力，将长期激励和指导我们前进，同时也是中国特色社会主义经济理论和习近平经济思想形成发展的理论基础。

三、中国特色社会主义经济理论

中国特色社会主义经济理论的内容是十分丰富的，主要包括基本制度、经济体制改革、经济发展和对外开放等主要方面。该内容不是凝固不变的，而是随着实践的变化在不断完善。所以，我们在了解该理论的形成发展基础上，要进一步掌握其主要内容，要清楚其历史地位，为未来的经济实践积累经验。

(一) 中国特色社会主义经济理论的形成与发展

中国特色社会主义经济理论是改革开放以来经济建设实践的经验总结和理论升华，是中国共产党在深入分析国际国内形势背景下，科学判断中国社会的主要矛盾和基本国情基础上，不断解决经济发展中出现的各种理论和实际问题的过程中逐步形成的。

1. 邓小平理论与中国特色社会主义经济理论的形成

邓小平理论是党的十一届三中全会以来，以邓小平同志为主要代表的中国共产党人，以马克思列宁主义、毛泽东经济思想为指导，在总结中国和其他国家社会主义经济建设经验教训，深入分析国际国内经济形势新变化，清醒认识中国基本国情的基础上形成的。党的十一届三中全会以来，中国共产党在总结过去相关经验教训基础上，结合当时的实践，不断把马克思列宁主义经济理论相关原理与中国新的具体经济实践相结合，成功发现了一条富含中国特色的经济发展之路，中国特色社会主义经济理论也在实践中逐步形成并不断得到丰富和发展。

邓小平经济理论立足于新的发展时期，扎根于改革实践中，不断推进市场经济体制向前发展。它结合了中国的实际现状，反映了中国经济发展新趋向。邓小平在新时期对所有制理论进行了创新性探索，释清了计划与市场的关系问题，提出了新的适合于当时国情的分配理论，形成了关于工业经济、农业经济、社会发展等理论，构建了中国特色社会主义经济理论的主体框架，同时也推动着该理论的形成。

2. "三个代表"重要思想与中国特色社会主义经济理论的发展

党的十三届四中全会以来，以江泽民同志为主要代表的中国共产党人，提出要靠经济发展去应对以政治风波、自然灾害为主要代表的严峻考验。在中国经济快速发展和世界经济格局继续深刻变化的形势下，在社会主义市场经济、国有企业改革领域不断进行理论创新的同时，在经济建设的实践中，江泽民还提出了新的"三步走"战略、西部大开发战略、人才强国战略、可持续发展战略、科教兴国战略、文明发展道路、引进来和走出去相结合、正确处理现代化建设中的重大关系等思想。这些理论成果进一步丰富了中国特色社会主义经济理论。

3. 科学发展观与中国特色社会主义经济理论的发展

党的十六大以来，胡锦涛强调，经济建设是兴国之要，是党和国家兴旺发达的根本要求。胡锦涛给了经济发展以新的内涵，论述了经济发展的重要作用，提出了转变经济发展的新方式。以胡锦涛同志为主要代表的中国共产党人积极思考经济发展问题，在参考国外相关先进经济发展经验基础上，立足于国内经济发展的实际需求，切合时宜地提出科学发展观。其中蕴含的经济发展思想，进一步完善了中国特色社会主义经济理论。

以胡锦涛同志为主要代表的中国共产党人始终践行以人为本的理念，不断调整农村经济结构，全面取消了农业税，统筹两个市场，建立了覆盖全国的社会保障制度，逐步转变经济发展方式。还强调中国要实现包容性增长，全面参与经济全球化，不断完善开放型经济体系，不断满足人们的多方面需求，为实现人的全面发展创造了新的经济条件。这些与经济发展相关的理论进一步完善了中国特色社会主义经济理论的内容。

(二) 中国特色社会主义经济理论的主要内容

中国特色社会主义经济理论是在探索过程中逐步发展起来的，兼具国内外双重视角，坚持为人民创造新的经济环境，不断满足人民对经济发展提出的新要求。该理论的主要内容包括社会主义经济制度理论、经济体制改革理论、经济发展理论以及对外开放理论等。

1. 关于社会主义经济制度理论

(1) 有中国特色的社会主义基本经济制度的初步形成。

人类社会存在着两对基本矛盾，其中有一对矛盾是经济基础和上层建筑之间的矛盾。经济基础同经济体制存在着内在联系。经济体制是社会基本经济制度所采取的组织形式和管理形式。另外一对矛盾是生产力与生产关系之间的矛盾。经济体制与生产力发展紧密相连，在实践层面一般是同社会基本经济制度相结合。所以社会基本经济制度影响着两对基本矛盾的发展方向和存在形态。所以，邓小平在新时期对社会基本经济制度作出了一些探索。例如，1984 年党的十二届三中全会决定进行经济体制改革，其中最为重要的一点就是不再将计划经济同商品经济进行简单对立。1987 年党的十三大又指出，允许"在以公有制为主体的前提下发展多种经济成分"。① 随着对商品经济的剖析不断加深，对社会主义基本经济制度的主体框架的构建方向也在逐渐变得清晰。1992 年年初，邓小平在"南方谈话"中指出："计划和市场都是经济手段。"②邓小平厘清了市场和计划的关系问题，剥离了社会制度和经济制度的死板联系，进一步解放了人民群众的思想，为社会主义基本经济制度理论的建立扫清了思想层面的障碍，也推动了基本经济制度的形成。

---

① 《十三大以来重要文献选编》(上)，北京：人民出版社 1991 年版，第 14 页。
② 《邓小平思想年谱(1975—1997)》，北京：中央文献出版社 1998 年版，第 460 页。

（2）中国特色社会主义基本经济制度的进一步发展。

党的十四大明确提出，在保证全民所有制和集体所有制的主体地位基础上，"不同经济成分还可以自愿实行多种形式的联合经营"。① 这样就把其余的多种经济成分融入了基本经济制度的框架之内，推动所有制结构不断发展完善。继1992年党的十四大以后，中国加快了经济体制改革的步伐，主要围绕着"以公有制为主体、多种所有制经济共同发展"②这一主题继续发展基本经济制度。1997年党的十五大对公有制有了更新的论述，强调"公有制实现形式可以而且应当多样化"，③ 并确立了以"公有制为主体、多种所有制经济共同发展"④为主要内容的社会主义基本经济制度，将非公有制经济由国有经济的"补充"地位上升为"社会主义经济的重要组成部分"，明确了其更为重要的地位和作用。这对中国特色社会主义基本经济制度而言，是一大拓展与突破。

（3）中国特色社会主义基本经济制度进一步完善。

2002年11月，党的十六大报告指出，在21世纪的前20年里，最为主要的任务是"坚持和完善公有制为主体、多种所有制经济共同发展的基本经济制度"，⑤ "必须毫不动摇地巩固和发展公有制经济"，⑥ "必须毫不动摇地鼓励、支持和引导非公有制经济发展"。⑦ 新的改革方针的提出，进一步完善了中国所有制理论，对于促进中国经济发展具有重要意义。

2. 关于社会主义经济体制改革理论

（1）"社会主义也可以搞市场经济"的思想到"计划经济与市场调节相结合"的思想的提出。

---

① 《十四大以来重要文献选编》（上），北京：人民出版社1996年版，第19页。
② 《改革开放三十年重要文献选编》（下），北京：中央文献出版社2008年版，第981页。
③ 《十五大以来重要文献选编》（上），北京：人民出版社2000年版，第21页。
④ 《十五大以来重要文献选编》（下），北京：人民出版社2003年版，第2415页。
⑤ 《十六大以来重要文献选编》（上），北京：中央文献出版社2005年版，第19页。
⑥ 《十六大以来重要文献选编》（上），北京：中央文献出版社2005年版，第19页。
⑦ 《十六大以来重要文献选编》（上），北京：中央文献出版社2005年版，第19页。

在 1979 年 11 月，邓小平指出："市场经济不能说只是资本主义的。……社会主义也可以搞市场经济。"①这一论述表明了邓小平对经济体制改革的认识前进了一大步。邓小平为了进一步使生产关系适应中国实际生产力的要求，不断结合新的实践做出新的思考。在 1980 年 1 月，邓小平把"计划调节和市场调节相结合"②作为探索适合中国实际情况的道路的一项重要内容提了出来。随着时间和实践的不断发展，这一认识相较于之前又有了新的发展，在 1981 年 6 月，党的十一届六中全会指出，在坚持公有制基础上，要"发挥市场调节的辅助作用"。③市场的作用在经济体制中的地位不断上升，这也标志着中国对经济体制改革的方向有了更为清楚的认识，在 1982 年 9 月，党的十二大正式提出了"计划经济为主，市场调节为辅"④的经济发展方针。后来，在 1987 年 10 月，党的十三大报告强调，社会主义有计划商品经济的体制是"计划与市场内在统一的体制"，⑤明确了新的经济运行机制为"国家调节市场，市场引导企业"。⑥ 1989 年 11 月，党的十三届五中全会强调："逐步建立计划经济同市场调节相结合的经济运行机制。"⑦在确立了经济运行机制发展的大方向以后，1990 年 12 月，党的十三届七中全会提出："积极发展社会主义的有计划商品经济。"⑧这些论述，初步明确了建设有中国特色的市场经济的改革方向。

（2）从"建立社会主义市场经济体制目标"的提出到"社会主义市场经济体制初步建立"的实现。

1992 年 10 月，党的十四大报告明确提出："我国经济体制改革的目标是建立社会主义市场经济体制。"⑨这是对过去经济体制改革探索实践作出的经验性总

① 《邓小平文选》(第 2 卷)，北京：人民出版社 1994 年版，第 236 页。
② 《邓小平文选》(第 2 卷)，北京：人民出版社 1994 年版，第 247 页。
③ 《改革开放三十年重要文献选编》(上)，北京：中央文献出版社 2008 年版，第 213 页。
④ 《十二大以来重要文献选编》(中)，北京：人民出版社 1986 年版，第 843 页。
⑤ 《十三大以来重要文献选编》(上)，北京：人民出版社 1991 年版，第 26 页。
⑥ 《十三大以来重要文献选编》(上)，北京：人民出版社 1991 年版，第 27 页。
⑦ 《十三大以来重要文献选编》(中)，北京：人民出版社 1991 年版，第 701 页。
⑧ 《十三大以来重要文献选编》(中)，北京：人民出版社 1991 年版，第 1378 页。
⑨ 《十四大以来重要文献选编》(上)，北京：人民出版社 1996 年版，第 381 页。

结，中国为实现这一目标又继续进行了一系列规划。例如，1993年11月，党的十四届三中全会确立了社会主义市场经济体制的基本框架以及实现这一目标的蓝图，标志着中国进入了一个探索具有中国特色的经济体制的新阶段。1995年5月，党的十四届五中全会提出了："经济体制从传统的计划经济体制向社会主义市场经济体制转变"，① 还进一步明确了"经济增长方式从粗放型向集约型转变"②的路线，不断推动着经济体制改革。2000年10月，党的十五届五中全会郑重宣布：中国"社会主义市场经济体制初步建立，市场机制在配置资源中日益明显地发挥基础性作用，经济发展的体制环境发生了重大变化"。③ 从这些论述可以发现，中国特色社会主义市场经济改革在持续地向纵深发展。

(3)从"完善社会主义市场经济体制"任务的提出到"社会主义市场经济体制更加完善"的发展思路。

2002年11月，党的十六大报告提出："本世纪头二十年经济建设和改革的主要任务是完善社会主义市场经济体制。"④这是在过去20多年经济体制改革经验基础上作出的战略性调整。2003年10月，党的十六届三中全会详细阐释了完善社会主义市场经济体制的主要任务。2007年10月党的十七大，全面阐述了科学发展观的内涵并强调以此为指导，让"社会主义市场经济体制更加完善"，⑤ 一直到党的十八大召开之前，中国的市场经济体制不断完善，内容更加丰富，结构更加完整，体系更加完善。

3. 关于社会主义经济发展理论

(1)经济发展理论的开创。

邓小平是中国特色社会主义经济发展理论的开创者。邓小平强调，发展生产

---

① 《十四大以来重要文献选编》(下)，北京：人民出版社1999年版，第2495页。
② 《十四大以来重要文献选编》(中)，北京：人民出版社1997年版，第1757页。
③ 《十五大以来重要文献选编》(中)，北京：人民出版社2001年版，第1369页。
④ 《十六大以来重要文献选编》(上)，北京：中央文献出版社2005年版，第16页。
⑤ 《十七大以来重要文献选编》(下)，北京：中央文献出版社2013年版，第222页。

力是社会主义的根本任务；人民需要的物质文化要靠发展去解决；发展才是硬道理；坚持以经济建设为中心，但不能单纯讲经济发展，还要讲"两个文明"，讲"两手抓，两手都要硬"；让有条件的地区先发展起来，让先发展起来的地区带动后发展的地区，最后实现共同富裕；发展经济就必须改变传统计划经济体制，建立充满生机与活力的新经济体制；要以"三个有利于"作为判断经济工作得失的根本标准，来解决发展中的重大问题，保证经济发展不偏离正确的方向；要按照"三步走"的发展战略，逐步实现社会主义现代化目标，等等。邓小平经济发展理论是马克思主义经济学中关于经济发展理论的一次新飞跃，有力地推动了中国的经济发展。

（2）经济发展理论的进一步发展。

党的十三届四中全会以后，江泽民提出了一系列与经济发展相关的思想。例如，发展是党执政兴国的第一要务，必须坚持用发展的办法解决前进中的问题；发展是社会主义物质文明、政治文明和精神文明全面发展，发展包括促进人的全面发展；要正确处理改革发展稳定的关系、速度和效益的关系、人口资源环境的关系等现代化建设中的一系列重大关系；要实现区域经济合理布局和协调发展；明确建立社会主义市场经济体制的改革目标；提出实施科教兴国战略、可持续发展战略、西部大开发战略；提出包括全面建设小康社会目标在内的"新三步走"的发展战略目标等。这些重大思想在实践中发挥了重大指导作用，使中国在20世纪90年代和21世纪初国内外风云变幻的复杂局面中，始终掌握了发展的主动权，始终保持了经济持续快速健康发展的态势，让中国特色社会主义经济理论显示出勃勃生机。

（3）经济发展理论的进一步完善。

党的十六大以来，以胡锦涛同志为主要代表的中国共产党人不断总结实践经验，不断作出理论概括，形成了科学发展观这一重大战略思想。科学发展观所蕴含的经济发展思想，使中国特色社会主义经济发展理论更加系统和完善。科学发展观强调，经济发展的目的是服务人民，在发展过程中不仅要紧紧依靠人民，还要让人民共享发展成果；同时推进政治、文化和社会建设全面进步；坚持可持续发展，实现经济社会永续发展；加快转变经济发展方式，努力提高经济整体素质和国际竞争力；深化社会主义市场经济改革，加强和改善宏观调控；坚持走中国特色城镇化道路，优化城乡经济结构、促进国民经济良性循环和社会协调发展；坚定不移地走和平发展道路，高举和平、发展、合作的旗帜，为中国经济发展营造一个较为优良的国际环境，等等。这些思想进一步完善了中国经济发展理论。

4. 关于社会主义对外开放理论

(1)对外开放基本国策的确立。

党的十一届三中全会以后，面对复杂多变的国际形势和中国的现实。邓小平强调："现在的世界是开放的世界"，[1] "任何国家要发达起来，闭关自守都不可能"。[2] 1979 年 5 月，邓小平进一步指出："所谓开放，是指大量吸收外国资金和技术来加速我国的四个现代化建设。"[3]邓小平还指出，发展对外关系，要超越意识形态和社会经济制度的差异和矛盾，吸收一切国家、一切民族的一切文明成果为我所用，才能真正有利于社会主义经济建设。依据邓小平的上述重要观点，十二届三中全会把对外开放作为长期坚持的基本国策确定下来，指出"我们一定要充分利用国内和国外两种资源，开拓国内和国外两个市场，学会组织国内建设和发展对外经济关系两套本领"。[4] 对外开放不是权宜之计，"这不是短期的政策，是个长期的政策，最少五十年到七十年不会变"。[5] 在实现了小康之后，"更不会改变了。即使是变，也只能变得更加开放"。[6]

---

① 《邓小平文选》(第 3 卷)，北京：人民出版社 1993 年版，第 64 页。
② 《邓小平文选》(第 3 卷)，北京：人民出版社 1993 年版，第 90 页。
③ 冷溶、汪作玲：《邓小平年谱(1975—1997)》，北京：中央文献出版社 2004 年版，第 514 页。
④ 《十二大以来重要文献选编》(中)，北京：人民出版社 1986 年版，第 581 页。
⑤ 《邓小平文选》(第 3 卷)，北京：人民出版社 1993 年版，第 79 页。
⑥ 《邓小平文选》(第 3 卷)，北京：人民出版社 1993 年版，第 79 页。

（2）对外开放理论的进一步丰富。

以江泽民同志为主要代表的中国共产党人，在继承邓小平对外开放思想基础上，坚持对外开放的基本国策，在对外开放的实践中，提出了进一步扩大对外开放的基本战略、方法、步骤和重点任务，积极推进全方位、多层次、宽领域的对外开放，丰富和发展了马克思主义经济学的对外开放理论。

从局部开放到全面开放，是以对国际经济形势变化和中国对外开放取得的实际成果的科学分析为基础的。1990 年，江泽民指出："我们要继续在自力更生的基础上坚持对外开放，积极发展与世界各国、各地区的经济技术合作和交流。"①党的十四大把进一步扩大对外开放作为 20 世纪 90 年代十大任务的第二大任务。党的十四届三中全会明确提出，发展开放型经济，使国内经济与国际经济实现互接互补。党的十五大强调："对外开放是一项长期的基本国策。"②这些论述及政策为在经济全球化背景下创新对外开放理论，推进全面对外开放格局的形成指明了方向。

2001 年 12 月，中国正式加入世界贸易组织，标志着中国对外开放进入新的历史阶段。江泽民指出，加入世界贸易组织"是进一步推进全方位、多层次、宽领域对外开放的重要契机"。③ 在具体的开放领域方面，江泽民提出要"逐步扩大金融、保险、商贸、旅游、中介服务及其他服务业的对外开放，同时要研究对外开放后出现的新情况，解决新问题，使之健康有序地发展"。④ 为此，中国采取了一系列措施防范和化解经济全球化带来的风险挑战，切实维护国家经济安全。

（3）对外开放理论的进一步完善。

党的十六大以后，以胡锦涛同志为主要代表的中国共产党人站在新的历史起点上，深入而系统地阐述了新时期的对外开放思想，丰富和发展了对外开放理

① 《十三大以来重要文献选编》（中），北京：人民出版社 1991 年版，第 1311 页。
② 《江泽民文选》（第 2 卷），北京：人民出版社 2006 年版，第 26 页。
③ 《江泽民论有中国特色社会主义》（专题摘编），北京：中央文献出版社 2002 年版，第 194～195 页。
④ 《江泽民论有中国特色社会主义》（专题摘编），北京：中央文献出版社 2002 年版，第 205 页。

论。党的十六届三中全会明确提出了"五个统筹"的要求，"统筹国内发展和对外开放"是其中的一个重要方面。

面对经济全球化中的种种不公平现象，中国在积极参与经济全球化的同时，胡锦涛提出了"互利共赢的开放战略"，强调中国愿意为促进世界经济共同发展、共同繁荣作出贡献。党的十六届五中全会正式提出"实施互利共赢的开放战略"。这一战略的提出表明，中国的对外开放已经不再是单纯促进中国经济发展的问题，而是一个与世界紧密联系在一起的更大范围的整体性问题。互利共赢开放战略，清晰地表达了中国与他国在合作和发展中的原则和要求，清楚地回答了中国在世界上奉行什么样的开放战略的问题。

党的十七大在对开放型经济发展提出新要求的基础上，首次提出了"开放型经济体系"的理论范畴，进一步深化了对外开放理论。党的十七大强调，要"拓展对外开放广度和深度，提高开放型经济水平。……完善内外联动、互利共赢、安全高效的开放型经济体系"。① 党的十七大用"内外联动""互利共赢""安全高效"三个关键词对中国的开放型经济体系进行了界定，为今后一个时期提高开放型经济水平指明了方向。

(三) 中国特色社会主义经济理论的历史地位

中国特色社会主义经济理论是中国改革开放实践过程中对社会主义经济发展道路探索的理论结晶，是马克思主义政治经济学的"中国版"。深入分析中国特色社会主义经济理论的历史地位，有助于我们更好地深入了解其重要意义。

1. 中国化马克思主义经济理论新的飞跃

马克思列宁主义、毛泽东经济思想为中国特色社会主义经济理论的形成、发展与完善主要内容提供了科学的世界观和方法论、正确的立场、完整的分析框架

---

① 《十七大以来重要文献选编》(上)，北京：中央文献出版社 2009 年版，第 21 页。

以及基本的制度规范。改革开放以来，中国共产党运用辩证唯物主义和历史唯物主义的立场、观点和方法，坚持实事求是的原则，坚持独立自主的底线，坚持走群众路线，紧密联系中国所处的基本国情，处理中国的问题坚持从实际出发，不从本本上去寻找解决问题的公式，在反对经验主义的同时也反对教条主义，既不离经叛道又不墨守成规，善于总结在发展实践中积累的经验教训，敢于突破自我实现创新发展，与时俱进地不断完善中国特色社会主义经济理论，实现了马克思主义经济学中国化新的飞跃。

2. 推动中国化马克思主义经济理论不断发展的强大理论武器

中国特色社会主义经济理论作为进一步推动中国经济事业繁荣发展的强大理论武器。我们必须要善于用中国特色社会主义经济理论的立场、观点、方法研究经济发展道路上出现的新情况、解决经济发展道路上遇到的新问题，正确认识当今世界出现的一系列新变化，清醒认识中国经济发展面临的一系列新任务、新课题，努力做到在经济理论上不断形成新认识、作出新概括、开拓新境界，真正使中国特色社会主义经济理论的这一成果成为引领中国社会不断发展进步的强大理论武器，不断推动着中国化马克思主义经济理论的创新和发展。

四、习近平经济思想

每一个伟大思想的形成往往不能离开其实践历程。只有研究习近平总书记的经济实践全过程，才能弄清楚思想的形成与发展全貌。为了进一步厘清习近平经济思想的理论全貌，运用逻辑与历史相统一的方法，有必要结合习近平总书记的实践历程看习近平经济思想的发展历程，进而了解其主要内容及其重大意义。

(一) 习近平经济思想的形成与发展

习近平经济思想的形成和发展是一个长期的过程，是习近平总书记在不同岗位、不同阶段的经济工作中的思考总结，是中国特色社会主义实践的经验汇总，是党和国家在社会主义建设新时代面对国内外复杂经济形势进行经济建设的实践成果，是党和人民智慧的结晶。

1. 习近平经济思想形成的条件

习近平经济思想紧密契合当代中国经济建设，充分体现了马克思主义哲学、政治经济学和科学社会主义与新时代经济建设的结合，也带着中华民族传统文化的经济治理智慧的光辉。习近平经济思想的形成条件可以从时代基础、理论基础、实践基础和文化基础等多个方面进行研究。

从习近平经济思想形成条件的时代基础来看，中国特色社会主义进入新时代，我国经济发展进入新常态。中国是世界第二大经济体、第一制造大国、第二大消费市场。一方面，我国的经济建设已经取得了瞩目的成就；另一方面，我国的经济发展已经由高速增长阶段转向高质量发展阶段，发展环境发生深刻复杂变化，传统发展模式难以为继，发展理念和发展方式亟须调整转变。从发展环境来看，国际上，和平与发展仍然是时代主流，但新冠疫情影响深远，世界经济增长后续乏力，国际市场萎缩。同时，在国际经济治理上，保护主义、单边主义抬头，我国长期依赖出口、投资拉动经济发展，资源、市场两头在外的"世界工厂"模式已经难以为继。从国内看，满足人民群众美好生活需要的高质量供给已经成为我国经济发展的主要目标导向，我国经济事业发展的后续动力必须更多依靠于激发国内市场潜力，通过出口、投资、消费共同拉动经济建设。

从习近平经济思想形成条件的理论基础来看，马列主义政治经济学、毛泽东经济思想、邓小平经济理论、"三个代表"重要思想和科学发展观是习近平经济思想的沃土。习近平经济思想以辩证唯物主义和历史唯物主义的世界观和方法论为指导，深刻总结中国共产党百年来领导人民进行经济建设的实践经验，把握新时代国内外发展大局，将毛泽东思想、邓小平理论、"三个代表"重要思想和科学发展观与新时代中国经济建设相结合，充分体现了伟大的历史主动精神，高度的经济发展智慧，开辟了实现新时代经济社会发展腾飞的正确道路。

从习近平经济思想形成条件的实践基础来看，习近平经济思想来源于习近平总书记30多年来经济治理的基层实践。习近平总书记在陕西梁家河做下乡知青时，大西北的艰苦环境和当地质朴的人民群众培养了他服务群众的理念，这个时期对大量马列经典文献和毛泽东经典著作的阅读给他打下了坚实的理论基础。后来，习近平总书记在清华大学进修学习，随后开始在全国各个地方主持工作。在正定，习近平总书记率先建立了全国第一个农村研究所。在福建，习近平总书记编制经济特区第一部经济社会发展战略规划。在浙江，习近平总书记提出"绿水青山就是金山银山"的生态经济发展思想。在湘西十八洞，习近平总书记提出"精准扶贫"，共同富裕的经济理念。这些在不同岗位上的工作实践、经验总结、政策思考，为习近平经济思想的形成积累了丰富的实践材料。

从习近平经济思想形成条件的文化基础来看，习近平经济思想是中华民族传统文化中的经济治理智慧的新时代阐释。孔子主张的"天下为公"，孟子宣扬的"民为贵、社稷次之、君为轻"，墨家学派的"兼爱""非攻"等胸怀天下的视野格局、以人为本的目标导向、大同社会的发展目标都是习近平经济思想的肥沃土壤。从我国经济发展的新发展理念来看，创新一词早在西周《周易·杂卦》中就有"革，去故也；鼎，取新也"的论述，董仲舒将"中"与"和"作为调节社会运行的基本尺度是协调思想的体现，"天人合一""道法自然"处处显露着中华民族从古至今关于绿色发展永续发展的基本遵循，"天下大同""协和万邦"同"一带一路"的开放理念不谋而合，管子的"以天下之财，利天下之人"更是关于共同富裕、共享发展成果的古代智慧。习近平经济思想体现了中国古代经济治理思想的精髓，汲取了中华优秀传统文化的有益养分。

习近平经济思想的形成于中国特色社会主义现代化建设的历史进程，得益于我国经济发展新的时代背景、中国共产党领导中国人民进行改革开放的40多年实践、一脉相承的马克思主义中国化理论和中华民族传统的经济治理智慧。习近平经济思想契合时代、贴近现实、着重实践，必将指导中国社会主义市场化经济发展行稳致远。

2. 习近平经济思想的发展历程

习近平经济思想的发展历程最早应追溯至其七年的知青生活，这是习近平经济思想的孕育阶段；其次，习近平总书记在河北正定、福建、浙江以及上海等地任职进行经济治理的经验汇总为习近平经济思想的奠基阶段；最后，党的十八大以来，近十年的治国理政新实践为习近平经济思想的成熟阶段。

党的十八大以来，以习近平同志为核心的党中央高瞻远瞩、统揽全局、把握大势，紧紧围绕发展新时代中国特色社会主义经济的重大时代课题，提出了一系列关于我国经济发展全局的新理念新思想新战略，引领我国经济发展取得历史性成就、发生历史性变革，在理论与实践的互动中使得习近平经济思想趋于成熟，成为新时代指导中国特色社会主义经济发展的集大成之作。习近平经济思想系统回答了新时代中国特色社会主义经济发展的时代背景、主题主线、制度基础、政治保障、发展阶段、发展理念、发展格局、内外关系、发展路径、根本立场和工作方法等一系列重大问题，是我国社会主义市场化经济发展实践的经验总结，是中国特色社会主义政治经济学的最新理论成果，开辟了马克思主义政治经济学新境界，为推动中国经济持续健康发展提供了科学指南。

(二) 习近平经济思想的主要内容

习近平经济思想体系庞大、内涵丰富、逻辑严密、博大精深，就其主要内容来说，主要体现在以下 13 个方面，包含我国经济社会发展的根本保证、根本立场、鲜明主题、制度基础、历史方位、指导原则、路径选择、战略举措、第一动力、主要着力点、重要法宝、重要保障和方法论。

1. 经济发展的根本保证和根本立场

加强党对经济工作的全面领导是我国经济发展的根本保证。坚持党的全面领导，是国家和民族兴旺发达的根本所在，也是国家经济发展的根本保障。做好经济工作必须维护党中央权威和集中统一领导，坚持和完善党领导经济工作的体制机制，为推动各方面做好经济工作提供重要保障。加强党对经济工作的领导并不是由党来包办一切。党是管总的，管大事、议大事，要做好国家经济领域重大工作的顶层设计、谋篇布局，切实发挥把方向、管大局、保落实的作用，推动我国经济高质量发展。加强党对经济工作的领导需要切实把党的制度优势转化为在经济领域中的治理效能。社会主义新时期，以习近平同志为核心的党中央领导集体不断探索实践，逐步形成了中国特色社会主义国家制度和国家治理体系。切实将制度优势转化为经济领域中的治理效能就要善用中长期规划、集中力量办大事，充分发挥中央和地方的两个积极性等重要法宝，确保新时代党的经济领导工作突出科学化、法治化、专业化，推动我国经济社会发展行稳致远。

坚持以人民为中心的发展思想是我国经济发展的根本立场。人民性是马克思主义最鲜明的品格，中国共产党领导的经济工作始终把增进人民福祉、促进人的全面发展和全体人民共同富裕作为出发点和落脚点。进入社会主义新时代，人民群众的需要在各方面各层次各领域都出现了新的特点，党的经济工作始终顺应人民群众的美好向往，紧扣我国社会的主要矛盾变化，坚持在发展中保障和改善民生。以人民为中心做好经济发展工作就要坚定不移走共同富裕的道路。习近平总书记多次强调，"我们的责任，就是要团结带领全党全国各族人民，继续解放思想，坚持改革开放，不断解放和发展社会生产力，努力解决群众的生产生活困难，坚定不移走共同富裕的道路"。① 促进共同富裕，更好满足人民对美好生活的向往，是社会主义经济工作的基本遵循。

中国特色社会主义市场经济是中国共产党领导的、是为人民服务的，党的领导是根本保证。没有党的领导，社会主义市场化经济就没有了社会主义，也就丢掉了为人民服务的根本宗旨。所以根本保证和根本立场是我国经济发展的根基

---

① 习近平：《习近平谈治国理政》（第1卷），北京：外文出版社 2018 年版，第4页。

所在。

2. 经济发展的鲜明主题和制度基础

推动高质量发展是我国经济发展的鲜明主题。我国经济已由高速增长阶段转向高质量发展阶段，面临增长速度换挡期、结构调整阵痛期、前期刺激政策消化期"三重叠加期"复杂局面，必须推动高质量发展、深化供给侧结构性改革。深化供给侧结构性改革必须要作为推动高质量发展的工作主线来谋划和推进，要着力于激发国内市场的内需潜力，使之成为我国经济社会发展新的驱动力。满足人民群众美好生活的需要，就是要深入研究市场变化，提高高质量供给，减少无效供给、低质供给，优化生产要素配置组合，优化供给结构，优化市场产品和服务，用以创新为特点标识的高质量新产品、新服务引领供给侧结构性改革。高质量发展必须推动经济发展质量变革、效率变革、动力变革，高度重视发展的质量而不是数量，着重提高资源尤其是稀有资源的配置流通效率，降低市场成本，促进经济增长由主要依靠投资、出口拉动转变为依靠消费、投资、出口协同拉动。高质量发展必须注重建设中国特色社会主义现代化经济体系，构建一体化的产业体系、市场体系、收入分配体系、城乡区域发展体系、绿色发展体系、全面开放体系以及充分发挥市场作用、更好发挥政府作用的经济体系，保证社会经济活动在各个环节相互贯通、在各个层面相互协调、在各个领域相互促进。

坚持和完善社会主义基本经济制度是我国经济发展的制度基础。坚持和完善社会主义基本经济制度就是要"毫不动摇巩固和发展公有制经济，毫不动摇鼓励、支持、引导非公有制经济发展"①，因为基本经济制度是我国社会主义制度的重要支柱。公有制经济是社会主义经济的主体，国有资本是和国有企业是公有制经济发展的重头戏，是社会主义的重要物质基础和政治基础，做强做优做大国有资本是发展公有制经济的必要举措。非公有制经济是社会主义市场经济的重要组成

---

① 中共中央宣传部、国家发展和改革委员会：《习近平经济思想学习纲要》，北京：人民出版社、学习出版社 2022 年版，第 72 页。

部分，民营经济和民营企业都是社会主义事业建设中的自己人，要毫不动摇鼓励民营经济发展，确保民营经济不断迸发新的活力和创造力。坚持按劳分配为主体、多种分配方式并存的社会主义分配制度的基础是社会主义基本经济制度，两者是相互适应的，这一分配方式有利于在我国当前的社会发展阶段保证全体人民的分配公平、效率和正义。发展社会主义市场经济必须"两手抓"，始终坚持社会主义的改革方向，在社会主义基本制度下发展市场经济，同时发挥好两个方面的优势，走出中国特色社会主义市场经济道路。发挥好政府和市场的作用，就要处理好政府和市场的关系，使市场在资源配置中起决定性作用，同时更好发挥政府作用，健全政府宏观调节体制，尊重市场决定资源配置的基本经济规律，"看得见的手"和"看不见的手"都要用好，不仅要形成有效的市场机制也要着力打造能够有所作为的政府管理机制，促进两者有机结合，相得益彰。

3. 经济发展的历史方位、指导原则和路径选择

进入新发展阶段是我国经济发展的历史方位。中华民族伟大复兴的战略全局和世界百年未有之大变局是我们谋划经济工作的基本出发点。[①] 我国的经济发展必须立足新的历史方位，在战略上作出准确判断，运用唯物辩证方法正确认识和把握国内国外两个大局，认清新发展阶段的机遇与挑战。新发展阶段是我们党领导人民迎来我国综合国力、国际地位历史性跨越的阶段，是我国仍然处于社会主义现代化建设重要战略机遇期的阶段。经济结构升级，科技创新，深化改革，绿色发展，参与全球经济治理体系变革都是新发展阶段我国寻求发展机遇的有效途径。机遇伴随着挑战，全球新冠疫情后经济全球化遭遇逆流，大国经济博弈日益激烈，单边主义、保护主义、民族主义、霸权主义抬头，我国社会矛盾问题依旧突出。机遇前所未有，挑战同样前所未有，我国经济发展必须在新的战略机遇期发挥制度优势，提高经济领域治理效能，保证经济长期稳定向好发展，社会长期

---

① 中共中央宣传部、国家发展和改革委员会：《习近平经济思想学习纲要》，北京：人民出版社、学习出版社 2022 年版，第 31 页。

稳定。

坚持新发展理念是我国经济发展的指导原则。新发展理念是在我国改革开放
40多年来不断总结国内外的发展经验与教训的基础上，在准确把握我国社会主
要矛盾变化的认识上，在我国建设和发展社会主义市场经济的实践中形成的。习
近平总书记提出并要求贯彻新发展理念，着力推进高质量发展，推动构建新发展
格局，实施供给侧结构性改革，制定一系列具有全局性意义的区域重大战略，推
动我国经济实力实现历史性跃升。新发展理念是一个具有内在联系的有机整体，
五个方面相互依存、相互贯通、相互促进。创新发展注重解决发展动力问题。强
调转变依靠生产资料和廉价劳动力简单堆砌的发展方式，以创新发展驱动经济社
会发展，实现我国科技水平的全面超越、全面领跑。协调发展注重解决发展不平
衡问题。强调重点处理好局部和整体、当前和长远的关系，促进以经济建设为中
心的政治建设、文化建设、社会建设、生态文明建设各个环节、各个方面、各个
领域相互协调促进。绿色发展注重解决人与自然和谐共生的问题。强调要把自然
资源的可再生能力、生态环境的承载能力同经济发展结合起来，推动形成绿色发
展方式和生活方式，加快形成节约资源、保护环境的产业结构、空间布局。开放
发展注重解决经济发展内外联动的问题。强调开放带来进步，封闭必然落后，只
有不断提高对外开放水平，坚持内外需协调、进出口平衡、引进来与走出去并
重，引资引技引智并举，才能在更大范围、更高水平上参与国际经济合作和竞
争，进一步推动中国经济快速发展，努力形成深度融合发展的互利共赢新局面。
共享发展注重解决社会公平正义问题。强调推进全体人民共同富裕，坚持发展成
果由人民共享。共享理念，鲜明地回答了我们的发展为了谁、依靠谁、发展成果
由谁共享的基本问题。是社会主义制度优越性的集中体现，是我国经济社会发展
的基本遵循和价值导向。

构建新发展格局是我国经济发展的路径选择。构建新发展格局就是要改变我
国市场和资源"两头在外"的局面，摘掉"世界工厂"的帽子。全球新冠疫情影响
深远，贸易全球化逆流加剧，我国的经济增长需要更多地依靠国内市场主导，不

断释放国内需求潜力，通过内需拉动经济发展。激发内需不是要"闭关锁国""闭门造车"。新发展格局下，中国开放的大门将进一步敞开，中国将同世界各国不断深化各领域的经贸合作，促进互利共赢。更多依靠国内市场、激发内需就是要加快培育完整的内需体系，在生产、分配、流通、消费各个环节、各个领域更好打通国内市场，形成国民经济良性循环。新发展格局必须要深刻认识我国经济发展环境的变化，立足国内市场需求和市场循环，在全球疫情的大背景下发挥国内市场比较优势，充分用好国内国外两个市场两种资源，协调促进内外需、进出口、对外投资和招商引资，推动我国产业转型升级，保证经济循环畅通无阻，使国内市场和国际市场更好联通，实现经济发展的高水平动态平衡。

把握新发展阶段是贯彻新发展理念、构建新发展格局的现实依据，贯彻新发展理念为把握新发展阶段、构建新发展格局提供了行动指南，构建新发展格局是应对新发展阶段、贯彻新发展理念的战略选择，三者相辅相成、相得益彰，成为我国经济发展的重要遵循。

4. 经济发展的战略举措、第一动力和主要着力点

部署实施国家重大发展战略是我国经济发展的战略举措。战略问题是根本性问题，战略上赢得主动，党和人民事业就大有希望。[1] 部署发展战略要紧紧围绕我国社会主要矛盾变化，在解决突出问题中实现战略设计层面的突破，在把握统筹战略全局中扎实推进各项工作。乡村振兴战略中的"三农"问题是党的重点工作，必须坚持全面深化农村改革，以"以城带乡"的发展理念推进城乡一体化融合发展，坚持精准扶贫、精准脱贫、对口帮扶等政策，保证乡村在现代化建设的进程中不掉队、不落伍。助力乡村振兴要着重实现乡村产业繁荣发展，乡村建设人才队伍壮大，乡村精神文明展现新风貌，乡村生态文明建设取得新成效。实施区域协调发展战略必须统筹我国各地区的现实情况，下好全国"一盘棋"，在发

---

[1] 中共中央宣传部、国家发展和改革委员会：《习近平经济思想学习纲要》，北京：人民出版社、学习出版社 2022 年版，第 87 页。

展中促进相对平衡，坚持实施区域重大战略、区域协调发展战略、主体功能区战略、健全区域协调发展体制机制，推进区域协调发展向更高水平和更高质量迈进。推动京津冀、长江经济带、粤港澳大湾区、长三角、黄河流域协同发展，分层次分阶段确保西部大开发、中部地区崛起、东部地区加快现代化、东北老工业基地振兴。实施以人为核心的新型城镇化战略，要从我国社会主义初级阶段的基本国情出发，坚持以人为本、优化布局、生态文明、传承文化的基本原则，遵循规律，因势利导，不断扎实推进人的城镇化，解决好农业转移人口的方面保障问题，着力提高城市发展持续性，打造新型的宜居城市、智慧城市，使人民的城市生活更高质、更健康。

坚持创新驱动发展是我国经济发展的第一动力。创新从根本上决定了一个国家和民族的前途命运，也推动着人类社会向前发展。[1] 必须坚持创新在我国社会主义现代化建设全局中的核心地位，在全局中抓住创新这个关键点，以重要领域和关键环节的技术创新、技术突破带动全局。科技创新和科技自立自强是我国经济发展的战略支撑，必须扎实推进面向世界科技前沿、面向经济主战场、面向国家重大需求、面向人民生命健康的科技创新，使之成为我国的经济建设不竭的动力。推进高水平科技自立自强，强化国家战略科技力量，必须要着重健全社会主义市场经济体制下的举国创新体制，注重基础研究和原始创新，保证集成创新和开发式再创新，推动产学研深度融合，将科技创新能力高效转化为经济发展成果。[2] 充分利用我国社会主义制度和社会主义市场经济体制的显著优势，发挥创新主体能力，攻克关键核心技术不仅对我国经济发展具有重大意义，而且是保障国家安全的必然要求。发挥创新主体能力，实现创新驱动发展就必须实施新时代人才强国战略，着重落实高质量人才的自主培养，建立人才竞争新优势。

大力发展制造业和实体经济是我国经济发展的主要着力点。推进实体经济振

---

[1] 中共中央宣传部、国家发展和改革委员会：《习近平经济思想学习纲要》，北京：人民出版社、学习出版社 2022 年版，第 104 页。

[2] 中共中央宣传部、国家发展和改革委员会：《习近平经济思想学习纲要》，北京：人民出版社、学习出版社 2022 年版，第 108 页。

兴是构筑我国未来发展战略优势的重要支撑，经济发展必须以实为基础，确保金融、市场、产品体系为实体经济发展提供更高质量、更有效率的服务。推动实体经济发展必须扎实推进制造业高质量发展，加快制造业从数量扩张型发展向质量提高型发展转变，健全保障先进制造业发展、实体经济振兴的体制机制。发展先进制造业必须提升产业基础能力和产业链现代化水平，坚定推进产业转型升级，着重发展高端制造、智能制造，用新技术新业态改造提升传统产业，同时发展战略性新兴产业，培育在新领域具有核心竞争力的高新企业，促进数字经济和实体经济的融合发展。发展数字经济要坚持促进发展和监管规范两手抓、两手都要硬，加大数字经济发展生产要素投入同时建立全方位、多层次、立体化的监管体系，保证数字经济在维护广大人民群众利益、国家安全和社会稳定的立场上高质量发展。加快建设现代化基础设施是经济发展的重要支撑。加强交通基础设施建设，形成安全、便捷、高效、绿色、畅通的综合交通体系，加快构建现代能源体系，推进绿色低碳转型，加强水利基础设施建设，提高水资源集约节约利用水平，加强农业农村基础设施建设，推进城乡基础设施互联互通、共建共享都是基础设施建设现代化进程中的重要方向。

以部署国家重大战略谋篇全局、勾勒蓝图，将创新作为我国经济发展强大的新动力、新引擎，夯实实体经济在国民经济中的基础地位，合力助推我国经济更好更快发展。

5. 经济发展的重要法宝、重要保障和工作方法论

坚定不移全面扩大开放是我国经济发展的重要法宝。坚定实施对外开放的基本国策是当代中国的鲜明标识，中国改革开放的 40 年是举世瞩目的 40 年，也是质量越来越高，大门越开越大的 40 年，未来中国经济的高质量发展必然离不开改革开放。一枝独秀不是春，百花齐放春满园。中国的发展离不开世界市场的机遇，世界的发展也离不开中国的强力驱动。坚定不移全面扩大开放必须要建设更高水平开放型经济新体制，通过开放促进我国体制、机制重新构建、自我更新，

构建互利共赢、多元平衡、安全高效的开放型经济体系。改革开放要着重进一步破除体制机制障碍，加快推进与开放型经济相关的体制机制改革，提高效率同时注重安全，加强开放监管能力和风险防范能力，为开放型经济发展保驾护航。引进来必须是高质量的引进来，是安全的引进来，是有利于国民经济发展和增强综合国力的引进来。走出去必须是高水平的走出去，通过政策支持和明确投资趋向，激发企业对外投资潜力，在全球范围内开拓市场，在更高水平的对外开放中实现更好发展。共建"一带一路"要秉持共商共建共享的原则，在开放包容中求同存异，开创新发展机遇，开拓新发展空间，实现优势互补、互通有无、互利共赢。坚持推动经济全球化朝着更加开放、包容、普惠、平衡、共赢的方向发展，秉持开放而不隔绝、融合而不脱钩的精神，维护真正的多边主义，构建开放型世界经济是中国的一贯立场。全球化的经济要求全球化的治理，各个国家应该共同参与世界经济治理，以和平为基础，倡导平等、开放、合作、共赢的全球经济治理观，保障各国权利平等、机会平等，实现合作共赢的目标。

统筹发展和安全是我国经济发展的重要保障。党的十八大以来，我国经济发展面临的国际、国内环境都发生了复杂而深刻的变化，全球经济动荡，单边主义、保护主义抬头，国内社会主要矛盾转化为人民群众日益增长的美好生活需要和不平衡不充分的发展之间的矛盾，必须着力破解各种矛盾和问题，打好化险为夷、转危为机的战略主动战。[1] 统筹发展和安全必须增强忧患意识，完善风险防控机制，建立健全风险研判、风险评估机制，着重保护好改革发展成果，切实将改革发展稳定各项工作做好。统筹发展和安全，必须扛稳粮食安全重任，推进重大水利设施建设、中低产田地改造，将中国人的饭碗牢牢端在自己手上。统筹发展和安全，必须保障国家能源安全，建立能源多元供给体系，为国家繁荣发展、人民生活改善、社会长治久安提供重要保障。统筹发展和安全，必须确保产业链供应链稳定安全，以自主可控、安全可靠为目标打造现代化的产业链供应链。统

---

① 中共中央宣传部、国家发展和改革委员会：《习近平经济思想学习纲要》，北京：人民出版社、学习出版社 2022 年版，第 141 页。

筹发展和安全，必须重视解决好水安全问题，统筹做好水灾防治、水资源节约、水生态保护修复、水环境治理。① 统筹发展和安全，必须维护国家金融安全，完善规范金融运行的制度体系，确保金融系统良性运转，在深化改革中确保金融安全高效稳健运行。统筹发展和安全，必须保障网络信息安全，完善互联网治理体系，积极构建网络空间命运共同体。统筹发展和安全，必须确保生态环境安全，始终保持高度警觉，把生态环境风险纳入常态化管理。统筹发展和安全，必须统筹全国新冠疫情防控工作和经济社会发展，坚持在常态化疫情防控中开展经济工作，加快推进我国经济发展。

坚持正确工作策略和方法是我国做好经济工作的方法论。坚持稳中求进的工作总基调，在推动经济工作的进程中，必须注重发展策略和方法，加强宏观思考和顶层设计，扎实稳妥做好各项工作。新时代的经济工作必须要以稳求进，以进固稳，在加强顶层设计的前提下试点推行，在局部试点推行总结的经验上加强顶层设计再整体推开。稳中求进，大局要稳，重点要进。经济社会必须稳住基本盘，兜住民生底线，重点领域要积极进取提高经济质量效益和核心竞争力，培育壮大新的经济增长点增长极，确保经济发展方式和创新驱动发展取得新成效。工作开展必须要跟着问题走，奔着问题去，将解决实际问题作为工作的目标导向，以此打开工作局面新的突破口。空谈误国，实干兴邦，党的各级干部必须坚持集中精力办好自己的事情，以钉钉子的精神狠抓落实，以功成不必在我精神在岗位上干出实绩来，做出成就来。

改革开放的成就有目共睹。实践证明，改革开放是正确的，是必须要坚持的，是我经济发展的快车道。经济社会的高速发展，一手抓经济建设，一手抓社会稳定，发展和稳定相互促进，稳定才能发展，发展为了更好的稳定，统筹发展和安全必须双向协同发力。共产党人做工作要讲究方法，必须以马克思主义方法论为指导，在改革开放的大背景下，延续我国经济社会发展的"两大奇迹"。

———————————

① 中共中央宣传部、国家发展和改革委员会：《习近平经济思想学习纲要》，北京：人民出版社、学习出版社 2022 年版，第 149 页。

习近平经济思想回答了新时代中国特色社会主义经济发展的时代背景、主题主线、制度基础、政治保障、发展阶段、发展理念、发展格局、内外关系、发展路径、根本立场和工作方法等一系列重大问题，具有丰富、深刻的理论内涵，是一个系统、科学的理论体系，开拓了马克思主义政治经济学新境界，是马克思主义经济理论中国化的历史进程中独创性的理论成就，对于中国经济发展具有非凡的时代指导意义。

第一，实现了马克思主义经济学中国化新的飞跃。

理论的生命力在于不断创新。习近平经济思想坚持用马克思主义观察时代、把握时代、引领时代，始终遵循马克思主义哲学、政治经济学和科学社会主义的基本原理和方法，以辩证唯物主义的世界观和唯物辩证法的方法论为指导原则，在适应新形势、解决新问题、发掘新机遇、应对新挑战、取得新成就的实践中形成了一系列具有鲜明时代性和创造性的理论成果，集中体现了以习近平同志为核心的党中央领导集体对社会主义经济建设规律以及人类社会经济发展规律的深刻认识，丰富了马克思主义政治经济学，发展了中国化的马克思主义经济理论，完善了中国特色社会主义经济理论体系作出了重要原创性贡献。所以，习近平经济思想实现了马克思主义经济学中国化新的飞跃。

第二，开创了新时代中国特色社会主义经济发展道路。

党的十八大以来，以习近平同志为核心的党中央领导集体，对新中国成立以来特别是改革开放四十年以来我国经济社会发展的重大成就和历史经验进行全方位的分析和系统总结，对新时代经济发展的一系列重大理论和实践问题进行深邃思考和科学研究，形成了系列关于我国经济发展的重大判断和论断。习近平经济思想在继承中国特色社会主义政治经济学的基础上，深刻把握我国经济发展的基本规律、核心目标、重点任务，强调加强党对经济工作的全面领导，坚持以人民为中心的发展思想，立足新发展阶段、贯彻新发展理念、构建新发展格局、推动高质量发展，促进全体人民共同富裕，深刻回答了我国经济发展的时代之问、人民之问、历史之问，推动我国经济发展取得历史性成就、发生历史性变革，书写了新时代中国特色社会主义经济发展的崭新篇章。所以，习近平经济思想是中国共产党人不懈探索社会主义经济发展道路过程中形成的宝贵思想结晶和理论财富。

第三，引领新时代经济高质量发展的科学行动指南。

新时代产生新思想，新思想指导新实践。习近平经济思想是在中国特色社会主义进入新时代、我国社会主要矛盾发生新变化、世界百年未有之大变局加速演变的历史条件下形成的，体现出理论与实践相结合、世界观和方法论相统一的鲜明特点，具有高度的科学性、人民性、时代性、实践性和开放性。习近平经济思想对新时代经济工作的指导着力于促进形成党对经济工作的集中统一领导的体制机制，形成以新发展理念为核心经济政策体系，形成供给侧结构性改革为主线的经济发展布局以及科学的经济工作方法论，对于新的历史时期，我国应该"实现怎样的经济发展，怎样实现经济发展"作出了进一步的明确回答和详细的战略安排。我们要坚持以习近平经济思想武装头脑、指导实践、推动工作，增强机遇意识和风险意识，勇于变革、勇于创新，扎实推动我国经济的平稳健康可持续发展，以经济建设为中心奋力实现第二个百年奋斗目标。所以，习近平经济思想是新时代我国经济工作的科学行动指南。

第四，世界经济发展的中国智慧、中国方案、中国经验。

发展是人类社会的永恒主题，然而近年来世界百年变局和世纪新冠疫情相互叠加，世界政治经济格局进入动荡起伏期，世界经济建设步履维艰。习近平经济思想在这样的时代背景下，以闪耀着真理光辉的理论力量、实践伟力，引领着中国经济这艘巨轮乘风破浪，不仅全面建成了小康社会，如期打赢脱贫攻坚战，而且推动中国经济不断迈上新台阶，创造了经济快速发展和社会长期稳定的两个奇迹。同时，习近平经济思想深刻遵循人类社会经济发展规律，提出建设"一带一路"的倡议和构建人类命运共同体的理念，为阴霾笼罩的全球经济指明了前进方向，为其他国家在历史变革时期的经济发展提供了有效经验。所以，习近平经济思想为世界经济发展提供了中国智慧、中国方案、中国经验。

第二章

中国化马克思主义经济发展理论

经济发展理论是对社会经济发展的条件、方式、道路、战略、目的等基本问题的概括和总结，是社会经济建设实践的重要指南。经济发展理论的科学性，需要通过社会经济发展的实践成果来检验，经济发展理论自身的创新，需要立足于社会经济发展实践内容与形式上的变化。经济发展问题是经济理论的重要主题，关乎国家综合实力的培育，以及人民生活福祉的实现。马克思恩格斯的经济发展思想和列宁的经济发展思想，为中国化马克思主义经济发展理论的形成奠定了理论基础，中国共产党人在建党百余年的伟大历程中，始终重视社会生产力的发展，在实践中形成了一系列重大发展理论，成功指导了中国革命以及社会主义经济建设实践，不断开辟中国经济发展新境界，推动着中国化马克思主义经济发展理论的形成、发展与不断完善。

一、中国化马克思主义经济发展理论的理论基础

马克思列宁主义经济发展思想为中国化马克思主义经济发展思想提供了根本的理论遵循，其对于人类社会、资本主义社会以及社会主义社会经济发展问题的探讨，其对于人类社会经济发展规律的揭示，给予了中国化马克思主义经济发展理论最直接的启示。中国共产党人秉持辩证唯物主义和历史唯物主义的基本观点，在领导中国经济社会发展的实践之中不断赋予其时代内涵，丰富了马克思主义政治经济学。

(一) 马克思、恩格斯经济发展思想

马克思、恩格斯经济发展思想基于唯物史观，对人类社会经济发展特别是资本主义社会经济发展问题进行了深刻的剖析，为中国化马克思主义经济发展理论的生成和发展提供了理论来源。

1. 经济发展具有历史过程性

(1)经济社会的发展是一种自然历史过程。马克思指出，"社会不是坚实的结晶体，而是一个能够变化并且经常处于变化过程中的机体。"①马克思认为，社会经济形态的发展是一个自然历史过程，这并非将经济社会的发展和自然界的发展完全等同，而是说经济社会的发展过程在整体上也会是一个由低级向高级发展的过程，也会是一个新的经济形态取代旧的经济形态的过程。马克思强调："社会经济形态的发展是一种自然历史过程。不管个人在主观上怎样超脱各种关系，他在社会意义上总是这些关系的产物。"②在马克思看来，社会经济结构和经济发展方式是具体的和历史的，不同社会形态下的经济发展样态与社会经济结构也有其自身特点。就资本主义社会的经济发展来看，资本主义的生产关系是与广大无产阶级相对立的异化的经济关系。总体而言，人是难以超越现存的社会经济关系的，在资本主义生产方式下，并不是物对于人的依赖性越来越强，而是人对物的依赖性越来越强，这是一种异化的经济关系。同自然界的发展规律一样，这种异化的经济关系有其客观必然性，是不以人的意志为转移的。

(2)人类社会发展是合规律性与合目的性的有机统一。人类社会的发展，一方面强调客观规律性，即人类社会的发展不会以个人的意志为转移，我们不能人为地干预历史进程；另一方面指出社会发展具有可认识性，即我们可以在研究规律、认识规律的基础上，更好地利用规律来指导人们的实践。对此，恩格斯写道："在社会历史领域内进行活动的，是具有意识的、经过思虑或凭激情行动的、追求某种目的的人。"③经济社会发展有其自身的客观规律，我们不能违背这些规律去发展社会生产力，那样只会适得其反。

---

① 《马克思恩格斯选集》(第3卷)，北京：人民出版社2012年版，第274页。
② 马克思：《资本论》(第1卷)，北京：人民出版社2012年版，第28页。
③ 《马克思恩格斯选集》(第4卷)，北京：人民出版社2012年版，第253页。

2. 经济发展具有二重性

辩证唯物主义的矛盾分析法是我们认识世界和改造世界的根本方法，"矛盾二重性不仅存在于客观事物之中，而且存在于构成客观事物的要素之中。"①劳动二重性是理解马克思主义政治经济学的重要枢纽，这一思想同样体现在经济发展的规律中。一般来说，商品的二因素是由商品生产的劳动二重性决定的，在这个基础上，资本主义的社会再生产过程也是具有二重性的。在社会再生产过程中，一般的劳动过程，一方面是商品的使用价值生产、分配、交换和消费的过程，另一方面也是商品价值形成和价值增值的生产、分配、交换和消费的过程。由此可以得出，资本主义经济发展也具有二重性。一方面，它是社会生产力发展与社会财富创造的过程，另一方面也是社会生产关系不断演化的过程。资本主义生产的这种二重性及其构成的内在矛盾，是资本主义经济发展的根本动力，也规定着资本主义社会的最终发展趋势。

一方面，社会生产力发展是经济发展最为显著的标志，资本主义生产方式带来了社会经济的快速发展，但也存在根本的矛盾。社会生产力的发展，主要来源于也表现为社会分工的精化和生产技术的进步，这二者是相互作用、协同发展的关系。社会分工促进了工场手工业和机器大工业的产生与发展，推动了生产技术的创新发展，技术的进步也使得社会分工更加明确与科学。二者的相互作用，推动了产业结构的优化发展，最终使得社会结构不断演进。另一方面，资本主义社会经济发展也受到社会生产关系的制约。追求剩余价值是资本主义生产的根本目的，这使得资本主义社会经济发展受到资本增值目的的约束，在利益的驱动下，社会生产力能够得到一定程度的发展。同时，竞争是资本主义社会经济发展的重要动力，基于市场机制的自由竞争有利于生产技术的进步和社会分工的优化。

资本主义生产过程的二重性决定了资本主义经济发展的二重性，在推动社会

① 杨志：《论资本的二重性——兼论我国公有资本的本质》，北京：经济科学出版社 2002 年版，第 12 页。

生产力长足发展的同时，资本主义生产过程的内在矛盾也决定了资本主义经济发展中的危机因素。一方面，追求长期超额利润的生产动机决定了资本主义生产必然产生资本集中，以至于形成垄断的趋势，即资本主义从自由竞争逐步向垄断阶段发展。这意味着社会财富会越发集中在一小部分人手中，社会生产资料也会越发集中在垄断部门，资本家能够掌握和控制社会绝大多数的社会资源。另一方面，技术的进步也使得资本有机构成不断提升，平均利润率也会逐渐下降，这会进一步激化资本主义经济发展手段与经济发展目的之间的矛盾，使得资本主义经济发展呈现不稳定的态势，会出现经济危机等周期现象，不利于社会生产力的发展。

3. 经济发展要遵循协调性和比例性原则

马克思认为："按一定比例分配社会劳动的必要性，决不可能被社会生产的一定形式所取消，而可能改变的只是它的表现形式。"①也就是说经济按比例发展的规律是不以人的意志为转移的基本经济规律，无论经济发展的形式如何变化，这一规律不可能被人为地否定与取消。

(1)单个生产者的生产活动需要遵循协调性和比例性原则。根据商品二因素，商品能否进行交易，凝结在商品中的无差别人类劳动能否得到社会基本认可，取决于商品的使用价值，也取决于商品中耗费的个别劳动时间与社会总劳动时间在各生产部门进而在各种商品生产上的配置比例。因此，个体生产者需要遵循协调性与比例性原则，控制好单个商品生产中个别劳动时间同社会总劳动时间的比例，使得私人劳动生产的物品更好地在市场上售卖。

(2)单个企业资本或部门的生产活动需要遵循协调性和比例性原则。马克思主义认为，产业资本需要经过购买、生产和销售三个基本阶段，与此相适应，产业资本在这一过程中执行了从货币资本向生产资本再向商品资本转化的职能。在产业资本循环过程中，资本需要按照社会生产需要按比例划分为三种形态，应用

---

① 《马克思恩格斯选集》(第4卷)，北京：人民出版社2012年版，第473页。

于三个阶段上，只有合理分配资本在产业循环过程中的比例，才能实现资本增值的目的。产业资本循环的理论阐明了单个资本在生产以及流通过程中受到社会客观需要的约束，这要求单个企业乃至单个生产部门在资本生产中要把握好使用价值供给与社会客观需求之间的比例，要把握好商品生产投入的个别劳动时间与社会总劳动时间分配的比例，要使企业或部门内部的生产同社会生产保持协调的关系。

（3）社会总资本再生产需要遵循协调性和比例性原则。马克思将资本主义社会生产划分为两大部类，即生产生产资料的部类和生产消费资料的部类，强调了整个社会总产出与总需求在使用价值量上的协调和社会总劳动时间在各个生产部门与生产单位之间配置的比例性要求。第一，社会总资本的各个组成部分需要按比例进行分配，各部门之间生产要协调进行。第二，社会生产中做耗费的资本要在价值上得到补偿，社会实际生产过程中的生产资料和消费资料在实物上要得到替换，这样社会再生产才能顺利进行。第三，生产资料私有制和雇佣劳动制使得社会两大部类的生产结构与生产规模总是处于失衡的状态，社会总产品难以实现，社会总价值难以补偿，表现为生产过剩以及周期性的经济危机。

4. 经济发展要以人的自由而全面发展为目的

马克思强调："人即使不像亚里士多德所说的那样，天生是政治动物，无论如何也天生是社会动物。"[1]马克思严厉批判了资本主义在经济发展过程中出现的异化现象，认为这是与人的本质相背离的经济发展道路，最终限制着人的自由而全面的发展。马克思主义认为，共产主义社会的经济发展模式是以人的自由解放以及全面发展为目的的经济发展模式。

马克思始终站在人民的立场上，其构想的共产主义经济发展模式以人的全面发展为目的，按照马克思的构想，在共产主义社会，人人享有平等的生存和发展

---

① 马克思：《资本论》（第1卷），北京：人民出版社2012年版，第379页。

的权利，异化的劳动现象将不复存在，劳动会成为人民的第一需要，人们不再受制于社会分工的问题，发展中的矛盾也会逐步消失。在共产主义社会，社会生产力高度发达，工业与农业之间、城市与农村之以及脑力矛盾与体力劳动之间的矛盾将被消灭，个人的发展将不会受到社会条件的限制，实现从必然王国向自由王国的飞跃。自由而全面的发展是社会主义所追求的重要目标，是社会主义经济发展的重要任务。

(二) 列宁社会主义经济发展思想

在探索俄国革命和社会建设道路的过程中，列宁深刻揭示了经济文化落后的东方国家如何实现经济发展的问题，形成了一系列理论和实践方略，丰富和发展了马克思主义的发展理论。

1. 社会主义经济发展的重要性

列宁强调高度发达的社会生产力是同社会主义紧密联系在一起的，社会主义社会生产力是高于资本主义社会生产力的。早在十月革命之前，他认为社会主义是建立在高度发展社会生产力基础上的一种新的社会形态："社会主义不是幻想家的臆造，而是现代社会生产力发展的最终目标和必然结果。"[1]十月革命以后，他又表达了同样的思想："没有建筑在现代科学最新成就基础上的大资本主义技术，没有一个使千百万人在产品的生产和分配中严格遵守统一标准的有计划的国家组织，社会主义就无从设想。"[2]

列宁对于相对落后国家的社会主义经济发展模式有着清楚的认知。他认为，在经济文化相对落后的国家建设社会主义，一定要把发展生产力放在首要地位，逐步实现生产规模较小向生产规模较大转变，逐步实现技术相对落后向技术先进发达转变。对于向社会主义社会过渡的问题，列宁认为，在一个经济文化发展水

---

① 《列宁全集》(第 2 卷)，北京：人民出版社 2013 年版，第 1 页。
② 《列宁全集》(第 34 卷)，北京：人民出版社 2017 年版，第 279 页。

平相对落后的国家，社会生产力不够发达，综合国力不够强大，虽然已经建立了无产阶级专政，但是不能立刻进行向社会主义社会过渡，因为社会主义社会是以高度发达的生产力为基础的，相对落后的国家在短时间内无法达到快速提高生产力的目的。因而，相对落后国家的社会主义建设要首先以发展生产力为中心，逐步增强国家的综合实力，只有把经济建设做大做强，才能最终达到过渡到社会主义社会的条件。列宁认为社会主义自身的优越性，一个重要的体现就在于社会主义社会能比资本主义社会创造更高的生产力，他说道："劳动生产率，归根到底是使新社会制度取得胜利的最重要最主要的东西。"①

2. 社会主义经济发展的动力

（1）社会发展矛盾。列宁认为，社会主义社会在经济建设的发展过程存在两类矛盾，一是对抗性的阶级矛盾，二是非对抗性的社会发展矛盾，并对这两类不同性质的矛盾做了清晰的界定。列宁认为，在社会主义经济建设的过程中，不仅要大力发展生产力，还要注重社会发展矛盾的解决。无论是自然界还是人类社会，矛盾对立面之间的转化都是普遍的。列宁认为，矛盾双方在一定条件下可以相互转化，他主张要具体分析矛盾转化的可能性以及转化矛盾所需要的各种社会条件。列宁重视矛盾的同一性在社会经济发展中的作用，他认为对抗性矛盾需要采取革命以及阶级斗争等手段进行解决，而非对抗性矛盾应该通过社会"改良"的方法来达到对立面的和谐，只有把社会发展矛盾的双方和谐地结合起来，团结起来共同建设社会主义，才能推动社会主义经济的健康发展。

（2）社会改良。列宁认为，社会改良是发展社会生产中的一个重要步骤，是对社会革命的有益补充。社会改良对社会生产力发展的作用体现在逐步革除生产关系中阻碍生产力发展的因素，以温和的方式推动经济发展。无产阶级夺取革命政权后，发展生产是其巩固政权、改善人民生活的重要手段，面对不利于社会生

---

① 《列宁选集》（第4卷），北京：人民出版社2012年版，第16页。

产发展的体制机制，需要通过社会改良破除生产力发展的桎梏。社会改良并非是一种对资本主义的妥协，而是适应社会经济条件和发展生产力需要做出的应对措施，这对于社会主义社会经济发展是起着积极作用的。

（3）对外开放。列宁认为，社会主义经济建设不仅要大力发展社会生产力，注重社会发展矛盾问题的解决，还要实施对外开放，积极学习先进国家的科学技术与管理经验。列宁根据其社会发展的矛盾理论，认为资本主义与社会主义也存在非对抗性的矛盾，和平共处与经济竞赛是处理二者矛盾的主要方式。列宁用世界历史的眼光考虑俄国社会主义发展的问题，他认为，在两大社会主义制度对立的前提下，俄国社会主义并不是完全孤立的，其生存和发展不能仅仅依靠对内的经济建设和社会"改良"，社会主义社会的经济建设必须要融入到全球化发展的过程中，封闭孤立地发展社会生产是不会取得成功的。列宁认为，俄国作为一个经济文化发展相对落后的国家，其社会生产力水平相对较低，科学技术也较为落后，因而必须要扩大对外开放，向先进的国家学习科学技术以及管理经验。

3. 社会主义经济发展的目的

列宁认为，经济发展的目的是改善人民群众生活。十月革命胜利之后，列宁将人民群众生活水平的改善作为了新生的无产阶级政权经济发展的重要任务。他领导进行俄国土地改革，解决了人民群众基本生活资料的需求，同时把农民从地主阶级的压迫中解放出来。列宁指出："现在千百万人正在独立创造历史。"①经济发展的最终目的是实现人的自由而全面的发展，列宁充分重视高度重视人的自由而全面发展问题，并将推动人的自由而全面发展列入无产阶级政党制定的纲领和共产主义社会的构想之中。

经济发展效果的检验者是人民群众，列宁让人民群众作为检验发展成效的主体，使人民群众切身感受到社会主义制度的优越性。列宁将人民是否满意作为衡

---

① 《列宁全集》（第34卷），北京：人民出版社2017年版，第76页。

量党的工作得失成败的标准，而人民群众对党的工作满意与否的全部关键，就在于必须通过新经济政策的实践成效表明党有能力满足人民的愿望、实现人民的利益，交出令人民满意的答卷。列宁把满足人民的心愿和维护人民的利益作为共产党人最高的价值依归，认真倾听人民的呼声，切实尊重人民的意愿。

4. 社会主义经济发展的方式

（1）重视农业的发展。余粮征集制是战时共产主义政策的主要内容，是国内战争取得胜利的重要保证。但在战争结束后，余粮征集制的继续实施严重挫伤了农民的生产积极性，阻碍了俄国小农经济的发展。1921 年，列宁在俄共（布）第十次代表大会上，提出粮食税代替余粮征集制，同时放宽了对商品流通的限制。粮食税的实行，调动了俄国农民的生产积极性，极大改善了他们的生活水平，促进了俄国小农经济的发展和整个社会的进步。列宁曾这样评价粮食税，"只有这样的粮食政策才能适应无产阶级的任务，只有这样的粮食政策才能巩固社会主义的基础，才能使社会主义取得完全胜利。"①

（2）合理利用商品货币关系和市场机制。在新经济政策实施中，列宁完善了发展商业的思路。在新经济政策之初，列宁就主张商品交换，他认为可以通过消费合作社(非货币形式)和地方范围内的自由流转(货币形式)两种途径来进行商品交换。然而，在实际过程中，商品货币关系进一步发展，商品交换逐渐突破了区域的界限。因此，他指出，"私人市场比我们强大，通常的买卖、贸易代替了商品交换……我们应当认识到，我们还退得不够，必须再退，再后退，从国家资本主义转到国家调节买卖和货币流通。"②列宁认识到，发展商业是经济社会发展的重要内容，是现阶段俄共的重要工作。

（3）利用资本主义建设社会主义。国内战争胜利后，苏俄国内存在着小农、小手工业者、富农、私人资本主义等多种经济形式。对此，列宁认为，苏俄的经

---

① 《列宁选集》(第 4 卷)，北京：人民出版社 2012 年版，第 502 页。
② 《列宁选集》(第 4 卷)，北京：人民出版社 2012 年版，第 647 页。

济建设必须采取"改良"的方法，即以现存的经济结构为基础，逐步调节、调整，使这些经济结构为社会主义经济建设服务。列宁指出，"在政权属于资本的社会里的国家资本主义和无产阶级国家里的国家资本主义是两个不同的概念。在资本主义国家里，所谓国家资本主义，就是资本主义得到国家的认可并受国家的监督，从而有利于资产阶级而不利于无产阶级。在无产阶级国家里，做法相同，但是这有利于工人阶级，目的是为了和依然很强大的资产阶级抗衡和斗争。"[1]列宁创造性地提出了租让制、合作制、租借制等多种形式，为国家资本主义和个人资本主义合理融合，合力促进经济社会发展提供了重要的思路。

二、毛泽东经济发展思想

毛泽东思想是马克思主义中国化第一次伟大飞跃的成果，是中国革命与建设的重大指南。新民主主义革命时期，中国社会的经济发展条件以及革命根据地的经济建设，为毛泽东经济发展思想的提出和完善提供了实践基础。新中国成立后，面对一穷二白的国内形势，如何迅速地发展经济，摆脱贫困，进而建设一个现代化的社会主义国家，是中国共产党人面前的重大挑战和时代任务。以毛泽东同志为主要代表的中国共产党人坚持马克思主义基本原理同中国具体实际相结合，探索适合中国实际的社会主义发展道路，为中国特色社会主义发展理论的形成奠定了理论基础。

(一) 新民主主义革命时期毛泽东经济发展思想

新民主主义革命时期，反帝反封建是中国革命的主要任务，以毛泽东同志为主要代表的中国共产党人在进行艰苦卓绝的革命斗争的同时，也在革命根据地的

---

① 《列宁全集》(第42卷)，北京：人民出版社2017年版，第55页。

经济建设中逐步探索新民主主义经济理论，阐释新民主主义经济纲领。

1. 新民主主义经济发展的基础

毛泽东对于新民主主义经济发展的设想并非空谈，而是基于对近代中国社会基本国情的认识。近代中国半殖民地半封建社会的基本国情是新民主主义经济发展的重要基础。近代以来，西方资本主义列强对中国经济上的侵略使得中国传统的封建经济遭到破坏，但是封建土地所有制对农民的剥削仍然没有消除。毛泽东指出，"封建时代的自给自足的自然经济基础是被破坏了；但是，封建剥削制度的根基——地主阶级对农民的剥削，不但依旧保持着，而且同买办资本和高利贷资本的剥削结合在一起，在中国的社会经济生活中，占着显然的优势。"[1]

帝国主义的入侵加速了封建社会自给自足的自然经济的解体，客观上促进了中国资本主义的发展。但是，帝国主义入侵的目的并非使中国走上近代化的道路，而是为了把中国变成其殖民地，以便更深层次的剥削。对此，毛泽东精辟地指出，帝国主义的入侵客观上对中国的近代经济特别是工业的发展起到了一定积极作用。但是，这只是中国发生变化的一个方面，"和这个变化同时存在而阻碍这个变化的另一个方面，这就是帝国主义勾结中国封建势力压迫中国资本主义的发展。"[2]帝国主义列强与中国的统治阶级相互勾结，并且培育出一批为其服务的买办阶级，他们共同压迫并阻碍了中国民族资本主义的发展。因此，帝国主义和中国封建主义相结合，把中国变为半殖民地、殖民地的过程中，中国的"民族资本主义有了某些发展，并在中国政治的、文化的生活中起了颇大的作用；但是，它没有成为中国社会经济的主要形式，它的力量是很软弱的，它的大部分是对于外国帝国主义和国内封建主义都有或多或少的联系的"。[3]

对近代中国经济结构和经济形态的分析，是毛泽东经济发展思想的重要组成

① 《毛泽东选集》(第2卷)，北京：人民出版社1991年版，第630页。
② 《毛泽东选集》(第2卷)，北京：人民出版社1991年版，第627~628页。
③ 《毛泽东选集》(第2卷)，北京：人民出版社1991年版，第630页。

部分。近代中国的基本国情决定了中国革命的性质是新民主主义革命的性质而不是其他性质;中国革命的对象并非资本主义,而是封建主义和帝国主义;中国革命的领导力量并非资产阶级,而是伟大的无产阶级。中国的资产阶级是受帝国主义压迫的,并曾在革命斗争中起到主要的领导作用。但是,近代中国的官僚资产阶级本身就是革命的对象,而中国的民族资产阶级具有的两面性,又使其不再能担当革命的领导了,因而中国革命的领导力量不能是资产阶级,而是无产阶级。新民主主义革命的"新",就在于其革命对象是帝国主义和封建主义,其革命性质是资产阶级民主主义革命而非社会主义革命,其领导力量是广大无产阶级,这是一种新式的适应近代中国国情的资产阶级民主主义革命,新民主主义革命的胜利将为中国社会经济发展扫清最根本的障碍,将为中国社会经济发展创造最根本的条件。

2. 新民主主义经济发展的动力

(1)社会基本矛盾。毛泽东指出:"社会的变化,主要是由于社会内部矛盾的发展,即生产力和生产关系的矛盾,阶级之间的矛盾,新旧之间的矛盾,由于这些矛盾的发展,推动了社会的前进,推动了新旧社会的代谢。"[1]毛泽东强调,不能片面地把社会经济发展的规律同自然界的发展规律等同起来,他严厉批判了这种形而上学的观点。毛泽东认为,经济社会的发展根源于社会基本矛盾运动,生产力与生产关系的矛盾运动促进了社会经济的客观发展。

(2)社会革命。毛泽东利用唯物史观的基本观点,观察近代中国经济社会发展问题,认为社会革命的目的就在于解放和发展生产力。他认为近代中国经济发展落后的根本原因,在于帝国主义的侵略和封建主义的腐朽。毛泽东深刻指出,"一个不是贫弱的而是富强的中国是和一个不是殖民地半殖民地的而是独立的,不是半封建的而是自由的、民主的,不是分裂的而是统一的中国,相联结的。"[2]

---

① 《毛泽东选集》(第1卷),北京:人民出版社1991年版,第302页。
② 《毛泽东选集》(第3卷),北京:人民出版社1991年版,第1080页。

因此，必须打败帝国主义、封建主义以及官僚资本主义在中国的势力，解决扼制近代中国经济发展的根本因素。要想达到这一目的，就必须通过社会革命来确立无产阶级的领导地位，建立起一个人民民主专政的社会主义国家，为中国的经济发展创造根本的政治前提。毛泽东指出，"在中国封建社会里，只有这种农民的阶级斗争、农民的起义和农民的战争，才是历史发展的真正动力。因为每一次较大的农民起义和农民战争的结果，都打击了当时的封建统治，因而也就多少推动了社会生产力的发展。"①毛泽东认为，社会革命对社会经济发展起着重大作用。通过社会革命，新的社会制度取代旧的社会制度，新的生产关系和上层建筑取代旧的生产关系和上层建筑，阻碍社会生产力发展的桎梏得到铲除，社会生产力于是得以进一步发展。

（3）精神文化。毛泽东强调思想政治工作在经济发展中的重要性，就是试图为社会主义建设提供可靠的方向保证和强大的精神动力，发挥精神文化因素在社会主义经济发展中的积极作用。毛泽东将精神文化视为经济发展的重要因素，在革命根据地经济建设实践中也经常动员群众，发挥群众的革命热情从事生产活动，取得了一定成效，为革命斗争提供了坚实的物质基础。新中国成立后，毛泽东也十分重视精神文化在推动社会主义经济建设中的作用。毛泽东认为，资本主义提高劳动生产率主要靠技术，而社会主义社会劳动生产率的提高，"一靠物质技术，二靠文化教育，三靠政治思想工作。"②社会主义社会经济发展不仅仅依靠生产技术的提升，还需要依靠劳动人民基本素质的提升，物质技术与精神文化因素共同作用下的社会主义经济建设具有更为稳固的社会基础。

3. 新民主主义经济发展的纲领

新民主主义经济纲领是毛泽东经济发展思想的重要组成部分，也是新民主主义社会经济发展的基本纲领。毛泽东从近代社会的基本国情出发，分析了近代中

---

① 《毛泽东选集》(第2卷)，北京：人民出版社1991年版，第625页。
② 《毛泽东文集》(第8卷)，北京：人民出版社1999年版，第124~125页。

国社会的经济结构及经济形态，分析了各种经济成分对于经济社会发展的作用，提出了新民主主义的经济纲领。对于不同的经济成分，毛泽东采取了不同的经济政策，保护了农民的基本权益，激发了农民的生产积极性，同时限制了封建主义和官僚资本主义，保护私人资本主义，合理地利用资本主义对于经济发展的作用。

(1)没收地主阶级的土地归农民所有。关于封建主义生产关系对生产力的阻碍，毛泽东从总的方面作了概括的说明："地主阶级这样残酷地剥削和压迫所造成的农民的极端的穷苦和落后，就是中国社会几千年在经济上和社会生活上停滞不前的基本原因。"①封建地主阶级占有绝大部分的土地，农民只能租种地主的土地，因而地租特别高。地主宁可把土地出租给农民分散耕种，而不是自己投资或用新的技术进行雇工经营。因而封建地主阶级对生产的发展是有害无益的。在封建主义统治下，中国农民缺乏必要的生产资料、生产资金和最低的生活资料——社会物质生产、劳动力再生产的主要因素，这就决定了我国农业生产水平的低下。由此可看出封建社会土地所有制对于近代中国经济发展的阻碍作用，必须要彻底变革封建土地所有制，将土地分配给农民，实现"耕者有其田"，发挥农民的生产积极性，保障农民的基本生活权益，大力推动中国农村社会的生产力发展。

(2)没收官僚垄断资本归新民主主义国家所有。官僚买办资本和外国帝国主义资本相结合，排挤和吞并我国民族工商业，使其得不到发展。外国帝国主义还支持中国的封建主义，使其成为统治中国人民的社会基础，对农民进行残酷剥削，使我国民族工商业的发展缺乏发达的农业作基础，经济长期处于落后状态。官僚垄断资本就其本质来说，自始至终就是腐朽的，是阻碍科学技术的运用和经营管理改进的。以四大家族为首的官僚垄断资本主义，对近代中国的国民经济重要领域进行了长期垄断，涵盖工业、金融业及对外贸易等领域，对中国经济发展

---

① 《毛泽东选集》(第1卷)，北京：人民出版社1991年版，第587~588页。

产生了严重的阻碍作用。毛泽东认为，没收官僚资本主义的企业，以及由此建立起来的国营经济，在本质上是归新民主主义国家所有，是新民主主义经济的领导力量。

（3）保护民族工商业。新民主主义革命的目的是消除阻碍社会生产力发展的生产关系，也为私人资本主义的发展扫清了障碍。资本主义的生产方式相较于封建主义的生产方式有其进步之处，其社会分工的优化和生产技术的革新对于新民主主义经济发展具有积极作用。新民主主义革命胜利后，并不是要完全消灭资本主义，而是在一段时期内让资本主义经济有一个相当程度的发展。同时，社会主义经济因素也会得到长足发展，无产阶级和共产党在社会经济发展中的领导权会进一步巩固。这要求统筹协调好经济社会发展中的重大关系，使各种经济因素均能在社会主义经济建设中发挥积极作用。

4. 新民主主义经济发展的方针

（1）"发展经济，保障供给"的方针。土地革命战争时期，毛泽东在《我们的经济政策》一文中提出，根据地应该"进行一切可能的和必须的经济方面的建设，集中经济力量供给战争，同时极力改良民众的生活，巩固工农在经济方面的联合，保证无产阶级对于农民的领导，争取国营经济对私人经济的领导，造成将来发展到社会主义的前提。"[1]这就明确了革命根据地经济建设的总体方向，发展根据地经济，是为了革命战争的需要，也是巩固革命根据地建设的需要，更是为了改善根据地人民生活水平的需要。革命根据地的经济建设，是为了保证革命战争的物质需要和改善人民生活，为了达到这一目的，根据地经济建设的中心是"发展农业生产，发展工业生产，发展对外贸易和发展合作社。……在目前的条件之下，农业生产是我们经济建设工作的第一位"。[2]

（2）"发展生产、繁荣经济、公私兼顾、劳资两利"的总方针。解放战争时

---

[1] 《毛泽东选集》（第1卷），北京：人民出版社1991年版，第130页。

[2] 《毛泽东选集》（第1卷），北京：人民出版社1991年版，第130~131页。

期，毛泽东在《目前形势和我们的任务》中提出了新民主主义国民经济的指导方针："必须紧紧地追随着发展生产、繁荣经济、公私兼顾、劳资两利这个总目标。"①在这个总目标中，"发展生产、繁荣经济"是目的，"公私兼顾、劳资两利"是两项基本政策。在中华人民共和国成立前夕，我们提出了新民主主义社会经济发展的基本方针，是为了更好地指导革命胜利后的一段时间内我国经济发展实践，使国民经济逐步恢复和发展，巩固新生的革命政权。新民主主义时期制定的这种经济方针，有利于发挥各方面的经济优势，促进新民主主义经济快速发展。

(二)社会主义过渡时期毛泽东经济发展思想

社会主义过渡时期，中国共产党在探索新中国发展社会生产力和进行社会主义改造的实践中，走了一条符合中国特点的发展道路，提出了一系列经济发展思想，为社会主义改造的顺利进行和社会主义工业的初步建设提供了理论指引。

1. 调整发展重心

随着军事任务的完成，恢复和发展生产的经济任务立即提到全党工作的首要的中心位置上。党的工作重心必须从乡村转移到城市，经济发展的重心也要有所转移。中华人民共和国成立前夕，毛泽东及时地提出："从 1927 年到现在，我们的工作重点是在乡村，在乡村聚集力量、用乡村包围城市，然后取得城市。采取这样一种工作方式的时期现在已经完结。从现在起，开始了由城市到乡村并由城市领导乡村的时期。党的工作重心由乡村转移到了城市。"②这是一个历史性的战略转变，是我们党经过 20 多年的艰苦斗争并取得重大胜利的结果。城市是敌人统治的中心，在我军处于绝对优势的条件下，先占城市，后占乡村，可以加速革命在全国的胜利，这已由我国新民主主义革命的胜利所证实。城市又是政治、经

---

① 《毛泽东选集》(第4卷)，北京：人民出版社 1991 年版，第 1256 页。
② 《毛泽东选集》(第4卷)，北京：人民出版社 1991 年版，第 1250 页。

济和文化中心，在民主革命即将取得全国范围胜利的形势下，把党的工作重心移到城市，就便于加强党对全国政治、经济、文化等各项事业的领导，有利于更广泛地团结各阶层人民，开展对帝国主义和各种反动势力的斗争，巩固新诞生的革命政权。

毛泽东还强调，党的工作重心转移到城市后，农村工作也不能完全落下，"城乡必须兼顾，必须使城市工作和乡村工作，使工人和农民，使工业和农业，紧密地联系起来。"①城市与农村的关系并非对立关系，而是相互作用、协同发展的关系，经济发展工作重心转移到城市后，在投入城市经济建设的同时，也要考虑农村地区的经济发展问题，协调好城乡关系，处理好工业与农业的关系。这就使全党能够正确地认识和处理好城乡关系，为巩固工农联盟提供了可靠的保证。

2. 制定发展计划

1951 年，毛泽东在主持制定《中共中央政治局扩大会议决议要点》时提出了一个重要的战略构想："三年准备、十年计划经济建设。"②并且指出，这个思想，"要使省市级以上干部都明白。准备时间，还有二十二个月，必须从各方面加紧进行工作。"③这个构想为社会主义过渡时期我国制定经济发展计划提供了思想准备。而后"一五"计划的制定与实施，也是遵照这一构想来实现的。利用经济发展计划来指导社会主义过渡时期我国的经济发展，既能明确这一时期我国经济建设的总体方向，也为实际的经济工作指明了基本的发展方向。

"一五"计划的实施是为了保护和发展我国生产力，巩固新生的无产阶级政权。它的制定遵循了我国社会主义过渡时期的总路线，主要内容也围绕着社会主义工业化和社会主义改造展开。1956 年年底，"一五"计划提前完成，我国社会

---

① 《毛泽东选集》(第 4 卷)，北京：人民出版社 1991 年版，第 1256 页。
② 《毛泽东文集》(第 6 卷)，北京：人民出版社 1999 年版，第 127 页。
③ 《毛泽东文集》(第 6 卷)，北京：人民出版社 1999 年版，第 128 页。

主义工业化体系初步建立，农业、手工业和资本主义工商业也逐步纳入社会主义轨道，人民的生活水平有了较大提升，社会主义基本制度在我国建立，证明了经济发展计划的制定与实施对社会主义社会生产力发展的积极作用。

3. 变革生产关系和发展生产力相统一

社会主义过渡时期总路线体现了变革生产关系和发展生产力相统一的经济思想。社会主义工业化与社会主义改造并非互相矛盾的关系，它们是辩证统一的。新中国成立初期，国家百废待兴，经济发展水平落后，工业化基础十分薄弱，中国共产党肩负起历史和人民赋予的使命，在强调工业化是所有制改造的基础的同时，也强调所有制改造对于工业化建设的推动作用，提出了工业化建设和生产资料所有制改造并举的方针，走出了一条符合中国特点的社会主义过渡道路。

(1)社会主义改造。党在过渡时期总路线的实质，就是使生产资料的社会主义所有制成为我国国家和社会的唯一的经济基础，因而必然要改造上述非社会主义经济成分。社会主义改造早已成为我国不容否认的历史事实，总结这方面的经验和教训，在当前经济体制改革中巩固和完善社会主义生产关系，加速社会生产和建设的发展，是有重要现实意义的。第一，对个体农业的社会主义改造。土地改革以后，我国农民获得了多年以来梦寐以求的土地，劳动积极性空前高涨，1952年的农业总产值比1949年增长了48%。但是在土地私有制基础上发展起来的小商品经济，使极少数人必然会成为富农。毛泽东十分重视这种阶级分化的问题，认为农业生产合作化运动十分必要。毛泽东还强调，要大力推动农业合作化与社会主义工业化相适应，强调先要有农业生产合作化，才能逐步实现社会主义农业生产的机械化，夯实社会主义经济发展的物质基础。第二，对个体手工业的社会主义改造。与个体农业不同，个体手工业者基本上是从事商品生产，因而原材料和生产设备的供应对个体手工业生产具有很重要的意义。对个体手工业的社会主义改造，是先使它们在国营经济的领导下，从供销方面组织起来，摆脱原材料供应和产品销售的困难，摆脱它们对商业资本的依赖，在此基础上，再在生产上把手工业者进一步组织起来，改造成为集体所有制经济。第三，对资本主义工商业的社会主义改造。资本主义工商业除了对国计民生有利的一面之外，也有不利于国计民生这一面。这是因为民族资本主义在本质上仍然是唯利是图的。在经济恢复和发展时期，特别是在大规模的经济建设开展之后，资本主义工商业得到了很大发展。随之，资产阶级损人利己的本质和发展资本主义的强烈愿望也进一步暴露出来，资本主义的消极作用也有所发展。因此必须要对资本主义进行一定范围的限制。

(2)社会主义工业化。社会主义工业化是对整个国民经济实行社会主义改造的物质基础。工业化是经济近代化的重要成分，近代中国地主阶级与资产阶级的各个派系对于工业化问题都十分重视。中国共产党也高度重视工业化问题，认为工业化发展对于国家综合实力的提升至关重要。近代以来，中国工业化发展举步维艰，工业资本主义饱受封建主义、帝国主义和官僚垄断资本主义的剥削，加上战乱频仍，工业发展基础十分薄弱，工业生产力水平较为低下。新中国成立初期，中国共产党高度重视工业化发展问题，及其对社会主义改造的作用，认为只有建立起强大的社会主义工业，才能吸引、改组和代替资本主义工商业，才能用新的技术改造个体的农业和手工业，保证社会主义经济对资本主义经济和封建经济的完全胜利。

(3)社会主义工业化和社会主义改造是有机统一的。社会主义工业化和社会主义改造，二者相辅相成，互相促进。社会主义过渡时期我国社会的主要矛盾已转变为无产阶级和资产阶级的矛盾，解决这个矛盾的主要任务是改变生产资料私有制，建立社会主义公有制为基础的生产关系。社会主义工业化对社会主义制度的建立有着不可忽视的重要意义，但它所要解决的矛盾不是过渡时期的主要矛盾，它也不是在这个时期内就能完成的。因此，尽管我国在1953年已开始执行第一个五年计划，为建立工业化的初步基础而努力，但在贯彻总路线的过程中，党的工作重点还是在改变生产关系、进行社会主义改造方面。

(三)社会主义建设时期毛泽东经济发展思想

1. "四个现代化"的发展目标

在社会主义建设初期，工业化就被视为我国发展的重点。在1953年中共中央提出社会主义过渡时期总路线时，毛泽东进一步指出："现在是在打社会主义之仗，要完成社会主义现代化和对农业、手工业、资本主义工商业的社会主义改革。这是全国人民的总任务"①。

随后，根据党的过渡时期总路线的要求和毛泽东的意见，周恩来在《政府工作报告》中第一次明确提出了实现"四个现代化"的目标。他指出："如果我们不建设起强大的现代化的工业、现代化的农业、现代化的交通运输业和现代化的国防，我们就不能摆脱落后和贫穷，我们的革命就不能达到目的"②。1959年年底，毛泽东对现代化的内涵作了进一步完善，他提出："建设社会主义，原来要求是工业现代化，农业现代化，科学文化现代化，现在要加上国防现代化。"③1964年年底，周恩来在三届全国人大一次会议上指出："今后发展国民经济的主要任务，总的来说，就是要在不太长的历史时期内，把我国建设成为一个具有现代农业、现代工业、现代国防和现代科学技术的社会主义强国。"④至此，"四个现代化"的奋斗目标基本确立并延续下来。

2. "'以苏为鉴'，走自己的路"的发展模式

新中国成立后，鉴于中国共产党在国家建设等方面的经验不足，毛泽东反复强调要多向苏联学习。在苏联的支持下，中国共产党制定和实施了"一五"计划，实现了国民经济的快速增长，初步为我国的工业化奠定了基础。同时，苏联模式

---

① 《毛泽东文集》(第6卷)，北京：人民出版社1999年版，第280页。
② 《周恩来选集》(下卷)，北京：人民出版社1986年版，第132页。
③ 《毛泽东文集》(第8卷)，北京：人民出版社1999年版，第116页。
④ 《周恩来选集》(下卷)，北京：人民出版社1984年版，第439页。

的弊端和问题开始凸显。20 世纪 50 年代以来，东欧社会主义国家纷纷进行了国内的社会主义改革，开始探索符合本国国情的社会主义建设道路；1956 年，苏共二十大揭露和批判了对斯大林的个人迷信及其严重后果，第一次揭露了苏联社会主义建设中的问题。

在这一背景下，毛泽东明确提出了要"以苏为鉴"，他指出："特别值得注意的是，最近苏联方面暴露了他们在建设社会主义过程中的一些缺点和错误，他们走过的弯路，你还想走？过去我们就是借鉴他们的经验教训，少走了一些弯路，现在当然更要引以为戒。"①毛泽东的《论十大关系》《论正确处理人民内部的矛盾》等重要文章，以及党的八大顺利召开，彰显了中国共产党开始探索一条不同于苏联模式的社会主义道路。正如毛泽东在《十年总结》开篇说道："但从一九五六年提出十大关系起，开始找到自己的一条适合中国的路线。"②

3. "两步走"的发展战略

在社会主义建设中，毛泽东开始思考"四个现代化"的实现步骤。在反复思考和科学研判的基础上，他提出了"两步走"发展战略。1955 年，毛泽东在党的全国代表大会上指出："我们可能经过三个五年计划建成社会主义社会，但要建成为一个强大的高度社会主义工业化的国家，就需要有几十年的艰苦努力，比如说，要有五十年的时间，即本世纪的整个下半世纪。"③毛泽东最初把建设社会主义现代化强国的目标分为 15 年和 50 年两个发展阶段，随着工业化建设的推进，毛泽东又把实现"第二阶段"的时间改为大约 50 年到 75 年。

但在 1958 年后，由于急于求成的发展倾向，毛泽东开始片面追求社会主义建设的高速度、高指标。"赶超英美"的赶超战略背离了经济发展规律，国民经济比例严重失调，中国的现代化建设遭受沉重打击。20 世纪 60 年代后，毛泽东

---

① 《毛泽东文集》(第 7 卷)，北京：人民出版社 1999 年版，第 23 页。
② 《建国以来重要文献选编》(第 13 册)，北京：中央文献出版社 1996 年版，第 418 页。
③ 《毛泽东文集》(第 6 卷)，北京：人民出版社 1999 年版，第 390 页。

进一步深化了对社会主义建设规律的认识，他指出："建设强调社会主义经济，在中国，五十年不行，会要一百年，或者更多的时间。"①在1963年9月的中央工作会议上，毛泽东提出社会主义现代化分"两步走"的战略构想随后，周恩来在三届人大一次会议的《政府工作报告》中正式提出了"两步走"发展战略，并进行了具体规划，即在1980年前，用大约15年时间完成第一步目标；在20世纪内完成第二步目标。

4."农轻重"协调的发展关系

在探索中国社会主义建设的发展道路中，如何认识农轻重关系问题是一个重大的时代课题。对此，毛泽东创造性地提出农轻重并举、两条腿走路的思路。首先，毛泽东农轻重并举的思想，是以中国是农业大国的背景和前提为出发点的。毛泽东指出，"我国是一个大农业国，农村人口占全国人口的百分之八十以上，发展工业必须和发展农业同时并举"。② 其次，毛泽东强调重工业是我国建设的重点，但不能忽视农业和轻工业的发展。在《论十大关系》中，他指出："重工业是我国建设的重点。必须优先发展生产资料的生产，这是已经定了的。但是决不可以因此忽视生活资料尤其是粮食的生产。"③在《关于正确处理人民内部矛盾的问题》中，毛泽东再次强调，"这里所讲的工业化道路的问题，主要是指重工业、轻工业和农业的发展关系问题。我国的经济建设是以重工业为中心，这一点必须肯定。但是同时必须充分注意发展农业和轻工业。"④这一系列思想观念、方式方法充分反映了毛泽东在社会主义建设中"统筹兼顾、协调发展"的思想观念。

5. 为人民谋利益的发展目的

毛泽东明确指出，发展是为了人民的利益，而最直接的表现就是提高人民的

---

① 《毛泽东文集》(第8卷)，北京：人民出版社1999年版，第301页。
② 《毛泽东文集》(第7卷)，北京：人民出版社1999年版，第241页。
③ 《毛泽东文集》(第7卷)，北京：人民出版社1999年版，第24页。
④ 《毛泽东文集》(第7卷)，北京：人民出版社1999年版，第240~241页。

生活水平。"每句话，每个行动，每项政策，都要适合人民的利益。"①"一切空话都是无用的，必须给人民以看得见的物质福利。"②群众路线是中国共产党的根本工作路线，为人民谋利益是社会主义经济发展的根本目的。毛泽东认为，"所谓社会主义生产关系比较旧时代生产关系更能够适合生产力发展的性质，就是指能够容许生产力以旧社会所没有的速度迅速发展，因而生产不断扩大，因而使人民不断增长的需要能够逐步得到满足的这样一种情况。"③

三、中国特色社会主义经济发展理论

发展是中国化马克思主义的重大议题。在中国共产党的百余年历程中，中国共产党人对"什么是发展、为什么发展、怎样发展、发展依靠谁、发展为了谁"等重大问题进行的富有创造性的理论探讨和实践探索，逐渐形成和发展了中国化马克思主义经济发展理论。

(一)邓小平经济发展理论

"发展才是硬道理"是以邓小平同志为主要代表的中国共产党人对发展思想的核心论述，在此基础上提出并牢固树立"一个中心，两个基本点"的基本路线是邓小平理论的突出贡献，反映了中国共产党对发展问题的认识和深化，是对马克思主义发展观的继承和发展。在领导改革开放和社会主义现代化建设的过程中，以邓小平同志为代表的中国共产党人通过对"什么是社会主义，怎样建设社会主义"这一问题的探索和回答，把发展问题提升到一个前所未有的高度，明确提出"发展才是硬道理"等一系列重大经济发展理论，开启了党对中国特色社会

---

① 《毛泽东选集》(第4卷)，北京：人民出版社1991年版，第1128页。
② 《毛泽东文集》(第2卷)，北京：人民出版社1999年版，第467页。
③ 《毛泽东文集》(第7卷)，北京：人民出版社1999年版，第214页。

主义发展思想创新的新征程。

1. 发展才是硬道理

"发展才是硬道理"是邓小平经济发展理论的核心论述。这一论述是立足于社会主义的本质要求，在科学把握时代主题的背景下，在深刻总结国内外社会主义建设实践经验的基础上，逐步形成和发展起来的。

邓小平明确提出和平与发展是当今世界主题，并指出："现在世界上真正大的问题，带全球性的战略问题，一个是和平问题，一个是经济问题或者说是发展问题。和平问题是东西问题，发展问题是南北问题。概括起来，就是东西南北四个字。南北问题是核心问题。"①"发展才是硬道理"的内涵，主要是强调发展在社会主义经济建设中的核心地位，这是对过去社会主义经济建设经验与教训的总结，也是科学判断国际形势得出的重要结论。社会主义是建立在高度发达的生产力基础上的，而要达到高度发达的社会生产力，不依靠发展是无法实现的。发展既是社会主义经济建设的目的，也是社会主义经济建设的手段。过去我们片面强调阶级斗争在社会经济发展中的作用，而忽视了社会生产力发展的客观规律，给我国社会主义建设造成了严重的阻碍。"发展才是硬道理"的提出，是中国共产党在经济社会发展观念中的一次革新，它使得发展问题再度成为社会主义建设中的一个重大问题，重新确立了经济建设在社会主义建设中的中心地位，有利于我们以经济建设为中心，大力发展社会生产力，推动社会主义现代化建设，大力提升人民群众生活水平。

2. "台阶式"发展思想

"台阶式"发展思想是邓小平经济发展理论的一次重大创新。邓小平强调："可能我们经济发展规律还是波浪式前进，过几年有一个飞跃，跳一个台阶，跳

---

① 《邓小平文选》(第3卷)，北京：人民出版社1993年版，第105页。

了以后，发现问题及时调整一下，再前进。"①"台阶式"发展思想遵循了经济发展的客观规律，强调要有效把握和合理利用各种有利条件，加快社会主义经济建设，推动社会主义社会生产力隔一个时期长足增加一次，体现经济发展的积累性。社会主义经济建设需要自力更生、艰苦奋斗，但同时也需要把握机会，在科学分析国内外发展大势的基础上，抓住时代给予的重大机遇，利用自身优势，竭尽全力实现发展目标。

3. "三步走"发展战略

邓小平的"三步走"发展战略是对毛泽东的"两步走"发展战略的继承和创新。在改革开放和社会主义现代化建设的实践中，邓小平深刻分析中国经济发展的基本问题，创造性地提出了"三步走"的发展构想。1985年，邓小平指出："现在人民说中国发生了明显的变化。我对一些外宾说，这只是小变化。翻两番，达到小康水平，可以说是中变化。到下世纪中叶，能够接近世界发达国家的水平，那才是大变化。"②这一重要论述表明邓小平对于中国社会主义经济建设的发展战略有了新的构思。

1987年4月，邓小平明确提出了"三步走"经济发展战略，对我国经济发展的战略目标做了清晰界定，对我国社会主义经济建设的发展阶段划分了重要时间节点，他指出："我们原定的目标是，第一步在八十年代翻一番。以一九八〇年为基数，当时国民生产总值人均只有二百五十美元，翻一番，达到五百美元。第二步是到本世纪末，再翻一番，人均达到一千美元。实现这个目标意味着我们进入小康社会，把贫困的中国变成小康的中国。那时国民生产总值超过一万亿美元，虽然人均数还很低，但是国家的力量有很大增加。我们制定的目标更重要的还是第三步，在下世纪用三十年到五十年再翻两番，大体上达到人均四千美元。

---

① 《邓小平文选》(第3卷)，北京：人民出版社1993年版，第368页。
② 《邓小平文选》(第3卷)，北京：人民出版社1993年版，第143页。

做到这一步，中国就达到中等发达的水平。"①同年，党的十三大正式制定"三步走"发展战略并进行了时间安排。邓小平"三步走"的经济发展战略是对我国社会主义社会经济发展规律的深刻把握，对我国社会主义初级阶段的经济发展长期性、艰巨性和阶段性有了清晰认知，是社会主义现代化建设的科学指引。

4. 改革是经济社会发展的动力

改革开放是社会主义现代化建设新时期最为鲜明的特点。邓小平强调："我们过去没有及时提出改革。但是如果现在再不实行改革，我们的现代化事业和社会主义事业就会被葬送。"②邓小平重申了改革对于社会主义社会经济发展的必要性和重要性，认为固守旧有制度排斥改革，对社会主义事业危害极大。1992 年，邓小平在"南方谈话"中指出："革命是解放生产力，改革也是解放生产力。推翻帝国主义、封建主义、官僚资本主义的反动统治，使中国人民的生产力获得解放，这是革命，所以革命是解放生产力。社会主义基本制度确立以后，还要从根本上改变束缚生产力发展的经济体制，建立起充满生机和活力的社会主义经济体制，促进生产力的发展，这是改革，所以改革也是解放生产力。"③在邓小平看来，改革也是革命，它是在坚持社会主义基本制度的基础上，对现有生产关系中不适应社会生产力发展的部分进行根本性变革，目的也是为了促进社会生产力的发展，这和社会革命的目标在本质上是统一的。同时，社会主义改革并非对旧有体制的修补，而是对社会制度中阻碍社会生产力发展的不合理之处的深刻变革，从变革的深度来说，改革也是一种革命。实践证明，改革对于社会主义社会经济发展起到了积极作用，改革开放以来我社会主义现代化建设的丰富成果足以证明这一思想的科学性。

---

① 《邓小平文选》(第 3 卷)，北京：人民出版社 1993 年版，第 226 页。
② 《邓小平文选》(第 2 卷)，北京：人民出版社 1994 年版，第 150 页。
③ 《邓小平文选》(第 3 卷)，北京：人民出版社 1993 年版，第 370 页。

5. 经济发展的最终目标是促进人自身的发展

邓小平强调，经济发展最终是为了人自身的发展，发展社会生产力最终是为了实现共同富裕。邓小平从来都不是片面地认识发展问题，总是把发展同促进人自身的发展联系在一起的。邓小平强调："一个公有制占主体，一个共同富裕，这是我们所必须坚持的社会主义的根本原则。"①邓小平是从社会主义根本原则的角度把共同富裕作为社会主义的根本目的和价值取向；他还一再提出，社会主义社会精神文明建设的根本任务是"使我们的各族人民都成为有理想、讲道德、有文化、守纪律的人民"；② 他还创造性地提出，判断改革开放和一切工作是非得失的标准，"应该主要看是否有利于发展社会主义社会的生产力，是否有利于增强社会主义国家的综合国力，是否有利于提高人民的生活水平。"③

(二)"三个代表"重要思想中关于经济发展的理论

中国共产党人对经济社会发展理论的探索是在改革开放伟大实践中一步步拓深的。党的十三届四中全会以后，以江泽民同志为主要代表的中国共产党人对"建设什么样的党，怎样建设党"重大问题的思考，明确提出"发展是党执政兴国的第一要务"等系列观点，推动我国经济社会发展取得了巨大成就。"发展是党执政兴国的第一要务"是对江泽民经济发展思想的科学凝练，不仅科学地阐明了党在新世纪的历史使命，而且进一步凸显了发展在当代中国的地位，是对中国特色社会主义发展理论的深化和发展。

1. "发展是党执政兴国的第一要务"

2002 年 6 月，江泽民在中央党校省部级干部进修班上首次提出了"发展是党

---

① 《邓小平文选》(第 3 卷)，北京：人民出版社 1993 年版，第 111 页。
② 《邓小平文选》(第 2 卷)，北京：人民出版社 1994 年版，第 408 页。
③ 《邓小平文选》(第 3 卷)，北京：人民出版社 1993 年版，第 372 页。

执政兴国的第一要务"。同年 11 月，江泽民在党的十六大报告中再次强调，"党要承担起推动中国社会进步的历史责任，必须始终紧紧抓住发展这个执政兴国的第一要务，把坚持党的先进性和发挥社会主义制度的优越性，落实到发展先进生产力、发展先进文化、实现最广大人民的根本利益上来，推动社会全面进步，促进人的全面发展。"①中国共产党能否带领中国人民和中华民族实现伟大复兴的历史使命，关键在于党能否始终保持党的先进性。在当今世界，中国共产党要保持自身的先进性，就必须全面贯彻"三个代表"重要思想，就必须始终坚持"发展是党执政兴国的第一要务"这一重大论断。

2. "新三步走"的发展战略

江泽民在邓小平"三步走"发展战略的基础上，提出了新"三步走"的发展战略。1987 年党的十三大明确了邓小平"三步走"的发展战略构想。经过全党全国人民的共同努力，到 20 世纪末，我国人民生活总体上达到了小康水平，邓小平"三步走"构想的第一步和第二步已经初步实现。世纪之交，江泽民延续了邓小平"三步走"发展战略思想，围绕如何实现第三步的发展目标，提出了新"三步走"的发展战略。江泽民指出："在九十年代，我们要初步建立起新的经济体制，实现达到小康水平的第二步发展目标。……再经过二十年的努力，到建党一百周年的时候，我们将在各方面形成一整套更加成熟更加定型的制度。……在这样的基础上，到下世纪中叶建国一百周年的时候，就能够达到第三步发展目标，基本实现社会主义现代化。"②1997 年 9 月，江泽民在党的十五大报告中清晰阐述了新"三步走"战略的图景。党的十六大则立足全面建设小康社会的历史重任，对 21 世纪头 20 年进行了重要部署，进一步完善了新"三步走"发展战略。新"三步走"战略更具体、更实在、更明确：一方面，新"三步走"战略对"建立社会主义市场经济体制"作出了具体部署和时间规划；另一方面，新"三步走"战略

---

① 《十六大以来重要文献选编》（上），北京：中央文献出版社 2005 年版，第 10 页。
② 《江泽民文选》（第 1 卷），北京：人民出版社 2006 年版，第 253 页。

是对邓小平"三步走"战略中第三步的细化，对于全面建设小康社会提供了更加明确的指导。

3. "跨越式"的发展思路

实现"跨越式"发展，一方面要坚持走新型工业化道路。但在信息化时代的背景下，我们想要实现在经济发展领域对西方国家的"赶超"，就必须打破传统的工业化发展模式，走出一条新型工业化道路。在党的十六大报告中，江泽民对新型工业化道路进行了深刻的阐述，他指出："坚持以信息化带动工业化，以工业化促进信息化，走出一条科技含量高、经济效益好、资源消耗低、环境污染少、人力资源优势得到充分发挥的新型工业化路子。"[①]实现"跨越式"发展，另一方面要加快经济增长方式的转变和产业结构的调整。我们曾片面地把发展视为经济总量的提升、经济增速的提高，这种思想反映在经济建设实践中就表现为投资总量的居高不下、资源的严重浪费、环境的持续破坏等。党的十四届五中全会第一次提出了"增长方式从粗放型向集约型转变"。增长方式的转变，就要我们从主要依靠投资、出口拉动转向依靠科技创新和提高劳动者素质上来，从提高经济发展的总量转向注重经济发展的质量上来。在经济增长方式的转变过程中，进一步加快产业结构的优化、调整、升级，通过新技术、新工业提高劳动生产率，降低成本，扩大产出，通过产业的发展，推动经济增长方式的转变，合理改变生产要素在社会范围内的投入和组合，进而带动整个社会经济的全面发展。

4. 正确处理改革发展稳定的关系

改革、发展与稳定，是社会主义经济建设中的一组重要概念，在逐步探索社会主义现代化建设的过程中，中国共产党逐步提出了正确处理改革发展稳定关系的思想。江泽民指出，"改革发展稳定构成了我国社会矛盾运动三个基本方面。

---

① 《江泽民文选》(第3卷)，北京：人民出版社2006年版，第545页。

关系处理得当，就能总揽全局，保证经济和社会顺利发展；处理不当，就会吃苦头，付出代价。"①改革发展稳定三者相互依存、相互制约、相辅相成，是一个统一整体。改革是发展的动力，是实现长期稳定的基础，要加快发展必须进行改革，要真正实现长期的稳定也必须深化改革。发展是改革的目的，是稳定最可靠的保证，加快经济发展是我们全部工作的中心，是解决所有问题的关键。稳定是改革和发展的前提条件，没有稳定的社会条件和政治环境，经济发展就会受到严重阻碍，社会改革也会难以进行。在经济发展过程中要处理好这三者的关系，这有利于我国社会主义经济建设的健康发展。

(三)科学发展观中关于经济发展的理论

中国特色社会主义进入新的世纪，中国共产党的经济发展理论也根据时代需求进行了创新与发展。党的十六大以后，以胡锦涛同志为主要代表的中国共产党人，牢牢把握发展这个时代主题，深入分析我国发展的阶段性特征，创造性地提出了以人为本全面协调可持续的发展观即科学发展观，推动了经济社会与人的全面协调发展。科学发展观的提出，充分说明了中国共产党对于经济发展问题的进一步把握，实现了中国共产党经济发展理论的又一次重大创新，对于接续推进中国特色社会主义发展，促进社会主义现代化建设具有重大意义。

1. 推动经济社会发展是科学发展观的第一要义

党的十七大明确指出，科学发展观的第一要义是发展。这既是对唯物史观生产力决定生产关系的深化，也是对我国社会主义建设和发展的总结。坚持发展是第一要务，一是要转变发展观念。20 世纪 50 年代我们党曾提出"多快好省建设社会主义"的思路，20 世纪 90 年代又提出"又快又好"的发展思路，这两种发展理念都存在着片面追求经济增长速度的问题，并在一定程度导致经济质量和效益

---

① 《中国共产党第十四届中央委员会第五次全体会议文件》，北京：人民出版社 1995 年版，第 10 页。

的下降。基于对我国过去发展观念经验教训的总结，胡锦涛在 2006 年中央经济工作会议上强调，要努力实现国民经济"又好又快"的发展。从"又快又好"到"又好又快"的转变，充分反映了当代中国在经济建设上更加注重发展的质量和效益。二是变革经济发展方式。长期以来，我国经济增长主要依靠增加要素投入来实现，这种粗放型的经济发展方式严重阻碍了中国经济的健康持续发展。从党的十三大以来，党和国家就开始高度重视经济增长方式的转变。党的十七大根据经济社会发展的实际情况，将"经济增长方式"改为"经济发展方式"，并就如何转变经济发展方式进行了具体部署，要求做到"两个坚持"和"三个转变"。

2. 以人为本的核心立场

以人为本，主张人是发展的根本目的，一切为了人，一切服务于人，回答了"为谁发展"的问题；主张人是发展的主体，是先进生产力的创造者，回答了"靠谁发展"的问题。科学发展观所倡导的"以人为本"的理念，不仅继承了马克思"人的自由而全面发展"的思想，而且还赋予了其新的时代内涵；不仅是全面建设小康社会和社会主义现代化建设的价值追求，而且揭示了实现中国共产党时代使命的动力源泉。科学发展观所倡导的"以人为本"的理念，是中国共产党理论创新的重大突破，是中国共产党立党为公、执政为民的本质要求，是发展的价值回归。

人民群众是实践的主体，是历史的创造者。在社会主义现代化建设的实践中，人民群众是"社会全面进步和人的全面发展的直接推动者"。[①] 正是人民群众而不是其他的什么阶级创造了社会主义社会的先进生产力，社会主义社会的生产关系以及解放和发展社会生产力的各项体制机制，最终的承担者仍是人民群众；人民群众是探索中国特色社会主义经济发展道路的历史主体，是中国共产党关于社会主义经济建设路线、方针和政策的实践主体；人民群众创造了社会主义社会

---

① 孙居涛：《马克思主义经济理论中国化基本问题》，北京：中国社会科学出版社 2008 年版，第 131 页。

的物质文明、精神文明、政治文明与社会文明，也是社会主义经济发展成果的享有者。胡锦涛强调："全国各族人民是建设中国特色社会主义事业的主体，人民群众积极性创造性的充分发挥是我们事业成功的保证，不断实现最广大人民的根本利益是我们党全部奋斗的最高目的。"①科学发展观以人为本的核心立场，就是中国共产党群众观点和群众路线的深刻展现，充分发挥了人民群众的首创精神，有利于发挥人民群众在经济发展实践中的积极性、创造性和主动性，人民群众推动社会生产力的长足发展，社会主义现代化的发展成果也终将由全体人民共同享有，这是马克思主义群众观点在新世纪的新发展，为新世纪接续发展中国特色社会主义提供了根本的价值遵循，是对中国共产党历来经济发展观念的继承与发展。

3. 全面协调可持续的基本要求

科学发展观提倡的全面发展，是包括社会主义经济、政治、文化、社会和生态等各个方面的全面综合发展。第一，要重视协调发展。协调发展，强调社会发展的各个方面都要相互适应。协调发展，就是要协调社会发展中的工农业问题、城乡问题、区域发展不平衡问题等，从而推动全面建设小康社会。第二，要重视可持续发展。可持续发展，就是要保证经济社会发展的长期性和持续性。坚持可持续发展，就要处理好经济发展和自然条件的关系。一是建设人口均衡型社会。这就要"在稳定低生育水平的基础上，着力提高人口质量，优先发展人力资源，改善人口结构，引导人口合理分布"。② 二是建设资源节约型社会。有针对性地开发利用可再生能源资源和不可再生能源资源，开发与节约并举，突出资源的综合利用，重点开发循环经济，为可持续发展提供能源基础。三是建设环境友好型社会。努力保持经济发展和生态环境的平衡，实现人与自然的和谐发展。

---

① 《十六大以来重要文献选编》（上），北京：中央文献出版社 2005 年版，第 369 页。
② 《十六大以来重要文献选编》（中），北京：中央文献出版社 2005 年版，第 821 页。

4. 统筹兼顾的根本方法

统筹兼顾是科学发展观的根本方法，是辩证唯物主义方法论的具体体现，是经济社会发展的必然要求。处理好经济发展中的重大关系，必须贯彻统筹兼顾这一根本方法。党的十八大报告明确指出："必须更加自觉地把统筹兼顾作为深入贯彻落实科学发展观的根本方法，坚持一切从实际出发，正确认识和妥善处理中国特色社会主义事业中的重大关系。"①

(1)统筹城乡发展。要统筹城乡制度改革，消除制约农业农村发展的体制机制障碍，实现城乡公共服务均等化；要注重政策向农村、农业、农民倾斜，通过税收、财政政策，加强对"三农"的投入，促进农业发展；要建立以工促农、以城带乡的长效机制，发挥城市对农村的带动作用，促进城乡产业结构调整，实现工农、城乡的良性互动、优势互补；要加快推进城镇化建设，引导农村劳动力转移，鼓励村社经济，发展农业产业化、规模化经营。

(2)统筹区域发展。要从国家战略的总体布局出发，从区域经济发展的理念着手，对各区域的经济发展进行整体设计和具体部署；要积极稳妥地推进西部大开发战略，振兴东北老工业基地，加快中部崛起，贯彻落实帮扶政策，构建经济发达地区和经济欠发达地区之间相互促进、资源互补、共同发展的格局。

(3)统筹经济和社会发展。经济发展并不是唯一目的，在以经济建设为中心的同时，要统筹好经济发展与社会发展的关系，重视民生建设，保障人民福祉。要在经济发展的同时，注重社会发展，切实地关注和解决就业、教育、医疗、公共卫生、社会保障和公平正义等社会问题。

(4)统筹人与自然和谐发展。要处理好人口、资源、环境和经济建设的关系，增强公民环保意识，加大环保力度，改善生态环境，合理开发利用资源，努力开创生产发展、生活富裕和生态良好的文明发展道路。

---

① 胡锦涛：《坚定不移沿着中国特色社会主义道路前进 为全面建成小康社会而奋斗》，载《人民日报》2012 年 11 月 9 日。

四、新发展理念

中国共产党人针对不同发展时期的时代要求，提出了与之相适应的发展理念和发展战略，为中国特色社会主义的发展指明了方向。党的十八大以来，以习近平同志为核心的党中央在总结中国共产党已有经验的基础上，根据新时代中国特色社会主义的主要矛盾和时代要求，与时俱进地提出了新发展理念、新发展阶段及新发展格局等一系列重要发展思想，并将其作为一个有机整体写进中央全会文件。

(一) 新发展理念形成的社会条件

科学判断国内外形势，历来是我们党制定正确的路线方针政策的依据，也是统一思想和行动的前提。习近平总书记详细阐述了新发展理念的由来、科学内涵等一系列问题，强调新发展理念是在深刻总结国内外发展经验教训、深刻分析国内外发展大势、针对我国发展中的突出矛盾和问题提出来的。

1. 新时代国内外发展大势的深刻变革

当前我国正处于经济结构不断优化、经济发展长期向好的新发展时期。在这一新发展阶段，我们在迎接机遇的同时也仍然面临着诸多挑战。从国内发展大势来看，当前我国经济发展仍处于增长速度的换挡期、结构调整的阵痛期和前期刺激政策的消化期。从国际发展的大势来看，当前我们正面临百年未有之大变局，传统与非传统安全威胁复杂交织，外部势力从未放弃对我国的各种施压和阻挠，科技竞争日趋激烈。国际国内发展大势启示我们，科技创新日益成为经济增长方式调整和新旧动能转换的关键。习近平总书记进一步强调："如果科技创新搞不上去，发展动力就不可能实现转换，我们在全球经济竞争中就会处于下风。"①由此，统筹国内国际两个大局，迫切需要将工作的重点放在调整经济结构、转变发展方式和依靠创新驱动上，以此推动我国经济的可持续发展。

2. 新时代我国经济发展不平衡不充分问题的凸显

进入新时代，我国社会生产力水平得到大幅度提升，经济迅速发展，总量稳居世界第二。在我国经济增长的关键时期，经济社会发展也积累了不少问题和矛盾。主要表现为：创新能力不够强、区域发展不平衡、收入差距过大、产业结构不合理、资源约束趋紧、生态环境破坏较为严重、对外开放水平总体上还不够高等突出矛盾和问题。解决这些问题迫切需要以新发展理念回应当前我国经济社会发展的突出问题。具体来说，以创新发展增强科技对经济的贡献率和支撑力，以协调发展促进区域城乡、物质文明与精神文明的和谐发展，以绿色发展协调人与自然生态的共生、共存关系，以开放发展解决发展中的内外联动难题，以共享发展精准解决分配不公、收入差距过大等现实突出问题。

3. 新时代提升我国经济发展质量效益的现实需要

进入新时代，我国经济发展呈现出许多突出特征，"经济增长速度要从高速转向中高速，发展方式要从规模速度型转向质量效率型，经济结构调整要从增量扩能为主转向调整存量、做优增量并举，发展动力要从主要依靠资源和低成本劳动力等要素投入转向创新驱动。"②党的二十大报告指出，实现高质量发展是中国式现代化的本质要求之一。在当前完成这一系列的重大战略任务，实现我国经济高质量发展，根本之道在于全面科学贯彻新发展理念。发展理念是经济建设实践的先导，贯彻新发展理念，要涉足经济社会发展的各个方面，将创新、协调、绿色、开放、共享的理念渗透到社会生产的各个层面，实现全要素生产率的提升，

---

① 习近平：《在党的十八届五中全会第二次全体会议上的讲话》，载《求是》2016 年第 1 期。
② 中共中央文献研究室：《习近平关于社会主义经济建设论述摘编》，北京：中央文献出版社 2017 年版，第 96 页。

实现区域间、城乡间、产业间的协调发展，秉持经济发展可持续性原则，发挥国内外积极因素，保障全体人民共同福祉，真正实现发展质量的提升，真正做到经济发展效益的扩大，增强我国经济发展的整体实力。

(二) 新发展理念的主要内容

新发展理念是党中央的一个重大理论创新，其主要内容充满着时代气息，具有十分丰富的科学内涵。新发展理念"回答了关于发展的目的、动力、方式、路径等一系列理论和实践问题，阐明了我们党关于发展的政治立场、价值导向、发展模式、发展道路等重大政治问题"。①

1. 创新发展注重解决发展动力问题

创新主要解决发展的动力问题，是牵动经济社会发展全局的"牛鼻子"。对于我国这么大体量的经济来说，不解决好经济发展的动力问题，经济高质量发展就无从谈起。党的二十大报告强调，创新才能把握时代、引领时代。新发展理念顺应时代需求，重视创新对推动社会主义现代化建设的积极作用，将科技创新摆在国家发展全局的核心位置。将科技创新发展置于发展全局的核心位置是由其特殊性所决定的。科技创新抓住了我国科技发展的薄弱环节，是解决我国经济发展存在突出问题的关键，也是把握世界发展大势的必然要求。习近平总书记深刻指出："创新是一个复杂的社会系统工程，涉及经济社会各个领域。"②虽然科技创新在新发展理念中占有突出位置，但创新发展又不仅仅局限于科技创新，而是全方位全领域的创新，包含理论创新、制度创新、文化创新、管理创新等方面，目的是通过创新推动全要素生产率的提升，从根本上实现经济发展方式的转型升级。为此，习近平总书记进一步指出："必须把创新摆在国家发展全局的核心位

---

① 习近平：《把握新发展阶段，贯彻新发展理念，构建新发展格局》，载《求是》2021年第9期。
② 中共中央文献研究室：《习近平关于社会主义经济建设论述摘编》，北京：中央文献出版社2017年版，第35页。

置，不断推进理论创新、制度创新、科技创新、文化创新等各方面创新，让创新贯穿党和国家一切工作，让创新在全社会蔚然成风。"①

2. 协调发展注重解决发展不平衡问题

习近平总书记指出："下好'十三五'时期发展的全国一盘棋，协调发展是制胜要诀。"②党的十八大以来，以习近平同志为核心的党中央统筹推进"五位一体"总体布局和协调推进"四个全面"战略布局，推动党和国家事业快速发展。在社会主义现代化建设稳步推进的同时，我国经济社会也存在发展不平衡、不协调、不可持续等问题，主要表现为城乡区域、产业结构、经济与社会发展、物质和精神文明"一条腿长、一条腿短"等突出问题。为此，习近平总书记明确指出："在经济发展水平落后的情况下，一段时间的主要任务是要跑得快，但跑过一定路程后，就要注意调整关系，注重发展的整体效能，否则'木桶效应'就会愈加显现，一系列社会矛盾会不断加深。"③党的二十大报告指出，中国式现代化是物质文明和精神文明相协调的现代化。为此，在新时代中国特色社会主义经济建设的实践中，我们要把握好经济社会发展中的重大关系，协调好城乡关系、工农关系、劳资关系等，统筹各方，大力促进新型工业化、城镇化、信息化与农业现代化的协调发展，实现整体性的发展目标。

3. 绿色发展注重解决人与自然和谐共生问题

绿色发展是以正确处理人与自然关系为核心的发展，是实现永续发展的必要条件。党的十八大以来，随着社会主要矛盾的转变，人民群众对清新空气、干净饮水、优美环境等美好生活的期待愈加强烈。党的二十大报告指出，中国式现代化是人与自然和谐共生的现代化。以习近平同志为核心的党中央更加重视我国生

① 《十八大以来重要文献选编》（中），北京：中央文献出版社 2016 年版，第 792 页。
② 中共中央文献研究室：《习近平关于社会主义经济建设论述摘编》，北京：中央文献出版社 2017年版，第 36 页。
③ 《十八大以来重要文献选编》（中），北京：中央文献出版社 2016 年版，第 825～826 页。

态文明建设，提出了"保护生态环境就是保护生产力""绿水青山就是金山银山"等一系列重要观点，推动经济社会绿色发展。绿色发展要求进一步促进经济社会发展全面绿色转型，建立健全绿色低碳循环发展体系，以此推动经济发展与生态环境保护相协调。在此意义上，习近平总书记进一步指出："像保护眼睛一样保护生态环境，像对待生命一样对待生态环境，推动形成绿色发展方式和生活方式"，① 为推动美丽中国建设乃至全球生态文明作出新贡献。

4. 开放发展注重解决发展内外联动问题

世界正经历百年未有之大变局，经济治理体系和规则面临重大调整，单边主义、贸易保护主义抬头，世界经济不稳定性、不确定性因素进一步增多，这给我国对外开放带来了巨大的压力。当前，我国对外开放还面临着水平不够高、应对国际贸易摩擦的能力还不强、运用国际经贸规则的本领比较弱等困境。习近平总书记指出："现在的问题不是要不要对外开放，而是如何提高对外开放的质量和发展的内外联动性"，② 发展更高层次的开放型经济，进而推动经济高质量发展。立足我国自身发展阶段和发展条件，把握世界经济发展大势，以习近平同志为核心的党中央提出了"加快构建以国内大循环为主体、国内国际双循环相互促进的新发展格局"③。在新发展格局下，中国将同世界各国共享经济发展机遇，实现深化合作、互利共赢的发展要求。

5. 共享发展注重解决社会公平正义问题

解决社会公平正义问题，大力推动全体人民共同富裕是共享发展理念提出的主要目的，生动体现了以人民为中心的发展思想。习近平总书记指出："我们追

---

① 习近平：《习近平谈治国理政》（第 2 卷），北京：外文出版社 2017 年版，第 209~210 页。
② 中共中央文献研究室：《习近平关于社会主义经济建设论述摘编》，北京：中央文献出版社 2017 年版，第 24 页。
③ 《中华人民共和国国民经济和社会发展第十四个五年规划和 2035 年远景目标纲要》，北京：人民出版社 2021 年版，第 38 页。

求的发展是造福人民的发展，我们追求的富裕是全体人民共同富裕。"①一方面，经过长期努力我国实现了全面建成小康社会的伟大胜利，正开启全面建设社会主义现代化国家新征程，我国经济社会正蓬勃发展。另一方面，我国发展的"蛋糕"虽然在不断做大，但分配不公的问题仍然比较突出，阻碍社会公平正义的现象时有发生，如居民收入差距过大、城乡区域公共服务水平差距较大、区域发展不平衡等等问题，共享改革发展成果的重要目标仍未完全实现。针对这些突出问题，习近平总书记进一步指出："物质丰富了，但发展极不平衡，贫富悬殊很大，社会不公平，两极分化了，能得人心吗？"②要求我们树立共享发展理念，正确处理生产与分配的关系，使全体人民在共建共享中有更多的获得感、幸福感，向全体人民共同富裕的奋斗目标进发。

(三) 新发展理念的重大意义

新发展理念是中国共产党经济发展理论的重大革新，成功指导了新时代中国特色社会主义经济建设。新发展理念丰富了中国特色社会主义政治经济学，为新时代中国特色社会主义现代化建设提供了重要指引，同时为全人类发展问题提供了中国智慧和中国方案。

1. 丰富了中国特色社会主义政治经济学

新发展理念作为习近平经济思想的主要内容，不仅在继承党的发展理论中不断前进，还根据实践的新要求、人民的新期待，不断赋予经济建设更加鲜明的目标追求，阐明了生产力与生产关系、公平与效率、对内与对外、人与自然等多对重大关系，标志着我们党的经济发展理论达到新的高度，极大丰富和发展了中国

---

① 中共中央文献研究室：《习近平关于社会主义社会建设论述摘编》，北京：中央文献出版社 2017 年版，第 35 页。

② 中共中央文献研究室：《习近平关于社会主义社会建设论述摘编》，北京：中央文献出版社 2017 年版，第 32 页。

特色社会主义政治经济理论。具体来说，创新发展理念凸显了创新在当代经济社会发展和国际竞争中的第一引领地位，丰富发展了关于科学技术是第一生产力的理论；协调发展理念不仅体现了关于发展的平衡与不平衡的辩证法和系统论，还明确了中国共产党统领全局、协调各方的根本领导地位，丰富和发展了关于经济发展的整体性理论；绿色发展理念不仅反映了可持续发展规律的内在要求，而且体现了人与自然和谐共生的生态理念，丰富发展了科学发展观；开放发展理念不仅反映了经济全球化的时代潮流和内在要求，还体现了构建人类命运共同体的理想追求，丰富发展了开放发展理论；共享发展理念不仅反映了实现全体人民共同富裕的社会主义本质要求，并且丰富了以人民为中心的发展思想，生动展现了为人民服务的根本宗旨和理论特性。

2. 提供了新时代社会主义现代化建设的指引

党的十九大报告确立了决胜全面建成小康社会、开启全面建设社会主义现代化国家新征程的伟大目标。为了实现这个伟大目标，我们必须更加旗帜鲜明地运用新发展理念解决前进道路中的新问题、新挑战。坚持新发展理念，是化解新时代我国社会主要矛盾、解决我国发展面临的突出问题、实现"两个一百年"奋斗目标的必然要求，具有极强的现实针对性。进入新时代，我国主要矛盾发生了转化。从人民需要方面看，人民群众对美好生活的需求愈加强烈，不仅对物质生活提出了更高要求，对民主、法治、环境等各方面的需求也在不断增长。从社会生产来看，当前我国经济正处于由高速增长转向高质量发展的关键阶段。在此关键时期，我国经济社会发展仍存在不平衡不充分的问题。要解决我国经济发展面临的突出问题，必须坚持将新发展理念贯彻落实到现代化建设的全过程。新发展理念着力于增强发展动力、改善生态环境、加强内外联动、促进公平正义等各个方面，从经济、政治、文化、社会、生态各个角度促进人的全面发展，社会主义现代化建设的全面进步，为经济高质量发展提供了新的动能。实践充分证明，新发展理念是指导新时代我国经济发展、促进社会主义现代化建设的重大指引。

3. 贡献了解决全人类发展问题的中国智慧和中国方案

新发展理念不仅给广大发展中国家经济发展提供了重要借鉴，而且为发达国家提供了发展思路的全新选择。当今世界，面临百年未有之大变局，无论是发达国家，还是发展中国家都面临着或多或少来自发展的系列问题。从发展中国家方面看，创新动力不足、经济结构单一、人口与环境问题凸显，经济陷入不协调、不可持续的发展境地。从发达国家方面看，存在着贫富差距过大、经济增速不断下滑及复苏乏力等问题。上述来自发展中国家和发达国家的问题之所以如此突出，来源于其并未"对症下药"。在马克思主义经济发展理论的指导下，结合本国的具体国情，中国共产党形成了系统的经济社会全面发展的科学理论，在解决好自身发展问题的同时，也为长期陷入发展问题的国家提供了科学方案。无论是陷入发展困局的发展中国家还是经济持续低迷的发达国家，只有抓住创新这个"牛鼻子"，才能在经济发展困局中寻找出路。同时，发展中国家只有以创新为中心基点，更加注重"协调""绿色""开放"的协同，才能走出经济发展的泥淖；发达国家则只有在注重创新的同时，着重加强"协调""共享"的协同发展，才能真正走上经济复兴之路。可以说，新发展理念是根植中国、面向世界的科学理论，为世界各国提供了发展思路的重要借鉴和全新选择。

第三章

中国化马克思主义所有制理论

所有制关系是最基本的社会经济关系，它决定着社会性质和人们在生产、分配、交换、消费等各方面的经济关系。马克思主义所有制理论内容丰富、博大精深，贯穿马克思、恩格斯、列宁等经典作家探索科学社会主义理论的整个过程，是马克思主义政治经济学理论体系的重要组成部分。在中国化马克思主义经济理论的形成与发展过程中，马克思主义所有制理论的中国化是其不可缺少的重要内容。全面系统地研究马克思主义所有制理论及其中国化的理论成果，具有重要的理论和现实意义，不仅是深入挖掘其理论价值的需要，更是深化我国所有制改革和完善社会主义初级阶段基本经济制度的需要。

一、马克思列宁主义所有制理论

马克思和恩格斯高度重视所有制问题，他们对资本主义条件下的所有制关系进行了深入系统研究，揭示了资本主义终将灭亡的历史必然性，并对未来社会所有制作出了一些预测和设想，创立了马克思主义所有制理论，为中国化马克思主义所有制理论的形成提供了理论来源。1917 年，俄国十月革命建立了世界上第一个社会主义国家，使科学社会主义从理论变成现实。列宁、斯大林将马克思主义所有制理论与俄国的实际情况相结合，在实践中推动了马克思主义所有制理论的创新和发展，为马克思主义所有制理论的中国化提供了重要的启发和经验教训。

(一) 马克思、恩格斯关于未来社会所有制理论的构想

1. 未来社会必须建立生产资料的共同占有形式

马克思主义所有制理论是马克思、恩格斯运用辩证唯物主义和历史唯物主义的方法，在深入分析人类社会尤其是资本主义社会生产力与生产关系矛盾运动的基础上创立的科学理论，其最为重要的内容就是对资本主义私有制的分析与批

判。在对资本主义经济关系进行深入分析的基础上，马克思、恩格斯深刻地阐明了资本主义生产方式的发展趋势，并对未来社会的所有制作了大胆的预测，指出在未来社会将消灭生产资料私有制，建立生产资料公有制。他们一方面深刻揭露出资本主义私有制同社会化大生产的深层矛盾，指明私有制必然灭亡的历史趋势；另一方面始终主张实行生产资料公有制，并把消灭私有制、建立公有制当作无产阶级解放运动的基本问题。

马克思主义经典著作中多次提到未来社会要消灭私有制建立公有制的思想。在《德意志意识形态》中，马克思、恩格斯在论述所有制的历史演进时提出，"随着私有制的消灭，随着对生产实行共产主义的调节以及这种调节所带来的人们对于自己产品的异己关系的消灭，供求关系的威力也将消失"，[1] 指明了消灭私有制是共产主义生产方式得以产生的前提。

在《共产主义信条草案》中，恩格斯在谈到未来社会所有制的设想时，明确指出共产主义者要实现自己的目的，就要消灭私有制，"废除私有财产，代之以财产公有"。[2] 在《共产党宣言》中，马克思、恩格斯以辩证唯物主义和历史唯物主义的方法为指导，对资本主义生产力和生产关系的矛盾运动进行了深入分析，揭示了资本主义私有制具有创造巨大的社会生产力、推动社会形态前进的历史进步性，但是私有制的存在是产生贫富分化、阶级剥削与压迫，进而导致人与人之间不平等的根源。因此，马克思、恩格斯明确提出了共产党人消灭私有制的历史使命，"共产主义的特征并不是要废除一般的所有制，而是要废除资产阶级的所有制"，"共产党人可以把自己的理论概括为一句话：消灭私有制"。[3] 在此基础上，马克思恩格斯进一步描绘了未来社会实行财产公有的设想："把资本变为公共的、属于社会全体成员的财产……这里所改变的只是财产的社会性质。它将失掉它的阶级性质。"[4]

---

① 《马克思恩格斯选集》（第1卷），北京：人民出版社2012年版，第167页。
② 《马克思恩格斯全集》（第42卷），北京：人民出版社1979年版，第373页。
③ 《马克思恩格斯选集》（第1卷），北京：人民出版社2012年版，第414页。
④ 《马克思恩格斯选集》（第1卷），北京：人民出版社2012年版，第415页。

在《资本论》中，马克思从资本主义基本矛盾出发，分析了资本主义私有制产生、发展和灭亡的历史规律，揭示了其必然灭亡的历史趋势。在资本主义生产方式下，生产的社会化和生产资料私人占有之间存在着巨大矛盾，这种矛盾在资本主义条件下无法被完全消除，矛盾的最终发展趋向注定是消灭私有制，实行生产资料的社会占有。随着资本主义的发展，"生产资料的集中和劳动的社会化，达到了同它们的资本主义外壳不能相容的地步。这个外壳就要炸毁了。资本主义私有制的丧钟就要响了。剥夺者就要被剥夺了"。①

在马克思、恩格斯设想的未来社会中，阶级差别已经消灭，公有制取代私有制，全体成员共同占有生产资料。此时的社会生产力高度发达，人们的物质需求和精神需求都可以得到满足，每个人都能得到全面而自由的发展。

从以上马克思和恩格斯经典著作中关于所有制的论述中，可以清晰地看出，他们关于未来社会所有制理论的重要构想与基本结论就是消灭生产资料私有制，代之以生产资料公有制。

2. 未来社会公有制的实现形式

马克思主义认为，所有制是一个历史范畴，所有制及其实现形式不是固定不变的，为了适应生产力的不断发展，所有制及其实现形式也会发生变化。资本主义生产方式下的生产资料私有制终将会因为不适应社会化大生产而被公有制所取代。② 同时，马克思清醒地认识到，公有制彻底取代私有制将是一个长期的历史过程。从无产阶级夺取政权建立无产阶级专政，然后通过国家政权的强制力量把生产资料收归国有，到最终彻底消灭私有制，实现生产资料由全体社会成员占有是一个漫长的历史过程。对资本主义私有制的改造会有多种不同的途径，相应地，公有制也有多种不同的实现形式，③ 公有制的实现形式应根据具体历史条件

① 《马克思恩格斯文集》(第5卷)，北京：人民出版社2009年版，第874页。
② 虞东方：《改革开放以来马克思主义所有制理论的中国化研究》，沈阳：沈阳理工大学2011年硕士论文，第10页。
③ 吴淑娴：《马克思所有制思想研究》，武汉：湖北教育出版社2007年版，第198页。

的不同而有所变动。马克思、恩格斯设想的未来社会公有制的实现形式主要包括国家所有制和集体所有制。

（1）国家所有制。在《共产党宣言》中，马克思、恩格斯提出，无产阶级在取得政权之后，"将利用自己的政治统治，一步一步地夺取资产阶级的全部资本，把一切生产工具集中在国家即组织成为统治阶级的无产阶级手里"。① 在《共产党在德国的要求》一文中，他们又提出："各邦君主的领地和其他封建地产，一切矿山、矿井等等，全部归国家所有。"②由以上论述可以看出，马克思、恩格斯设想的未来社会的公有制首先是生产资料由全体社会成员共同占有的国家所有制，特别强调了对于关系到国计民生和国家经济命脉的财富和资源，必须由无产阶级的国家政权占有，使其变为国家财产。

需要指出的是，公有制的实现形式在共产主义的不同发展阶段中也是不同的，国家所有制有一个发展过程。在共产主义初级阶段，公有制主要采取国家所有制的形式。而到了共产主义的高级阶段，社会生产力高度发达，物质产品极大丰富，阶级和阶级差别完全消失，国家自行消亡，由全体社会成员占有全部生产资料，公有制将采取社会所有制的形式。③

（2）合作制与集体所有制。马克思、恩格斯认为，公有制也可以采用集体所有制的实现形式。在无产阶级政权掌握生产资料的条件下，应该以合作社作为私人小生产过渡到集体大生产的中间环节，即在社会主义阶段，合作社式的集体所有制是公有制的必要形式。马克思在《巴枯宁〈国家制度和无政府状态〉》中指出，在无产阶级掌握政权后，"将以政府的身份采取措施……促进土地的私有制向集体所有制过渡"。④ 恩格斯进一步发展了这种思想，他在《法德农民问题》中，系统地论述了农民走合作化道路的必然性，指出："我们对于小农的任务，首先是

---

① 《马克思恩格斯选集》（第 1 卷），北京：人民出版社 2012 年版，第 421 页。
② 《马克思恩格斯全集》（第 5 卷），北京：人民出版社 1958 年版，第 3 页。
③ 刘建华：《马克思所有制实现形式理论及其现实意义》，载《当代经济研究》2001 年第 7 期。
④ 《马克思恩格斯选集》（第 3 卷），北京：人民出版社 2012 年版，第 338 页。

把他们的私人生产和私人占有变为合作社的生产和占有"。① 通过合作社的形式将个体农民引向社会主义道路，实现生产资料私有制向公有制的过渡，这种思想为后来各社会主义国家发展社会主义集体所有制经济提供了理论指导。

马克思、恩格斯认为，合作制不仅适用于农业，也适用于工业领域。恩格斯在 1875 年 3 月给倍倍尔的信中，建议德国工人党应"力图通过工业和农业中的以及全国范围内的合作生产来消灭雇佣劳动并从而消灭阶级差别"。② 1886 年 1 月，恩格斯给倍倍尔的信中又提出，"在向完全的共产主义经济过渡时，我们必须大规模地采用合作生产作为中间环节，这一点马克思和我从来没有怀疑过。"③ 由以上论述可以看出，马克思、恩格斯认为，除了国家所有制外，合作制与集体所有制也是公有制的重要实现形式。

综上所述，马克思、恩格斯认为，根据社会生产力发展水平、社会发展阶段等因素的不同，公有制可以有多种实现形式。我们可以从中得到启示，无产阶级在夺取政权后，应当根据马克思主义所有制理论，结合本国的具体情况，探索适合生产力发展水平的所有制形式。

3. 重新建立个人所有制

马克思在《资本论》中对资本主义私有制及未来社会所有制作了经典论述，提出了重新建立个人所有制思想。他提出："从资本主义生产方式产生的资本主义占有方式，从而资本主义的私有制，是对个人的、以自己劳动为基础的私有制的第一个否定。但资本主义生产由于自然过程的必然性，造成了对自身的否定。这是否定的否定。这种否定不是重新建立私有制，而是在资本主义时代的成就的基础上，也就是说，在协作和对土地及靠劳动本身生产的生产资料的共同占有的

---

① 《马克思恩格斯选集》(第 4 卷)，北京：人民出版社 2012 年版，第 370 页。
② 《马克思恩格斯全集》(第 34 卷)，北京：人民出版社 1972 年版，第 122 页。
③ 《马克思恩格斯全集》(第 36 卷)，北京：人民出版社 1975 年版，第 416 页。

基础上，重新建立个人所有制。"①关于"个人所有制"究竟指的是什么，我国学术界存在着诸多分歧与争论，至今未能达成统一与共识，使得"个人所有制"问题成为经济学上的"哥德巴赫猜想"。

目前我国学术界对个人所有制的理解众多，影响力比较大的观点主要包括以下几种。第一种观点认为，个人所有制指的是消费资料或生活资料的个人所有制。这一观点以恩格斯在《反杜林论》中的论述为依据。恩格斯指出："靠剥夺剥夺者而建立起来的状态，被称为重新建立个人所有制，然而是在土地和靠劳动本身生产的生产资料的社会所有制的基础上重新建立……社会所有制涉及土地和其他生产资料，个人所有制涉及产品，也就是涉及消费品。"②第二种观点认为，个人所有制其实就是指生产资料的公有制，是生产资料公有制的另一种表述，两者之间没有什么本质的区别。第三种观点认为，个人所有制是指社会生产资料归每个社会成员所有的"人人皆有的私有制"。第四种观点认为，个人所有制是指人人有份的公有制或社会所有制。

从以上代表性观点可以总结出，我国学术界有关个人所有制的争论主要是围绕其客体是消费资料还是生产资料、其性质是公有制还是私有制等方面展开的。笔者认为，第一，个人所有制的客体是生产资料，而不是消费资料。如果强调个人所有的只是生活资料，那么自然会忽视生产资料和个人之间的关系，甚至把生产资料看作是和个人完全无关的东西，这在现实生活中可能会导致生产资料和个人的对立以及个人生产条件的恶化。在马克思的论述中，第一个否定是资本主义私有制对个人的、以自己劳动为基础的私有制的否定，这里否定的、否定之否定过程的起点是劳动者个人的生产资料私有制，而不是消费资料私有制。因此，对应的终点也自然应该是生产资料所有制，而不是消费资料所有制。此外，在任何社会形态下，消费资料都只能是个人占有，并不存在否定与重建的问题。

第二，从性质上来说，个人所有制属于公有制，而绝不属于私有制。消灭生

---

① 《马克思恩格斯选集》（第2卷），北京：人民出版社2012年版，第299~230页。
② 《马克思恩格斯选集》（第3卷），北京：人民出版社2012年版，第509页。

产资料私有制是马克思、恩格斯终生奋斗的理想，是马克思主义的一贯主张，也是无产阶级的历史使命。马克思要重新建立的个人所有制与私有制有着本质的区别，将个人所有制理解为"人人皆有的私有制"严重违背了马克思的原意，显然是错误的。

第三，个人所有制的主体是联合起来的个人，而不是单个的个人。在马克思的历史唯物主义视野中，"个人"有着深刻的哲学内涵，并非通常所说的"单个人""私人"。在马克思、恩格斯所设想的未来社会中，个人由于摆脱了私有制下阶级关系的束缚而使自身的社会关系获得了自由全面的发展，即作为"一切社会关系的总和"①的人的本质和人的个体融为了一体。在共产主义社会中，生产资料的共同占有从其具体的表现形式来看就是社会的个人所有，生产资料公有制就是社会的个人所有制。因为生产资料的共同占有是从人的本质方面来说的，生产资料的个人所有则是从人的个体方面来说的，所以生产资料的共产主义的共同占有就是"重建个人所有制"。

(二) 列宁关于社会主义所有制的理论

1917 年列宁领导的十月革命胜利后，建立了世界上第一个社会主义国家。无产阶级政权建立后，如何推动经济文化较为落后的俄国向社会主义的过渡，如何解决所有制问题、建立以生产资料公有制为基础的社会主义经济制度成为当时领导人面临的重大课题。列宁、斯大林将马克思主义所有制理论应用于俄国的具体革命建设之中，推动马克思主义所有制由理论变为现实。

列宁对社会主义所有制理论的探索具有鲜明的阶段性特征，以 1921 年 3 月新经济政策的实施为界限，大致可分为前后两个时期。在新经济政策实施前，列宁关于社会主义所有制的观点基本同马克思、恩格斯一致。在新经济政策实施后，列宁结合俄国当时的国情，从实际出发提出了一些新的观点，在实践中丰富

---

① 《马克思恩格斯选集》(第 1 卷)，北京：人民出版社 2012 年版，第 139 页。

和发展了马克思所有制理论。

1. 新经济政策实施前列宁的社会主义所有制理论

在这一时期，列宁继承了马克思、恩格斯关于未来社会所有制的构想，主张彻底消灭私有制，实行生产资料公有制，剥夺资本家的资本，全面实行国有化。列宁在1903年《给农村贫民》一文中就曾指出："建立社会主义制度，就是说：剥夺大地主占有者的田产、厂主的工厂、银行家的货币资本，消灭他们的私有财产并把它转交全国劳动人民。"[①]在1913年《俄共(布)党纲草案》"俄国无产阶级专政的基本任务"中，列宁又提出，要"把已经开始并已在主要方面基本上完成的对资产阶级的剥夺，把变生产资料和流通手段为苏维埃共和国的财产即全体劳动者的公共财产的工作继续下去并进行到底"。[②] 从以上论述中可以看出，列宁当时认为，无产阶级政权建立后，要先实行国家所有制，以国家为主体占有生产资料，这是保证社会主义国家性质的根本所在。

与以上思想相对应，列宁在当时认为无产阶级政权建立后可以直接推动国家过渡到社会主义。十月革命胜利后，列宁开始大力推行国有化政策，在农业领域实行以集体农庄为主要形式的共耕制。列宁在1918年指出："我们的共同任务和我们的共同目的是过渡到社会主义经济，过渡到集体支配土地，过渡到共耕制。"[③]

十月革命胜利后，列宁领导的苏维埃政权虽然得以建立，但是却面临着非常严峻的国内和国际环境。为了巩固新生的苏维埃政权，应对国内外战争的需要，列宁在1918年夏至1921年初，进一步加大国有化力度，实施了战时共产主义政策。该政策主要包括四个方面的内容。第一，实行余粮收集制。在农村实行全面的粮食征收，同时禁止私人粮食买卖。第二，推进工业企业全面国有化。第三，

---

① 《列宁全集》(第7卷)，北京：人民出版社1986年版，第123页。
② 《列宁选集》(第3卷)，北京：人民出版社2012年版，第726页。
③ 《列宁全集》(第35卷)，北京：人民出版社1985年版，第356~357页。

实行产品配给制，取消商品贸易关系。第四，实行贸易国有化。取消国内市场，禁止一切私人买卖活动。由国家垄断一切商品的供应。

战时共产主义政策使苏俄战胜了国内外战争危机，巩固了新生的苏维埃政权。但也存在着损害农民生产积极性、违背经济发展规律等弊端，造成了经济衰退、人民生活水平大幅度下降等不良后果。列宁深刻反思了战时共产主义政策时期直接向社会主义过渡的经验教训，清醒地认识到，实行"直接过渡"是当前经济文化水平落后的俄国力所不能及的。

2. 新经济政策时期列宁的社会主义所有制理论

对战时共产主义政策进行深刻反思后，列宁认识到经济文化落后的俄国无法通过无产阶级国家政权的强制力量直接过渡到社会主义，向社会主义过渡是一个长期的历史过程，因此必须坚持经济发展规律，改变战时共产主义政策，代之以新的经济政策，迂回过渡到社会主义。1921年俄共第十次代表大会决定实行粮食税，以实物税代替粮食征收制，标志着新经济政策开始实施。概括地说，列宁在这一时期对所有制理论的发展主要体现在以下几个方面：

第一，肯定了过渡时期必然存在多种经济成分。列宁结合俄国的具体实践，指出在资本主义转向社会主义的过程中必然存在一个过渡时期，过渡时期的经济特征是多种经济成分并存。列宁在1921年《论粮食税》一文中指出，过渡时期的俄国存在五种经济成分："(1)宗法式的，即在很大程度上属于自然经济的农民经济；(2)小商品生产(这里包括大多数出卖粮食的农民)；(3)私人资本主义；(4)国家资本主义；(5)社会主义。"①其中，社会主义经济成分占据主导地位。

第二，提出利用国家资本主义发展社会主义。列宁深入思考了向社会主义过渡的途径问题，提出了利用国家资本主义发展社会主义的思想。他全面阐述了无产阶级政权下国家资本主义的地位、性质和作用，推动马克思主义所有制理论实

---

① 《列宁选集》(第4卷)，北京：人民出版社2012年版，第490页。

现了重大创新。列宁指出："国家资本主义，就是我们能够加以限制、能够规定其范围的资本主义。"①国家资本主义具有双重性，从积极的方面来看，它能集中全国的生产资料进行有目的、有计划的社会化大生产，它"在经济上大大高于我国现时的经济"，② 因此可以成为向社会主义过渡的中介与桥梁。从消极的方面来看，它按资本主义的方式进行生产与经营，难免会产生剥削现象，因此必须对其进行限制，规定其活动范围。列宁充分肯定了发展国家资本主义的重要作用，指出"受无产阶级国家监督和调节的资本主义的发展是有益的和必要的"，③ 它是小生产和社会主义之间的中间环节，所以应充分利用资本主义发展社会主义。此外，列宁还对国家资本主义的表现形式进行了分析探讨，认为其主要包括租让制、合作社、代购代销制和租借制，并大力倡导采用租让制形式来学习外国先进的管理经验，发展社会生产力。

第三，提出从"共耕制"向"合作制"转变。引导分散经营的个体农民走上社会主义道路是一个重要问题。在这个问题上，列宁的认识经历了一个转变。在实施新经济政策前，列宁认为应该通过共耕制把农民组织起来。但共耕制并不适应当时俄国的国情，不利于调动农民的生产积极性。在共耕制下，农民集体参加劳动，统一参与分配，与之前一家一户各自生产经营的方式差距太大，不易为农民所接受。因此，新经济政策实施后，列宁开始主张采用合作社的形式推动农民走社会主义道路。

列宁在《论合作制》一文中全面系统地探讨了合作社问题。在该文中，列宁首先对合作社的性质进行了深入分析。他指出，合作社的性质并不是固定不变的，在不同的生产资料所有制下，合作社的性质是不同的。无产阶级夺取政权并实行生产资料公有制后，合作社具有社会主义性质，合作社的发展也就等于社会主义的发展。在此基础上，列宁指出了发展社会主义性质的合作社对于改造小农

---

① 《列宁选集》(第4卷)，北京：人民出版社2012年版，第670页。
② 《列宁选集》(第3卷)，北京：人民出版社2012年版，第525页。
③ 《列宁选集》(第4卷)，北京：人民出版社2012年版，第541页。

经济具有重要意义。合作社不仅可以满足农民的私人利益，而且可以满足国家对这种利益的检查与监督，进而可以促使农民的私人利益服从公共利益；合作社有利于促使掌握政权的无产阶级与农民结成联盟，这样无产阶级对农民的领导就得到了保证；合作社是易于被农民接受的引导农民过渡到社会主义的最好方法，是吸引农民参与社会主义建设的阶梯。关于创建合作社的手段，列宁提出要在国家政策上优待合作社，相比于私人企业，国家资金要向合作社倾斜，给予其更多银行贷款优惠和国家财政支持，同时奖励参加合作社流转的农民。要提高农民的文化水平，以知识化促合作化，培养文明的合作社工作者。① 在这一理论的指导下，俄国的合作社得到迅速推广，有力地促进了农业的恢复和发展。

在新经济政策时期，列宁通过对十月革命后社会主义建设经验教训的总结，提出了过渡时期多种经济成分并存、利用资本主义发展社会主义、通过合作社引导农民走社会主义道路的思想，形成了适合国情的建设社会主义的新思路和新方法，在实践中推动了马克思主义所有制理论的丰富和发展，也为经济文化相对落后的国家如何向社会主义过渡提供了理论启发和实践指导。由于俄国与近代中国同属经济文化较为落后的国家，基本国情相似，在无产阶级政权建立后又都面临如何从小生产向社会主义大生产过渡的问题。因此，列宁的新经济政策对马克思主义所有制理论的中国化产生了广泛、持久和深远的影响。新中国成立初期"一化三改"的过渡时期总路线，即是列宁新经济政策的基本思想在中国的实践应用和创造性发展。我国改革开放以来党的基本路线和所有制领域的改革，更加反映出列宁新经济政策基本思想的强大生命力和影响力。

(三) 斯大林关于社会主义所有制的理论

列宁逝世后，斯大林逐渐废止了新经济政策，开始全面推行自己的一套不同于新经济政策的经济发展战略，推动苏俄建立了单一的社会主义公有制经

---

① 《列宁选集》(第4卷)，北京：人民出版社2012年版，第769~771页。

济。斯大林认为新经济政策是一种过渡性策略，是对资本主义的退让，是社会主义发展道路上的阻碍因素，因此他主张为了建成社会主义，必须彻底消灭私有经济。

斯大林认为公有制有两种实现形式，"一种是国家的即全民的形式，一种是不能叫作全民形式的集体农庄形式"，① 即通常所说的全民所有制和集体所有制。斯大林通过大规模的国有化运动，确立了国有经济在国民经济中的绝对统治地位，通过农业集体化运动，逐步将个体小农经济转变为社会主义集体经济。随着工业国有化和农业集体化的完成，到 1936 年前后，苏联建立起单一的公有制结构。

1. 工业国有化

斯大林认为，公有制和私有制不能共同存在于社会主义中，因此不允许存在任何形式的非公有制经济。在推行工业化时，斯大林把实现工业化的过程看作是改造非公有制经济、全面实现国有化的过程。因此，他采取强制性政策消灭一切非公有制经济成分，加速结束了多种经济成分并存的局面，推动工业领域实现了全民所有制一统天下。在斯大林工业国有化理论推动下，苏联迅速实现了社会主义工业化，综合国力得到显著增强，快速跻身世界先进大国行列。

2. 农业集体化

在大力推进工业国有化的同时，斯大林认为发展缓慢的农业无法适应工业高速发展的需求，而集体农庄作为农村的社会主义发展道路能够为工业发展提供强有力的支撑，因而主张在农村采取集体农庄的形式，引导农民走农业集体化道路。1927 年年底，联共(布)第十五次代表大会确定了农业集体化的方针，随后苏联开启了大规模的农业集体化运动，到 1938 年，农业集体化基本完成。

---

① 《斯大林选集》(下卷)，北京：人民出版社 1979 年版，第 550 页。

采取集体农庄的形式推进农业集体化存在巨大弊端，这实际上是采取了牺牲农业的办法来发展工业。在集体农庄的形式下，农民不经过合作化中间环节，直接跨入生产资料集体所有制，农民生产活动的独立自主权被剥夺，农民的个人利益被牺牲。集体农庄的这些弊端对广大农民的生产积极性和主动性造成了极大的打击，最终导致农业生产力遭到巨大破坏。

总之，一方面，斯大林坚持了马克思主义的生产资料公有制原则，并且提出全民所有制和集体所有制这两种公有制的实现形式，坚持和发展了马克思主义所有制思想。另一方面，在斯大林的领导下，苏联通过工业国有化和农业集体化等运动建立起了单一的公有制结构，并且实行了与此相适应的高度集中的计划经济管理体制，虽然其促使苏联快速实现了工业化，巩固了社会主义制度，提升了综合国力，但是也存在着忽视经济发展客观规律、超越生产力发展水平等诸多问题，并且随着时间的推进不断暴露出严重的弊端，阻碍了生产力的长远发展，给苏联的经济、政治发展埋下了诸多隐患。

二、毛泽东所有制思想

十月革命的胜利为中国带来了马克思列宁主义，中国革命从此有了科学的理论指导。以毛泽东同志为主要代表的中国共产党人，在中国革命和建设的实践过程中，以马克思主义所有制理论为指导，逐渐形成了毛泽东的所有制思想，实现了马克思主义所有制理论在中国的发展。

(一)新民主主义革命时期毛泽东的所有制思想

在中国共产党成立初期，中国共产党根据马克思主义所有制理论，将在所有制方面的目标设立为消灭私有制，建立单一的生产资料公有制。到土地革命时期，党逐渐将工作中心转移到农村，开始建立和发展革命根据地，与之相对应，党对所有制的探索也开始集中到土地政策方面。随着解放战争即将取得胜利，党对所有制问题的探索也逐渐走向深入，开始扩展到土地、资本等全部生产要素上，并对新民主主义时期的所有制形式与结构进行了深入系统的分析。毛泽东以马克思列宁主义所有制理论为指导，结合具体的革命实践，创造性地提出了新民主主义革命的经济纲领，深入分析了新民主主义的经济成分，形成了新民主主义经济形态理论，丰富和发展了马克思主义关于过渡时期的所有制理论。

1. 新民主主义革命的经济纲领

毛泽东在《新民主主义论》《目前形势和我们的任务》等著作中集中阐述了新民主主义革命的经济纲领。1940 年 1 月，毛泽东发表《新民主主义论》。在该文中，毛泽东认为新民主主义所有制的基本特征应当体现在几个方面。第一，没收大银行、大工业、大商业归新民主主义的国家所有。第二，实行节制资本的政策，"凡本国人及外国人之企业，或有独占的性质，或规模过大为私人之力所不能办者，如银行、铁道、航路之属，由国家经营管理之，使私有资本制度不能操纵国民之生计"。① 第三，实行"耕者有其田"，没收地主的土地，将其"分配给无地和少地的农民"。② 1945 年，在中共七大上，毛泽东在论述党的一般纲领和具体纲领时，重申了"耕者有其田""节制资本"等主张。

1947 年，毛泽东在《目前形势和我们的任务》中，明确提出了新民主主义革命的三大经济纲领，即"没收封建阶级的土地归农民所有，没收蒋介石、宋子文、孔祥熙、陈立夫为首的垄断资本归新民主主义的国家所有，保护民族工商业"。③

新民主主义革命的经济纲领的形成经历了一个历史过程，它是随着以毛泽东同志为主要代表的中国共产党人领导新民主主义革命过程中认识的发展而不断完

---

① 《毛泽东选集》(第 2 卷)，北京：人民出版社 1991 年版，第 678 页。
② 《毛泽东选集》(第 2 卷)，北京：人民出版社 1991 年版，第 678 页。
③ 《毛泽东选集》(第 4 卷)，北京：人民出版社 1991 年版，第 1253 页。

善的。这一纲领的提出，为新民主主义国家的经济发展指明了方向。

2. 新民主主义经济成分

毛泽东关于新民主主义经济成分的构想，有一个认识不断深化的发展过程。他在《我们的经济政策》《新民主主义论》《目前的形势和我们的任务》《在中国共产党第七届中央委员会第二次全体会议上的报告》等著作中集中论述了新民主主义经济成分的构想。

毛泽东在 1934 年发表的《我们的经济政策》一文中提出："现在我们的国民经济，是由国营事业、合作社事业和私人事业这三方面组成的"。[①] 在该文中，毛泽东指出了国营经济的领导地位和发展前途；对合作社经济有了较为深刻的认识，对其进行了分类；对于私人资本主义经济，认为在政府法律允许的范围内要提倡和鼓励其发展。

在 1940 年发表的《新民主主义论》中，毛泽东对新民主主义社会的经济结构进行了设想，指出其主要包括五种经济成分，即国营经济、合作社经济、私人资本主义经济、个体经济和富农经济。在 1947 年《目前的形势和我们的任务》中，毛泽东进一步分析了新民主主义社会的经济构成："（1）国营经济，这是领导的成分；（2）由个体逐步地向着集体方向发展的农业经济；（3）独立小工商业者的经济和小的、中等的私人资本经济。这些，就是新民主主义的全部国民经济"。[②]

1949 年，毛泽东在七届二中全会上所作的《在中国共产党第七届中央委员会第二次全体会议上的报告》中，明确指出："国营经济是社会主义性质的，合作社经济是半社会主义性质的，加上私人资本主义，加上个体经济，加上国家和私人合作的国家资本主义经济，这些就是人民共和国的几种主要的经济成分，这些

---

① 《毛泽东选集》（第 1 卷），北京：人民出版社 1991 年版，第 133 页。
② 《毛泽东选集》（第 4 卷），北京：人民出版社 1991 年版，第 1255~1256 页。

就构成新民主主义的经济形态。"①至此为止，毛泽东关于新民主主义经济结构的构想最终形成，即新民主主义经济是由国营经济、合作社经济、个体经济、私人资本主义经济和国家资本主义经济五种经济成分构成的。其中国营经济占主导地位，掌握国家的经济命脉，决定我国经济的社会主义性质。

(二)社会主义过渡时期毛泽东的所有制思想

新中国成立后，以毛泽东同志为主要代表的中国共产党人，以马克思、恩格斯、列宁关于社会主义所有制的基本思想为指导，参照苏联的经验，对我国社会主义所有制进行了艰辛探索，探索中有成就有曲折，这些探索丰富了我国社会主义所有制结构理论，为后来社会主义初级阶段基本经济制度的提出提供了重要的经验教训。

1. 新中国成立初期的所有制结构

新中国成立后到 1952 年之间，是新中国国民经济的恢复时期，也是新民主主义所有制在全国范围内的推广和实践阶段。在这段时期，党继续坚持新民主主义的经济政策，大力开展土地改革，没收官僚资本归国家所有，支持资本主义工商业的存在和发展，建立社会主义性质的国营经济。这一时期公有制经济的比重明显增加，个体经济和私营经济也得到了快速发展，形成了以国营经济为领导，合作经济、公私合营经济、私人资本主义经济和个体经济五种经济成分并存的所有制结构。多元的所有制结构符合我国当时的国情，促使我国经济得到了迅速恢复。

2. 生产资料所有制的社会主义改造

1952 年年底，随着我国国民经济恢复工作的逐步完成，社会主义改造的任

---

① 《毛泽东选集》(第 4 卷)，北京：人民出版社 1991 年版，第 1433 页。

务开始提上日程。1953 年 6 月，毛泽东提出党在过渡时期的总路线，主张实现社会主义工业化和对农业、手工业和资本主义工商业的社会主义改造。1954 年 2 月，党的七届二中全会批准了"一化三改"的总路线，社会主义改造正式拉开序幕，我国开始从新民主主义社会向社会主义社会过渡。

到 1956 年年底，我国基本完成了"三大改造"，国营经济在国民收入中占比 32.2%，合作社经济占比 53.4%，公私合营经济占比 7.3%，个体经济占比 7.1%，资本主义经济占比接近于 0,① 我国的生产资料所有制基本变成了全民所有制和集体所有制两种形式，形成了几近单一的公有制结构，标志着中国社会主义制度的基本确立。

在过渡时期，党的所有制理论与实践取得了巨大成功。以和平方式有秩序地完成社会主义"三大改造"，基本消灭以私有制为基础的剥削制度，确立以公有制为基础的社会主义经济制度，促使我国走向了社会主义，也推动了马克思主义所有制理论的新发展。但是由于社会主义改造速度过快，不可避免地会存在诸多失误。急于求成的工作方法超越了我国生产力发展水平的基本国情。单一公有制的所有制结构无法适应当时我国生产力水平低下的现实国情，阻碍了国民经济的进一步发展，这些弊端在社会主义改造完成后逐渐暴露。

（三）社会主义建设时期毛泽东的所有制思想

社会主义改造过程中和改造后所暴露出的问题，说明了实行单一公有制无法适应当时的生产力发展水平。在 1956 年党的八大召开前后，党和政府开始对计划经济和单一的公有制进行改革，试图探寻一条有别于苏联模式、适合中国国情的社会主义建设道路。1956 年 4 月，毛泽东在中央政治局扩大会议上发表《论十大关系》的讲话，该篇讲话以苏联模式的经验教训为鉴戒，结合我国在社会主义过渡时期国家建设的经验，论述了建设社会主义过程中面临的十大矛盾问题，即

---

① 《中国共产党历史》第二卷（1949—1978）上册，北京：中共党史出版社 2011 年版，第 360 页。

十大关系，提出了一套适合中国国情的社会主义经济、政治建设的原则、思想、方针。1956年党的八大对新中国成立以来的经济建设实践进行了全面反思，在社会主义所有制问题上提出了一些新思路。陈云提出了"三个主体、三个补充"①的思想，认为可以在公有制经济外保留一定数量和比例的个体经济作为补充。陈云的意见得到大会的支持。党的八大以后，党中央开始按照"三个主体、三个补充"的方针对所有制关系进行调整，并取得了一定的成效。1956年12月，毛泽东提出了在社会主义社会"可以消灭了资本主义，又搞资本主义"②的"新经济政策"，认为我国在坚持和发展公有制经济外，还应该长期保存和发展一些私营经济和个体经济，这样可以使不同性质的经济之间形成竞争关系，从而进一步促进社会生产力的发展。刘少奇也提出在社会主义经济占主体地位的情况下，保留些资本主义和小生产者对人民有利，它们都是社会主义经济的补充。③

从以上论述中可以看出，党的八大前后，以毛泽东为代表的党中央领导集体，在对苏联模式和我国社会主义改造中存在问题进行反思的基础上，对所有制结构问题有了一些新的认识，提出了所有制的多样化发展问题，这对改革开放后实行所有制结构改革具有一定的借鉴和启发意义。然而，毛泽东的这一思想没能坚持下去。随着1958年"大跃进"和人民公社化运动的开展，毛泽东等党的领导人受到"左"的思想影响，要求加快集体所有制经济向全民所有制经济过渡，我国出现了消灭非公有制经济的热潮，虽然后面根据实践中出现的系列问题对所有制关系进行了调整，但始终没能彻底突破"左"的思想束缚。从1958年到1978年的20年间，我国的所有制经过了多元化和单一化多次反复的坎坷历程，但总的

① "三个主体、三个补充"的主要内容为：在工商业经营方面，国家经营和集体经营是主体，附有一定数量的个体经营作为补充；在生产的计划性方面，计划生产是工农业生产的主体，按照市场变化而在国家计划许可范围内的自由生产作为补充；在社会主义的统一市场里，国家市场是主体，附有一定范围内国家领导的自由市场作为补充。参见薄一波：《若干重大决策与事件的回顾》（上），北京：中共党史出版社2008年版，第349页。

② 《毛泽东文集》（第7卷），北京：人民出版社1999年版，第170页。

③ 中共中央文献研究室：《刘少奇论新中国经济建设》，北京：中央文献出版社1993年版，第326~327页。

趋向是单一公有制结构不断得到强化，这一问题直到党的十一届三中全会之后才开始有了根本改变。

三、中国特色社会主义所有制理论

1978 年党的十一届三中全会把党的工作重心转移到经济建设上来，作出了实行改革开放的伟大战略决策。此后，中国共产党人沿着正确的道路继续推动马克思主义所有制理论的中国化，逐步突破了以往在所有制问题上存在的"左"倾思想的束缚，取得了所有制理论上的一系列创新和发展，逐渐形成了中国特色社会主义所有制理论，并随着实践的演进而对其不断进行发展和完善，推动中国化马克思主义所有制理论不断迈上新的台阶。在该理论的指导下，我国构建了适合社会主义初级阶段基本国情的公有制为主体、多种所有制经济共同发展的所有制结构，为经济社会发展注入了强大的活力。

(一)邓小平关于社会主义所有制的理论

党的十一届三中全会后，以邓小平同志为主要代表的中国共产党人高度重视所有制问题，对社会主义所有制理论进行了大胆探索，突破了传统计划经济体制下的社会主义所有制理论的禁锢，带头打破了单一的公有制结构，形成了具有中国特色的社会主义所有制理论，为我国所有制改革指明了方向。

1. 坚持公有制为主体

在不同性质的社会制度下，不同的所有制形式处于不同的地位，发挥着不同的作用。社会主义所有制结构中，公有制处于主体地位。邓小平一贯强调坚持公有制的主体地位，他提出："在改革中，我们始终坚持两条根本原则：一是以社会主义公有制经济占主体，一是共同富裕。"[1]坚持公有制为主体，是社会主义的

---

[1] 《邓小平文选》(第 3 卷)，北京：人民出版社 1993 年版，第 142 页。

根本原则，是我国不偏离社会主义方向的保证。"坚持公有制为主体，又注意不导致两极分化……这就是坚持社会主义。"①这一理论主要包括以下内容：

第一，坚持公有制主体地位具有重要意义。社会主义条件下的生产资料公有制具有巨大的优越性。邓小平指出："只要我国经济中公有制占主体地位，就可以避免两极分化。"②坚持公有制的主体地位是解放和发展生产力的根本要求，是消灭剥削、消除两极分化的所有制前提。

第二，应采取多种措施保证公有制主体地位。为了进一步推动社会生产力的发展，不能仅仅发展公有制经济，还要适度发展个体经济及外资经济。邓小平指出："要坚持以公有制为主体的经济。公有制包括全民所有制和集体所有制……与此同时，我们要发展一点个体经济，吸收外国资金、技术"，③"吸收外资也好，允许个体经济的存在和发展也好，归根到底，是要更有力地发展生产力，加强公有制经济"。④

2. 强调非公有制经济为补充

改革开放之前，受"左"倾思想路线的影响，我国长期把非公有制经济看作资本主义的尾巴和土壤而彻底排斥，形成了"一大二公"的所有制格局，⑤严重阻碍了社会生产力的健康发展。邓小平提出了在公有制为主体的前提下大力发展多种经济成分的思想，突破了传统计划经济体制下的社会主义所有制理论，打破了"公有制一统天下"的局面，为我国经济发展注入了强大的动力。

改革开放后，以邓小平同志为核心的党中央对非公有经济地位的认识经历了一个演变过程。1981年党的十一届六中全会提出："国营经济和集体经济是我国

---

① 《邓小平文选》(第3卷)，北京：人民出版社1993年版，第139页。
② 《邓小平文选》(第3卷)，北京：人民出版社1993年版，第149页。
③ 邓小平：《建设有中国特色的社会主义》(增订本)，北京：人民出版社1987年版，第117页。
④ 《邓小平文选》(第3卷)，北京：人民出版社1993年版，第149页。
⑤ 李楠：《中国现阶段所有制结构及其演变的理论与实证研究》，武汉：武汉大学出版社2008年版，第98页。

基本的经济形式，一定范围内的劳动者个体经济是公有制经济的必要补充"，①
首次将个体经济视为所有制结构中的一个组成部分。"必要补充"地位得到党的
文件所承认，为个体经济的恢复和发展提供了政策支持。1982年，党的十二大
提出："要鼓励劳动者个体经济在国家规定的范围内和工商行政管理下适当发展，
作为公有制经济的必要的、有益的补充。"②个体经济"必要的、有益的补充"地位
在党的文件中得到确定。随后，同年12月通过的《中华人民共和国宪法》规定，
在法律范围内的城乡劳动者个体经济，是社会主义公有制经济的补充，国家保护
个体经济的合法权利和利益。个体经济第一次被写入宪法，正式获得了法律
地位。

随着个体经济法律地位的确立，个体经济得到迅速发展，雇工经营现象陆续
出现，引起了理论界对于私营经济是否应该存在的争论。邓小平对此主张采取
"看一看"的方针，为私营经济提供了较为宽松的政策。1984年，邓小平对当年
颇具争议的"傻子瓜子"采取了肯定的态度："我的意见是放两年再看……你解决
了一个'傻子瓜子'，会牵动人心不安，没有益处。让'傻子瓜子'经营一段，怕
什么？伤害了社会主义吗？"③宽松的政策环境促使私营经济迅速发展起来，党也
逐步确立了私营经济的合法地位。1987年，党的十三大第一次明确承认了私营
经济的合法地位，提出："对于城乡合作经济、个体经济和私营经济，都要继续
鼓励它们发展。"④党对非公有制经济的认识继续深化。1988年的《中华人民共和
国宪法修正案》规定私营经济是社会主义公有制经济的补充，正式从法律上确立
了私营经济的合法地位，为其快速发展提供了良好的法律环境。

(二)"三个代表"重要思想中关于社会主义所有制的理论

以江泽民为主要代表的中国共产党人，在继承邓小平社会主义所有制理论的

---

① 《三中全会以来重要文献选编》(下)，北京：中央文献出版社2011年版，第169页。
② 《中国共产党第十二次全国代表大会文件汇编》，北京：人民出版社1982年版，第27页。
③ 《邓小平文选》(第3卷)，北京：人民出版社1993年版，第91页。
④ 《十三大以来重要文献选编》(上)，北京：中共中央文献出版社1991年版，第31页。

基础上，对所有制改革中出现的新情况、新问题进行了深入探索，在一系列重大理论问题上取得了新进展，将公有制为主体、多种所有制经济共同发展确立为我国社会主义初级阶段的基本经济制度，推动中国特色社会主义所有制理论取得重大突破。

1. 社会主义初级阶段基本经济制度的提出

1993 年通过的《中共中央关于建立社会主义市场经济体制若干问题的决定》提出："以公有制为主体的多种经济成分共同发展的格局初步形成"，① 要"坚持以公有制为主体、多种经济成分共同发展的方针"。② 这一文件正式确认了"公有制为主体，多种经济成分共同发展"的所有制结构，并将其确立为一项国家方针，推动我国的所有制结构改革向前迈进了一大步。

1997 年，党的十五大根据我国社会主义初级阶段的现实国情提出："公有制为主体、多种所有制经济共同发展，是我国社会主义初级阶段的一项基本经济制度。"③1999 年九届全国人大二次会议通过的《中华人民共和国宪法修正案》规定："国家在社会主义初级阶段，坚持公有制为主体、多种所有制经济共同发展的基本经济制度。"④用国家根本大法的形式将这一基本经济制度上升为国家意志，为我国经济关系的改革和发展提供了根本的法律保证，实现了社会主义所有制理论的重大创新，推动我国在社会主义所有制问题的探索上迈入了一个新的阶段。这有利于促使人民充分了解国家推行多元化所有制结构的决心，对于调动全国人民的积极性，充分发挥各种所有制形式对我国经济发展的促进作用具有重要意义。

2. 对公有制经济及其主体地位的新认识

党的十五大对公有制经济作出了新的论述，对公有制及其主体地位的认识上

---

① 《十四大以来重要文献选编》（上），北京：人民出版社 1996 年版，第 519 页。
② 《十四大以来重要文献选编》（上），北京：人民出版社 1996 年版，第 526 页。
③ 《十五大以来重要文献选编》（上），北京：人民出版社 2000 年版，第 20 页。
④ 《十五大以来重要文献选编》（上），北京：人民出版社 2000 年版，第 808 页。

升了一个高度，主要表现为以下几个方面：

第一，公有制及公有制的实现形式。受斯大林社会主义所有制理论的影响，我国长期以来认为公有制包括全民所有制和集体所有制两种形式。改革开放后，随着所有制改革的逐渐推进，实践中出现了不同所有制相互渗透、相互融合的新情况，迫切需要理论上给出合适的解释。党的十五大对公有制的含义作出了新解释，进一步深化了认识。报告指出："公有制经济不仅包括国有经济和集体经济，还包括混合所有制经济中的国有成分和集体成分。"[①]"公有制实现形式可以而且应当多样化。"[②]从以上经典论述可以看出，党的十五大明确将"公有制"和"公有制的实现形式"区分开来，突破了我国以往将其相混淆的简单认识，是对社会主义所有制理论的重大创新和发展。这样的理论划分一方面扩大了公有制经济的涵盖范围，将混合所有制经济中的国有成分和集体成分也同样归于公有制经济的范畴，另一方面为实现公有制与市场经济的结合提供了新思路。十五大报告提出，股份制、股份合作制也可以作为公有制的实现形式被社会主义采用，它不仅有利于提高企业的运作效率，推动社会主义市场经济的发展，还有利于扩大公有资本的支配范围，增强公有制的主体地位，因此要积极支持股份合作制经济的发展。

第二，公有制的主体地位。传统观念认为，数量上占优势才是公有制经济占主体地位的体现。党的十五大对公有制主体地位有了新的认识："公有制的主体地位主要体现在：公有资产在社会总资产中占优势；国有经济控制国民经济命脉，对经济发展起主导作用。"[③]对公有制主体地位的新认识，有利于打消全国各地认为发展非公有制经济会动摇公有制主体地位的忧虑，促进各地大胆调动一切积极因素发展社会生产力。

3. 对非公有制经济作用及其地位的新认识

1993 年通过的《中共中央关于建立社会主义市场经济体制若干问题的决定》

---

① 《十五大以来重要文献选编》（上），北京：人民出版社 2000 年版，第 21 页。
② 《十五大以来重要文献选编》（上），北京：人民出版社 2000 年版，第 21 页。
③ 《十五大以来重要文献选编》（上），北京：人民出版社 2000 年版，第 21 页。

指出，"国家要为各种所有制经济平等参与市场竞争创造条件"，① "坚持以公有制为主体、多种经济成分共同发展的方针。在积极促进国有经济和集体经济发展的同时，鼓励个体、私营、外资经济发展，并依法加强管理"。② 至此，我国对非公有制经济的认识从"补充论"转变为"共同发展论"，非公有制经济的地位得到国家的进一步承认。党的十五大进一步提出："非公有制经济是我国社会主义市场经济的重要组成部分。对个体、私营等非公有制经济要继续鼓励、引导，使之健康发展。"③从"有益补充"到"重要组成部分"的转变，消除了对非公有制经济的歧视，体现了党认识到非公有制经济在推动经济发展中具有无可替代的地位和作用。这为推动非公有制经济乃至社会主义市场经济的发展都具有重大的意义。

4. "两个毫不动摇"的提出

党的十五大后，我国的非公有制经济得到了迅猛发展。进入 21 世纪，非公有制经济的发展推动了我国社会生产力的快速发展，但是也存在一些消极作用，引起了一些争议和质疑。面对这种情况，党的十六大提出了"两个毫不动摇"和"一个统一于"方针，即"必须毫不动摇地巩固和发展公有制经济""必须毫不动摇地鼓励、支持和引导非公有制经济发展""坚持公有制为主体，促进非公有制经济发展，统一于社会主义现代化建设的进程中"，④ 形成了处理公有制经济与非公有制经济关系的根本原则，为各种所有制经济在市场竞争中充分发挥各自的功能优势提供了政策支持。

(三) 科学发展观中关于社会主义所有制的理论

党的十六大以后，以胡锦涛为主要代表的中国共产党人，面对 21 世纪我国

---

① 《中共中央关于建立社会主义市场经济体制若干问题的决定》，北京：人民出版社 1993 年版，第 10 页。

② 《中共中央关于建立社会主义市场经济体制若干问题的决定》，北京：人民出版社 1993 年版，第 9 页。

③ 《十五大以来重要文献选编》(上)，北京：人民出版社 2000 年版，第 22 页。

④ 《十六大以来重要文献选编》(上)，北京：中央文献出版社 2005 年版，第 19 页。

经济社会发展面临的新情况，不断推动所有制理论创新和实践探索，继续坚持"两个毫不动摇"方针，建立现代产权制度，大力发展混合所有制，努力形成各种所有制经济平等竞争、相互促进新格局，推动了中国特色社会主义所有制理论在 21 世纪的新发展。

1. 坚持两个"毫不动摇"原则，继续深化所有制改革

党的十六大以后，胡锦涛继续坚持"两个毫不动摇"基本原则和方针，并随着实践的发展将社会主义所有制理论推进到新境界。2007 年党的十七大提出："坚持和完善公有制为主体，多种所有制经济共同发展的基本经济制度，毫不动摇地巩固和发展公有制经济，毫不动摇地鼓励、支持、引导非公有制经济发展，坚持平等保护物权，形成各种所有制经济平等竞争、相互促进新格局"，① 指明了 21 世纪要继续坚持两个"毫不动摇"原则，深化所有制改革。

毫不动摇地巩固和发展公有制经济，一方面，要"深化国有企业公司制股份制改革，健全现代企业制度，优化国有经济布局和结构，增强国有经济活力、控制力、影响力"。② 另一方面，要"推进集体企业改革，发展多种形式的集体经济、合作经济"。③ 毫不动摇地支持、鼓励和引导非公有制经济发展，就要多措并举清除各种不利于非公有制经济发展的阻碍因素，"推进公平准入，改善融资条件，破除体制障碍，促进个体、私营经济和中小企业发展"，④ 让一切创造财富的源泉充分涌流。

2. 建立健全现代产权制度，大力发展混合所有制经济

社会主义市场经济的发展离不开界定清晰的产权制度。2003 年通过的《中共中央关于完善社会主义市场经济体制若干问题的决定》提出："产权是所有制的

① 《十七大以来重要文献选编》（上），北京：中共中央文献出版社 2009 年版，第 20 页。
② 《十七大以来重要文献选编》（上），北京：中共中央文献出版社 2009 年版，第 20 页。
③ 《十七大以来重要文献选编》（上），北京：中共中央文献出版社 2009 年版，第 20 页。
④ 《十七大以来重要文献选编》（上），北京：中共中央文献出版社 2009 年版，第 20 页。

核心和主要内容"，要"建立归属清晰、权责明确、保护严格、流转顺畅的现代产权制度"。① 构建现代产权制度是"完善基本经济制度的内在要求，是构建现代企业制度的重要基础"。② 第一，明晰产权是保护各类财产权的前提。产权是用法律的形式来规范各种经济关系，产权界定清晰，不仅有利于保护私有财产权，维护个人的切身利益，促进非公有制经济的发展，还有利于维护公有财产权，进一步巩固公有制经济的主体地位。第二，有利于各类资本的流动和重组，推动混合所有制经济发展。第三，有利于形成良好的信用基础和市场秩序，提高企业和大众创业的动力。

改革开放以后，所有制结构的改革为混合所有制经济的产生奠定了基础。党的十五大正式提出了"混合所有制"概念。党的十六大以后，针对混合所有制经济快速发展的现状及其对经济增长的巨大推动作用，胡锦涛提出要大力发展混合所有制经济。2003 年《中共中央关于完善社会主义市场经济体制若干问题的决定》提出"进一步增强公有制经济的活力，大力发展国有资本、集体资本和非公有资本等参股的混合所有制经济，实现投资主体多元化，使股份制成为公有制的主要实现形式"。③ 胡锦涛在党的十七大报告中进一步指出："以现代产权制度为基础，发展混合所有制经济"，④ 为混合所有制经济的发展提供了良好环境。

3. 坚持"两个平等"思想，形成各种所有制经济相互促进新格局

党的十七大提出："坚持平等保护物权，形成各种所有制经济平等竞争、相互促进新格局。"⑤"两个平等"思想是对"两个毫不动摇"思想的进一步深化，是胡锦涛在邓小平与江泽民社会主义所有制理论基础上，对中国特色社会主义所有制理论的重大发展。"两个平等"思想对于正确处理公有制经济和非公有制经济的关系有着重要的意义。从法律上的平等保护和经济上的平等竞争两个方面着

① 《十六大以来重要文献选编》（上），北京：中共中央文献出版社 2005 年版，第 467 页。
② 《十六大以来重要文献选编》（上），北京：中共中央文献出版社 2005 年版，第 467 页。
③ 《十六大以来重要文献选编》（上），北京：中共中央文献出版社 2005 年版，第 466 页。
④ 《十七大以来重要文献选编》（上），北京：中共中央文献出版社 2009 年版，第 20 页。
⑤ 《十七大以来重要文献选编》（上），北京：中共中央文献出版社 2009 年版，第 20 页。

手，一方面，有利于进一步消除人们对非公有制经济的歧视和偏见，使公有制经济和非公有制经济在市场竞争中拥有平等的地位，促进市场秩序的巩固，完善社会主义市场经济体制；另一方面，有利于充分激发市场经济的活力，推动公有制经济和非公有制经济在市场竞争中充分发挥自身的功能优势，形成二者优势互补、相互促进的新格局，共同推动社会生产力的发展。

四、习近平关于社会主义所有制的重要论述

党的十八大以来，以习近平同志为核心的党中央在总结中国特色社会主义所有制发展的实践经验之后，着眼于实现中国经济高质量发展，提出了一系列有关社会主义所有制的新思想、新观点、新论断，为中国新时期的社会主义所有制改革工作提供了重要的指导思想和行动指南。党的十九届四中全会进一步完善了我国的社会主义基本经济制度，标志着我国社会主义经济制度和社会主义所有制更加成熟、更加定型。

(一) 公有制和非公有制经济协同健康发展

1. 重申"两个毫不动摇"原则，提出"两个都是"

党的十八大以来，为实现公有制经济和非公有制经济协同健康发展，习近平总书记多次重申"两个毫不动摇"原则，并结合中国重大现实问题不断丰富和拓展"两个毫不动摇"的基本内涵。

党的十八届三中全会在"两个毫不动摇"的基础上提出"两个都是"："公有制经济和非公有制经济都是社会主义市场经济的重要组成部分，都是我国经济社会发展的重要基础。"①"两个都是"的思想，打破了过去公有制经济一统天下的状

---

① 《中国共产党第十八届中央委员会第三次全体会议文件汇编》，北京：人民出版社2013年版，第8页。

况，增强了经济的活力，为促进非公有制经济发展，发挥非公有制经济的独特功能优势提供了根本政策保障。十八届三中全会公报更是明确地指出，非公有制经济财产权和公有制经济财产权一样，也是不可侵犯的，从法律和政策上都充分地保障和确认了非公有制经济的地位。

此后，党的十九大又提出："毫不动摇巩固和发展公有制经济，毫不动摇鼓励、支持、引导非公有制经济发展，使市场在资源配置中起决定性作用，更好发挥政府作用。"①一方面，要给予非公有制经济应有的权利和地位，不能设法驱逐或非法侵占损害非公有制经济利益；另一方面，更应该加强对公有制经济的监督和管理，谨防别有用心的经营者借引入公有制和混合所有制改革来谋取个人利益，造成国有资产的流失。党的十九届四中全会第一次把生产资料所有制、分配制度、社会主义市场经济制度等纳入了社会主义基本经济制度范畴，生产资料所有制在基本经济制度体系中起着根本性作用，由此"两个毫不动摇"基本原则成为坚持和完善基本经济制度的根本原则。党的十九届五中全会提出，要"激发各类市场主体活力。毫不动摇巩固和发展公有制经济，毫不动摇鼓励、支持、引导非公有制经济发展"②，为非公有制经济的发展创造了长期稳定的制度环境，为激发民营企业的内生发展动力明确了目标指引。

习近平总书记强调，在当前阶段，坚持"两个毫不动摇"不会有任何变化。习近平总书记多次重申"两个毫不动摇"，不断丰富和拓展"两个毫不动摇"的基本内涵充分体现了"两个毫不动摇"在我国经济社会发展中的正确和适用，必须长期坚持。

2. 公有制经济和非公有制经济发展有机统一

习近平总书记指出，"我们强调把公有制经济巩固好、发展好，同鼓励、支

---

① 习近平：《决胜全面建成小康社会　夺取新时代中国特色社会主义伟大胜利——在中国共产党第十九次全国代表大会上的报告》，北京：人民出版社 2017 年版，第 21 页。

② 《中国共产党第十九届中央委员会第五次全体会议文件汇编》，北京：人民出版社 2020 年版，第 38 页。

持、引导非公有制经济发展不是对立的，而是有机统一的。"①因此，必须辩证地看待和正确地处理好公有制经济和非公有制经济之间的有机联系。

（1）公有制经济与非公有制经济互为补充。在我国，公有制经济和非公有制经济并不是"水火不容"的关系，而是相互补充、借鉴、共同发展的关系。一方面，公有制经济是国民经济的重要命脉，它对国民经济的发展起着协调、控制和统筹全局的作用。没有了国有经济的领导和引导，非公有制经济就会出现工业结构低端、生产重复甚至倒闭等问题。另一方面，非公有制经济具有较好的适应能力和较大的灵活性，对公有制经济起到很好的补充作用。非公有制经济快速发展，促进了我国工业结构的调整与升级，促进了新兴工业的发展。鼓励和扶持个体经营，能使更多的劳动者找到工作，扩大其生产经营的空间。非公有制经济的全面发展，能够把国家的财富"蛋糕"扩大，推动消费结构的不断优化和升级。

在几十年的实践基础上，我国摸索出一条新的道路，即在市场经济的条件下，通过发展多种所有制经济搞活国有经济。通过平等、合法的竞争，可以充分利用公有制经济与非公有制经济的各自优势，突破单一所有制的弊端，提高国有企业和非国有企业的活力。随着非公有制经济的快速发展，市场的竞争也会越来越激烈，国有企业的转型速度也会越来越快。"混合"中的国有经济和集体经济得到了加强，民营经济在"混合"中开始了新飞跃，协作使得多种所有制经济更加具有竞争力。

（2）公有制经济与非公有制经济相互作用。公有制与非公有制经济在资金、技术、市场、人才等诸多领域中是相互交融的。通过引入非公有制经济资本，可以迅速地解决公有制经济的融资需求，例如民营企业投资修建高速公路，可以填补国企融资的不足，促进我国高速公路的发展。国有资本的注入也会使非公有制经济获得更多融资，扩大资金来源。在某些情况下公有制经济和非公有制经济可以互相转换。一方面，国有企业可以在企业内部进行改造，进行国有企业改革，

---

① 《中国人民政治协商会议第十二届全国委员会第四次会议文件》，北京：人民出版社2016年版，第4页。

国有企业规模经济下的技术支持，也有利于加速非公有制经济向国际先进水平迈进。另一方面，民营企业可以平等地参与到市场中来，参股国有企业，与国有企业一起建立起相对完整的统一产业链和多渠道供应链，获得更多发展机会。

(二)巩固和发展公有制经济

长期以来，公有制经济在我国发展历程中为社会主义现代化建设作出了突出贡献，是全体人民的宝贵财富。毫不动摇巩固和发展公有制经济，坚持公有制经济的主体地位，是社会主义的应有之义。

1. 发挥国有经济在国民经济中的主导作用

国有经济是公有制经济的重要组成部分，控制国民经济命脉，对经济发展起主导作用，是公有制经济占主体地位的重要体现。国有企业是国有经济的重要组成部分，国有经济还包括混合所有制中的国有成分。党的十八大以来，习近平总书记关于发挥国有经济在国民经济中的主导地位，深化国有企业改革发表了一系列重要论述，为新时代国有经济发展指明了方向。

(1)国有企业是中国特色社会主义的重要物质基础和政治基础。2016年10月10日，习近平总书记在全国国有企业党的建设工作会议上的讲话中指出，"国有企业是中国特色社会主义的重要物质基础和政治基础，是我们党执政兴国的重要支柱和依靠力量"。[1] 新中国成立后，在中国共产党领导的全国人民共同努力下，国有经济从无到有、从小到大地建立起来。一大批国有企业活跃在社会主义建设中，为确立我国有影响力的大国地位，捍卫民族独立和国家安全作出了不朽贡献。在改革开放和社会主义现代化建设新时期，我们始终坚持"两个毫不动摇"，逐步确立了社会主义初级阶段的基本经济制度。国有企业通过改革不断融入社会主义市场经济，成为我国社会主义现代化建设的中坚力量。中国特色社会

---

[1] 《坚持党对国有企业的领导不动摇 开创国有企业党的建设新局面》，载《人民日报》2016年10月12日。

主义进入新时代后，国有企业继续做大做优做强，形成了一批世界级企业，充分彰显了中国特色社会主义的独特优势。以习近平同志为核心的党中央高度重视发展国有企业和国有经济，习近平总书记多次作出重要论述，部署推动国有企业和国有经济为我国发展作出更大贡献。

第一，国有经济和国有企业是深化供给侧结构性改革的主导力量。2016 年 7 月 4 日全国国有企业改革座谈会上，习近平总书记提出"使国有企业在供给侧结构性改革中发挥带动作用"。① 供给侧结构性改革必须将振兴实体经济作为重点工作推进。党的十九大再次突出了实体经济在发展经济的重要地位。国有经济和国有企业大多是控制关系我国国计民生等诸多关键领域的实体经济，理应依靠创新驱动、调整优化布局结构来承担振兴实体经济的责任，引导供给侧结构性改革不断深入推进。

第二，让国有经济和国有企业为全体人民共同富裕作出更大贡献。2016 年 7 月 4 日，习近平总书记在全国国有企业改革座谈会上指出，"国有企业是壮大国家综合实力、保障人民共同利益的重要力量"。② 共同富裕是我国当前发展的重要课题，国有经济理应在其中承担更大的社会责任。一方面，国有企业通过更公平的分配，保障了国企工人合法权益；另一方面，国有企业通过上交大量利税，深度参与欠发达地区经济建设，通过社保基金和转移支付等形式在更大层面调节收入分配，充分体现了社会主义基本制度的优越性。

(2)理直气壮做强做优做大国有企业。第一，增强国有经济"五力"，更好发挥国有经济的主导作用。新时代继续完善社会主义市场经济体制，就必须推进国有企业改革，使其离开传统计划经济体制"预算软约束"的"温床"，更好地适应市场经济的浪潮。党的十九届四中全会提出增强国有经济"五力"，即竞争力、创新力、控制力、影响力、抗风险能力。国有经济竞争力的增强，意为从注重提升国有经济内在"活力"转向兼顾内在"活力"与外在"竞争力"，更好地适应经济

---

① 习近平：《论坚持全面深化改革》，北京：中央文献出版社 2018 年版，第 270 页。
② 习近平：《论坚持全面深化改革》，北京：中央文献出版社 2018 年版，第 270 页。

高质量发展的要求。创新力是国有经济发展的根本动力，只有国有企业不断提升自身创新能力，实现关键核心技术的创新突破，才能不断推动国有经济持续发展。国有经济发挥主导作用主要体现在国有经济的控制力上，这要求其既要在关系国民经济命脉的关键领域占据支配地位，又要提高整体质量，不断优化布局。增强国有经济影响力，必须把发展混合所有制经济作为社会主义基本经济制度的重要实现形式，切实提高国有经济对非公有制经济的影响力。国有经济关乎国民经济命脉，必须不断增强其抗风险能力，尤其是要坚守防范重大风险的底线，着力抓好重点领域的风险防控，有力保障国民经济平稳运行。

第二，完善国有资产监督管理体制，防止国有资产流失。习近平总书记在中纪委五次全会上强调，"国有资产资源来之不易，是全国人民的共同财富。要完善国有资产资源监管制度，强化对权力集中、资金密集、资源富集的部门和岗位的监管"。[①] 国有资产监管要注意防止国有资产流失和实现国有资产的保值增值二者并举。党的十八届三中全会通过的《中共中央关于全面深化改革若干重大问题的决定》明确提出，"完善国有资产管理体制，以管资本为主加强国有资产监管，改革国有资本授权经营体制"。[②] 与以往"以管企业为主"相比，"以管资本为主"解决了国企受到政府干预而影响市场主体地位，即政企不分的问题，又在监管方面实现了国有经济布局优化，推动了国有经济整体性战略重组，是国有资产监管方式的一次重大飞跃。

第三，推进国有企业混合所有制改革。习近平总书记在党的十八届三中全会上强调，"积极发展混合所有制经济，是……新形势下坚持公有制主体地位，增强国有经济活力、控制力、影响力的一个有效途径和必然选择"。[③] 推进国有企业混合所有制改革，是为了在保持国家对国有企业控股主导权基础上，积极引入

---

① 《深入学习习近平总书记重要讲话和十八届中央纪委五次全会精神》，北京：人民出版社 2015 年版，第 7 页。

② 《中共中央关于全面深化改革若干重大问题的决定》，北京：人民出版社 2013 年版，第 9 页。

③ 中共中央文献研究室：《习近平关于全面深化改革论述摘编》，北京：中央文献出版社 2014 年版，第 58 页。

各类投资者，实现股权多元化，让国有企业更好地融入市场经济，将国有企业的规模与技术优势和其他所有制企业的机制优势实现有机结合。与此同时，国有企业参股非国有企业，可以增强对其他所有制经济的辐射作用。

2. 发展壮大集体所有制经济

(1)巩固和完善农村基本经营制度。针对改革开放后我国农村基本经营制度出现的变化，习近平总书记在地方工作时辩证地分析道："喜的是广大农民开始脱贫致富了，忧的是乡村两级集体经济实力出现了弱化的现象"。[①] 对此，习近平总书记指出，在社会主义条件下，村集体经济可以解决农民个体办不好、办不成的事情，家庭承包经营体制可以充分调动农民的积极性，由此实现集体优越性与个人积极性的有机结合，充分彰显了农村经济中社会主义制度的优越性。

改革开放以来，随着劳动力流动限制的逐步放开和城镇化建设的大规模开展，大量农村剩余劳动力向城镇转移，出现了劳动力与土地不匹配的新形势。一些农民进城务工，无暇经营其承包的土地，于是将土地流转给其他留守农民经营，实现了土地承包权和经营权的分离，加之土地为农村集体所有，就实现了三种权利分置的新关系，这亟待顶层设计予以规范和明确流转双方的权利和义务。2013 年 7 月，习近平总书记指出，要完善农村基本经营制度需要研究好农村土地"三权"之间的关系。后来他再次指出："把农民土地承包经营权分为承包权和经营权，实现承包权和经营权分置并行，这是我国农村改革的又一次重大创新。"[②] 2014 年的中央一号文件正式提出"三权分置"的概念和政策，2017 年写入党的十九大报告。

(2)深化农村产权制度改革。随着我国的经济发展和对农村集体经济的扶持力度加大，农村集体经济规模增长，但也出现了诸如产权归属不明晰、成员权责不明确、收益分配混乱、集体经济组织与村两委职责模糊等问题。如果不及时解

---

① 习近平：《摆脱贫困》，福州：福建人民出版社 1992 年版，第 141 页。
② 习近平：《论坚持全面深化改革》，北京：中央文献出版社 2018 年版，第 73 页。

决上述问题，农村集体经济资产就会面临重蹈国有资产流失覆辙的现实危险。而适时深化农村产权制度改革可以同时激发集体优越性和个人积极性，进一步增强农村集体经济活力，增加农民财产性收入的同时赋予集体经济组织的市场主体地位，实现集体资产保值增值。为此，习近平总书记提出，要"着力推进农村集体资产确权到户和股份合作制改革，发展多种形式股份合作"。① 习近平总书记还在不同场合分别提出了全面开展清产核资、推进股份合作制改革、加强集体资产监督管理等措施，为深化农村产权制度改革提供了行动指南。

（3）壮大农村集体经济，促进脱贫致富。发展农村集体经济是贫困地区脱贫致富的重要途径，也是贫困村脱贫摘帽考核验收的重要内容。2015 年 11 月出台的《中共中央 国务院关于打赢脱贫攻坚战的决定》中规定，各类扶贫专项资金可折股量化给贫困村和贫困户，由村集体统一经营，以发展集体经济的形式带动贫困户增收致富。2016 年 4 月中央两办印发的《关于建立贫困退出机制的意见》，将集体经济收入等因素纳入考核范围，要求贫困村必须有村集体产业、村集体至少要有 2 万元的收入。国务院在 2016 年 12 月发布的《"十三五"脱贫攻坚规划》中把建档立卡贫困村集体经济年收入纳入脱贫主要指标体系，规定其年收入到 2020 年不低于 5 万元。2019 年 6 月《农业农村部关于进一步做好贫困地区集体经济薄弱村发展提升工作的通知》对发展壮大农村集体经济，促进薄弱村发展提升，进而实现脱贫致富提出若干要求：深化村集体产权制度改革；推广"三变"改革，实施壮大集体经济试点项目；因地制宜发展产业；盘活土地资源；加强人才支撑等，为打赢脱贫攻坚战提供了有力支撑。

（三）推动非公有制经济健康发展

非公有制经济的发展是我国改革开放的标志性成果，对促进我国经济增长、创新发展、创业就业、社会稳定与和谐发展起到了巨大的推动作用，为更好地满

---

① 习近平：《论坚持全面深化改革》，北京：中央文献出版社 2018 年版，第 260 页。

足人民的美好生活需求作出了积极贡献。习近平总书记对我国社会主义经济发展中民营经济的地位给予了充分的肯定，并提出了一系列促进非公有制经济发展的原则和措施。

1. 创新性地提出非公有制经济发展的重要原则

（1）"三个没有变"原则。在全国政协十二届四次会议民建、工商联界委员联组会上，习近平总书记明确提出"三个没有变"——"非公有制经济在我国经济社会发展中的地位和作用没有变！我们毫不动摇鼓励、支持、引导非公有制经济发展的方针政策没有变！我们致力于为非公有制经济发展营造良好环境和提供更多机会的方针政策没有变！"①非公有制经济的地位作用、政策保障以及营商环境的"三个没有变"原则体现了中央对非公有制经济的一以贯之、坚定不变的态度，充分肯定了非公有制经济的发展及其对经济、社会发展的卓越贡献。贯彻落实"三个没有变"的方针，有利于促进非公有制经济在推动产品技术创新、高质量生产，推动企业发展新模式、新业态方面作出更大的贡献，有利于促进非公有制经济为社会创造更多的就业机会，为政府带来更多的税收，更好地维护社会稳定。

（2）"三个平等"原则。非公有制经济的健康发展离不开公平竞争的环境。发展非公有制经济，必须保证非公有制经济能和公有制经济有公平竞争的机会。党的十八大报告强调了不同所有制经济主体在生产要素使用、市场参与、法律保护等方面的平等性。党的十八届三中全会进一步提出对各类所有制经济都坚持权利平等、机会平等和规则平等。② 权利平等是一种保证，使非公有制和公有制经济在政策上具有相同的地位；机会平等扩大了非公有制经济进入市场的范围；规则平等是一个先决条件，只有在非公有制经济和公有制经济都遵守同样的原则时，才有可能实现权利和机会的平等。"三个平等"的基本原则，解决了我国在市场

---

① 《十九大以来重要文献选编》（上），北京：中央文献出版社 2019 年版，第 674 页。
② 《十八大以来重要文献选编》（上），北京：中央文献出版社 2014 年版，第 517 页。

经济发展中存在的歧视问题，取消一切不合理的制度，消除各类无形障碍，使我国的非公有制经济能够和公有制经济在平等的基础上进行平等的竞争，对于推动非公有制经济健康发展产生了重要作用。

（3）"自己人"原则。非公有制经济对我国经济总量的稳步提升和人民的美好生活需求的满足作出了不可磨灭的积极贡献，在日趋激烈的国际竞争中也发挥着越来越大的作用。在 2018 年民营经济座谈会上，习近平总书记明确提出"民营经济是我国经济制度的内在要素，民营企业和民营企业家是我们自己人"①的重要论断，这个论断成为官方对非公有制经济的准确定位，使非公有制经济人士的不安情绪得到了缓解。"民营企业和民营企业家是我们自己人"的重要论断，包括经济和政治两个方面的内容。从经济上讲，坚持和发展中国特色社会主义、推动经济高质量发展，民营经济是其必不可少的经济基础；从政治上讲，私营企业家是我们社会主义现代化建设的一分子，是我们党长期执政和我们党长期团结和领导的一支不可缺少的力量。"自己人"这一重要论断，深刻地反映出民营经济对我国的经济、社会发展的重要性，也反映出民营企业生存与发展的长期性、必然性。推动民营企业"两个健康"发展，既是一个重要的经济问题，又是一个政治问题，因此必须高度重视。

2020 年 9 月 16 日，中共中央颁布了《关于加强新时代民营经济统战工作的意见》，再次强调了习近平总书记的这一重要论述，体现了我们党对民营企业的定位和作用的深刻认识，民营企业家从体制外人到"自己人"，彰显着非公有制经济人士的重要政治地位和经济地位。"自己人"思想是新时期统战工作的新思想，是凝聚民营企业、实现中国梦想的新思想。

2. 创新性地提出非公有制经济发展的新路径

（1）践行"三个鼓励"论，保障发展非公有制经济。习近平总书记结合我国非

---

① 《十九大以来重要文献选编》（上），北京：中央文献出版社 2019 年版，第 674 页。

公有制经济发展的实际，创新地提出了"三个鼓励"论，即"鼓励非公有制企业参
与国有企业改革，鼓励发展非公有资本控股的混合所有制企业，鼓励有条件的私
营企业建立现代企业制度"。① "三个鼓励"论旨在促进我国投资主体多元化，优
化市场竞争机制，突破国有企业的垄断，给非公有制经济的发展提供更加公平适
宜的环境，不仅提高了国有企业的活力，而且提高了民营企业的效率。"三个鼓
励"理论所确立的促进非公有制经济发展的新思路和新的发展方向是符合新形势
下非公有制经济发展要求的。

(2)贯彻"十字"方针，做好非公经济领域统战工作。2018年10月20日，习
近平总书记专门给在工商联"万企帮万村"行动中受表彰的民营企业家回信，鼓
励他们继续创新创造，踏踏实实办好企业。各级党委要按照"信任、团结、服务、
引导、教育"的原则，把统战工作做得更好。要充分发挥统战工作的联系、引导、
问题导向，深入调研，不断提升统战工作的整体素质。要选出优秀的民营企业代
表，要开展"教育实践"，要做好相关干部的政治工作，满足其政治需要，拓宽
其选人用人的渠道和视野。

(3)构建"亲清"新型政商关系，健康发展非公有制经济。习近平总书记明确
提出了要构建"亲清"新型政商关系的要求，要将加强对民营经济的扶持作为一
项重大工作。为此，一方面，政府要大力扶持民营企业，以诚恳的态度对待民营
企业，保护民营企业的利益，促进企业持续健康发展。另一方面，非公有制企业
要遵守经商伦理，坚持守法经营，强化企业诚信意识，以提高企业的竞争力。

3. 优化非公有制经济发展环境

习近平总书记高度重视非公有制经济的发展环境，为促进非公有制经济的发
展创造了良好的市场条件，为促进民营经济的持续创新发展做出了有益的尝试。

(1)减轻企业发展压力，降低企业经营负担。为了改善民营企业的营商环

---

① 《中共中央关于全面深化改革若干重大问题的决定》，北京：人民出版社 2013 年版，第 11 页。

境，国家大力推动供给侧结构性改革，以减轻企业的实际生产压力和经营难度。国家要大力推进税制改革，适度降低增值税等各项税项，使广大企业得到更多的幸福感；根据具体的情况，可以适当地减少社会保险的名义利率；实行简政放权，对涉及的行政许可项目进行管理，简化和规范化的业务程序，减少经营费用。

（2）化解融资难、融资贵难题。解决好民营企业的融资难题，要采取措施，逐渐减少融资的费用，扩大民营企业的市场范围；拓展信贷投资、风险投资、股权投资等领域，为民营经济发展注入更多的资本；要把扶持私营企业发展与银行业的经济评价相结合，解决信贷困难问题；要加强财政扶持，大力扶持产业龙头、就业大户和战略性新兴产业。

（3）创造有利于民营经济发展的公平竞争的市场环境。针对目前我国民营经济发展中存在的审批难、债投标准、市场化运作不合理等问题，必须采取有效措施，以维护市场经济的公平性，保护民营经济的合法利益。党的二十大强调，要优化民营企业发展环境，依法保护民营企业产权和企业家权益，促进民营经济发展壮大。此外，也要鼓励和扶持民营公司参加国企改制，健全各种反垄断、反不正当竞争的法律法规制度，营造公平透明的市场竞争格局。

（4）促进非公有制经济人士健康成长。非公有制经济要健康发展，前提是非公有制经济人士要健康成长。第一，要引导他们自觉转变发展方式，推进自主创新，加快转型升级，提升企业技术创新的主体作用。第二，要对非公有制经济人士进行教育和培训，带动非公有制经济人士协调好企业之间、企业内部的关系，以及企业与社会的发展之间的关系，增强社会道德感和责任感，以人民为中心，为社会和人民造福。第三，要维护企业家的生命和财产安全，要从可持续发展的角度来考虑，让民营企业家可以轻装上阵，充分保障他们的切身利益。

（四）大力发展混合所有制经济

党的十八大以来，习近平总书记高度重视混合所有制经济的改革和发展问题，多次作出重要论述，解答了混合所有制经济改革的基本原则和发展路径等一系列基本问题，明确了混合所有制经济改革的意义，为新时代混合所有制经济的发展指明了方向。

1. "两个毫不动摇"是发展混合所有制经济的基本原则

《中共中央关于全面深化改革若干重大问题的决定》提出："国有资本、集体资本、非公有资本等交叉持股、相互融合的混合所有制经济，是基本经济制度的重要实现形式。"①但对于混合所有制的发展方向，理论界存在"私有化"和"公私合营"两种担忧。针对混合所有制经济中的所有制问题，以习近平同志为核心的党中央多次强调"两个毫不动摇"的方针。"两个毫不动摇"的内涵是，一方面国有企业在非国有资本参股后，要给予其应有的权利和地位，不能设法侵占和损害非国有资本利益；另一方面，国有资本在国有企业中必须居主导地位，要加强监管，严防经营者借引入非国有资本的混合所有制改革来牟取个人私利，杜绝国有资产流失。

2. 混合所有制经济的发展路径

（1）明确混合所有制经济的发展方向。《中共中央关于全面深化改革若干重大问题的决定》把混合所有制经济提升到我国基本经济制度重要实现形式的高度，进一步明确了混合所有制经济的发展方向和路径，就积极发展混合所有制经济的要求提出了一系列新思想，是新时代指导混合所有制改革的重要行动指南。

上述决定一是确定了混合所有制经济的性质和地位，指出"国有资本、集体资本、非公有资本等交叉持股、相互融合的混合所有制经济是社会主义基本经济制度的重要实现形式"。② 二是进一步明确混合所有制经济的内涵，指出混合所

---

① 《中共中央关于全面深化改革若干重大问题的决定》，北京：人民出版社 2013 年版，第 8 页。
② 中共中央文献研究室：《习近平关于社会主义经济建设论述摘编》，北京：中央文献出版社 2017 年版，第 54 页。

有制经济的基本特征是公有资本与非公有资本的交叉持股、相互融合，股份制、股份合作制、中外合资企业、各种所有制相互合资合营等都是混合所有制的具体形式。三是扩大了混合所有制经济的发展范围。允许更多国有经济进行混合所有制经济改革，鼓励非公有制企业参与国有企业改革，并且允许混合所有制经济实行企业员工持股，表明混合所有制经济在实践中组成形式的变化与作用范围的扩大，更加突出了混合所有制经济的新定位，对推动混合所有制改革产生了重要意义。

（2）鼓励非公有制经济参与混合所有制经济改革。改革开放以来，我国的非公有制经济，"在稳定增长、促进创新、增加就业、改善民生等方面发挥了重要作用"。[①] 党的十八大以来，对于非公有制经济发展面临的困境，习近平总书记提出"引入非国有资本参与国有企业改革"。[②] 但非公有制经济在参与混合所有制经济改革实践中还是遇到了市场准入限制多、投资权益难保障、信息难以充分获取等问题。习近平总书记强调，问题主要是由政策落实不到位造成的，要解决以上问题就要从两个方面入手，"一方面要完善政策，增强政策含金量和可操作性；另一方面要加大政策落地力度，确保各项政策百分之百落到实处"。[③]

（3）推动国有企业混合所有制改革。2015年9月，中共中央、国务院印发《关于深化国有企业改革的指导意见》，提出了一系列新时代推进国有企业混合所有制改革的举措。一是引入非国有资本参与国有企业改革，鼓励非国有资本以多种形式参与国有企业改制重组或国有控股上市公司增资扩股，促进国有企业更好适应市场经济，增强其经营活力。二是鼓励国有资本以多种方式入股非国有企业，利用其在关键行业或垄断行业的市场支配地位和特有融资优势，增强国有资本对非国有资本的辐射带动作用，放大其作用范围。三是探索国有企业员工持股，建立激励约束长效机制，"形成资本所有者和劳动者利益共同体"，[④] 激发员

---

① 习近平：《习近平谈治国理政》（第2卷），北京：外文出版社2017年版，第260页。
② 习近平：《习近平谈治国理政》（第2卷），北京：外文出版社2017年版，第259页。
③ 习近平：《习近平谈治国理政》（第2卷），北京：外文出版社2017年版，第261页。
④ 《中共中央关于全面深化改革若干重大问题的决定》，北京：人民出版社2013年版，第9页。

工内生活力的同时使其为国有企业发展作出更大贡献。

3. 混合所有制经济改革的意义

混合所有制经济改革对于国有经济和非公有制经济是一次交流融合的契机，二者取长补短，激发全社会的经济活力，最终实现双赢，充分体现了社会主义基本经济制度的优越性，是新时代中国特色社会主义经济建设的伟大创举。《中共中央关于全面深化改革若干重大问题的决定》指出，发展混合所有制经济，"有利于各种所有制资本取长补短、相互促进、共同发展"。[①] 党的十九大也从"深化国有企业改革"和"促进民营企业发展"两个角度强调了混合所有制经济改革的重要意义。

推进混合所有制经济改革，有利于增强国有企业"五力"，深化国有企业改革。党的十九届四中全会提出，混合所有制经济的发展可以"增强国有经济竞争力、创新力、控制力、影响力、抗风险能力，做强做优做大国有资本"。[②] 不论是把非公资本引入国有企业还是国有资本入股非公经济，都能够更好发挥国有企业对国民经济的主导作用，加大对关乎国计民生的行业的控制力度，培育具有全球竞争力的世界一流企业。

推进混合所有制经济改革，有利于非公有制经济拓宽投融资渠道，促进非公有制经济健康发展。通过混合所有制经济改革，非公有制经济以参股国有企业获得更大发展空间，有机会进入部分垄断行业。此外，国有资本的注入也会使非公有制经济获得更多融资，扩大资金来源，同时获得国有企业规模经济下的技术支持，加速非公有制经济向国际先进水平迈进。

---

① 《中共中央关于全面深化改革若干重大问题的决定》，北京：人民出版社 2013 年版，第 9 页。
② 《中国共产党第十九届中央委员会第四次全体会议文件汇编》，北京：人民出版社 2019 年版，第 38 页。

第四章

中国化马克思主义市场经济理论

　　中国化马克思主义市场经济理论是我们党的重大理论创新，是马克思主义中国化的光辉典范。党将马克思主义政治经济学基本原理同我国基本国情结合起来，在实践中不断丰富和发展中国化马克思主义市场经济理论，逐渐形成了具有中国特色和中国智慧的社会主义市场经济理论，创造性地发展了当代中国化马克思主义政治经济学。马克思、恩格斯关于市场经济的基本观点是中国化马克思主义市场经济理论的重要源泉，列宁和斯大林在社会主义国家建设实践中发展了马克思主义的商品经济思想。毛泽东商品经济思想汲取了马克思列宁主义关于市场经济主要观点的精华，在新民主主义革命时期、过渡时期和社会主义建设时期结合我国革命实践开拓了中国化马克思主义市场经济理论。改革开放40多年以来，中国特色社会主义市场经济理论真正将市场机制引入社会主义经济建设中，逐步建立和完善社会主义市场经济体制，在我国推进市场化的改革实践中不断深化对市场经济理论的认识，为探索社会主义市场经济体制提供了理论遵循。面对经济发展的新形势新问题新挑战，习近平总书记对深化经济体制改革作出了系列重要论述，将社会主义市场经济体制上升为基本经济制度的范畴，提出正确处理好政府与市场这一对核心关系，并要求加快建设全国统一大市场，实现经济高质量发展。中国化马克思主义市场经济理论的发展历程充分彰显了我们党对于社会主义和市场机制关系认识的一次次飞跃，推动了我国经济体制的真正变革，为探索中国特色社会主义道路实践提供了思想指南。

一、马克思列宁主义关于市场经济的主要观点

　　马克思列宁主义关于市场经济的主要观点是马克思主义政治经济学的重要组成部分，马克思主义经典作家详尽地研究了早期资本主义市场经济和社会主义商品经济，马克思、恩格斯科学地论述了市场经济产生、形成与发展过程的基础条件、基本特征和主要作用，揭示了资本主义生产方式的基本矛盾，提出了未来社

会"以计划代替市场"的运行方式进行经济资源配置的设想，对于市场经济的外在现象和内在本质规律进行了全面而深刻的剖析。列宁和斯大林在继承马克思、恩格斯关于市场经济理论主要观点的基础上，结合社会主义国家建设实践经验，进一步探讨了社会主义与商品经济的联系性，这对于指导完善中国化马克思主义市场经济理论具有非常重要的现实意义。

(一) 马克思、恩格斯关于市场经济的基本观点

马克思、恩格斯的主要研究对象是资本主义社会的经济运行规律，尽管没有在著作中较为集中地针对市场经济理论进行研究与探索，也没有使用"市场经济"这一概念，但结合他们关于资本主义经济的重要论述，仍然能够梳理出一些关于市场经济理论的基本观点。马克思、恩格斯重点关注到生产力与生产关系的发展推动了市场经济的产生，认识到市场经济主体存在的必要性和规律性，分析了市场的整体结构，提出了克服私有制商品经济基本矛盾的方案构想。

1. 市场经济及其产生

关于市场经济及其产生，马克思认为市场经济是一种交换经济，市场是一切交换关系的总和。市场经济是伴随着生产力与生产关系的矛盾运动逐渐产生的。具体而言，在生产力方面，马克思认为社会分工和生产劳动的分工促进了市场经济的产生。马克思指出："由于社会分工，这些商品的市场日益扩大；生产劳动的分工，使它们各自的产品互相变成商品，互相成为等价物，使它们互相成为市场。"①在生产关系方面，马克思认为不同的所有制以及人与人之间新的依赖关系推动了商品交换的产生。"交换的需要和产品向纯交换价值的转化，是同分工按同一程度发展的，也就是随着生产的社会性而发展的。"②随着时代的发展，产品满足使用需求的价值属性与用于交换需求的价值属性逐渐分离开来，分工与所有

---

① 《资本论》(第3卷)，北京：人民出版社1975年版，第718页。
② 《马克思恩格斯文集》(第8卷)，北京：人民出版社2009年版，第44页。

制的变化促进资本主义社会的生产力不断提升。可见，自己生产的产品剩余以及对他人生产产品的需求是交换的重要基础。从这个层面来看，市场经济就是随着生产力与生产关系的发展，人身依附关系逐渐解除，交换关系普遍确立产生的一种新的经济形式。

2. 市场经济主体在市场经济中的作用

关于市场经济主体在市场经济中的作用，《资本论》中指出，商品不能自己到市场进行交换，必须由它的监护人，即商品所有者把它拿到市场上去，并通过商品所有者的交换活动，然后才能实现与另一个商品相交换。从中可以看出，马克思非常重视市场经济主体在市场经济中的作用，体现在：一是强调市场经济中的商品交换要有主体，因为商品不能自己完成交换过程；二是强调市场经济中的主体需要拥有买与卖的自我决策权力，符合双方平等自愿的共同意志；三是强调市场经济的主体一般是商品所有者，在市场经济初期，多数是商品所有者自己生产和销售，而随着市场经济发展的不断深入，市场主体也会进一步壮大。"交换的代理人'是承运人和商人'"，① 这也进一步强调市场经济主体可以是商品所有者的代理人。有关这一点，在现代市场经济机制中也有所体现，譬如在经济主体的架构中，所有权和经营权分离的委托人—代理人制度就是一种例证。

3. 市场经济的结构

关于市场经济的结构，马克思较为系统地分析了市场经济的整体结构，主要包括产品市场(即生产资料市场)、劳动力市场、资本与货币市场等。在此基础上，马克思指出了每个市场的基本特征，还重点强调了劳动力市场的特殊性与资本市场的重要性。对于劳动力市场，马克思认为劳动力市场不同于产品市场，具

---

① 《1844 年经济学哲学手稿》，北京：人民出版社 2000 年版，第 157 页。

有特殊属性，并有其独特的发展规律。对于资本市场，马克思认为资本在货币市场中发挥着生产源泉的作用，起着重要的调节作用。除此之外，马克思还强调了货币是市场经济中的重要媒介，必然战胜土地等私有财产形式。"从现实的发展进程中(这里插一句)必然产生出资本家对土地所有者的胜利，即发达的私有财产对不发达的，不完全的私有财产的胜利，正如一般说来运动必然战胜不动……货币必然战胜其他形式的私有财产一样"。① 在此基础上，马克思着力论证了资本主义各阶级以价格为纽带的分配关系，深刻分析了影响与决定上述市场内在价格机制的多重因素。譬如生产资料价格、生活资料价格、劳动力价格、资本价格、土地价格与地租等，进而建立一个全面而完整的价格体系。这些论述对我们建立市场经济、进行价格改革，完善生产要素机制和健全土地产权制度、收入分配制度等方面都有着积极的指导意义。

4. 市场经济在资本主义条件下的矛盾

关于市场经济在资本主义条件下的矛盾，马克思、恩格斯立足唯物史观，通过科学的考察与分析，提出资本主义生产内部包含着许多矛盾，这些矛盾随着资本主义生产的发展，其本质特征会愈来愈明显。具体而言，有以下两个方面：一是资本主义生产建立在资本主义市场基础之上的同时，也在破坏着这个市场，破坏着农民家庭工业的基础；二是资本主义生产造成的无政府状态，马克思分析了在私有制商品经济的条件下社会生产"无政府状态"和"周期性危机"的历史事实后，揭示了资本主义生产方式的基本矛盾，提出了未来社会"以计划代替市场"的运行方式进行经济资源配置的设想。基于资本主义生产的无政府状态的现状，马克思、恩格斯认为，"计划生产"是大工业的结果，只有创造一个按照社会成员需要发展的社会组织，才能够满足大工业生产，因此，未来社会的生产应该处于"社会的生产无政府状态就让位于按照社会总体和每个成员的需要对生产进行

---

① 《马克思恩格斯全集》(第3卷)，北京：人民出版社2002年版，第287页。

的社会的有计划的调节"①的状态。所以，在马克思看来，通过社会成员共同占
有生产资料，以公有制政府的形式计划调节经济发展情况，生产力能够得到极大
的发展，更好满足人民的物质文化需求，人不再受物的支配和统治，从而达到生
产能够按照计划有比例地进行，消灭资本主义生产关系，从根本上克服社会生产
的无政府状态。

(二) 列宁关于市场经济的基本观点

列宁是第一个将马克思、恩格斯关于社会主义经济理论变为现实，实践建设
社会主义的马克思主义者。他在马克思、恩格斯关于市场经济的科学思想基础
上，结合苏俄经济发展实践不断深化对于社会主义经济及其运行方式的认识，创
造性地提出了一系列关于社会主义商品经济的思想。

十月革命胜利后不久，为巩固新生的苏维埃政权，列宁全面肯定了马克思恩
格斯的计划经济思想，在苏俄推行高度集中的"战时共产主义"政策，试图在全
国范围内消除商品交换和贸易，用有计划有组织的产品直接分配来取而代之。不
可否认的是，苏联在特定的历史条件下实行的这种计划经济体制，的确在当时发
挥过不容忽视的积极作用。但是，随着生产力的不断发展，这种僵化体制存在的
弊端也日渐凸显，致使经济发展停滞，农业和轻工业供应紧张，人民生活水平相
对下降。其主要原因在于，这种僵化的理论及在此基础之上的资源配置方式不利
于调动各方面的生产积极性，社会生产力的发展面临严峻挑战，从而阻碍了苏联
迈入新发展时期的前进步伐，这引发了列宁关于计划经济的深刻反思。

1. 发展商品经济下的生产关系

关于如何发展商品经济下的生产关系，列宁主张坚持生产资料公有制，政府
对市场进行"有限计划调节"。1921 年 3 月，在俄共(布)第十次会议上，列宁结

---

① 《马克思恩格斯全集》(第25卷)，北京：人民出版社 2001 年版，第409页。

合俄国的现实国情，重点阐述了恢复商品货币关系的重要性和必要性，主张采用新经济政策代替战时共产主义政策，"新经济政策并不改变国家统一经济计划，也没有溢出统一计划的范围，而只是改变对待这个计划的执行态度"。① 列宁探索了政府行为和市场机制相统一的可能性，既强调政府的计划作用，又强调通过市场发展商品经济。在列宁看来，在完全实现社会化大生产以前，苏维埃俄国很难彻底摆脱商品经济和商品生产。但是，发展商品经济下的生产关系必须依靠社会主义制度，始终坚持生产资料公有制，并将关乎苏维埃俄国经济命脉的资源牢牢掌握在无产阶级政权手中，在此基础上建立起社会主义的经济基础。

2. 利用商品货币关系推动社会主义经济建设

关于如何利用商品货币关系推动社会主义经济建设，列宁认为，在一个小农生产者占人口大多数的落后国家里，苏维埃政府若能够充分利用商品货币关系的积极作用，大力发展商业，建立起城乡之间的经济联系，促进工业和农业之间的相互流转，保障人民群众的日常生活需要，就能够有效提高人民的生产积极性，推动社会主义经济建设。"如果不在工业和农业之间实行系统的商品交换或产品交换；无产阶级和农民就不可能建立正常的关系；就不可能在从资本主义到社会主义的过渡时期建立十分巩固的经济联盟。"②在列宁看来，苏俄作为一个小农经济占主体的国家，必须通过无产阶级革命过渡到社会主义经济，需要将建设新经济同小农经济紧密结合起来，形成无产阶级和农民阶级坚定的同盟关系。

3. 利用"商业化原则"建立社会主义经济基础

关于如何利用"商业化原则"建立社会主义经济基础，列宁在《按商业原则办事(短文提纲)》中表达了对商业是否完全等同于资本主义，为什么不能利用商业化原则的经营方式发展社会生产力的疑问。关于社会主义国家如何利用"商业化

---

① 《苏联国民经济史》(第3卷)，北京：人民出版社1960年版，第155页。
② 《列宁文集》(第41卷)，北京：人民出版社1987年版，第327页。

原则"，他指出，"为什么不是'经营有方'？——贸易自由——国家资本主义——货币制度。"①在列宁看来，建设计划经济体制与通过市场机制实现国家统一两者可以相辅相成，以市场为基础建立统一的国家以后，通过宏观协调实现计划经济的发展。显然，这种计划是利用商品货币关系的计划，与过去社会主义计划经济中所实现的计划大有不同。随着社会主义实践的发展，列宁逐渐承认商品流通的重要性，认识到国家可以通过掌握市场规律来调节市场和商品流通。这一思想上的重大转变，虽然还没来得及在理论上纠正社会主义商品"消亡"论，把商品经济作为社会主义经济的内在要素确立下来，但是也标志着列宁关于建设社会主义经济的总体思路有所改变。

（三）斯大林关于市场经济的基本观点

传统的计划经济体制和计划经济理论是在斯大林时期最终确立的。1929 年，斯大林宣布结束新经济政策，逐步建立起以行政手段为特征的高度集中的计划经济体制。在这种计划经济体制中，商品货币作用很小，只是被当作经济核算的工具，整个资源配置过程都是通过自上而下的直接的命令来推动的。计划经济被看作是社会主义制度的本质特征，故市场机制长期受到排斥和限制。

1. "不能把商品生产和资本主义混为一谈"

关于发展商品经济与资本主义的关系，随着社会主义经济建设的发展，斯大林开始对商品货币与市场机制的认识有所转变，他逐渐认识到发展商品经济的积极作用。在人类漫长的历史长河中，商品经济出现的时间远远长于资本主义经济制度，可见，发展商品经济并不等同于建立资本主义社会制度，因此，斯大林在1959 年发表的《苏联社会经济问题》一书中指出，"商品生产比资本主义生产更老，不能把商品生产和资本主义混为一谈。"②斯大林认识到，俄国社会主义制度

① 《列宁选集》(第 4 卷)，北京：人民出版社 2012 年版，第 514 页。
② 斯大林：《苏联社会主义经济问题》，北京：人民出版社 1971 年版，第 11 页。

下的商品生产与资本主义制度下的商品生产有着本质不同，在资本主义条件下，生产资料私有制和雇佣劳动制度是残酷剥削劳动人民的，但在社会主义条件下，由于生产资料公有制的建立，所有权不再分化，雇佣劳动制度和剥削现象也不复存在，发展商品生产不会导致社会制度发生颠覆性变化。

2. 社会主义商品生产的目的是发展社会主义

关于社会主义条件下发展商品生产与建设社会主义的关系，在斯大林看来，社会主义制度下的商品生产的目的不同于资本主义制度下的商品生产的目的，资本主义商品生产的空间范围是不断扩大的，以最大程度地获取剩余价值为目的的生产，而社会主义商品生产的空间范围是具有条件性的，是为了更好满足社会成员的生存和发展需要，从而提高人民的生活质量，充分发挥社会主义的建设性力量。因此，在建设社会主义国家的经济基础过程中，仍然有必要关注价值规律对于商品经济的重要作用，包括其在商品流通领域的调节作用、商品生产的推动作用等，但是，由于苏联实行生产资料公有制，价值规律的作用范围是非常有限的。

可见，斯大林关于商品经济和商品交换的特点及其必然性，发展商品经济对于社会主义制度的建设性作用等问题的论述，对马克思列宁主义关于商品经济的理论发展作出了重要贡献。但是，斯大林的认识有一定的局限性，比如，否认生产资料市场的存在；认为工资、价格、成本和利润等市场范畴只具有商品的"外壳"，仅仅发挥着经济核算的作用，没有调节市场的作用，即仍然不承认价值规律在生产领域的客观调节作用，不承认全民所有制经济内部的市场关系等。这一系列基本观点仍然属于传统计划经济的理论范畴。

二、毛泽东商品经济思想

毛泽东批判地继承了马克思列宁主义关于市场经济的主要观点，并在社会主义建设实践中，把马克思列宁主义的基本原理同具体实际结合起来，在新民主主义革命时期、过渡时期和社会主义建设时期结合我国革命实践提出了一系列关于社会主义商品经济的独创性观点和见解。

（一）新民主主义革命时期毛泽东商品经济思想

毛泽东在新民主主义革命时期的商品经济思想，是在充分领悟马克思基本原理的基础上，结合新民主主义革命时期经济建设的教训和经验探索得到的，是在中国处于半殖民地半封建社会的情况下，在不同革命根据地经济建设实践中逐步探索形成的。

1."争取国有经济对私人经济的领导"

由于苏区各种社会经济成分并存，虽然国营经济有所发展，但私营经济没有完全退却，毛泽东指出，在政府法律允许范围之内尽可能地发展国有经济，同时也应该奖励私营经济的发展，吸收私营经济的积极因素。井冈山斗争时期，国民经济主要包括国营经济、集体经济和私营经济三种经济成分，关于如何正确处理私营经济与社会经济发展的关系，毛泽东认为，应该进行有组织、有计划的新民主主义经济建设，通过建设国营经济和集体经济，两者相结合，逐步取得对私营经济的领导地位。即"巩固工农在经济方面的联合，保证无产阶级对于农民的领导，争取国营经济对私人经济的领导，造成将来发展到社会主义的前提"。① 只有建立国有经济对私人经济的领导关系，社会经济命脉才属于人民，才能为人民创造更加独立、更加幸福的生活条件。

2. 商品经济是解放生产力的经济形式

抗日战争期间，毛泽东看到了帝国主义侵略中国的根本目的，他们通过扶持

---

① 《毛泽东选集》（第1卷），北京：人民出版社1991年版，第130页。

旧的封建势力，压迫中国的先进阶级力量，从而阻碍中国的先进生产力发展，使中国一直落后下去，直至变为帝国主义国家的傀儡。因此，他积极评价通过发展商品经济改良人民生活的新政纲领，提出判断政策作用的好坏归根到底要"看它是束缚生产力的，还是解放生产力的"，①商品经济的发展催生了新的革命阶级和革命思想，能够为建设新民主主义国家制度、经济、文化提供中坚力量，充分肯定了商品经济解放生产力、推动中国历史发展进程的进步作用。

(二)过渡时期毛泽东商品经济思想

新中国成立后，关于新民主主义国家实行什么样的经济体制，毛泽东从以国有经济为主导的、多种所有制经济形态并存的现实实践出发，从社会主义条件下经济运行的角度探索了如何正确处理社会主义与商品价值规律的关系问题，提出了一系列商品经济思想。

1. 在一定范围内发挥商品价值规律的作用

过渡时期，在社会主义改造过程中出现了忽视商品价值规律的错误思想，造成了部分人民群众的不满，毛泽东在深刻反思中逐渐认识到社会主义和商品经济之间的重要联系。1956年，毛泽东在《加快手工业的社会主义改造》中指出，"在手工业改造高潮中，修理和服务行业集中生产，撒点过多，群众不满意……现在怎么办？"②面对手工业的社会主义改造中出现的这些现象，毛泽东认为应该循序渐进地进行改革，有必要关注人民群众生存必需的生活资料市场发挥的价值规律作用。此外，毛泽东还提出重视过去手工业市场中的积极因素，尤其要保护好市场中的优秀技艺，他指出："提醒你们，手工业中许多好东西，不要搞掉了。"③可见，毛泽东认识到在社会主义经济建设过程中，需要充分利用商品价值规律，

---

① 《毛泽东选集》(第3卷)，北京：人民出版社1991年版，第1081页。
② 《毛泽东选集》(第3卷)，北京：人民出版社1991年版，第11页。
③ 《毛泽东文集》(第7卷)，北京：人民出版社1999年版，第12页。

积极吸收其优秀成果。

2. "坚持统一性和独立性相统一的原则"

新中国成立以来，党主要学习了苏联的经济建设模式和经验，但苏联建设社会主义模式的局限性逐步显现出来。毛泽东慎重思考后提出要以苏联经济建设模式的教训为借鉴，独立探索适合中国国情的社会主义经济建设道路。1956 年，毛泽东在《论十大关系》中指出，要坚持统一性和独立性相统一的原则，在计划中调动各生产单位的生产积极性，从而调动一切积极因素充分发展生产力为社会主义事业服务。毛泽东在《在中共中央政治局扩大会议上的总结讲话》中指出，"有些问题，比如工业的集中问题，工厂要有多大的自主权，地方要有多大的自主权，农业生产合作社要有多大的自主权，地方要有多大的自主权，都还没有研究好。"[1]可见，毛泽东认识到经济建设过程中坚持统一性和独立性相统一的原则的重要性，独立性并非指完全意义上的独立，而是指在计划经济体制下寻求一定的自主权，从而提升各生产单位的生产积极性，助力社会主义经济建设。

(三)社会主义建设时期毛泽东商品经济思想

社会主义改造结束后，党中央制定了社会主义建设总路线，发动了"大跃进"和人民公社化运动，出现了一些较为严重的"左"倾冒进思想，阻碍了社会主义经济建设的发展进程。毛泽东经过深入思考和实践探索，进一步丰富了社会主义建设时期发展商品经济的思想。

1. "社会主义的商品生产和商品交换具有积极作用"

1958 年，党的第八次全国代表大会第二次会议正式通过"鼓足干劲、力争上游、多快好省地建设社会主义"的总路线，反映了党和广大人民群众迫切要求改

---

① 《毛泽东文集》(第 7 卷)，北京：人民出版社 1999 年版，第 167~173 页。

变中国经济文化落后状况的普遍愿望，但由于对新中国建设社会主义经济体制任务的长期性、艰巨性估计不足，又忽视了经济发展的客观规律，造成了国民经济比例的严重失调、人力物力的巨大浪费以及生态环境的严重破坏等后果。毛泽东认识到，在经济文化落后的新中国，以急躁冒进、急于求成的心态进行社会主义经济建设是很难实现共产主义的，从印度、巴西的发展历程来看，充分利用商品生产和商品交换的积极意义是有助于社会主义经济建设的。因此，他在《关于社会主义商品生产问题》中指出，"现在要利用商品生产、商品交换和价值法则，作为有用的工具，为社会主义服务。……必须肯定社会主义的商品生产和商品交换还有积极作用。"①毛泽东认识到，发展商品经济有利于解决我国先进的社会主义制度同落后的社会生产之间的矛盾，满足人民群众对于建立先进工业国的愿望；有利于调节工农矛盾，巩固我国的工农联盟；还有利于促进全民所有制的发展，逐步过渡到社会主义和共产主义。

2. "价值法则是一个伟大的学校"

1958 年，毛泽东在郑州会议上针对否定商品经济性质的思想指出，不能简单地把商品生产等同于资本主义，在商品经济较为落后的社会主义建设时期，发展商品生产是符合我国经济建设规律的。在批判人民公社所有制改革过程中出现的"平均主义""过分集中"等一些错误思想倾向时，毛泽东提出了"价值法则是一个伟大的学校"②这一著名论断。价值法则是适应当时社会生产力发展水平的客观经济规律，通过这一法则教育干部和人民群众，能够帮助他们更好地参与到社会主义经济建设中来，人民公社改革只有正视并遵循这一法则，对于成员的劳动成果实行等价交换而不是无偿占有，才能够真正建立起社会主义和共产主义，这些认识充分体现了毛泽东对"左"倾思想引导下"大跃进"和人民公社化运动的反思。

---

① 《毛泽东文集》(第 7 卷)，北京：人民出版社 1999 年版，第 434~440 页。
② 《毛泽东文集》(第 8 卷)，北京：人民出版社 1999 年版，第 34 页。

毛泽东在发展社会主义商品经济的问题上，在继承和发展了马克思列宁主义关于市场经济的主要观点，结合我国社会主义经济发展实践，在深刻探索社会主义条件下发展商品经济中取得了理论突破，这对于党和国家今后界定社会主义商品经济的内涵、性质与特征，以及进行经济体制改革有着深远的借鉴意义。当然，毛泽东商品经济思想也经历了一个较为长期的发展历程，由于当时的历史条件所限，难以及时把握中国社会主义经济建设的现实国情，一些正确观点也未能很好地贯彻落实到实践中去。

三、中国特色社会主义市场经济理论

改革开放以来，我国逐步建立和完善了社会主义市场经济体制，中国特色社会主义市场经济理论在社会主义经济建设的实践中不断概括、总结、反思，提出了一系列具有中国智慧和中国价值的理论观点，并在我国推进市场化的改革实践中不断检验和发展，创新性地开拓了中国特色社会主义市场经济理论的视野。

(一)邓小平社会主义市场经济理论

社会主义与市场经济的关系是什么？如何发挥社会主义市场经济的作用？如何解放和发展生产力？邓小平社会主义市场经济理论吸收了马克思列宁主义关于市场经济的主要观点，继承并发展了毛泽东商品经济思想，科学地回答了这些社会主义发展过程中的重大理论和实践问题。

1. "计划和市场都是经济手段"

历经十年动乱，饱经沧桑磨难的社会主义中国终于迎来了改革开放的曙光。1978 年 12 月，党的十一届三中全会开始实行改革开放政策，市场机制日渐得到重视。1979 年 11 月 26 日，邓小平会见外国客人时谈道："社会主义为什么不可以搞市场经济？这个不能说是资本主义。我们是计划经济为主，也结合市场经济，但这是社会主义的市场经济。"①在邓小平看来，我国发展的是社会主义制度下的市场经济，是以计划经济为主的市场经济，利用市场这一经济手段发展社会主义生产力，只是形式上和资本主义社会的生产方式有一些相似，但究其本质是根本不同的。1992年春，邓小平开始对南方经济工作进行视察，并发表了一系列重要讲话。他指出："计划多一点还是市场多一点，不是社会主义与资本主义的本质区别。……计划和市场都是经济手段。"②在邓小平看来，计划经济不等同于社会主义，市场经济也不等同于资本主义，计划和市场都是发展社会主义的手段，因此可以利用市场能够高效配置资源的优势为社会主义建设服务。邓小平始终强调，将市场经济和社会主义完全对立起来的观点是错误的，市场经济能够成为社会主义经济建设的有力工具。改革过程中时隐时现的诸多问题，皆是源于我国市场体系建设不够成熟，市场还没有发挥出它应有的作用。这一思想破除了把市场经济视为一种社会基本制度的思想枷锁，强调"三个有利于"才是评判姓"资"姓"社"的标准，消除了人们对于实行市场经济必将走上资本主义道路的疑虑。

2. 坚持计划经济为主，市场调节为辅

在邓小平看来，建设社会主义的市场经济必须厘清生产力发展的方式方法和所有制关系。从发展社会生产力的方式方法来看，资本主义社会和社会主义社会中的市场经济是有一些"相似"的。从所有制关系来看，资本主义社会和社会主义社会之中的市场经济又是"完全不同"的。尽管当时我国仍以计划经济为主，但这一系列论述不仅阐明了社会主义不等于计划经济，必须重视市场调节的重要思想，而且鲜明地指出社会主义市场经济与资本主义市场经济之间存在着本质区别，对于后期的理论探索和改革进程的推进具有十分重大的理论价值和实践意

---

① 《邓小平文选》(第2卷)，北京：人民出版社1994年版，第236页。
② 《邓小平文选》(第3卷)，北京：人民出版社1993年版，第373页。

义。1980 年，邓小平在《目前形势和任务》中指出："我们在发展经济方面，正在寻求一条合乎中国实际的、能够快一点、省一点的道路，其中包括……计划调节和市场调节相结合"。① 这表明，邓小平关于我国利用市场经济进行经济建设改革的思路正在逐步深化，尝试找到一种既符合中国现实国情又较为高效的发展道路。1981 年 6 月，党的十一届六中全会通过《关于建国以来党的若干历史问题的决议》，明确指出："必须在公有制基础上实行计划经济，同时发挥市场调节的辅助作用"。② 用重要文件的形式明确强调发挥市场机制的调节作用，说明党对于社会主义市场经济建设规律的认识更加成熟，相较于计划经济的支配地位，商品生产、交换和市场机制的调节作用主要起着辅助作用。1982 年，"计划经济为主、市场调节为辅"③的原则被正式写入了党的十二大报告，为我国充分发挥社会主义市场经济的优越性廓清了前进方向。

3. "坚持计划经济与市场调节相结合"

自党的十一届三中全会提出加入市场机制以来，经过党的十二大，我国取得了令人瞩目的经济成就：部分地区开始朝向小康生活迈进，国民经济比例逐步调整优化，基本扭转了市场上消费品长期严重匮乏的局面。1984 年 10 月，党的十二届三中全会通过的《中共中央关于经济体制改革的决定》，规定了经济体制改革的方向、性质、任务和各项基本方针政策，深刻回答了社会主义经济建设长期面临的理论问题。作为我国经济体制改革逐步转向社会主义市场经济的纲领性文件，邓小平对此作出了极高的评价："这次经济体制改革的文件好，就是解释了什么是社会主义"。④ 为了贯彻落实党的十二届三中全会的精神，《中共中央关于制定第七个五年计划(1986—1990)的建议》进一步提出，要通过使企业成为自主

---

① 《邓小平文选》(第 2 卷)，北京：人民出版社 1994 年版，第 246~247 页。
② 《中国共产党中央委员会关于建国以来党的若干历史问题的决议》，北京：人民出版社 1981 年版，第 55 页。
③ 《江泽民文选》(第 1 卷)，北京：人民出版社 2006 年版，第 226 页。
④ 《邓小平文选》(第 3 卷)，北京：人民出版社 1993 年版，第 91 页。

经营自负盈亏的商品经营者、完善市场体系，建立以间接手段为主的宏观调控体系等。关于这一系列建设具有中国特色的社会主义经济体制的做法，在邓小平看来，在中国建设社会主义和发展市场经济是具备相辅相成的条件的，这对于解放和发展社会生产力，提升社会主义经济活力具有积极意义。

1989年，邓小平再次强调："我们要继续坚持计划经济与市场调节相结合，这个不能改。"①在他看来，即使在实践发展过程中出现了一些波动与挫折，不能因此从根本上否定市场调节作用的积极性，而应该灵活地调整计划和市场的作用力度。党的十三大进一步强调，我国经济体制改革应当实现计划与市场相统一的社会主义商品经济体制。党的十三届四中全会则进一步提出，我国经济体制改革应当建立有计划的商品经济，以及计划经济与市场调节相结合的经济体制和运行机制。

(二)"三个代表"重要思想中关于社会主义市场经济的理论

针对我国经济体制改革面临的新形势和新任务，"三个代表"重要思想关于社会主义市场经济的理论清晰地描绘了我国社会主义市场经济体制的基本框架，构想了建立社会主义市场经济体制的规划纲领。

1. 经济体制改革的目标模式

随着我国经济体制改革的目标问题被提到议事日程，以江泽民同志为代表的共产党人十分重视社会主义基本制度与市场经济相结合。关于如何理解党的十四大确立经济体制改革的目标，江泽民指出，社会主义市场经济体制同社会主义基本制度应该是紧密结合在一起的。承续邓小平的相关思想，1992年7月，江泽民在接见济南军区和北海舰队部分师以上领导干部时提出，发展社会主义市场经济一定要同社会主义的四项基本原则结合起来，这要求坚持中国共产党的领导地

---

① 《邓小平文选》(第3卷)，北京：人民出版社1993年版，第306页。

位，坚持人民代表大会的根本政治制度，坚持以公有制为主体的所有制结构以及按劳分配为主体的分配形式，在一党制、人民民主专政、公有制和按劳分配的政治保障下，社会主义市场经济体制有利于解放和发展社会生产力，推动共同富裕。① 之后江泽民进一步指出，发展社会主义市场经济既要正视过去经济建设的经验教训，又要认真汲取资本主义国家搞市场经济的经验，更要珍视社会主义制度特有的优势。

1992 年 10 月，党的十四大报告明确提出我国经济体制改革的目标是建立社会主义市场经济体制，并对社会主义市场经济体制的科学内涵做了明确界定，社会主义市场经济体制要使市场在社会主义国家宏观调控下对资源配置起基础性作用，使经济活动遵循价值规律的要求主动适应市场上供求关系的变化，通过价格杠杆和竞争机制的功能实现优化市场资源配置，进一步加强和完善国家对经济的宏观调控，引导社会主义市场经济持续健康发展。② 1999 年 5 月，江泽民在武汉主持召开国有企业改革和发展座谈会时谈道："实践证明，建立社会主义市场经济体制要取得成功，必须把社会主义市场经济体制同社会主义基本制度有机地结合起来"。③ 关于如何更好结合社会主义市场经济体制和社会主义基本制度，江泽民指出，要充分结合并利用两者优势，抓住市场对经济信号的灵敏反应和优化资源配置的作用，抓住宏观调控能够克服市场中存在的盲目性、自发性等缺点，充分发挥我国社会主义市场经济体制的优越性。在此基础上，江泽民从所有制结构、分配制度、宏观调控等方面出发，在党的十四大报告中进一步阐发了社会主义市场经济体制如何同社会主义基本制度结合的重要思想。党的十四届六中全会进一步指出，社会主义市场经济体制不仅是同社会主义基本经济制度、政治制度结合在一起，还是同社会主义精神文明结合在一起的。所以，离开了社会主义基本制度抽象地讲市场经济，就不是中国特色的社会主义经济。

---

① 中共中央文献研究室：《江泽民思想年编（1989—2008）》，北京：中央文献出版社 2010 年版，第 85 页。
② 《江泽民文选》（第 1 卷），北京：人民出版社 2006 年版，第 227 页。
③ 《江泽民论有中国特色社会主义》（专题摘编），北京：中央文献出版社 2002 年版，第 69~70 页。

2. 构建社会主义市场经济体制的基本框架

党的十四届三中全会通过了《中共中央关于建立社会主义市场经济体制若干问题的决定》，以江泽民同志为主要代表的中国共产党人根据党的十四大提出的经济体制改革目标，从五个方面进一步阐述了社会主义市场经济体制的基本框架，制定了建立社会主义市场经济体制的总体规划。江泽民在《迈向二十一世纪的当代中国》中指出，"社会主义市场经济体制的基本框架是，在公有制为主体、多种经济成分共同发展的方针指导下，建立适应社会主义市场经济要求的现代企业制度；形成全国统一开放的市场体系，实现城乡市场紧密结合，国内市场和国际市场相互衔接，促进资源的优化配置；转变政府管理经济的职能，建立以间接手段为主的完善的宏观调控体系，保证国民经济的健康运行；建立以按劳分配为主体、多种分配方式并存，效率优先、兼顾公平的收入分配制度，鼓励一部分地区一部分人先富起来，最终实现全体人民的共同富裕；建立多层次的社会保障制度，为城乡居民提供同我国国情相适应的社会保障，促进经济发展和社会稳定。"①江泽民认为，要加快培育和发展市场体系的步伐，一是应当重视培育社会主义市场经济主体，打牢社会主义市场经济的微观基础；二是要从制度层面为市场在资源配置方面充分发挥基础性作用提供保障；三是不断改善和加强国家对市场的宏观调控、管理和监督，来弥补和克服市场自发性、盲目性、滞后性的消极一面。这一思想对于中国特色社会主义市场经济体制的建设具有重大而深远的意义。

3. 发挥市场在资源配置中的基础性作用

理论创新推动了实践创新，党的十四大以后，我国开始在经济运行中引进资本机制、对企业进行股份制改造，我国逐步建立起社会主义市场经济体制，在理论上和实践上都取得了重大进展。党的十四大正式确立了建设社会主义市场经济

---

① 《江泽民论有中国特色社会主义》（专题摘编），北京：中央文献出版社2002年版，第66~67页。

体制的改革目标，我国开始建立社会主义市场经济体制，江泽民指出："要使市场在社会主义国家宏观调控下对资源配置起基础性作用"。① 这一重大理论突破对于充分发挥社会主义市场价值规律的调节作用，优化资源配置，更好培育市场主体和建设市场体系提出了新的要求，对于我国改革开放和经济社会发展发挥了极为重要的作用，从根本上明确了社会主义能否发展商品经济的问题。党的十四届五中全会通过的《正确处理社会主义现代化建设中的若干重大关系》指出，"我国社会主义市场经济体制应同社会主义基本制度相结合"，② 强调了在推进社会主义现代化建设的进程中协调好市场机制与宏观调控的重要性，更好将发挥社会主义制度的优越性和发挥市场机制的资源配置优势相结合。党的十五大再次强调了国家宏观调控的重要性，提出"使市场在国家宏观调控下对资源配置起基础性作用"，③ 为市场运行机制划定了作用范围。党的十六大强调发挥市场的作用，提出"在更大程度上发挥市场在资源配置中的基础性作用"，④ 进一步健全现代市场体系，建设服务型政府。2000 年 10 月，江泽民在党的十五届五中全会上正式宣布中国社会主义市场经济体制已初步建立，市场机制在资源配置中日益明显地发挥基础性作用，标志着中国经济的发展开始步入新阶段。

(三)科学发展观中关于社会主义市场经济的思想

面对我国发展形势的重要战略机遇期，科学发展观中关于社会主义市场经济的思想对于进一步解放思想、破除制度体系弊端作出了理论贡献，为全面建成小康社会和全面深化改革开放的目标提供了理论遵循。

1. 完善社会主义市场经济体制

党的十七大提出"从制度上更好发挥市场在资源配置中的基础性作用"，贯

---

① 《江泽民文选》(第 1 卷)，北京：人民出版社 2006 年版，第 226 页。
② 《正确处理社会主义现代化建设中的若干重大关系——在党的十四届五中全会闭幕时的讲话》，载《求实》1995 年第 11 期。
③ 《江泽民文选》(第 1 卷)，北京：人民出版社 2006 年版，第 534 页。
④ 《江泽民文选》(第 1 卷)，北京：人民出版社 2006 年版，第 549 页。

彻科学发展观，完善宏观调控体系。这充分表明我们党从建立和完善社会主义市场经济体制出发，结合实践经验不断深化对发挥市场配置资源作用的认识。党的十八大强调市场要发挥更多作用，提出"更大程度更广范围发挥市场在资源配置中的基础性作用"。① 《中共中央关于完善社会主义市场经济体制若干问题的决定》在对完善社会主义市场经济体制的目标和任务中指出，应当按照五个统筹来规划我国的城乡、区域、经济社会、人与自然关系、对外开放等领域，"更大程度发挥市场在资源配置中的基础性作用"。② 关于如何完善社会主义市场经济体制，党的十七大报告中指出，一要着力构建充满活力、富有效率、更加开放、有利于科学发展的宏观调控体系，为完善社会主义市场经济体制提供制度保障；二要加快形成统一开放竞争有序的现代市场体系，发展各类生产要素市场，完善生产要素和资源价格形成机制；三要将"社会主义市场经济更加完善"纳入"实现全面建设小康社会奋斗目标的新要求"。③ 这些思想进一步丰富和发展了社会主义市场经济理论，为我们下一步发展经济在战略上提供了科学的理论依据和行动指南。

2. 更大程度更好发挥市场在资源配置中的基础性作用

胡锦涛在党的十七大报告中指出："要深化对社会主义市场经济规律的认识，从制度上更好发挥市场在资源配置中的基础性作用，形成有利于科学发展的宏观调控体系。"④这是胡锦涛在长期以来经济体制改革实践的基础上对于完善社会主义市场经济体制的新要求。这要求在实践中从制度上发挥市场在资源配置中的基础性作用，对市场对资源配置的基础性作用起到制度性硬约束。因此，一要深化市场微观主体改革、健全现代市场体系和加快行政管理体制改革；二要"坚持和完善公有制为主体，多种所有制共同发展的基本经济制度"，大力发展国有资本、

① 《胡锦涛文选》(第 3 卷)，北京：人民出版社 2016 年版，第 627 页。
② 《中共中央关于完善社会主义市场经济体制若干问题的决定》，载《人民日报》2003 年 10 月 22 日。
③ 《胡锦涛文选》(第 3 卷)，北京：人民出版社 2016 年版，第 341 页。
④ 《胡锦涛文选》(第 2 卷)，北京：人民出版社 2016 年版，第 629 页。

集体资本和非公有制资本参股的混合所有制经济，把股份制作为公有制经济的主要实现形式，使得经过规范的股份制改造的国有企业能够更好地进入市场，"推进公平准入，改善融资条件，破除体制障碍，促进个体、私营经济和中小企业发展"，① 鼓励、支持和引导非公有制经济，完善财税、金融、保险等方面的支持政策，充分发挥个体、私营等非公有制经济在促进经济增长、扩大就业和活跃市场等方面的作用。

3. 形成有利于科学发展的宏观调控体系

政府职能转变和行政管理体制改革能否到位对于社会主义市场经济体制能否充分发挥作用具有关键性影响。在胡锦涛看来，只有进一步规范政府与企业、行政和资本的关系，现代企业制度和现代产权制度才能够真正建立起来。谈到如何促进国民经济又好又快发展时，胡锦涛指出："要深化财税、金融、计划体制改革，形成有利于科学发展的宏观调控体系。"②关于宏观调控在社会主义市场经济体制中的地位作用，胡锦涛提出应该坚持社会主义市场经济的改革方向，通过进一步完善社会主义市场经济体制和宏观调控体系，为经济社会发展添砖加瓦。③科学发展观的提出，加深了我国对市场经济条件下如何科学有效实施宏观调控的认识，既充分发挥市场在资源配置中起基础性作用，又充分发挥社会主义制度的优越性，有利于建立政府与市场高效良性互动机制，推动经济社会又好又快地发展。

四、习近平关于社会主义市场经济的重要论述

党的十八大以来，面对复杂变化的国内外形势，以习近平同志为核心的党中

---

① 《胡锦涛文选》(第2卷)，北京：人民出版社2016年版，第632页。
② 《胡锦涛文选》(第2卷)，北京：人民出版社2016年版，第548页。
③ 《在纪念党的十一届三中全会召开30周年大会上的讲话》，北京：人民出版社2008年版，第21页。

央立足于国内经济发展的长周期和全球政治经济的大背景，准确把握当前我国经济发展所处的历史新方位，坚持将马克思主义政治经济学基本原理与中国特色社会主义的具体实践相结合，对加快完善社会主义市场经济体制的领导力量、正确方向、核心问题、重点任务、目标要求等进行了系统论述，提出了一系列新思想、新观点、新论断，对社会主义市场经济认识的深入与理论的完善作出了新贡献。

（一）社会主义市场经济体制上升为基本经济制度

基于新的实践和发展需要，《中共中央关于坚持和完善中国特色社会主义制度、推进国家治理体系和治理能力现代化若干重大问题的决定》明确指出，"公有制为主体、多种所有制经济共同发展，按劳分配为主体、多种分配方式并存，社会主义市场经济体制等社会主义基本经济制度，既体现了社会主义制度优越性，又同我国社会主义初级阶段社会生产力发展水平相适应，是党和人民的伟大创造。"①党的十九届四中全会将社会主义市场经济体制上升为社会主义基本经济制度，这是对社会主义基本经济制度内涵做出的重要发展和深化，是对社会主义基本经济制度作出的一次重大理论创新。

1. 构建更加系统完备、更加成熟定型的高水平社会主义市场经济体制

社会主义市场经济体制，是新时期我国创造世所罕见的经济快速发展奇迹的制度前提。社会主义市场经济体制克服了资本主义市场经济的弊端，将社会主义制度优势与市场经济发展相融合，彰显出社会主义制度的优越性。党的十九届四中全会将社会主义市场经济体制上升为基本经济制度，从制度上进一步肯定了社会主义市场经济体制所蕴含的显著优势。在高质量发展阶段，有效应对社会主义市场经济体制存在的问题，促进社会主义市场经济体制的优势转变为治理效能，

---

① 《中国共产党第十九届中央委员会第四次全体会议文件汇编》，北京：人民出版社 2019 年版，第10 页。

是进一步完善并落实基本经济制度的重要着力点。这要求坚持"两个毫不动摇"，探索公有制和非公有制的多种实现形式，增强市场主体活力和创造力，提升经济发展动力。坚持社会主义市场经济这一基础性制度，加快建设统一开放、竞争有序的市场体系，建设高标准市场体系保障社会主义市场经济主体公平竞争、要素高效运行。坚持进一步提升宏观调控工作的前瞻性，创新政府的服务模式与管理方式，完善社会主义市场经济法律制度，提升社会主义市场经济制度的规范性、有序性。要坚持保障民生，筑牢分配制度体系，切实让全体人民享受改革发展成果。要坚持对外开放，建设更高水平开放型经济新体制，实施更大范围、更宽领域、更深层次的全面开放。最后，还要突出党对于社会主义经济建设工作的核心地位，推进国家治理体系和治理能力现代化，促进社会主义市场经济体制的完善。

2. 加快完善社会主义市场经济体制建设高标准市场体系

从我国经济发展实践来看，还存在市场体系不健全、市场竞争不充分、市场规则不完善、市场秩序不规范等问题，这对于加快完善社会主义市场经济体制建设高标准市场体系提出了更高要求。首先，要完善以公平为原则的产权保护制度，通过平等保护市场主体产权，对于建立公平竞争的市场交易体制具有积极作用。其次，要进一步优化要素市场化配置，推进价格形成机制改革，打造公平规范的市场运行规则。现阶段，我国的商品要素市场发育不够充分，还存在范围较窄、影响能力有限等问题，需要进一步推进制度建设和金融体系。再次，要进一步完善公平竞争制度，实现资源优化配置和市场更新迭代。因而要完善市场准入负面清单等制度。最后，要进一步完善创新奖励机制。发展科创新体制对于增强市场竞争力、建设现代化经济体系具有重要意义。

(二)推动有效市场与有为政府更好结合

新时代以来，我国推进经济体制改革的全部理论与实践，始终围绕着正确处理好政府与市场这一对核心关系而展开，不断深化了对市场在资源配置中作用的认识，实现了从传统计划经济到更加成熟完善的社会主义市场经济的转变，取得了改革进程的重大进展。习近平总书记在党的十八届三中全会上强调："经济体制改革是全面深化改革的重点，核心问题是处理好政府和市场的关系，使市场在资源配置中起决定性作用，更好发挥政府作用。"①这一会议明确指出，当前经济体制改革中的核心问题就是处理好政府和市场的关系，且这一关键在于寻求政府行为和市场功能的最佳结合点，即处理好政府宏观调控和市场调节的关系。这一重要论述深刻揭示了社会主义市场经济的本质要求，是我们党从理论维度对市场与政府关系得出的新型规律性认识、做出的新型定位性界定，标志着我国社会主义市场经济发展步入了一个新阶段。

1. 充分发挥有效市场在资源配置中的决定性作用

历经 40 多年的改革开放，我国市场经济体制逐步完善，我国经济已然成为"世界引擎"，但仍旧存在阻碍市场和价值规律正常发挥、束缚市场主体活力释放的体制机制因素。结合党在改革探索中的实践经验和我国客观现实国情变化，我国经济面临着发展不平衡、不充分的突出矛盾，发展活力和创新性动力不足，迫切需要布局创新发展战略，对大量产业进行转型升级，市场在资源配置中起决定性作用有利于进一步解放生产力，充分发挥市场潜力与活力。这就要求我们在更深更广的程度上继续推进市场化改革，保障资源配置在依据市场规则、市场价格和市场竞争的前提下实现效率最优和效益最大。可见，推动社会主义市场经济体制改革不仅需要充分认识、遵循并运用市场经济的一般规律，还需要有效利用市场机制来解决发展过程中的问题。

加快完善社会主义市场经济体制改革，必须充分发挥有效市场在资源配置之中的决定性作用，实现资源配置的效率最优和效益最大。当前，我国改革进入了

---

① 习近平：《习近平谈治国理政》（第 1 卷），北京：外文出版社 2018 年版，第 116 页。

深水区和攻坚期，重要领域和关键环节的改革矛盾更多、困难更大，甚至牵一发而动全身。为了进一步增强我国经济社会的发展活力，在党的十八届三中全会上，习近平总书记强调处理政府与市场关系的实质在于确定在资源配置中起决定性作用的主要角色，提高资源尤其是稀缺资源的配置效率，尽可能以少的资源投入生产尽可能多的产品、获得尽可能大的效益，由此进一步提出"使市场在资源配置中起决定性作用和更好发挥政府作用"。① 所谓"决定性作用"，是指客观上让价值、供求、竞争等市场经济规律在资源配置中起决定性作用，资源配置的决定者只有市场一个，政府可以影响和引导如何配置资源，但不是决定者。将市场作为资源配置的主要角色，这能够更加准确地反映市场机制对资源配置的支配作用，更生动地体现市场经济的基本规律的内在要求。党的十八届三中全会把市场在资源配置中的"基础性作用"修改为"决定性作用"，使市场在资源配置中起决定性作用，是我们党推动中国特色社会主义经济事业腾飞、坚持社会主义市场经济改革方向的必然选择和要求，是我们党不断深化对社会主义市场经济体制改革认识的重要成果，是被长期经济理论与实践发展所证明的"市场经济发展的一般性规律和最有效的资源配置形式"，标志着中国特色社会主义市场经济发展进入了一个新阶段。

2. 充分发挥有为政府的科学宏观调控作用

从我国经济改革发展实践来看，虽然已初步建立起社会主义市场经济体制，但政府科学运用经济杠杆、充分发挥宏观调控作用的能力有待加强，越位和缺位现象仍然存在。政府越位，会在相当程度上影响市场机制对经济活动的调节作用；政府缺位，则弱化了政府这只"有形之手"的作用。完善市场化改革，必须强调市场在资源配置中的决定性作用，这是我国经济改革实践发展的必然选择。

加快完善社会主义市场经济体制改革，必须充分发挥有为政府的科学宏观调

---

① 中共中央文献研究室：《习近平关于全面深化改革论述摘编》，北京：中央文献出版社 2014 年版，第 55 页。

控作用。习近平总书记多次强调，市场不是万能的，相反，市场存在与生俱来的自发性、盲目性和滞后性等特点。这不仅容易造成经济发展波动，还会带来一定的外部不经济问题，使得经济发展可能偏离正常轨道。2020 年 5 月，《中共中央国务院关于新时代加快完善社会主义市场经济体制的意见》指出："坚持社会主义市场经济改革方向，更加尊重市场经济一般规律，最大限度减少政府对市场资源的直接配置和对微观经济活动的直接干预，充分发挥市场在资源配置中的决定性作用，更好发挥政府作用，有效弥补市场失灵。"①将政府作为弥补资源配置中市场失灵的宏观调控角色，在更高起点、更高层次、更高目标上推进经济体制改革及其他方面体制改革，这是我国实现构建更加系统完备、更加成熟定型的高水平社会主义市场经济体制目标的应然要求。因此，市场在资源配置中起决定性作用不等同于起全部作用，对于市场管不好甚至管不了的事情，还需要更好地发挥有为政府的调控与治理作用。

具体而言，发挥有为政府的科学宏观调控与治理作用，即是要弥补市场失灵的缺陷，加强和优化市场监管、公共服务，维护市场秩序，保障公平竞争，保持宏观经济平稳，为推动市场经济健康发展营造良好的环境，最终落脚到促进实现全体人民共同富裕，这也是发挥社会主义市场经济体制独特优势的客观要求。一要增强政府对做大经济总量、优化经济结构和平衡供给需求和的宏观调控能力，提升政策执行效力，深化"放管服"改革，释放市场经济发展动力活力。二要促进社会公平正义，维护好宏观经济的稳定性、市场秩序的合理性和提供完善的公共服务，弥补市场调节自发性、盲目性和滞后性带来的负面影响，化解市场风险和矛盾，为市场经济的健康运行提供良好的保障。三要增进人民福祉，解决好人民日益增长的美好生活需要和不平衡不充分的发展之间的矛盾。这要求政府坚持以人民为中心的发展思想，顺应群众期待，体现民心所向，充分发挥政府的兜底作用，优化收入分配，完善再分配机制，推进区域协调发展，提升经济社会现代

---

① 《十九大以来重要文献选编》(中)，北京：中央文献出版社 2021 年版，第 510 页。

化的治理能力，促进社会主义市场经济体制的完善。新时代以来，我国经济社会发展的新特点倒逼政府宏观调控做出新调整，不再单纯强调宏观调控对经济发展总量与规模的关注，更要求宏观调控聚焦于经济发展质量的提升；不再单纯着眼于对需求侧总量的收放，更要求推动供给侧结构的优化；不再单纯讲求短期调控，更要求增强经济发展的持续增长动力，为全面实现更高质量、更可持续、更有效率、更加公平的发展发挥作用。但需要明确的是，更好发挥政府作用也不等同于更多发挥政府作用。发挥有为政府作用，合理定位政府职能边界是关键。凡是市场依法依规可以做的事尽可能交由市场解决，政府切实需要承担的问题和介入的领域只是市场难以解决的问题和市场机制失效的领域。总之，推动社会主义市场经济发展，既要规避市场失灵的缺陷，也要防范政府失灵的风险。

3. 加强有效市场和有为政府的协调配合

当前我国正处于构建以国内大循环为主体、国内国际双循环相互促进的新发展格局时期，党的十九届五中全会提出"全面深化改革要坚持和完善社会主义基本经济制度，推动有效市场和有为政府更好结合"。[①] 进入新发展阶段，经济发展与转型的过程中既需要"有为的政府"，也需要"有效的市场"，充分发挥有效市场和有为政府的结合作用是构建高水平社会主义市场经济体制的重要组成部分，有利于在更高起点、更高层次、更高目标上完善基本经济制度和推动全面深化改革，对于服务中国特色社会主义经济发展目标具有重大理论和现实意义。

处理好政府与市场的关系的前提是合理发挥好市场的作用。这既基于现实生产力发展基础，也基于改革深化的要求。符合实践，也符合逻辑。经济体制改革的目标，就是建立社会主义市场经济。因此，发挥好市场的作用，使市场在资源配置中起决定性作用，是改革的当然前提和必然方向。

---

① 《中国共产党第十九届中央委员会第五次全体会议公报》，北京：人民出版社 2020 年版，第 14 页。

　　处理好政府与市场的关系的关键在于如何更好发挥政府作用。习近平总书记主持召开十八届中央政治局第十五次集体学习时指出："在市场作用和政府作用的问题上，要讲辩证法、两点论，'看不见的手'和'看得见的手'都要用好，努力形成市场作用和政府作用有机统一、相互补充、相互协调、相互促进的格局，推动经济社会持续健康发展。"①因此，既要用经济眼光观察和分析发展问题，又要用政治眼光观察和分析发展问题。

　　理论变迁和实践经验表明，完善和发展中国特色社会主义市场经济体制，需要市场和政府两个主体积极配合、优势互补。既不能因为市场在资源配置中起决定性作用来排斥或否认政府的宏观调控作用，也不能通过更好地发挥政府作用反对或否定市场在资源配置中的决定性作用，协调好两者关系才能够真正实现我国经济的良性发展。市场与政府在调节资源配置作用上的内涵是不同的，"基础性"改为"决定性"，并不意味着弱化政府在资源配置中的作用，而是更好地发挥政府作用。"看得见的手"与"看不见的手"各有其优点和局限性，只有管好政府这只手，确定政府这只手伸向哪里，可以伸多长，才能充分发挥市场这只手的"决定性"作用。②"要继续在社会主义基本制度与市场经济的结合上下功夫，把两方面优势都发挥好，既要'有效的市场'，也要'有为的政府'，努力在实践中破解这道经济学上的世界性难题。"③这一重要论述标志着中国共产党对现代市场经济内在规律的深刻把握和对完善社会主义市场经济体制的坚定决心，是一个重大的理论创新。这一创新性理论逐渐成为资源配置的共识，在指导市场化改革实践中，主要包括两方面：一是通过放权、确权等改革方式明晰产权主体，为市场配置资源奠定微观的主体基础；二是通过价格的市场化改革，进一步增强市场价格信号在资源配置中的作用。这些举措也预示着市场起决定性作用的"四梁八

---

①　习近平：《习近平谈治国理政》（第 1 卷），北京：外文出版社 2018 年版，第 116 页。

②　吴钢、吴一山：《社会主义市场经济若干热点问题探索》，长沙：湖南人民出版社 2014 年版，第 18 页。

③　《加快完善社会主义市场经济体制》，北京：中国市场出版社、中国计划出版社 2020 年版，第 44 页。

柱"已逐步形成。

加强有效市场和有为政府的协调配合，发挥二者的合力优势，是坚持马克思主义辩证法的基本要求，也是遵循唯物辩证法两点论的重要表现。有为政府和有效市场，二者是辩证的有机统一体，全面深化经济体制改革不能将二者割裂对立，否则会陷入事倍功半的窘境。习近平总书记指出："市场作用和政府作用是相辅相成、互相促进、互为补充的"，"要紧紧围绕使市场在资源配置中起决定性作用和更好发挥政府作用深化经济体制改革"。① 市场有效，是政府有为的重要表现，也是有为政府发挥作用的目的所在；政府有为，是弥补市场失灵的必然要求，也是微观主体有活力、市场机制有实效的重要保障。因此，新阶段仍要继续推动市场经济与社会主义基本制度的深度结合，切实发挥有效市场和有为政府在多个层面的耦合作用，进一步完善中国特色社会主义市场经济体制。

(三)加快建设全国统一大市场

全国统一大市场是市场发展到一定水平后出现的一种高级形态，是现代市场体系的一个重要维度，是市场机制充分发挥作用的有效载体。建设全国统一大市场的行动纲领，是建设高标准市场体系、构建高水平社会主义市场经济体制的重要里程碑。通过建设高效规范、公平竞争、充分开放的全国统一大市场，② 对于推动形成供需互促、产销并进、畅通高效的国内大循环，深化市场化创新改革，打破国内市场分割，培育国际合作与竞争新优势，为经济高质量发展奠定坚实基础具有重要意义。

1. 建立公平竞争的全国统一大市场

2021 年 12 月，习近平总书记在主持召开中央全面深化改革委员会第二十三

---

① 习近平:《论把握新发展阶段、贯彻新发展理念、构建新发展格局》，北京：中央文献出版社 2021 年版，第 53 页。

② 《中共中央 国务院关于加快建设全国统一大市场的意见》，载《人民日报》2022 年 4 月 11 日。

次会议时指出，构建新发展格局，迫切需要加快建设高效规范、公平竞争、充分开发的全国统一大市场，建立全国统一的市场制度规则，促进商品要素资源在更大范围内畅通流动。

建设全国统一大市场要统一基础规则制度，目的是要根本性地破除市场壁垒，解决体制性机制性条块分割问题，促进市场公平竞争，从而形成以价格机制为基础统一协调和决定资源配置的大市场。加快建设全国统一大市场体现着社会主义市场经济的本质特征。一是坚持了社会主义基本经济制度。建设全国统一大市场坚持以习近平新时代中国特色社会主义思想为指导，坚持加强党的领导，充分展现着新发展理念和新发展格局。二是坚持了市场经济的共性标准。这要求政府坚持支持与规范并重，平等对待所有市场主体，健全统一市场监管规则，强化统一市场监管执法，清理废除妨碍依法平等准入和退出的规定。坚持监管执法与制度建设并重，修订完善相关制度规则，完善统一的产权保护制度，实行统一的市场准入制度，健全统一的社会信用制度，加快完善并严格执行缺陷产品回收制度等，保障市场公平竞争秩序。《中共中央 国务院关于加快建设全国统一大市场的意见》提出，要"打造统一的要素和资源市场"并"推动商品和服务市场的高水平统一"，同时"进一步规范不当市场竞争和市场干预行为"。[1] 在这样的全国统一大市场中，经济主体及各类要素资源、商品服务都会更加自由流动，贸易环境会更加公平透明。

2. 打造高效规范的全国统一大市场

习近平总书记在关于《中共中央关于全面深化改革若干重大问题的决定》的说明中指出，"经过多年实践，我国社会主义市场经济体制已经初步建立，但仍存在不少问题，主要是市场秩序不规范，以不正当手段谋取经济利益的现象广泛

---

[1] 《中共中央 国务院关于加快建设全国统一大市场的意见》，载《人民日报》2022 年 4 月 11 日。

存在；生产要素市场发展滞后，要素闲置和大量有效需求得不到满足并存。"①优化资源配置结构，完善要素市场发展，进一步规范不当市场竞争和市场干预行为，推进市场监管公平统一，加快打造市场化、法治化、国际化的营商环境，有助于集聚资源、激励创新，从而稳定我国经济发展预期，释放巨大而持久的经济势能，推动经济高质量发展。

当前我国商品市场和服务市场的一体化程度相对较高，但我国要素市场的发展还存在体制机制不均衡、区域分割、市场化配置效率不高、企业获取要素均等性不足，以及传统要素与现代要素协同不够等问题。一要加快完善要素市场发展的基础性制度框架，推进体制机制市场化。要加快整合形成统一的国家级对内和对外技术交易市场，完善场内和场外的对接合作机制，形成更大范围、更多领域、更深层次的合作格局，提高交易透明度，形成规范性制度。要加快推进数据要素市场标准建设，解决数据确权难题，探索通过数据所有权与使用权分离、数据"可用不可见"以及"谁治理谁受益"等方式来间接推进数据确权。要完善数据要素市场的标准建设，尽快明确数据清单及分类分级标准，明确政务数据共享机制，完善数据资产确权登记和评估制度，夯实数据要素市场基础设施。二要破除阻碍要素流动的限制性、歧视性的规定，建立统一规范的全国要素市场。要优化配置区域间的土地要素，逐步消除户籍、土地、公共服务等制度障碍，完善有利于劳动力市场化配置的一系列配套制度。三要理顺激励机制，盘活闲置资源，提升要素配置效益。要充分运用市场机制盘活存量土地和低效用地，重视管理要素在提升劳动生产率中的牵引作用，健全企业家市场。要充分认识到管理要素对提升长期劳动力生产率的加成作用，加强管理创新和管理升级。四要完善体制机制，保障民营企业平等获得要素的机会，助力中小企业和困难企业发展。要加深化建设公平合理的人才竞争环境，全面提高政府对人才的服务功能，减少人才在社会保障、社会福利方面的区别性待遇，通过完善技能人才的薪酬分配机制，引

---

① 《中国共产党第十八届中央委员会第三次全体会议文件汇编》，北京：人民出版社 2013 年版，第95 页。

导企业形成合理有效的薪资奖金激励体系。

3. 推进充分开放的全国统一大市场

2021 年 11 月，习近平总书记在亚太经合组织工商领导人峰会上指出："打造统一开放、竞争有序的市场体系，不断夯实中国经济长远发展根基。"① 推进充分开放的全国统一大市场建设，需要全面辩证地处理好国内市场与国外市场的关系，重视内外开放政策联动，对于培育我国参与国际竞争合作新优势，让全球共享中国市场发展壮大的红利，形成国内和国际密切联系、相得益彰的现代市场循环体系具有重要意义。

建设全国统一大市场，一要营造促进开放的环境。深入推进制度型开放，增强我国在对外开放中动态维护市场稳定和经济安全的能力，促进要素跨境自由有序安全便捷流动，积极回应来华外资企业营商诉求，吸引海外中高端要素资源向国内汇聚，打造世界一流的营商环境，进一步激发和培育市场潜力。二要创造高标准硬联通与软联通的市场设施。降本增效社会物流体系，完善国家综合立体交通网，推进城乡基础设施联通。全国统一大市场规范评价程序和管理办法，维护市场准入负面清单制度的统一性、严肃性、权威性。三要探索对外开放合作的新空间新局面。随着全国统一大市场资源配置效率进一步优化，知识产权等制度体系进一步完善，我国创新产业不断发展，发展消费潜力不断释放，全球商品及中高端资源要素将加速集聚向我国流动，我国生产要素质量和配置水平大大提升，中国在全球产业链供应链的地位大大增强，我国在培育塑造国际竞争合作新优势的同时，也鼓励更多企业"走出去"开展国际投资贸易，促进对外开放合作高质量发展。

---

① 习近平：《习近平在亚太经合组织第二十八次领导人非正式会议上的讲话》，北京：人民出版社 2021 年版，第 5 页。

第五章

中国化马克思主义收入分配理论

收入分配映现了社会性质，体现公平、正义和效率，关乎国家的和谐稳定与前途命运，是经济社会发展的核心。100多年以前，马克思、恩格斯通过对未来社会的科学预测，为社会主义社会按劳分配制度的设立勾画了蓝图，推动了社会主义由空想到科学的发展，实现了人类思想发展史上的一次宏大革命。十月革命之后，列宁、斯大林在世界上首个社会主义国家将马克思、恩格斯之构设由理想变为现实，在全新历史条件下进一步发展了其按劳分配理论。新民主主义革命夺得胜利后，毛泽东将马克思、恩格斯按劳分配理论同发展实际相结合，勇敢作出了诸多尝试探索，初步形成了包括坚持按劳分配、反对平均主义、注重公平与效率、着力实现全体人民共同富裕在内的，中国化的社会主义收入分配思想。改革开放以来，中国共产党人对按劳分配理论进行了正本清源，充分结合我国的实际发展情况，经过不断探索，建立了按劳分配为主体、多种分配方式并存的分配制度，确立了按劳分配和按生产要素分配相结合的分配原则，形成了初次分配和再分配都要兼顾效率和公平、再分配更加注重公平的分配理念，发展了与我国国情相适应的中国特色社会主义收入分配理论。新时代以来，习近平总书记联系我国经济社会运行的新特征与新要求，提出了诸多关于社会主义收入分配问题的宝贵思想与理念，包括对按劳分配原则与按要素分配机制的完善、对深化收入分配体制改革的规划以及对共享发展与共同富裕的论述，等等，更深入地推进了中国化马克思主义收入分配理论的发展。全面把握中国化马克思主义收入分配理论的主要内容，有助于深化对社会主义经济制度的认识，为更好地发挥社会主义制度优越性、落实"人民至上"价值观提供有力指导，是我们在"做大蛋糕"的同时"分好蛋糕"、解决现存收入分配差距问题的必由之路。

一、马克思列宁主义按劳分配理论

马克思列宁主义的按劳分配理论不仅是马克思主义政治经济学的一大重要组

成部分，亦属于科学社会主义的关键内容之一。马克思、恩格斯通过对未来社会的科学预测，构设了以公有制为基础的共产主义社会初级阶段，也就是社会主义社会中，社会成员个体消费资料按劳分配的方式，从而为社会主义国家处理分配问题提供了科学指引，是社会主义分配理论的理论基石与指导来源。而列宁与斯大林则在传承与创新马克思、恩格斯按劳分配理论的基础之上，对实践中以何种方式进行分配进行了首创性探索，在世界上第一个社会主义国家将按劳分配的科学理论转变为了现实，为探索社会主义社会的分配模式留下了极其丰富的参考经验。

(一) 马克思、恩格斯关于按劳分配的思想

按劳分配方式作为共产主义初级阶段，即社会主义社会的分配方式，是在《哥达纲领批判》中为马克思首次提出。他认为，社会主义社会留有从旧制度脱胎时带来的资本主义社会的"经济、道德和精神方面"①的多种痕迹，这一点尤为体现在经济领域，包括社会分工尚未消除，劳动中仍然存在着体力脑力和从事不同生产劳动导致的差异，社会生产力水平尚且较低，物质财富未充分涌流，劳动仍属于谋生手段，等等。这些旧社会的因素决定了社会主义社会尚且无法实行按需分配，同时亦为社会主义社会采取按劳分配供给了直接条件。

1. 按劳分配的实施前提

在马克思、恩格斯的设想中，要采取按劳分配方式必须满足一些前提。一是要以整个社会为范畴，实行生产资料公有制。由于消费资料之分配隶属于生产条件之分配，故而唯有在整个社会范畴之内施行生产资料公有制，方可保障所有劳动者公正平等地占用生产资料，排除任何人借由对生产资料的私人占有以剥削他人劳动成果的机会，进而消除由生产资料占有差异导致的劳动者在分配上的差

---

① 《马克思恩格斯选集》(第3卷)，北京：人民出版社 2012 年版，第363页。

异，使劳动成为决定消费品生产分配的唯一要素。"它不承认任何阶级差别，因为每个人都像其他人一样只是劳动者。"①不过生产资料公有制仅是实施按劳分配的必要而非充分条件，充分条件还囊括了生产力的发展水平及劳动力的所有制。二是经济社会条件应当保障劳动者各尽所能。具体而言，应有充分的生产资料能够投入生产，应有充足的就业机会且劳动者具备自主选择职业的权利，唯有如此方可达到按劳分配所指向的目标。三是商品经济业已消亡。在没有商品货币关系的情况下，每一劳动者的劳动，不论其特殊用途存在何种差异，均从付出伊始即与直接的社会劳动画上等号，而无须"价值"担当中介，如此一来劳动者的劳动付出就能够简单地以时间来衡量，普遍得到社会承认。四是社会能够统一对社会总产品作出各项扣除，即劳动者在用于个人消费的消费资料外，没有任何东西可以成为个人的财产。

2. 按劳分配的实施要求

具体到按劳分配方式的实行中，马克思、恩格斯认为有以下几点基本要求。一是有劳动能力者均应当参与劳动，这是获得消费资料的前提条件。按劳分配乃是基于社会主义生产资料公有制之上的，对劳动者共同成果的公平分配，劳动是获取个人消费资料的唯一途径，唯有参与劳动，方有资格从劳动总成果中取得相应份额的个人消费品，有劳动能力而不参与劳动者无权获取劳动报酬。二是按劳分配的物质对象仅指其中的个人消费资料，而不包括所有的社会产品。马克思基于对拉萨尔关涉社会主义社会劳动者获取"不折不扣的劳动所得"之谬误观点的批判，指出社会主义社会的集体劳动所得，即全部社会产品，应当在扣除用以补偿生产过程中所消耗的生产资料和扩大生产基金、管理费用、后备基金、公共产品费用等类目之后，余下部分方能用以在劳动者间进行分配，满足个人家庭需求。三是社会需将劳动视为分配个人消费资料的尺度。这一劳动本质上指契合社

---

① 《马克思恩格斯选集》(第 3 卷)，北京：人民出版社 2012 年版，第 364 页。

会需求的、为社会所承认的劳动，唯有此类劳动方可代表劳动者真正对社会的贡献，成为按劳分配的真实依据。

3. 按劳分配的实施特征

马克思、恩格斯对按劳分配的设想蕴含了实现主体、实现范围、分配尺度与生产条件四个方面的几大特征。一是从实现主体上来看，按劳分配的主体是社会中心。在马克思看来，社会中心是为劳动者实行按劳分配的主体，其不仅具有为全社会所有劳动者发放劳动券、以劳动券衡量劳动者个体所提供劳动量的职能，更担负着为全社会所有劳动者分配个人消费资料的职责。二是从实现范围上来看，按劳分配的范围是整个社会。即在全社会范围内秉持等量劳动获取等量报酬的原则。三是从分配标尺上来看，按劳分配的测定标尺为社会平均劳动时间。在社会主义社会中，将社会平均劳动时间看作按劳分配的测定标尺，一方面有利于展现劳动者在生产资料所有制方面的平等地位，另一方面有利于体现劳动者为社会所作直接贡献的实际差异。四是从生产条件上来看，由于马克思所设想的社会主义社会是在资本主义发展至最高生产力、商品货币关系业已消亡情境之下所实现，故而社会主义社会的按劳分配体现在生产条件形式上的特征即为生产资料同劳动力在全社会范围内进行直接结合、劳动者个体的劳动直接体现为社会劳动。

当然，马克思同样看到，按劳分配作为社会主义社会的过渡式分配方式，其平等权利实质上亦仅是一类形式上的平等，纵然其否认了任何阶级差异与特权，具有与一切剥削制度的分配形式相对立的性质，体现了劳动者之间在分配中的平等关系，然而"这种平等的权利，对不同等的劳动来说是不平等的权利……它默认，劳动者的不同等的个人天赋，从而不同等的工作能力，是天然特权。所以就它的内容来讲，它像一切权利一样是一种不平等的权利"，[1]"所以，在这里平等的权利按照原则仍然是资产阶级权利"。[2]唯有待共产主义社会由初级阶段，也就是社会

---

[1] 《马克思恩格斯选集》(第3卷)，北京：人民出版社2012年版，第364页。
[2] 《马克思恩格斯选集》(第3卷)，北京：人民出版社2012年版，第363页。

主义社会进展到高级阶段，按劳分配方式终将为更加平等的按需分配所取代。

(二) 列宁对按劳分配理论的继承和发展

1917 年，列宁领导的十月革命武装起义胜利后，首创性地建立了社会主义国家，首次将马克思、恩格斯的科学理论转变为现实，与此同时亦为马克思、恩格斯按劳分配思想的发展运用提供了现实土壤。列宁在领导苏联推行社会主义建设的过程中，不断将马克思、恩格斯的分配思想运用于社会主义的分配实践中，还创造性地发展了马克思、恩格斯有关社会主义按劳分配的构想。

1. 阐明了按劳分配的内涵及必然性

列宁在建立起世界上首个社会主义国家后，对怎样消灭剥削关系及如何分配个人消费资料进行了一系列思考与探索，先是对社会主义国家实施按劳分配的内涵和必然性予以了详细阐释。1918—1920 年的战争期间，苏联实施战时共产主义制度，由国家直接定量提供基础消费资料，实物化发放工资，激化了古典按劳分配模式的弊端，大大挫伤了劳动人民的生产积极性，导致苏联经济遭受严重破坏。鉴于此，列宁开始提出以新经济政策取代战时共产主义政策。这一时期，列宁关于社会主义社会消费资料分配的思想开始逐步突破古典按劳分配模式的框架，打破了国家直接实施产品分配的形式，更为强调对个体物质利益的关切，解决了劳动同收入相脱节的问题，认为劳动者收入应当同生产率及劳动成果相挂钩。在列宁看来，社会主义阶段劳动人民消费资料的分配决不可实施根据人口平均分配的制度，而必须实施按劳分配。而就具体含义而言，列宁将其精简地归纳为"按等量劳动领取等量产品"及"不劳动者不得食"两大原则。一方面，从形式上来看，社会主义的按劳分配属于公正的分配，缘于所有社会成员在此均属于"全民的、国家的'辛迪加'的"[①]工人，无阶级差异，所有人均付出一致劳动，取

---

① 《列宁选集》(第 3 卷)，北京：人民出版社 2012 年版，第 202 页。

得一致薪酬，同时自我实施计量与监督，社会将成为"劳动平等和报酬平等"①的统一管理部门。但同样必须看到，一致劳动与薪资的分配原则又是就不同劳动者来说的，纵使将其劳动量作为个人消费资料分配的统一尺度，然而囿于劳动者自身因素所限，其富裕程度仍将存有差异，即按劳分配仍具有事实上的不公。列宁对社会主义阶段等量劳动获取等量薪资的按劳分配原则的辩证分析，尽管论证了按劳分配形式上平等、事实上不公的本质，但他仍指出按劳分配是历史的必然选择，是不断前进迈向共产主义高级阶段所不可缺少的必经阶段，"人类从资本主义只能直接过渡到社会主义，即过渡到生产资料公有和按每个人的劳动量分配产品"。② 社会主义阶段可以实行公有制，消除由生产资料私人占有带来的不公平现象，然而却难以立刻消除"'按劳动'（而不是按需要）分配消费品"③带来的偏颇现象。之所以如此，是由于在方才颠覆资产阶级政权的全新阶段，既缺乏实施按需分配的生产力基础，又缺乏无须约束管控即愿为社会劳动的思想条件，故而受客观条件所限，这一阶段唯有实行按劳分配，这属于历史发展的必然。另一方面，基于革命胜利、社会财富高度匮乏的背景，列宁意识到了苏联尚且存在不劳而获的剥削群体，故而为激励劳动者参与劳动生产，逼迫剥削群体从事劳动活动自食其力，他提出了"不劳动者不得食"之原则，他认为这是"工人代表苏维埃掌握政权后能够实现而且一定要实现的最重要、最主要的根本原则"，④ "'不劳动者不得食'，这是任何一个劳动者都懂得的。这是一切工人，一切贫农以至中农，一切度过贫苦生涯的人，一切靠工资生活过的人都同意的。十分之九的俄国居民赞成这个真理。这个简单的，十分简单和明显不过的真理，包含了社会主义的基础，社会主义力量的取之不尽的泉源，社会主义最终胜利的不可摧毁的保障。"⑤

---

① 《列宁选集》(第3卷)，北京：人民出版社2012年版，第202页。
② 《列宁选集》(第3卷)，北京：人民出版社2012年版，第64页。
③ 《列宁选集》(第3卷)，北京：人民出版社2012年版，第195页。
④ 《列宁选集》(第3卷)，北京：人民出版社2012年版，第315页。
⑤ 《列宁选集》(第3卷)，北京：人民出版社2012年版，第560~561页。

2. 发展了按劳分配的具体实现模式

按劳分配的具体实现模式，即位于特殊历史条件下的，着眼于某一具体情形作出的特定论断及行动纲领，是会随实践变化而不断发展的模式，绝非一成不变的教条。列宁结合实际发展了马克思、恩格斯按劳分配的理论，提出了一系列关于苏联个人收入分配的具体操作模式，包括实施奖励制度、严格统计监督劳动量及消费量、实施针对技术专家的高薪制度与针对国家公务人员的低薪制度、既反对平均主义也反对收入高低悬殊，等等，这些原则均是在严格贯彻按劳分配宗旨之上针对苏联朝社会主义过渡阶段浮现的实际问题而提出的，具备极强针对性。列宁最大的贡献在于他认识到了社会主义社会非但不可消灭商品及货币，更是得借由商品经济的发展以推动生产力发展，故而社会主义社会理应存在商品及货币。针对此现实，列宁突破了马克思、恩格斯所构设的"劳动券"的分配模式，大胆实施了工资制，建立了按劳动数量及质量予以分配的工资制度，提出了工资数量与劳动者生产熟练度及供给产品量相匹配的"最小劳动领取最低工资"原则，且在工业部门普遍实施计件工资制，突破了战时共产主义期间平均分配的局面，充分激发了劳动者的积极性，提升了社会的劳动效率。列宁设立的货币工资的分配模式，为工业机构与国家机关实施按劳分配寻得了可行的途径与方式，突破了按劳分配同产品经济的结合形式，这都是列宁在商品经济条件下针对按劳分配的可行模式进行的大胆探索，是对马克思、恩格斯按劳分配理论的具体应用与发展，亦是对其收入分配理论的极大丰富。

列宁作为史上首位将社会主义分配理论付诸实践的领导者与设计者，对马克思、恩格斯的收入分配理论作出了详尽探索与实践。在他看来，分配乃是用于促进生产的一种工具、方法与手段，必须与经济基础相适应，必须有助于推进生产力的提升。列宁的分配理论及实践是在继承与发展马克思、恩格斯分配思想基础上与苏联实际相结合提出的科学原则，对我国收入分配理论的形成与发展亦具有深远影响。

(三) 斯大林关于"各尽所能，按劳分配"的思想

斯大林在苏联经济建设发展多年后的新局面下，归纳总结了社会主义国家分配的实践经验，对按劳分配理论进行了发展与完善。斯大林关于社会主义国家分配的思想，大体建立于依据劳动量多少予以分配的原则之上，在他看来，唯有按劳分配方是公平的分配。故而，斯大林首次将"各尽所能，按劳分配"作为社会主义国家的收入分配准则提出。他指出，"'各尽所能，按劳分配'，——这就是马克思主义的社会主义公式，也就是共产主义的第一阶段即共产主义社会的第一阶段的公式。"[①]而"各尽所能，按需分配"则属于共产主义社会第二阶段的分配准则。

1. "各尽所能，按劳分配"的实施原因

斯大林认为，由于社会主义阶段体力劳动同脑力劳动的分化仍旧存在，工人阶级的文化水准尚且较低，社会劳动生产率尚未达至丰裕程度，劳动依然仅是社会成员的谋生手段而非第一需要、非出于为社会谋福利目的而生的自愿劳动，社会必然唯有按社会成员为社会所做的劳动工作而非按其需要来分配消费资料。在社会主义社会，由于生产资料的公有化，劳动人民的地位上升为生产之主，其生产性质及态度亦同步发生了改变，劳动人民具有了劳动的权利及义务。故而，社会主义社会理当要求劳动者竭尽所能劳动，充分发挥其在劳动中的积极主动性，同时社会亦应当有效保障劳动者的劳动权益，通过打造各式条件助力劳动者最大化施展自身本领。就此而言，社会同劳动者双方均具有各自的责任及义务。鉴于此，斯大林提出了"各尽所能"的要求，并将其同"按劳分配"相并列，这一提法相较单纯"按劳分配"而言，体现了社会主义分配原则在理论与实践上前进的一大步。

---

① 《斯大林选集》(下卷)，北京：人民出版社 1979 年版，第 308 页。

2. "各尽所能, 按劳分配" 的具体含义

斯大林继承了列宁按劳分配思想, 认为 "各尽所能, 按劳分配" 同样包括 "按等量劳动领取等量产品" 及 "不劳动者不得食" 两大原则。其中, 在 "按等量劳动领取等量产品" 方面, 斯大林将按劳分配具象化为按劳动数量及质量作为标准进行分配, 他认为, 在社会主义社会, 每个人都具备劳动的义务, 人们获取的报酬并非取决于其需要, 而是取决于其所投入劳动之数量及质量, 故而仍存在薪资, 且薪资是非相等的、有差异的。在 "不劳动者不得食" 方面, 斯大林认为, 这一原则一方面 "反对剥削者, 反对那些自己不劳动而强迫别人劳动, 靠剥削别人发财致富的人", [①] 另一方面 "反对那些好逸恶劳, 想靠别人养活的人", [②] 总而言之, 即反对游离于劳动之外者。故而斯大林断言, 在以生产资料公有制为背景的社会主义社会, 不应有亦不会有剥削群体及游手好闲群体, 全体社会成员均应当诚实地为己、为社会履行劳动义务, 这是社会主义公有制的应然之义, 亦是按劳分配之前提。

3. "各尽所能, 按劳分配" 的具体要求

在斯大林看来, "各尽所能, 按劳分配" 要求坚定反对平均主义。由于关涉社会主义个人消费资料的按劳分配原则, 苏联曾存在一批如托姆斯基及托洛茨基等倡导平均主义、反对按劳分配的机会主义者, 这些人认为社会主义社会的工资制度同资本主义社会的大同小异, 社会主义社会的计时工资及计件工资等实际上不适应于生产关系, 故而劳动者的工资, 不论是熟练工还是非熟练工的工资应当一并混合, 随后在劳动者间予以平均分配。以托姆斯基为代表的机会主义分子否定按劳分配, 否定差异, 鼓吹拉平劳动者工资, 倡导平均主义, 鉴于此, 斯大林与其展开了坚定的思想斗争, 大力批判其平均主义, 决然捍卫了社会主义社会的

---

① 《斯大林选集》(下卷), 北京: 人民出版社 1979 年版, 第 323 页。
② 《斯大林选集》(下卷), 北京: 人民出版社 1979 年版, 第 323 页。

按劳分配原则。在斯大林看来，公平绝不等同于均等，按劳分配模式是公平的，但其亦是必然具有收入差异的。这一差异恰恰代表了公平，毫无差异的平均主义才是不公平的。斯大林将社会主义社会按劳分配的收入差异分类为城市（工业）同农村（农业）间的差异、脑力劳动同体力劳动间的差异。就前者而言，斯大林认为这一城乡间差异非但源于劳动条件的差异，更是与两类相异的生产资料所有制形式有关，即由于城市工业中的全民所有制同农村中的农业集体所有制并存，而这一城乡间的差异就社会主义社会的一定阶段而言是难免存在的合理差异，故而与分配公平并不矛盾；就后者而言，斯大林认为脑体差异主要来源于由知识、技术水准的高低差异所引起的劳动效率差异，而这一差异在消除之前，收入分配自然偏向于知识分子，势必造成不同群体间的收入差异，而若要消灭脑体差异引起的收入差异，则应当采取逐步提升工人文化技术水准至技术人员水准之方式。在《新的环境和新的经济建设任务》中，斯大林即揪出了企业内部劳动力异常流动问题的内在缘由，即"就在于工资规定得不合理，工资等级制规定得不合理，工资方面有'左的'平均主义"。① 随后斯大林提出必须消灭平均主义、承认差异。唯有改革旧工资等级制，消除平均主义，方可解决劳动力流动不合理问题，而这一切均必须基于承认差异的基础之上，包括承认熟练工和非熟练工之间的差异、繁重劳动和非繁重劳动之间的差异，基于此再制定实际的工资等级制，如此一来方可全盘消除祸害。斯大林对平均主义持有强烈的反对态度，认为在社会主义国家，钢铁备料工人同扫地工人、火车司机同抄写员领取同等薪资是绝对不能容忍的，依据马克思、恩格斯及列宁的论述，唯有至共产主义高级阶段熟练工与非熟练工间的薪资差异才得以消除，纵然社会主义社会已无阶级之差异，薪资差异仍未消除，"即使在社会主义制度下，'工资'也应该按劳动来发给，而不应该按需要来发给。"②

身为马克思主义的继承者，斯大林丰富与发展了马克思、恩格斯及列宁的分

---

① 《斯大林选集》（下卷），北京：人民出版社1979年版，第280页。
② 《斯大林选集》（下卷），北京：人民出版社1979年版，第280页。

配思想，使其构设的按劳分配原则在现实土壤中得到了验证与发展，亦为东欧及我国社会主义分配理论与实践的变革提供了有益经验启示。然而，囿于苏联缺乏可供参考的历史范例，其在实施按劳分配原则方面亦存有部分不足之处，尤其是在列宁去世之后，斯大林在贯彻按劳分配、促进工资制改革等方面出现了不合理高薪制及分配依据随意化等一系列问题。鉴于此，我们一方面应当充分肯定斯大林按劳分配理论对社会主义思想发展史与建设实践的重要价值，另一方面亦应当认识到其中存在的失误偏差，以免出现教条化及全盘接受的问题。

二、毛泽东社会主义收入分配思想

我国在新民主主义革命夺得胜利后，以毛泽东同志为主要代表的中国共产党人在社会主义建设过程中，始终着眼于将马克思、恩格斯收入分配理论同我国实际相结合，并且高度关注苏联的社会主义的分配理论和实践，重视吸取其成功经验及失败教训，以免重蹈覆辙。在社会主义的过渡及建设时期，毛泽东将继承、发展与创新马克思列宁主义收入分配思想作为建设社会主义的必修课，勇敢作出了诸多尝试探索，初步形成了中国化的社会主义收入分配思想。

(一)坚持按劳分配、反对平均主义的思想

回溯历史，毛泽东早于 1929 年即确立了按劳分配、反对平均主义的思想，在《关于纠正党内的错误思想》中明确指出："绝对平均主义不但在资本主义没有消灭的时期，只是农民小资产者的一种幻想；就是在社会主义时期，物质的分配也要按照'各尽所能按劳取酬'的原则和工作的需要，决无所谓绝对的平均。"[1]这一论述乃是贯穿于毛泽东社会主义建设早期思想的一贯原则，充分反映于其个人

---

[1] 《毛泽东选集》(第1卷)，北京：人民出版社1991年版，第91页。

物质利益收入分配思想之中。

1. 坚持各尽所能、按劳分配

由于马克思列宁主义的按劳分配理论为我国社会主义收入分配理论奠定了丰厚基础，故而在社会主义建设时期，以毛泽东同志为主要代表的中国共产党人，多次强调社会主义的发展离不开按劳分配，并指出按劳分配即各尽所能、多劳多得、不劳动者不得食。在出现"大跃进"及人民公社化运动中的平均主义倾向后，毛泽东为纠正这一错误，再次重申了按劳分配的关键地位，点明牢牢秉持按劳分配原则乃是社会主义发展经济的一大重要原则。"企图过早地否定按劳分配的原则而代之以按需分配的原则，也就是说，企图在条件不成熟的时候勉强进入共产主义，无疑是一个不可能成功的空想。"[①]1959年毛泽东在起草郑州会议纪要中，提出了十四句整顿建设人民公社的方针，在这之中有两句即为"按劳分配，承认差别"。[②] 1960年，毛泽东在修改《中央关于农村人民公社当前政策问题的紧急指示信》时提议将"在现阶段，人民公社的分配原则还是按劳分配"一句改为"在现阶段，在很长的时期内，至少在今后二十年内，人民公社分配的原则还是按劳分配"，[③] 可见毛泽东充分认识到了按劳分配在我国存在的长期性，以及实现按需分配仍需很长一段时间。此外，毛泽东在修改《在扩大的中央工作会议上的报告》时，额外增加了几句，指出按劳分配和等价交换的要求，是在社会主义阶段必须坚定遵循的马列主义的两项基础要求，毛泽东在此即预见到了商品经济与按劳分配的并存性。

2. 既反对平均主义，又反对过分悬殊

在社会主义改造行将完成之时，以毛泽东同志为核心的党中央基于按劳分配

---

① 《建国以来重要文献选编》(第 11 册)，北京：中央文献出版社 1995 年版，第 606 页。
② 《毛泽东文集》(第 8 卷)，北京：人民出版社 1999 年版，第 14 页。
③ 《建国以来重要文献选编》(第 13 册)，北京：中央文献出版社 1996 年版，第 668 页。

理论，进一步提出了既反对平均主义，又反对过分悬殊的思想。在毛泽东看来，平均主义会损害按劳分配原则，两者是相对立的。对于当时农村地区实施贫富拉平的平均主义行为，毛泽东提出，"我们也必须首先检查和纠正自己的两种倾向，即平均主义倾向和过分集中倾向。所谓平均主义倾向，即是否认各个生产队和各个个人的收入应当有所差别。而否认这种差别，就是否认按劳分配、多劳多得的社会主义原则。"①毛泽东意识到按劳分配必定会导致一定的收入差距，指出"共产风"在一定程度上客观导致了劳动成果被平白占取情况的发生。毛泽东认为，分配不能拘泥于完全的收入平等，而应服务于经济发展的需求。收入分配中的适当差异，纵使是利润同薪资间的差异，只要有助于推动经济发展，就应当是公平的、得到允许的。物质的分配必须遵照各尽所能、按劳获酬的原则，绝不可按照所谓的绝对平均原则。基于此，我国借鉴苏联的收入分配形式，制定了一套工资制度及奖励制度，在 1956 年将供给制改换为货币工资制，同步推动了全国性工资制度改革，从而初步夯实了社会主义社会按劳分配制度的基石。这一按劳分配的制度在新中国成立初期有效激发了广大劳动人民的积极性与创造性，取得了无可否认的伟大成就。同时，毛泽东不仅反对平均主义，同样反对收入差距的过分悬殊，在他看来，批判平均主义是合理的，但是批判过度则会导致个人主义的出现，收入过分悬殊亦是错误的，我们应当既批判平均主义，又批判收入差距的过分悬殊。毛泽东的这一系列思想均是在社会主义建设时期对收入分配理论所作出的宝贵探索。

(二)公平与效率的思想

毛泽东将马克思列宁主义的收入分配思想创造性地运用至中国革命与建设的具体实践中，他在领导全体民众开展新民主主义革命、推进社会主义建设的进程中，全程围绕两大主线：一即实施以消灭剥削与财富分化为目标的社会革

---

① 《毛泽东文集》(第8卷)，北京：人民出版社 1999 年版，第 11 页。

命，进而解放生产力，在经济制度方面为公平与效率的兼顾予以保障；二即通过社会主义改革更深入地解放发展生产力，在不断提升效率的同时维护公平。公平与效率原则作为毛泽东分配思想的一个重要组成部分，具体可以从两大方面予以阐释。

1. 毛泽东分配思想中的公平原则

顺应历史发展的要求，毛泽东始终将消灭剥削、实现公平作为其奋斗目标。早在井冈山斗争阶段，毛泽东即极为注重生产资料所有权问题，并为此领导根据地群众开展了土地革命，变革了农村地主土地所有制，使广大农民能够均等占有土地。从《井冈山土地法》起，毛泽东就开始不断总结归纳土地革命的经验教训，慢慢形成了科学的革命政策，也就是依靠贫雇农、团结中农、限制富农、保护中小商业、消灭封建地主的土地剥削制度。在收入利益平等方面，毛泽东明确了负担平等、利益兼顾的原则。在分析苏维埃的形势时，他认为，必须推行科学的负担政策，将负担量同收入多寡相挂钩，从而有效兼顾各阶层的利益。唯有如此，根据地的经济方可得以发展，根据地方可得以稳固。且受当时特定历史环境影响，毛泽东特别注重强调公平与集体利益。他在 1947 年的《目前形势和我们的任务》中提出了破除封建主义及官僚资本主义剥削制度的思想，也就是新民主主义革命的三大经济纲领：没收封建阶级的土地归农民所有，没收官僚垄断资本归新民主主义的国家所有，保护民族工商业。他所提出的这一纲领亦为我们党在新中国成立后拟订经济政策奠定了有力的理论基础。同时，毛泽东还强调公平分配的权利平等，即在生产资料所有权、使用权、管理权及经营自主权方面都应平等。在我国的经济政治体制下，囿于权力过于集中，一定程度上造成了不公现象，故而 1956 年毛泽东在《论十大关系》中，借由阐释几大方面的经济、政治关系，详细论述了其权力平等思想，强调"目前要注意的是，应当在巩固中央统一领导的前提下，扩大一点地方权力，给地方更多的独立性，让地方办更多的事情。这对我们建设强大的社会主义国家比较有利……我们不能像苏联那样，把什么都集中到中央，把地方卡得死死的，一点机动权也没有"。① 在国家同企业的关系上，则强调"把什么东西统统都集中在中央或省市，不给工厂一点权力，一点机动的余地，一点利益，恐怕不妥"。②

2. 毛泽东分配思想中的效率原则

毛泽东素来注重提高效率，始终将解放发展生产力作为社会主义革命与建设的重要问题之一。在领导社会主义改造阶段，他就认识到社会主义革命之旨向即在于解放生产力。随着改造胜利的到来，毛泽东进一步作出号召，指出全党解放生产力的根本任务业已完成，新的任务是在新生产关系背景之下保护、发展生产力。在毛泽东眼中，"中国一切政党的政策及其实践在中国人民所表现的作用的好坏、大小，归根到底，看它对于中国人民的生产力的发展是否有帮助及其帮助之大小，看它是束缚生产力的，还是解放生产力的。"③在宏观经济效率方面，毛泽东提出要实现资源的有效配置，即"必须十分节省地使用我们的人力资源和物质资源，力戒浪费"。④ 而在微观经济效率方面，他则认为，在生产工厂中，党之事务、职工工会之事务及行政事务均应当在同一目标之下相互联系、相互配合，具体而言，也就是要在三者联合的作用下尽快在尽可能有利的基础上将产品销售出去，实现成本低、产品优与销售快的目标，这也是支部、工会与行政三位一体的共同目标。在此，毛泽东从微观上察觉到了有效使用生产要素与加快资金周转等多方面同生产效率相关的问题。

(三)实现全体人民共同富裕的思想

共同富裕既是马克思主义的重要内容，亦是中国共产党人持之以恒的奋进目标。使全体国民能够享有富足的生活，是毛泽东的夙愿与追求。民主革命阶段，

---

① 《毛泽东文集》(第7卷)，北京：人民出版社1999年版，第31页。
② 《毛泽东文集》(第7卷)，北京：人民出版社1999年版，第29页。
③ 《毛泽东选集》(第3卷)，北京：人民出版社1991年版，第1079页。
④ 《毛泽东选集》(第4卷)，北京：人民出版社1991年版，第1188页。

他就提出了打烂旧世界、创造美好富强新世界的伟大理想，随后新中国的成立更是为这一理想的实现夯实了坚实基础。在进行"三大改造"阶段，毛泽东则强调，我国的工业化道路是一条国家富强、人民富裕的道路，改造中"在农村中消灭富农经济制度和个体经济制度"，即是要"使全体农村人民共同富裕起来"，① 他的愿望就是"穷的要富裕，所有农民都要富裕"。② 无论是毛泽东关于工业化道路的构设，还是"三大改造"的顺利完成，均是以实现全体国民的共同富裕为出发点的。

1. 共同富裕必须走社会主义道路，避免两极分化

毛泽东认为，社会主义道路是进行革命的必然结果，亦是助力国家繁荣富强的根本保障，唯有社会主义方可持续给农民带来新利益，"如果我们没有新东西给农民，不能帮助农民提高生产力，增加收入，共同富裕起来"，③ 则极易引发农民对我们党的信任危机，故而为"巩固工农联盟，我们就得领导农民走社会主义道路，使农民群众共同富裕起来"。④ 而从广大农民视角出发，他们"除了社会主义，再无别的出路。……就是说，全国大多数农民，为了摆脱贫困，改善生活，为了抵御灾荒，只有联合起来，向社会主义大道前进，才能达到目的"。⑤ 毛泽东极具信心地指出，"实行这么一种制度，这么一种计划，是可以一年一年走向更富更强的，一年一年可以看到更富更强些"。⑥ 在领导社会主义建设时，他多次重申社会主义的旨归在于组织民众、领导民众，帮助民众发展生产，增进其物质福祉，即实现共同富裕，为此必然应当将国家、集体、个人的利益作为一个整体进行考虑，无论忽视哪一方，均无益于社会主义建设。为保障全体国民能

---

① 《建国以来重要文献选编》(第7卷)，北京：人民出版社1993年版，第79页。
② 《毛泽东著作专题摘编》(上)，北京：中央文献出版社2003年版，第838页。
③ 《建国以来重要文献选编》(第7卷)，北京：中央文献出版社1993年版，第308页。
④ 《建国以来重要文献选编》(第7卷)，北京：中央文献出版社1993年版，第308页。
⑤ 《毛泽东文集》(第6卷)，北京：人民出版社1999年版，第429页。
⑥ 《毛泽东文集》(第6卷)，北京：人民出版社1999年版，第495页。

够享有幸福美满的生活，毛泽东由始至终均致力于坚定地维护社会主义制度，唯有社会主义方可救中国，唯有社会主义方可发展中国且使中国富强起来乃是毛泽东矢志不渝的坚定信念。同时，毛泽东极为担心两极分化，他认为国民的富裕是规避两极分化问题产生的良方。为此，他在土地改革后号召尽快推动广大农民群体迈上社会主义道路，抓紧提升其收入、富裕其生活，在他看来这是防止农村产生两极分化的最佳方式。随着社会主义改造的成功、农业合作化问题的解决，毛泽东关于破除两极分化现象的信心越发强大，在社会主义建设如火如荼的同时，他强烈地盼望中国早日富强起来，既从理论与实践方面对社会主义建设道路展开了艰难探索，又须臾无松懈地把控着社会的发展动向，在极力防止两极分化现象产生上作出了不懈努力。

2. 共同富裕是社会全面发展、协调进步的过程

新中国成立后，毛泽东不仅在恢复生产与发展经济方面作出了一系列努力，亦在推动我国的全面发展进步方面作出了一系列探索。在他看来，革命的旨归即在于解放生产力，并在新条件的基础上保护发展生产力。"我们不但要把一个政治上受压迫，经济上受剥削的中国，变为一个政治上自由和经济上繁荣的中国，而且要把一个被旧文化统治因而愚昧落后的中国，变为一个被新文化统治因而文明先进的中国"。[1] 毛泽东向全世界宣告："中国人被人认为不文明的时代已经过去了，我们将以一个具有高度文化的民族出现于世界。"[2]故而，他提议在增进人民物质福祉、改进人民生活水准的同时，"以社会主义精神教育广大人民"，[3] 在此基础之上，逐步提升人民的政治觉悟、文化水准。随着全国工业发展的如火如荼，毛泽东希望人民公社的商品生产亦能够获得长足发展，如此一来"全国农民就可以逐步共同富裕起来，他们的文化水平也可以逐步提高起来"。[4] 若要"扩大

---

① 《毛泽东选集》(第 2 卷)，北京：人民出版社 1991 年版，第 663 页。
② 《毛泽东文集》(第 5 卷)，北京：人民出版社 1996 年版，第 345 页。
③ 《建国以来重要文献选编》(第 5 卷)，北京：中央文献出版社 1993 年版，第 30 页。
④ 朱阳、郭永军：《毛泽东的社会主义观》，北京：人民出版社 1994 年版，第 474 页。

和巩固社会主义思想阵地"，则必须"加强对人民群众的思想政治教育"，① 使得全体国民能够在加快社会主义经济建设的过程中呈现崭新的道德面貌与风尚。在毛泽东看来，在实现人民共同富裕的同时，必须有共产主义的道德理想同其相匹配，使得社会主义能够在两大文明建设中双向互促、相互配合。促进共同富裕目标之下经济社会的全面发展、国民生活的大幅改善乃是毛泽东之夙愿。

三、中国特色社会主义收入分配理论

改革开放以前，以毛泽东同志为主要代表的中国共产党人在发展中国化收入分配理论上作出了一系列大胆探索，但囿于历史条件，其按劳分配思想在现实的收入分配中曾一度演变为平均主义与"大锅饭"式分配，挫伤了广大人民的生产积极性。改革开放后，伴随社会主义市场化改革的持续推进，我国的经济制度、经济环境，尤其是生产资料所有制及资源配置形式均发生了重大变化，故而在变化了的客观历史条件下，中国共产党人秉持开阔的思维视野与无畏的理论勇气，切实考虑复杂多变的利益矛盾问题，充分结合我国的实际发展情况，经过不断探索，最终形成了与我国国情相适应的中国特色社会主义收入分配理论。

(一) 邓小平社会主义收入分配理论

社会主义收入分配理论是一大科学理论，源于实践并随实践发展而不断发展。邓小平在社会主义建设新时期着力强调了摆脱对马克思主义的教条性继承的重要性，指出"解放思想，就是要运用马列主义、毛泽东思想的基本原理，研究新情况，解决新问题"，② 要遵循马克思主义的"基本原则和基本方法，不断结合

---

① 《建国以来重要文献选编》(第6卷)，北京：中央文献出版社1993年版，第227页。
② 《邓小平文选》(第2卷)，北京：人民出版社1994年版，第179页。

变化着的实际，探索解决新问题的答案，从而也发展马克思主义理论本身"。①
邓小平作为改革开放的总设计师，充分总结了我国计划经济时期带有平均主义色
彩的分配方式的经验教训，密切贴合我国发展的实际状况，以完善社会主义制
度、促进生产力发展为出发点，以实现共同富裕为根本目标，进一步发展了马克
思主义的收入分配理论，开创了独树一帜的中国特色社会主义收入分配理论。

1. 打破平均主义式"大锅饭"，贯彻按劳分配原则

邓小平厘清了历史上对于按劳分配的错误认知，对于把其混淆为平均主义式
"大锅饭"的扭曲认知，他指出，"过去搞平均主义，吃'大锅饭'，实际上是共同
落后，共同贫穷，我们就是吃了这个亏。改革首先要打破平均主义，打破'大锅
饭'，现在看起来这个路子是对的。"②邓小平合理研判了我国的基本国情，即我
国尚处于社会主义初级阶段，仍具有不发达的生产力与较匮乏的物质产品，劳动
仍旧是人们的谋生手段，故而需要与此相适应的生产关系，也就是必须贯彻按劳
分配原则，以适应、推进生产力发展。坚持按劳分配和破除平均主义乃是同一问
题的两大方面，平均主义的分配方式只会造就共同贫穷。故而，邓小平充分强调
实施按劳分配的必要性，"坚持按劳分配原则。这在社会主义建设中始终是一个
很大的问题……如果不管贡献大小、技术高低、能力强弱、劳动轻重，工资都是
四十五块钱，表面上看来似乎大家是平等的，但实际上是不符合按劳分配原则
的，这怎么能调动人们的积极性?"③邓小平突破了以往将按劳分配与平均主义画
等号的传统观念，将按劳分配释义为多劳多得、少劳少得、不劳不得，提出了借
由合理的收入差距以充分调动社会成员劳动积极性的主张。此外，邓小平亦坚定
反对按政治态度抑或按资格实行分配的方式，"处理分配问题如果主要不是看劳
动，而是看政治，那就不是按劳分配，而是按政分配了。总之，只能是按劳，不

---

① 《邓小平文选》(第 3 卷)，北京：人民出版社 1993 年版，第 146 页。
② 《邓小平文选》(第 3 卷)，北京：人民出版社 1993 年版，第 155 页。
③ 《邓小平文选》(第 2 卷)，北京：人民出版社 1994 年版，第 30~31 页。

能是按政，也不能是按资格"。① 邓小平深刻认识到了按劳分配这一问题的复杂程度，在他的提议下，各级经济管理干部、各大经济理论工作人员均展开了细致的调查研究，对按劳分配的有效形式进行了积极探索。

2. 坚持按劳分配为主体，辅以多种分配方式为补充

在邓小平看来，我国当前阶段贯彻按劳分配原则受社会主义生产资料公有制的所有制形式所决定，与生产力发展水平是相适应的。然而，由于我国尚处于且将长期处于社会主义初级阶段，在此时期内，非但集体所有制与全民所有制并存，私营经济、个体经济及外资经济等各类非公有制经济亦并存，故而不能将按劳分配作为社会主义初级阶段的唯一分配方式，必须同时设立与各类非公有制经济相匹配的多种分配方式。与非公有制经济相匹配的多种分配方式能够最大化激发各类要素所有者投入生产要素的积极性，极大促进生产力的发展与社会财富的涌流，因而同样是公平的分配方式。鉴于此，党的十三大即从我国实际出发，打破了社会主义只有单一按劳分配模式的理论，首次提议实施以按劳分配为主体、其他分配方式为补充的原则，开始允许合法的非劳动收入的存在。党的十四届三中全会则进一步对与社会主义市场经济体制相配套的分配体系作出了规划，即个人收入分配要坚持以按劳分配为主体、多种分配方式并存的制度，这是从制度层面上对生产要素参与收入分配合法性的承认，更为突出了社会主义市场经济体制下收入分配模式的多样化，极大创新了我国社会主义初级阶段的收入分配制度。由此开始，按劳分配为主体、多种分配方式并存的分配制度作为我国社会主义初级阶段的分配制度得以确定下来，且其具体实现形式亦在实践中得到不断完善。

3. 通过"先富"带动"后富"，逐步实现共同富裕

社会主义既非共同贫穷，亦非贫富悬殊、两极分化，终极目标乃在于实现共

---

① 《邓小平文选》(第2卷)，北京：人民出版社1994年版，第101页。

同富裕。在粉碎"四人帮"之后，邓小平在率领全体人民实施改革开放、推进社会主义现代化建设的重大进程中，充分提炼了我国革命建设正反两面的经验教训，提出了社会主义分配的最终目标，也就是实现共同富裕，同时他指出，共同富裕非但是社会主义分配的最终目标，更是社会主义的本质表现及优越性的集中体现。邓小平点明，"一个公有制占主体，一个共同富裕，这是我们所必须坚持的社会主义的根本原则。我们就是要坚决执行和实现这些社会主义的原则。"①在对社会主义本质的剖析中，他亦明确指出，"社会主义的本质，是解放生产力，发展生产力，消灭剥削，消除两极分化，最终达到共同富裕。"②可见对共同富裕的向往是邓小平孜孜不怠的理想夙愿。而邓小平所追求的社会主义之共同富裕乃是存在差别的富裕，绝非同时、同等、同步富裕，亦非平均主义式富裕，决不可进行一刀切，必须秉持两点论同重点论的统一。在邓小平看来，"我们讲共同富裕，但也允许有差别。"③共同富裕绝对不能走平均主义的路线，否则只会导致普遍贫穷，这是必须予以坚定制止的一类思想倾向。此外，从我国的实际发展状况来看，由于城乡、地区、行业间均存有显著发展差距，故而无论是就实现时间、程度抑或是方式而言，其在共同富裕上绝无可能同步。邓小平意识到共同富裕的达成是一个循序渐进式的漫长过程，若要实现全体国民共同富裕的理想愿景，必须以提升生产力与人民收入水平为基础，促进一部分人及地区借由合法经营、诚实劳动先行富裕，逐步带动其余人群及地区随后富裕，即走一条由"先富"带"后富"，逐步"共富"的致富之路。"让一部分人、一部分地区先富起来，大原则是共同富裕。一部分地区发展快一点，带动大部分地区，这是加速发展、达到共同富裕的捷径。"④但是，邓小平也看到，先富拉动后富、逐步达成共同富裕并非一个自动转化的流程，其推进很大程度上离不开国家的宏观调控，故而国家理应借由税收转移支付、对口支援、资源开发等一系列手段实施相应的宏观调控，从而

① 《邓小平文选》(第 3 卷)，北京：人民出版社 1994 年版，第 111 页。
② 《邓小平文选》(第 3 卷)，北京：人民出版社 1994 年版，第 373 页。
③ 《十一届三中全会以来重要文献选读》(下)，北京：人民出版社 1987 年版，第 1191 页。
④ 《邓小平文选》(第 3 卷)，北京：人民出版社 1993 年版，第 166 页。

保障先富带后富政策的确切落实。

(二)"三个代表"重要思想中关于社会主义收入分配的理论

"三个代表"重要思想中的社会主义收入分配理论是中国特色社会主义收入分配理论的一大组成部分。在继承邓小平有关社会主义分配目标、原则及措施的思想基础之上，江泽民紧跟时代要求，进一步将马克思主义的按劳分配理论同我国的时代特质相结合，就中国特色社会主义收入分配理论的现实实践展开了深入探索，形成了诸多独具见解的理论认知，为妥帖处理收入分配关系、更好推进收入分配实践、促进分配正义提供了科学指导。

1. 予以人民看得见的物质利益，助力广大群众共享发展成果

江泽民始终秉持着要予以人民看得见、摸得着、实在且持续增长的物质利益的主张。在他看来，"在整个社会生产和建设发展的基础上，不断使全体人民得到并日益增加看得见的利益，始终是我们共产党人的神圣职责。"①江泽民多次强调，"要按照全面建设小康社会的要求，把提高人民收入水平和生活质量摆到重要位置。在加快经济发展的基础上不断满足人们日益增长的物质文化生活的需要，特别是要很好地解决农民收入、就业、社会保障等群众普遍关心的问题。要使人民得到实惠，感到有奔头。"②"在整个改革开放和现代化建设的过程中，都要努力使工人、农民、知识分子和其他群众共同享受到经济社会发展的成果。"③

2. 允许多种方式获取个人收入

在获取个人收入的途径方面，江泽民在既往按劳分配为主体，多种分配方式并存的思想基础上，联系我国的新实际予以了进一步发展，明确提出"一切合法

---

① 《江泽民文选》(第3卷)，北京：人民出版社2006年版，第122页。
② 《江泽民论有中国特色社会主义》(专题摘编)，北京：中央文献出版社2002年版，第113页。
③ 《江泽民论有中国特色社会主义》(专题摘编)，北京：中央文献出版社2002年版，第111页。

的劳动收入和合法的非劳动收入，都应该得到保护"。① 这一多种方式获取合法收入的思想，顺应了时代发展要求，亦推动了马克思主义收入分配理论的深化。实践证明，在社会财富创造与价值塑就过程中，各类生产要素均具有无可取代的关键效用，劳动者的资本、技术及管理等要素，通过快速而大量地参与到社会生产流程中，为经济社会的发展创造了巨额财富。基于此，单一的按劳分配原则早已无法囊括获取个人收入的全部渠道，难以全面协调现存利益关系。故而，江泽民进一步明确了劳动、资本、技术和管理等生产要素按贡献参与分配的原则，通过将各式生产要素并入分配依据领域，有力拓宽了广大群众获取个人利益的途径，充分激发了各类要素所有者的生产积极性，最大化带动了社会生产力的提升。但也必须看到，部分市场主体在获取利益时，运用了一些不合理的手段，甚至存在违法经营、非法牟利等行为，此类乱象易干扰市场秩序，影响经济发展，为此江泽民多次强调应当高度关注收入分配状况，不断健全收入分配政策，以经济、法律及行政手段调节收入分配秩序，规范市场行为，理顺市场秩序，从而有效规避市场主体无序谋取个人利益的混乱状态。

3. 秉持"效率优先、兼顾公平"的原则

立足于马克思、恩格斯按劳分配思想及毛泽东、邓小平收入分配理论的基石，江泽民进一步将是否同客观生产力要求相匹配、可否推动生产力发展作为看待分配问题的根本标准，在党的十四届三中全会上首创性地提出，要构筑"效率优先、兼顾公平的收入分配制度"，② 如此一来，就将经济发展与经济效益提升置于优先地位，在他看来，这是解决公平问题的前置条件，集中体现了社会主义制度的优越性。江泽民认为，生产力标准尤为重要，乃是所有工作的重心，故而在分配领域，同样必须以生产力标准判别分配公平、看待收入差距问题。探讨分配公平问题时必须与当时的客观历史环境相联系，由于不同历史时期生产力水准

---

① 《十六大以来重要文献选编》（上），北京：中央文献出版社 2005 年版，第 12 页。
② 《十四大以来重要文献选编》（上），北京：人民出版社 1996 年版，第 521 页。

具有差异，故而各阶段分配公正的内涵及形式各有所异，而可否推动生产力发展则是判别分配公正与否的衡量准绳。此外，生产力的发展亦是缓解收入差距、解决分配不公问题的基础，必须看到"生产决定分配，只有通过改革大幅度提高劳动生产率和经济效益，才能使分配制度和政策充分发挥积极作用，才能为根本解决平均主义和收入差距过大问题创造物质基础"。① 江泽民的这一思想有力克服了以往我国由长期平均主义式"大锅饭"所造成的经济水平落后、社会财富匮乏以及人民生活水准较低的弊端。在坚持效率优先的同时，江泽民亦极为关注收入分配的公平状况，指出既要打破物质利益分配中的平均主义，同时亦不可造就两极分化，"既要注重效率，反对平均主义；也要讲求公平，防止收入差距过分扩大"，② "初次分配注重效率……再分配注重公平"。③ 由于坚持效率优先，自然会产生不同地区与群体间富裕程度与速度的差异，但这一差异并非两极分化式差异，而是社会主义初级阶段人民致富进程中无可避免的合理差异，其属量之差异而非质之差异。当然，针对此类差异，亦不可使其毫无节制地放任自流，使差距愈拉愈大，应着眼于共同富裕的目标予以一定的规范。江泽民指出，"要坚持鼓励一部分人先富，先富帮助和带动后富，逐步实现共同富裕的政策。正确处理一次分配和二次分配的关系，在经济发展的基础上普遍提高居民收入水平，逐步形成一个高收入人群和低收入人群占少数、中等收入人群占大多数的'两头小、中间大'的分配格局"。④

(三) 科学发展观中关于社会主义收入分配的理论

在新世纪新阶段，胡锦涛基于我国社会主义初级阶段的实际条件，立足马克思主义收入分配理论与毛泽东收入分配理论的思想基石，深入发展了邓小平、江泽民关于中国特色社会主义收入分配制度、方式、目标等的相关思想。在科学发

① 《江泽民文选》(第 1 卷)，北京：人民出版社 2006 年版，第 52~53 页。
② 《江泽民论有中国特色社会主义》(专题摘编)，北京：中央文献出版社 2002 年版，第 59 页。
③ 《十六大以来重要文献选编》(上)，北京：中央文献出版社 2005 年版，第 21 页。
④ 《江泽民论有中国特色社会主义》(专题摘编)，北京：中央文献出版社 2002 年版，第 59 页。

展观的收入分配理论中，尤为注重公平分配问题，多次将其作为社会建设的一大重要内容进行了阐释，极大丰富了中国特色社会主义收入分配理论的思想内容，亦为打造和谐社会提供了理论指导。

1. 初次分配和再分配都要处理好效率和公平的关系，再分配更加注重公平

自建立社会主义市场经济体系起，我国就一直在收入分配领域秉持着效率优先、兼顾公平的原则，然而，囿于这一分配原则过度关注经济效率，一定程度上轻视社会公平，导致居民间收入差距不断拉大，两极分化现象冒头，社会矛盾逐步凸显，社会和谐遭受影响。针对此现实境况，胡锦涛在探索中国特色社会主义收入分配实践的过程中开始更为注重公平分配的问题，在多次讲话中明确表达了对缓解收入差距、促进公平分配的重视。在胡锦涛看来，"维护和实现社会公平和正义"是"我国社会主义制度的本质要求"，[①] 而社会公正的一个重要组成部分即为分配公平，他对此进行了一系列探索研究。在他看来，促进分配公平，打造机会、权利、规则公正的社会公平保障体系是促进社会公平正义的重要渠道。基于此，胡锦涛优化了我国收入分配制度中公平与效率关系的处理原则，将效率优先、兼顾公平调整为初次分配和再分配都要处理好效率和公平的关系，再分配更加注重公平，这一原则的转变极大彰显了他对公平分配的重视。相对原先原则而言，我国处理公平与效率关系的新原则是在理论上的进一步发展，为国民收入初次分配、再分配领域处理好公平与效率的关系供给了科学方法，即既注重效率亦注重公平，二者不可偏重其一。

2. 发展是实现公平分配的重要前提

马克思主义认为，分配由生产决定，原因之一在于分配形式由生产形式所决

---

① 《十六大以来重要文献选编》(下)，北京：中央文献出版社 2008 年版，第 404 页。

定，原因之二在于分配的客体为生产之产品。胡锦涛即按照马克思主义剖析分配问题的逻辑理路，着眼于生产、分配二者间的辩证关系，解析了公平分配的物质前提。他认为，社会生产力的提高与经济社会的发展，一方面可以为增进人民福祉提供更多物质财富，另一方面可以为公平分配供给分配对象，乃是实现分配正义的重要物质基础。故而在科学发展观中，胡锦涛将发展看作第一要务，重点强调应促进生产力水平的提升，推动经济发展，充分体现了他对公平分配物质前提的论证。胡锦涛认为，在我国落后的社会生产尚无法满足人民日益扩张的需求的社会主义初级阶段，若要使发展成果充分惠及全体国民，不断增进社会公平正义，缓解收入差距，首先就应当"坚持发展经济，着力转变经济发展方式，提高经济发展质量，增加社会财富，不断为全体人民逐步过上富裕生活创造物质基础"，[①] 这是实现公平分配必须攻克的首要问题。

3. 以推动收入分配改革保障公平分配

保障分配公平、打造和谐分配关系需要进行长期而艰苦的努力。在胡锦涛看来，分配制度的合理与否决定了分配结果的公正与否，故而他强调应"从法律上制度上政策上努力营造公平的社会环境"，[②] 多次剖析与阐释了推动分配制度改革、健全分配体系与相关政策法规的问题，推动了收入分配改革的调研，并于2006 年组织了政治局会议，从改革收入分配制度、规范收入分配秩序两方面进行了专题研究，着力强调理顺收入分配关系、打造公平有序分配格局的重要性，指出必须从我国实际出发，将处理好收入分配问题置于重要位置。增加劳动报酬占比与提高人民财产性收入是胡锦涛收入分配改革思想中的两大重要方面，在他看来，完善按劳分配为主体、多种分配方式并存的分配制度，更为科学地处理按劳分配主体原则同按生产要素分配之间的关系，是理顺分配关系、实现合理分配的重要途径。同时，改革财税制度，加大民生事业投入力度，推动就业、医疗、

---

① 《胡锦涛文选》(第 3 卷)，北京：人民出版社 2016 年版，第 432 页。
② 《胡锦涛文选》(第 2 卷)，北京：人民出版社 2016 年版，第 292 页。

文化、社会保障等基本公共服务均等化发展，则是实现公平分配的关键因素。即要在促进经济发展的基础之上，"通过改革税收制度、增加公共支出、加大转移支付等措施"①不断缩小居民收入差距，使全体国民能够享受平等参与经济社会生活的权利及机会。

四、习近平关于社会主义收入分配的重要论述

新时代以来，习近平总书记联系我国经济社会运行的新特征与新要求，发表了一系列重要讲话，提出了诸多关于社会主义收入分配问题的宝贵思想与理念，包括对按劳分配原则与按要素分配机制的完善、对深化收入分配体制改革的规划，以及对共享发展与共同富裕的论述，等等。习近平总书记关于这些社会主义收入分配问题的新思维新观点，在继承与发展马克思列宁主义收入分配理论与历代中国共产党人收入分配思想的基础上，与时俱进地开拓了当代中国社会主义收入分配思想的新境界，为中国特色社会主义收入分配理论注入了全新的时代内涵。

（一）充分保障劳动者权益，加强各要素产权保护

生产和分配乃是资源配置过程中无法分割的两大重要方面。按劳分配作为我国社会主义初级阶段下公有制为主体的所有制结构在分配领域的体现，是我国分配方式的主体，亦是激发劳动者积极性的根本性保障。按要素分配则是同多种所有制并存的所有制结构相适应的方式，是保障市场在资源配置中能够发挥决定性作用、最大化提升资源配置效率与经济发展水平的重要基石。健全按劳分配和按生产要素分配相结合的分配原则，乃是新时代中国特色社会主义经济制度的关键

---

① 《胡锦涛文选》(第 2 卷)，北京：人民出版社 2016 年版，第 292 页。

理论基础。习近平总书记提出，要"坚持按劳分配原则，完善按要素分配的体制机制，促进收入分配更合理、更有序"，① 对新时代完善按劳分配与按生产要素分配相结合的机制作出了具体部署。

1. 坚持按劳分配原则应当充分保障劳动者权益

劳动作为社会经济活动中最为关键及活跃的因素，其分配占比对经济社会发展的持续性与稳定性有着决定性作用。新时代以来，习近平总书记在多个场合均明确表达了对劳动的尊重、对劳动者权益的关切。2013 年，习近平总书记在全国总工会机关发表讲话时指明，"全社会都要贯彻尊重劳动、尊重知识、尊重人才、尊重创造的重大方针，维护和发展劳动者的利益，保障劳动者的权利。"② 2015 年，习近平总书记在庆祝"五一"国际劳动节暨表彰全国劳动模范和先进工作者大会上明确表示："党和国家要实施积极的就业政策，创造更多就业岗位，改善就业环境，提高就业质量，不断增加劳动者特别是一线劳动者劳动报酬。"③ 2020 年，习近平总书记进一步在全国劳动模范和先进工作者表彰大会上提出"要坚持以人民为中心的发展思想，维护好工人阶级和广大劳动群众合法权益，解决好就业、教育、社保、医疗、住房、养老、食品安全、生产安全、生态环境、社会治安等问题，不断提升工人阶级和广大劳动群众的获得感、幸福感、安全感……要健全党政主导的维权服务机制，完善政府、工会、企业共同参与的协商协调机制，健全劳动法律法规体系，为维护工人阶级和广大劳动群众合法权益提供法律和制度保障"。④ 2022 年党的二十大更是提出，要坚持多劳多得，鼓励勤劳致富，促进机会公平，"使人人都有通过辛勤劳动实现自身发展的机会。"⑤保

---

① 《十九大以来重要文献选编》(上)，北京：中央文献出版社 2019 年版，第 33 页。

② 《习近平：努力让劳动者实现体面劳动、全面发展》，http://news.youth.cn/gn/201304/t20130429_3164711.htm，2013 年 4 月 29 日。

③ 习近平：《在庆祝"五一"国际劳动节暨表彰全国劳动模范和先进工作者大会上的讲话》，载《人民日报》2015 年 4 月 29 日。

④ 习近平：《在全国劳动模范和先进工作者表彰大会上的讲话》，载《人民日报》2020 年 11 月 25 日。

⑤ 《习近平著作选读》(第 2 卷)，北京：人民出版社 2023 年版，第 38 页。

障劳动者权益，体现的是以人民为中心的发展理念，这非但是对劳动者这一劳动要素的权益保障，更是健全中国特色社会主义经济制度的必要基础，是坚持按劳分配原则的制度根基。

2. 完善按要素分配的体制机制应当加强各要素产权保护

尊重劳动、尊重人才、尊重资本、尊重知识、尊重创造，则理当尊重及保护各要素的产权。2013 年，党的十八届三中全会提出要健全资本、知识、技术、管理等由要素市场决定的报酬机制，首创性地将"知识"纳入了生产要素予以分配，并强调了相应的制度建设问题。2016 年，习近平总书记在中央财经领导小组第十三次会议上强调："无论是劳动、资本、土地，还是知识、技术、管理，都应该按各自贡献获得相应回报"，"必须加强产权保护，健全现代产权制度，加强对国有资产所有权、经营权、企业法人财产权保护，加强对非公有制经济产权保护，加强知识产权保护，增强人民群众财产安全感。"①2019 年，党的十九届四中全会重申必须依据各生产要素在国民收入中贡献的大小予以分配，健全由市场负责评估生产要素贡献、依据贡献定夺要素报酬的机制，并首创性将"土地"与"数据"纳入生产要素之中，体现了新时代经济增长的表征趋势，表达了收入分配制度对社会财富与人才、创新的尊重。强化各要素的产权保障，乃是保证市场能够在资源配置中发挥决定性作用的必要环节与重要基础，是实现要素配置在既显公平的同时也不失效率的基石，亦是全面依法治国的应有之义。为有效强化要素产权保护，必当充分发挥企业在要素配置与分配上的枢纽功效，"必须发挥好企业家作用，帮助企业解决困难、化解困惑，保障各种要素投入获得回报"，②继而激发各要素活力，进一步做大做优经济蛋糕。

---

① 习近平：《坚定不移推进供给侧结构性改革 在发展中不断扩大中等收入群体》，载《人民日报》2016 年 5 月 17 日。
② 习近平：《坚定不移推进供给侧结构性改革 在发展中不断扩大中等收入群体》，载《人民日报》2016 年 5 月 17 日。

(二) 深化收入分配体制改革，完善收入分配机制

新时代以来，习近平总书记在多种场合就改革问题作出了一系列重要论述，在这之中，即囊括诸多牵涉收入分配体制改革的新观点新看法。持续深化收入分配体制改革乃是习近平总书记分析如今中国特色社会主义分配问题的一个重要角度。

1. 以深化收入分配改革解决突出分配问题

针对现时收入分配中存在的"'蛋糕'不断做大，但分配不公问题比较突出，收入分配差距、城乡区域公共服务水平差距较大"等诸多问题，习近平总书记明确表示应当进一步深化收入分配体制改革。在他看来，改革必须充分立足现实，即精准把握新时代的机遇与挑战，清醒认知分配领域的重大问题，朝着缓解收入差距、实现公平分配的目标，实施针对性改革举措，以此在收入分配制度上实现自我革新与发展。在党的二十大上，习近平总书记明确指出要规范收入分配秩序，规范财富积累机制。持续推进收入分配体制改革，革新配套制度体系是有效化解如今收入差距较大及分配不公问题的重要举措，这是习近平总书记对深化收入分配体制改革关键性的重大结论。故而，必须仔细检视我国收入分配体制，若哪一方面、哪一环节、哪一领域的制度设计有违公平正义，那么就立马改革那一处的制度设计，如此一来就可以从根本上规范收入分配秩序，避免部分在资源、权利及地位等方面具备优势的既得利益群体故意干预收入分配的结果，从而为广大民众平等参与收入分配提供制度性保障，使得人民能够共享经济发展的果实，一同迈向共同富裕的美好目标。习近平总书记指出，改革收入分配领域，着力解决收入差距过大、非法隐性收入突出等问题，充分化解分配领域的非公平性困境，关键在于必须深化收入分配体制机制改革，创新完善各方面制度，唯有如此方可为收入分配营造更为公平公正、透明公开的社会环境。

2. 以坚实的制度与举措推进收入分配体制改革

完善的分配制度乃是保障实现分配正义的关键，而改革收入分配制度，一方面，需要有坚实的制度支撑。为此，习近平总书记在党的十九届四中全会上首创性地将"按劳分配为主体、多种分配方式并存"的分配制度上升为基本经济制度范畴，同"公有制为主体、多种所有制经济共同发展"的所有制及"社会主义市场经济体制"一并作为我国的三大基本经济制度，这既体现了对马克思主义收入分配理论的深化发展，亦为新时代深化收入分配制度改革提供了制度支撑与方向指引。另一方面，在改革收入分配制度上，"光有立场和态度还不行，必须有实实在在的举措。行动最有说服力。"①习近平总书记认为，深化收入分配体制改革必须健全以按劳分配为主体、多种分配方式并存的初次分配制度，完善囊括税收转移支付及社会保障在内的再分配体系，推动收入分配秩序的规范化发展。具体而言，一是要坚持按劳分配的主体地位，建立健全工资增长机制、完善集体协商制度；二是要完善受市场决定的要素参与分配机制；三是要建立打造有助农民增收的长效机制，逐步缩小城乡收入差距；四是要完善边远贫困地区的补助增长机制，缩小区域收入差距；五是要建立收入分配调控机制与财产收入信息系统，健全相关法律法规，提升收入分配的公平性与透明度，调节过高收入，取缔非法、隐性收入，更好规范收入分配秩序，提升中等收入群体比例，增加低收入群体收入，着力缓解城乡、区域、行业间收入差距，努力促进人民共享发展成果。

3. 处理好公平与效率的关系是改革的重要任务

注重维护社会的公平正义乃是我们党的一贯主张，亦是中国特色社会主义的内在要求。新时代以来，我国进一步将处理好公平与效率的关系作为全面深化改革的重大任务之一。2013 年，国务院批转《关于深化收入分配制度改革的若干意

---

① 习近平：《习近平谈治国理政》（第 1 卷），北京：外文出版社 2018 年版，第 87 页。

见》，基于我国分配失衡问题凸显的境况，明确了收入分配改革的方向，指出初次分配和再分配均要兼顾效率和公平，初次分配要注重效率，打造机会公平的竞争环境，保障劳动收入的主体地位；再分配要更为注重公平，提升公共资源配置效率，缓解收入差距，对公平和效率的关系予以了进一步完善与明晰，充分体现了我国对维护社会公平的重视。

深化收入分配体制改革，针对收入分配机制的弊病对症下药，是解决分配领域现存问题的根本方式。这一改革是无休止的，其由实际收入分配问题倒逼产生，并在不断处理解决旧问题、面对破解新问题的过程中渐渐深化。当下，我国经济体制改革经过数十年历程业已迈入深水区，正位于全新历史关头，简单的、尽如人意的改革均已完成，只余下"难啃的硬骨头"。故而，面对这一情势，习近平总书记在深化收入分配体制改革的过程中，明确表示必须勇往直前、勇涉险滩，以过人的勇气与胆识打破收入分配中既得利益的藩篱，唯有如此方可真正冲破收入分配差距过大及分配不公的困局，这充分传递了他对深化收入分配体制改革的坚定决心与对形势的通透判断。

4. 坚持"两个同步"是调整收入分配格局的必然要求

新时代，我国经济实现平稳较快发展，人民生活水平有了新的提升，收入分配关系愈发合理。但劳动报酬占初次分配比例偏低、居民收入占国民收入比例偏低的问题依然存在。故而，习近平总书记指出，要"坚持居民收入增长和经济增长同步、劳动报酬提高和劳动生产率提高同步，持续增加城乡居民收入。"[①]这"两个同步"，意味着要将提高经济发展水平与提高劳动者收入相结合，使劳动生产率的提升能够惠及广大劳动者。在党的十九大上，习近平总书记再次重申要"坚持在经济增长的同时实现居民收入同步增长、在劳动生产率提高的同时实现劳动报酬同步提高"，[②] 对"两个同步"作出了更加系统、精准的表述。这既体现

---

① 《十八大以来重要文献选编》（中），北京：中央文献出版社 2014 年版，第 814 页。
② 《十九大以来重要文献选编》（上），北京：中央文献出版社 2019 年版，第 33 页。

了新时代我国的发展目标，既要求人民充分享受劳动发展的成果，又将满足人民对美好生活的需要置于生产力的充分、平衡发展之上，遵循了经济社会发展的客观规律。随后，习近平总书记在党的十九届五中全会上更是将"居民收入增长和经济增长基本同步，分配结构明显改善"①作为了"十四五"期间经济社会发展的主要目标，有力表明了我国在深入推进收入分配制度改革、优化收入分配格局、致力实现"两个同步"上的坚定决心。

(三) 以共享发展理念引领绝对贫困消除

消除绝对贫困、提升低收入群体收入、保障人民共享经济社会发展成果是与实现公平分配息息相关的重大历史任务，亦是习近平总书记极为关心的一项内容。新时代以来，习近平总书记数次强调，广大人民所盼望的美好生活，即为我们党的前进方向，助力民众享有幸福生活乃是党的重要职责。在这一要求的引领之下，我们党始终着眼于解决贫困问题、增进民生福祉，致力为低收入群体创造更多实实在在的物质利益及精神产品，使广大人民群众能够共享经济发展的果实。

1. 全力解决绝对贫困问题

习近平总书记十分重视贫困问题，关于解决贫困问题的思想是他投入心思最多的一大内容，是有助于促进分配正义、缓解收入分化的重要主张之一。习近平总书记认为，"消除贫困、改善民生、实现共同富裕，是社会主义的本质要求。"②而具体到消除贫困的方式上，一方面，习近平总书记认为不存在万能模式，扶贫是否精准决定了工作的成败。鉴于此，在开展扶贫工作时必须"要实事求是，因地制宜。要精准扶贫，切忌喊口号，也不要定好高骛远的目标"。③ 若

① 《十九大以来重要文献选编》（中），北京：中央文献出版社 2021 年版，第 792 页。
② 习近平：《习近平谈治国理政》（第 1 卷），北京：外文出版社 2018 年版，第 189 页。
③ 《习近平谈扶贫工作：扶贫开发贵在精准 要因地制宜》，https://news.12371.cn/2015/10/17/ARTI1445023877313480.shtml？from＝groupmessage&isappinstalled＝0，2015 年 10 月 17 日。

要切实落实扶贫工作，理应在选择扶贫对象、安排扶贫项目、落实扶贫措施、应用扶贫资金、因村制宜派人、锚定脱贫成效六大方面实现精准，这是习近平总书记精准扶贫举措的关键与本质。精准扶贫思想的提出，是习近平总书记在全新历史阶段作出的重大创新，强调借由外在力量的精准帮扶，充分缓解收入分化境况，致力于推动分配正义的实现。另一方面，习近平总书记认为要解决绝对贫困问题，还必须创新扶贫开发的体制机制。扶贫地区干部考核机制的革新首当其冲，具体而言，要"把提高扶贫对象生活水平作为衡量政绩的主要考核指标"。[①]通过将考核主要标准由 GDP 转为扶贫成效，以贫困人数的减少与扶贫对象生活水准的提升判定政绩，能够最大化激励扶贫地区干部工作重心向扶贫对象转移，从而提出切实有效的、能够助力扶贫对象收入提升与福祉增进的政策措施，提升扶贫开发成效。同时，习近平总书记还指出要尽快形成"中央统筹、省负总责、市(地)县抓落实的管理体制"，[②] 充分落实精准扶贫的主体责任，做到责任到人、各司其职。通过不断创新扶贫体制机制，完善扶贫开发考核标准，明确扶贫主体的责任感与使命感，我国在推进反贫困进程、切实提升扶贫对象收入、增进贫困人群福祉方面取得了不菲的成效。

2. 保障人民共享经济发展成果

2015 年，党的十八届五中全会首创性地提出了新发展理念，在这之中，共享发展理念，作为其出发点及落脚点，"注重的是解决社会公平正义问题"。[③] 坚持共享发展，即是为了不断增进发展理念的公平性、有效性及协同性，使得发展更为平衡，实现发展成果人人共享，"让每个人获得发展自我和奉献社会的机会，

---

① 中共云南省委：《让贫困地区同步全面建成小康社会——深入学习贯彻习近平总书记关于扶贫开发的战略思想》，载《求是》2015 年第 7 期。

② 《习近平谈扶贫工作：扶贫开发贵在精准 要因地制宜》，https://news. 12371. cn/2015/10/17/ARTI1445023877313480.shtml？from＝groupmessage&isappinstalled＝0，2015 年 10 月 17 日。

③ 中共中央文献研究室：《习近平关于社会主义社会建设论述摘编》，北京：中央文献出版社 2017年版，第 35 页。

共同享有人生出彩的机会，共同享有梦想成真的机会，保证人民平等参与、平等发展权利，维护社会公平正义，使发展成果更多更公平惠及全体人民"。①

在习近平总书记看来，共享发展主要涵盖四方面要求。第一，就覆盖范围而言，共享致力于全民共享，"是人人享有、各得其所，不是少数人共享、一部分人共享。"②第二，就对象或内容而言，共享致力于全面共享。具体包括社会成员向往的美好生活的各个方面，"更好的教育、更稳定的工作、更满意的收入、更可靠的社会保障、更高水平的医疗卫生服务、更舒适的居住条件、更优美的环境"，③ 其中公平合理的收入分配乃是一个极为重要的方面。第三，就实现途径而言，共享致力于共建共享，注重打造"人人参与、人人尽力、人人都有成就感的生动局面"，④ 唯有人人均享有发展自我、奉献社会的机会，共享发展方可得到推进，"共建的过程也是共享的过程。"⑤第四，就实现进程而言，共享发展乃是由"低级到高级、从不均衡到均衡"⑥的一种渐进式发展过程。全民、全面、共建、渐进共享属于共享发展理念的四大方面，这四者是融会贯通、互促互进的关系，对其必须从整体上把握而不可片面化理解，这决定了我国当前公平分配目标的实现将是一个涵盖了教育、就业、社保、分配制度等一系列关乎民生的制度政策的调整及变迁的过程。

随着我国在经济社会的各方面实践中大力推进消除绝对贫困的举措，充分落实以人民为中心、促进公平共享的发展思想，我国经济增长更具有了包容性与共

---

① 中共中央文献研究室：《习近平关于社会主义社会建设论述摘编》，北京：中央文献出版社 2017 年版，第 32 页。

② 习近平：《在省部级主要领导干部学习贯彻党的十八届五中全会精神专题研讨班上的讲话》，北京：人民出版社 2016 年版，第 27 页。

③ 习近平：《习近平谈治国理政》（第 1 卷），北京：外文出版社 2018 年版，第 4 页。

④ 习近平：《在省部级主要领导干部学习贯彻党的十八届五中全会精神专题研讨班上的讲话》，北京：人民出版社 2016 年版，第 27 页。

⑤ 习近平：《在省部级主要领导干部学习贯彻党的十八届五中全会精神专题研讨班上的讲话》，北京：人民出版社 2016 年版，第 27 页。

⑥ 习近平：《在省部级主要领导干部学习贯彻党的十八届五中全会精神专题研讨班上的讲话》，北京：人民出版社 2016 年版，第 27 页。

享性，绝对贫困问题得到历史性解决，城乡基本公共服务均等化程度不断提升，居民收入水平明显提高，收入差距有所缓解，就业形势持续稳定，我国在民生领域取得一系列新成绩。

(四) 扎实推进全体人民共同富裕

坚持不懈走共同富裕道路，不断增进人民福祉，实现人民对美好生活的期盼，乃是我国深化收入分配制度改革的最终目的，是中国共产党矢志不渝的奋斗目标。习近平总书记多次强调，共同富裕是社会主义之本质与重要原则，"我们的责任，就是要团结带领全党全国各族人民，继续解放思想，坚持改革开放，不断解放和发展社会生产力，努力解决群众的生产生活困难，坚定不移走共同富裕的道路。"①坚持共同富裕道路，满足人民对美好生活的向往，是中国共产党的重大职责，亦是社会主义分配的根本遵循与目标诉求。

1. 共同富裕的理论愈发升华

党的十八大之后，习近平总书记结合实现中华民族伟大复兴的中国梦，再次升华了共同富裕理论，并围绕着对共同富裕阶段性目标——全面建成小康社会的理论阐释，进一步发展了先富带后富、逐步实现共同富裕的战略举措，提出了要达到全面富裕、一个都不能少的全新分配战略以及更为关注分配公平正义的崭新理念。就本质而言，中国梦即为以实现共同富裕为目标的伟大梦想与美好愿景，正是新时代共同富裕理论的进一步发展与升华。新时代以来，习近平总书记围绕着实现中国梦的主线，作出了一系列论述，更深入地发展了共同富裕的思想理论，明晰了中国特色社会主义收入分配的未来走向与目标企盼。在习近平总书记看来，实现中国梦乃是"每一个中华儿女的共同期盼"，② 而要实现它，就应当保障所有民众"共同享有人生出彩的机会，共同享有梦想成真的机会，共同享有同

---

① 习近平：《习近平谈治国理政》(第1卷)，北京：外文出版社2018年版，第4页。
② 习近平：《习近平谈治国理政》(第1卷)，北京：外文出版社2018年版，第36页。

祖国和时代一起成长与进步的机会"，① 也就是要实现全体国民对美好生活的向往，而绝非仅仅实现少数群体的富裕。由此可见，中国梦即是实现共同富裕的美好理想，其实现与共同富裕道路的推进是具有同一性的历程，其目标同共同富裕的达成乃是有机统一的，故而，中国梦的理论也就是共同富裕理论在新时代的升华。习近平总书记关于中国梦的论述均明晰昭示着，共同富裕作为中国特色社会主义的分配目标与愿景，自始至终都追求全面且共同的富裕，其非但以生产力发展作为重要指标，更以生产关系的公平正义作为关键指标，既要追求效率，亦要追求分配的公平正义。

2. 共同富裕的目标日趋明晰

实现共同富裕是一段从量变至质变的阶段性动态过程，唯有立足发展阶段的实际情形，制定切实可行的目标，方可逐步达到共同富裕的最终理想。党的十九大报告中，习近平总书记点明，中国特色社会主义的新时代是"逐步实现全体人民共同富裕的时代"，② 开创性地将共同富裕同中国特色社会主义现代化事业相耦合，指出实现全体人民的共同富裕乃是社会主义现代化的重大目标之一，并在"新三步走"发展战略中科学规划了共同富裕的目标愿景，即从 2020 年至 2035 年，民众生活愈发宽裕，中等收入群体占比显著提升，城乡、地区发展差距及民众生活水准差距大大缩小，基本公共服务均等化目标大致达成，全体人民共同富裕迈出坚实步伐；从 2035 年至 21 世纪中叶，将我国打造成富强民主文明和谐美丽的社会主义现代化强国，全体人民共同富裕大致实现。通过在中国特色社会主义事业的每一步发展进程中均对共同富裕目标予以具体而明晰的设定，我国距离稳步实现共同富裕的最终理想已愈来愈近。

---

① 习近平：《习近平谈治国理政》（第 1 卷），北京：外文出版社 2018 年版，第 40 页。
② 《十九大以来重要文献选编》（上），北京：中央文献出版社 2019 年版，第 8 页。

3. 共同富裕的内涵逐步扩展

新时代以来，习近平总书记对共同富裕的思想内涵实现了更深入的拓展，提出"实现中华民族伟大复兴的中国梦，物质财富要极大丰富，精神财富也要极大丰富"，[①]"脱贫致富不仅要注意富口袋，更要注意富脑袋"，[②] 将以往共同富裕的物质富足含义进一步扩展为物质及精神丰富兼备，即非但应满足人民的物质层面需求，更应从精神层面增进人民福祉。此外，对于实现共同富裕的判断标准，习近平总书记认为应当更为注重人民的主观感受及认可程度，反复强调要使人民"有更多、更直接、更实在的获得感、幸福感、安全感"，[③] 应从各方面满足人民日益扩大的美好生活愿景，改进人民生活品质，继而进一步抬高共同富裕的实现标准，提升共同富裕的实现质量。

---

① 中共中央文献研究室：《习近平关于社会主义文化建设论述摘编》，中央文献出版社 2017 年版，第 10 页。

② 中共中央文献研究室：《习近平关于社会主义经济建设论述摘编》，中央文献出版社 2017 年版，第 232 页。

③ 习近平：《习近平谈治国理政》(第 3 卷)，北京：外文出版社 2020 年版，第 183 页。

第六章

中国化马克思主义现代化理论

自 1840 年鸦片战争以来，西方资本主义列强利用坚船利炮打碎了中国传统的小农经济的生产模式，中国开始被迫向现代社会转型，这是中国由封建社会向现代社会转变的历史节点。自清末开始，一代又一代中国人在实现现代化的道路上艰难探索，虽然取得了一定的成果，但始终没能改变中国半殖民地、半封建社会的社会性质，人民始终没能摆脱来自封建主义、帝国主义、官僚资本主义的压迫和剥削，难以让生产力得到真正的解放和发展。十月革命的炮响传入中国，一部分中国人开始学习、接受并传播马克思主义。中国共产党人坚持用马克思主义现代化理论武装头脑，将马克思主义基本原理同中国的现代化建设实践紧密地结合在一起，不仅创造出一系列适应中国各个历史时期基本国情的现代化理论，而且丰富和发展了马克思主义现代化理论，从而将中国现代化建设事业稳步向前推进。

一、马克思列宁主义现代化理论

关于"现代化"的研究一直保持着很高的热度，是一个热门的跨学科研究课题。不同历史阶段的很多学者都对现代化的概念提出了不同的理解。总体上，现代化的过程可以归纳为"任何或多或少取代了过去被接受的行动方式的事物"，[①]这些事物涵盖了社会生活的诸多方面。马克思虽然没有在其著作中直接使用"现代化"一词，但马克思作为现代化理论的源头已经得到了西方学界的公认。[②] 马克思提出："资本主义社会的经济结构是从封建社会的经济结构中产生的。后者的解体使前者的要素得到解放。"[③]在封建社会初期，封建社会的生产关系与当时较低的生产力水平(即铁器时代)相适应，但随着生产力水平的不断发展，封建

---

① 殷陆君：《人的现代化》，成都：四川人民出版社 1985 年版，第 17 页。

② 赵士发：《世界历史与和谐发展——马克思世界历史理论的当代研究》，北京：人民出版社 2006 年版，第 218 页。

③ 《马克思恩格斯全集》(第 44 卷)，北京：人民出版社 2001 年版，第 822 页。

生产关逐渐演变成生产力发展的阻碍因素。于是，在俄国十月革命之前的特殊语境下，资本主义化和现代化呈现出高度重合的表象特征，造成东西方大量理论家和学者萌生了认为"现代化"就是"资本主义化"（或"西化"）的片面观点。马克思主义现代化理论正是破除这一错误观点强有力的思想武器。

(一) 马克思、恩格斯现代化理论

工业革命和资产阶级革命带来的生产力、生产关系高速发展推动了世界现代化的发展进程，催生了第一次现代化的浪潮。马克思和恩格斯在系统分析欧洲现代化、工业化进程中发现，"社会的物质生产力发展到一定阶段，便同它们一直在其中活动的现存生产关系或财产关系（这只是生产关系的法律用语）发生矛盾。于是这些关系便由生产力的发展形式变成生产力的桎梏。那时社会革命的时代就到来了。随着经济基础的变更，全部庞大的上层建筑也或慢或快地发生变革。"[①]由此可见，在马克思、恩格斯的现代化理论中，生产方式的变革是现代化的根本动力。很多具有代表性的现代化理论家都受到了马克思上述理论的影响，认为现代化表现为从传统的农业社会生产方式向现代资本主义工业生产方式的转变，就连那些"怀有强烈的意识形态偏见的现代化理论家也无法否认马克思主义是现代化理论的主要来源之一"。[②]

1. 资本主义的发展开辟了世界现代化的路径

从世界现代化的起源和发展过程来看，资本主义化和现代化在一定程度上具有较高的重合性。资产阶级政治革命为现代化的发展营造了一个相对宽松自由的政治环境，资产阶级政治制度相较于封建专制，为实现现代化提供了制度上的保障。钱乘旦认为，经济能够迅速发展的国家在政治上至少需要满足：国家统一、

---

① 《马克思恩格斯选集》（第 2 卷），北京：人民出版社 2012 年版，第 2~3 页。
② 钱乘旦：《现代文明的起源与演进》，南京：南京大学出版社 1991 年版，第 4 页。

独立自主、克服个人专制三个条件,① 资本主义国家的建立使这三个条件在现实中成为可能。马克思、恩格斯生活的时代正是资本主义高速发展的时代,他们看到了资本主义对现代化的推动作用,认为:"'现代社会'就是存在于一切文明国度中的资本主义社会……它们都建立在现代资产阶级社会的基础上,只是这种社会的资本主义发展程度不同罢了。"②在英国通过工业革命迈入现代化的大门后,美、法、德等民族国家先后开辟了属于自己的现代化道路。人类社会开始从传统的农业社会迈向现代工业文明,工业革命带来的红利使得"资产阶级在它的不到一百年的阶级统治中所创造的生产力,比过去一切世代创造的全部生产力还要多"。③ 井喷式的生产力发展让资本主义的生产方式发生了翻天覆地的变化,机器大工业代替工场手工业登上历史舞台,"自然力的征服,机器的采用,化学在工业和农业中的应用,轮船的行驶,铁路的通行,电报的使用,整个大陆的开垦,河川的通航,仿佛用法术从地下呼唤出来的大量人口"。④ 马克思、恩格斯经常在著作中用"现代生产方式"来称呼资本主义生产方式,又常在"资本主义社会制度"前冠以"现代"的定语,充分说明了马克思、恩格斯认同资本主义在世界现代化进程中的积极作用,但这种作用有它的极限,当资本主义现代化发展达到它的极限时终将为社会主义社会所取代。欧美资本主义国家现代化的成功案例佐证了资本主义的现代性特征及其对现代文明的开启性功用。⑤ 然而,资本主义在开启现代化进程的同时也暴露出其自身固有的内在矛盾。这种矛盾突出表现为资产阶级和无产阶级之间的矛盾,并随着现代化的不断发展逐渐凸显出来。资本主义的生产关系开始无法适配其自身所创造出来的巨大生产力。当生产力的发展已经超过了资本主义生产关系的承载能力的时候,由无产阶级主导的社会主义现代化则开始逐步代替资本主义,成为现代化道路上新的动力。

① 钱乘旦:《世界现代化历程》(总论卷),南京:江苏人民出版社 2015 年版,第 188 页。
② 《马克思恩格斯选集》(第 3 卷),北京:人民出版社 2012 年版,第 373 页。
③ 《马克思恩格斯选集》(第 1 卷),北京:人民出版社 2012 年版,第 405 页。
④ 《马克思恩格斯选集》(第 1 卷),北京:人民出版社 2012 年版,第 405 页。
⑤ 胡振良、季子正:《社会主义与现代文明》,载《前线》2020 年第 8 期。

2. 大工业生产揭开了现代化未来的发展趋势

马克思、恩格斯虽然没有直接在著作中使用"现代化"的表述方式,但他们认为资本主义生产方式兴起以来的社会形态可以称作"现代社会","现代社会"也常常作为"资本主义社会"的同义词出现。因为资本主义社会的诞生开启了人类社会全新的一个历史纪元,将人类社会从过去数千年的封建专制中解放出来,呈现出前所未有的现代性色彩。这样的一个社会是全新的,是与过去封建时代、中世纪完全不同的社会,它有着全新的所有制形式——"现代私有制"、全新的国家形式——"现代国家",等等。

马克思认为,现代社会的形成可以追溯到 16 世纪左右。"虽然在 14 和 15 世纪,在地中海沿岸的某些城市已经稀疏地出现了资本主义生产的最初萌芽,但是资本主义时代是从 16 世纪才开始的。"①马克思眼中的"现代"是与传统农业社会最彻底的决裂,是以科技革命和产业革命为动力发展起来的。资本主义生产方式"建立了现代的大工业城市——它们的出现如雨后春笋——来代替自然形成的城市。凡是它渗入的地方,它就破坏手工业和工业的一切旧阶段。它使城市最终战胜了乡村。"②大工业生产使得人类社会正式步入了一个全新的阶段,实现了一次巨大的飞跃。

国际上衡量一个国家的现代化水平通常有两个重要指标:工业化程度和城镇化程度。如果说机器大工业的出现极大地提高了一个国家的工业化程度,那么与社会化大生产相适应的社会分工和专业化协作则加速了城镇化的进程。农村环境下传统的农业经济生产力低下,抑制了社会分工和专业化协作的发展,以家庭为单位的分散化生产是自然经济中最主要的生产方式。这种分散、封闭、效率低下的生产方式使人与人之间的社会交往需求减少,使人与人隔离开来,形成自给自足的分散单位。马克思和恩格斯认为,资本主义生产方式与封建社会生产方式最

---

① 《马克思恩格斯文集》(第 5 卷),北京:人民出版社 2009 年版,第 823 页。
② 《马克思恩格斯文集》(第 1 卷),北京:人民出版社 2009 年版,第 566 页。

大的区别在于它的社会化生产。生产过程的社会化、生产资料使用的社会化和产品生产的社会化让生产力得到了空前的发展。但由于社会化生产的不断发展，"社会的生产和资本主义占有的不相容性，也必然越加鲜明地呈现出来"，① 这种不相容性构成了资本主义的基本矛盾并贯穿资本主义发展的全过程，资本主义自身对于该矛盾是无能为力的，最终只会走向灭亡。

3. 科学技术和产业革命推动了现代化发展

工业革命为资本主义世界迈向现代化奠定了物质基础。珍妮纺纱机和瓦特蒸汽机的出现使英国迅速进入工业化时代，勇立西方工业革命的潮头，资产阶级大工业得以在英国迅速发展。蒸汽时代的到来为资本主义社会创造出了巨大的社会财富，纺织业、采矿业、冶铁业等产业发展之迅速超乎想象。第二次工业革命更是让电力这种新兴能源形式得以广泛利用，交通工具、通信设备都得到了空前的发展。

恩格斯在《社会主义从空想到科学的发展》中指出："蒸汽和新的工具机把工场手工业变成了现代的大工业，从而使资产阶级社会的整个基础发生了革命。工场手工业时代的迟缓的发展进程转变成了生产中的真正的狂飙时期。"②科学技术的迅猛发展在世界现代化的进程中发挥了至关重要的作用。科学技术在现代社会生产中所占的地位随着社会的发展变得越来越重要。马克思把科学技术的重要性上升到了革命性的高度，将科学技术"看成是一个伟大的历史杠杆，看成是按最字面意义而言的革命力量"。③ 马克思用极富感染力的语言描述道："火药把骑士阶层炸得粉碎，指南针打开了世界市场并建立了殖民地，而印刷术则变成新教的工具，总的来说变成科学复兴的手段，变成对精神发展创造必要前提的最强大的杠杆。"④在马克思的眼中，科学是最革命的武器，它可以被用来粉碎一切旧的事

---

① 《马克思恩格斯全集》(第 25 卷)，北京：人民出版社 2001 年版，第 399 页。
② 《马克思恩格斯选集》(第 3 卷)，北京：人民出版社 2012 年版，第 785 页。
③ 《马克思恩格斯全集》(第 25 卷)，北京：人民出版社 2001 年版，第 592 页。
④ 《马克思恩格斯全集》(第 37 卷)，北京：人民出版社 2019 年版，第 50 页。

物，创造出新的文明。此外，马克思已经清晰地认识到科学技术可以直接转化为生产力。我们现在所使用的这些机器、设备、交通工具、通信工具，没有一个是自然界的馈赠，它们每一个都是对象化的、具象化的人的意志。这些"社会知识，已经在多么大的程度上变成了直接的生产力"。①

(二) 列宁、斯大林社会主义现代化理论

列宁领导俄国取得了十月革命的胜利，建立了世界上第一个社会主义国家，开辟了在欠发达地区以社会主义的模式实现现代化的新途径，佐证了马克思晚年关于落后国家可以越过资本主义的"卡夫丁峡谷"以社会主义的方式发展现代化的观点。列宁的现代化理论继承并发展了马克思恩格斯关于现代化的基本观点，让马克思主义现代化理论与苏联的现代化建设实践相结合，在实践中发展马克思主义。在列宁逝世后，斯大林作为苏联最高领导人在列宁的现代化理论上进行了继承和拓展，在一系列大刀阔斧的改革之下，苏联逐渐成为实力雄厚的社会主义工业国家。

1. 列宁社会主义现代化理论

第一次现代化浪潮催生了一批以英、法为代表的内源性现代化国家。相较于此类现代化的先发国家，当时的世界上存在着众多的经济、文化相对落后的国家和地区，俄国就是其中之一。当西欧的经济文化已经发展到一定水平的时候，俄国还被野蛮的农奴制束缚着，国家制度严重腐败，生产力水平低下。这种状况直到18世纪初彼得一世推行改革才有所改观。但必须承认的是，彼得一世改革的阶级本质与彼得一世所巩固的民族国家的社会本性依旧没有发生改变。列宁肯定了彼得一世改革积极的一面，但也指出这是一场不彻底的改革和现代化。资本主义的腐朽性和寄生性已经暴露无遗，随着现代化的发展，资本主义国家只会暴露

---

① 《马克思恩格斯选集》(第2卷)，北京：人民出版社2012年版，第785页。

出越来越多的弊端和不可调和的矛盾。所以，列宁指出："在用革命手段争得了共和制和民主制的 20 世纪的俄国，不走向社会主义，不采取走向社会主义的步骤……就不能前进"。①列宁意识到"经济和政治发展的不平衡是资本主义的绝对规律"，②所以社会主义可能代替资本主义成为一个国家实现现代化的新途径。

列宁一直高度重视苏维埃俄国生产力的发展，发展先进的生产力也成为列宁现代化理论的核心之一。列宁在《论合作社》中谈道："我们不得不承认我们对社会主义的整个看法根本改变了。……现在重心改变了，转到和平的'文化'组织工作上去了。"③这里所提到的"文化"组织工作从根本上讲，指的是物质文明的建设，尤其是经济建设。对此，列宁高度重视农业在发展先进生产力中不可替代的重要作用。"经济的真正基础是粮食储备"。④然而，苏俄农民在战争和灾荒的影响下已经丧失了维持农业生产力的基本条件，如果农业的生产条件不能得到改善，发展大工业所需的生产资料和工人们的生活资料都将无法得到满足。

有了农业生产作为国家现代化建设事业的保障，大工业生产，尤其是重工业生产必须跟上先发现代化国家的步伐。如果"不挽救重工业，不恢复重工业，我们就不能建成任何工业，而没有工业，我们就会灭亡，而不能成为独立国家"。⑤为了有效发展重工业，就必须把先进的科学技术摆在重要位置，重视科学技术的发展是落后的后发国家尽快缩短与先进国家差距的最重要的手段。列宁提出"共产主义就是苏维埃政权加全国电气化"，⑥电气化的实现是新经济建设的技术基础，只有在电气化全面实现的基础上，工业、农业、交通运输业的现代化才有可能成为现实，社会主义现代化才能实现。

列宁认为发展社会主义一定要处理好社会主义革命与继承人类所创造的一切

---

① 《列宁选集》(第 3 卷)，北京：人民出版社 2012 年版，第 266 页。
② 《列宁全集》(第 26 卷)，北京：人民出版社 2017 年版，第 367 页。
③ 《列宁全集》(第 43 卷)，北京：人民出版社 2017 年版，第 371 页。
④ 《列宁选集》(第 4 卷)，北京：人民出版社 2012 年版，第 356 页。
⑤ 《列宁选集》(第 4 卷)，北京：人民出版社 2012 年版，第 724 页。
⑥ 《列宁选集》(第 4 卷)，北京：人民出版社 2012 年版，第 364 页。

优秀文化的关系，不能因为否定了资本主义的制度就对资本主义的一切成果进行全盘否定。列宁在《论粮食税》中指出："我们应该利用资本主义（特别是要把它纳入国家资本主义的轨道）作为小生产和社会主义之间的中间环节，作为提高生产力的手段、途径、方法和方式。"①资本主义的文明成果是人类社会千百年发展所得到的智慧结晶，有它先进的成果和合理的要素，"我们只有利用资产阶级的科学和技术手段使共产主义变成群众更容易接受的东西，才能建成共产主义"。②资本主义国家研制的先进设备和技术是可以为社会主义现代化所利用的。俄国刚刚从落后的封建君主制国家走过来，经济文化水平远远落后于西方，"不利用大资本主义所达到的技术和文化成就便不可能实现社会主义"。③ 俄国当时的发展状况说明必须尽快引入资本主义的先进设备和技术才能建立和发展现代大工业。在为大工业生产积累力量的环节，保护和发展小工业能使"无产阶级的国家保持与农民的物质联系"。④ 与此同时，列宁认为苏俄可以利用资本主义的经营方式（如租让制、租借制等方式）发展社会主义现代化。在向社会主义过渡的过程中，利用租让制与资本家进行合作，形成苏维埃政权和小资本家的实际"共居"模式。"不要害怕让共产党员去向资产阶级专家'学习'，其中也包括向商人，向办合作社的小资本家，向资本家'学习'。"⑤

2. 斯大林关于社会主义现代化的主要观点

1921 年 3 月，在俄共（布）第十次代表大会上，列宁作出有关以粮食税取代余粮收集制的报告，即推行"新经济政策"。通过实行新经济政策，苏联农民的生活状况得到了一定的改善，以至于在 1924 年列宁逝世以后新经济政策仍然在推行。在特定的历史条件下，新经济政策为苏联的经济恢复起到了重要作用，但

---

① 《列宁全集》（第 41 卷），北京：人民出版社 2017 年版，第 217 页。
② 《列宁选集》（第 3 卷），北京：人民出版社 2012 年版，第 766 页。
③ 《列宁选集》（第 3 卷），北京：人民出版社 2012 年版，第 535 页。
④ 任玉秋：《列宁晚期关于发展社会生产力的论述》，载《国际共运史研究》1991 年第 4 期。
⑤ 《列宁选集》（第 4 卷），北京：人民出版社 2012 年版，第 525 页。

仍然没有解决根本的问题，在农民获得利润后购置了一些必要的农用生产工具，之后便开始拒绝再低价出售余粮。1928—1929 年，苏联整个国家面临粮食危机，对于城市人口的粮食供应严重不足，可供出口的粮食严重短缺。粮食危机使得斯大林放弃了列宁的新经济政策，开创了一套以高度集权为特点的社会主义现代化发展模式。

斯大林首先提出农业全盘集体化经营，通过合作社把个体的小农经济改造为社会主义集体经济的组成部分。斯大林继承和发展了列宁的合作社计划，在苏联实行集体农庄运动。集体农庄运动自 1929 年起初期起到了一定的成效，"农村向社会主义的根本转变可以认为已经有保障了"。[①] 但是运动中也出现了不少极端化的问题，对此斯大林在《胜利冲昏头脑》一文中作出了总结，对运动进行了整顿，让集体农庄运动重新回到了正常的轨道上来。斯大林指出："集体农庄比个体经济有利，集体农庄能使农民，使贫农和中农摆脱贫穷和困苦"，[②] 只有利用集体农庄的组织形式将农民团结在一起，才能有效地消灭小农经济，推动大农业经济的发展。只有提高了农业生产效率，才能为苏联工业化发展提供强大的物质基础。

斯大林执政后，苏联在所有制形式上逐步确立了单一的社会主义公有制经济。指令性计划经济成为苏联实现现代化的制度保障，使得苏联的制度规避了"资本主义的不治之症"，苏联的经济在短时间内迅猛发展。斯大林指出："我们实行计划经济，有计划地积累资财，并且按国民经济各部门合理地加以分配"。[③] 在计划经济下，生产资料将脱离市场，不作为商品流通，国家将掌管这些生产资料的分配与控制。

在国家工业落后、国家发展受帝国主义压制的情况下，斯大林在联共(布)十四大上作出这样的决定：社会主义工业化的总路线就是把苏联从落后的农业国

---

① 《斯大林选集》(下卷)，北京：人民出版社 1979 年版，第 238 页。
② 《斯大林选集》(下卷)，北京：人民出版社 1979 年版，第 247 页。
③ 《斯大林选集》(下卷)，北京：人民出版社 1979 年版，第 269 页。

变成先进的社会主义工业强国。苏联经济在这一时期呈现出各种生产为重工业让路的状态，农业则扮演了被工业化进程抽取资金的对象。第二次世界大战结束后，斯大林对苏联实现工业化的道路进行了重新概括，"苏维埃的国家工业化方法，与资本主义的工业化方法根本不同。在资本主义国家，工业化通常都是从轻工业开始。……共产党当然不能走这条道路。……我国共产党也就拒绝了'通常的'工业化道路，而从发展重工业开始来实行国家工业化。这件事是非常困难的，但是，是可以克服的。在这方面，工业国有化和银行国有化大大帮助了我们，使我们能够迅速聚集资金，把它转用到重工业方面去。"①

二、毛泽东社会主义现代化思想

以毛泽东同志为主要代表的中国共产党人率先提出了将马克思主义基本原理同中国的实际相结合的原则，并领导党和国家开展社会主义现代化建设事业。中国共产党人领导中国人民赢得了新民主主义革命的伟大胜利，彻底结束了广大劳动人民遭受剥削的历史，为中国的现代化建设创造了历史前提。新中国成立后，中国共产党带领全国人民在一穷二白的基础上，开启了中国探索现代化道路的新征程，毛泽东关于国家现代化建设的思想也得以形成和发展。

(一) 毛泽东社会主义现代化思想的形成和发展

实现国家现代化是贯穿中国共产党百年历史的奋斗目标。新中国成立前，我国长期处于半殖民地、半封建社会，现代工业基础尤其薄弱，远远落后于其他国家，我国仅仅只"有大约百分之十左右的现代性的工业经济，……我们还有百分之九十左右的经济生活停留在古代"。② 新中国的成立为中国现代化的实现提供

---

① 《斯大林选集》(下卷)，北京：人民出版社 1979 年版，第 496 页。
② 《毛泽东选集》(第 4 卷)，北京：人民出版社 1991 年版，第 1430 页。

了历史前提，没有一个独立自主的国家，现代化将无从谈起。殖民地、半殖民地的国家和民族追求现代化的历程，最初都必然表现为反边缘化的运动，都通过现代民族独立运动或民族解放运动的政治形式表现出来。① 毛泽东在《论联合政府》的报告中强调将"为着中国的工业化和农业近代化而斗争"。② 在党的七届二中全会上，毛泽东又进一步提出要使中国由农业国转变为工业国的设想。这些重要论述逐步奠定了毛泽东现代化思想的基础。

1. 毛泽东现代化思想的萌芽

以毛泽东同志为主要代表的中国共产党人对现代化的思考始于土地革命时期。只有采用武装斗争的形式夺取政权，才能为我国开展社会主义现代化建设奠定所需的政治基础和社会基础。在一个积贫积弱的半殖民地、半封建社会是难以开展现代化建设的，清末以来的洋务运动、戊戌变法、辛亥革命等救亡图存运动都反映了这一现实。毛泽东曾在 1936 年与斯诺交谈时对土地革命的阶级属性进行了界定，他指出土地革命是"资产阶级性质的革命。它有利于资本主义的发展。我们并不反对目前在中国发展资本主义，我们反对的是帝国主义"。③ 毛泽东意识到农民个体经济发展落后，不利于我国现代化的发展，在 1943 年便提出要效仿苏联，经由合作社走农业集体化的道路发展生产力。

毛泽东在革命战争年代就认识到，中国生产力的落后是封建土地所有制下分散的小农经济发展的后果，这种经济形式属于封建主义和君主专制的经济形式。在这种小农经济下，生产力被束缚了，劳动者也被束缚了。所以，毛泽东指出："未来的新民主主义社会不可能建立在这样的基础上，中国社会的进步将主要依靠工业的发展……但为了发展工业，必须首先解决土地问题。"④毛泽东在革命战争时期，不仅科学地阐释了土地革命与发展现代化之间的紧密联系，而且揭示了

---

① 罗荣渠：《现代化新论——世界与中国的现代化进程》，北京：商务印书馆 2004 年版，第 200 页。
② 《毛泽东选集》（第 3 卷），北京：人民出版社 1991 年版，第 1081 页。
③ 《毛泽东文集》（第 1 卷），北京：人民出版社 1993 年版，第 411 页。
④ 《毛泽东文集》（第 3 卷），北京：人民出版社 1996 年版，第 183 页。

土地革命对于中国社会现代化的重要意义。以毛泽东同志为主要代表的中国共产党人从这一思路出发，强调进行新民主主义革命对于解放和发展生产力的重要作用，并提出"革命的终极目的就在于发展生产"的论断，指出革命是"使中国由农业国变为工业国"①的基本方法。中国共产党"不但是为着建立新民主主义的国家而斗争，而且是为着中国的工业化和农业近代化而斗争"。② 近代中国作为一个落后的半殖民地、半封建社会，发展现代化必须要通过政治革命来扫除障碍。毛泽东现代化思想与土地革命的现实紧密地联系在一起，既萌生于土地革命时期，又将革命战争的客观实际融入到发展现代化的思想之中。

2. 毛泽东现代化思想的形成

新中国成立后，随着社会主义革命的进行和社会主义建设的展开，毛泽东在不同场合反复重申发展现代化的问题。中国现代化的道路是曲折的，是"摸着石头过河"的过程。与西方资本主义国家"早发内生型现代化"不同，中国现代化道路的启蒙"最初的诱发和刺激因素主要源自外部世界的生存挑战和现代化的示范效应"。③ 1953 年年底，毛泽东根据形势变化，提出了向社会主义过渡的设想以及社会主义改造的总路线。工业化作为一个国家现代化的核心内容，在落后国家由传统的农业国向工业国家转变的过程至关重要。为推进工业化进程，毛泽东提出学习"苏联模式"，制定并实施了以优先发展重工业为主要特点的第一个五年计划。新中国成立前夕，在我国的整体工业结构中，重工业占比十分薄弱且门类残缺不全，畸形的工业结构严重阻碍了我国工业的发展。苏联作为世界上第一个社会主义国家，其迅速从落后农业国发展成可以与美国等资本主义现代化强国一较高下的社会主义工业国的先进经验值得成立不久的新中国学习借鉴。

苏共中央、苏联国家计委肯定了我国政务院财政经济委员会制定的《五年计

---

① 《建党以来重要文献选编（1921—1949）》（第 26 册），北京：中央文献出版社 2011 年版，第 602 页。
② 《毛泽东选集》（第 3 卷），北京：人民出版社 1991 年版，第 1081 页。
③ 赵士发：《现代化进程中的马克思主义中国化》，北京：人民出版社 2016 年版，第 37 页。

划轮廓草案》，认为"一五"计划首先建设重工业的方针和任务是正确的。针对我国"一五"计划的开展，米高扬代表苏联方面为我国工业化方案提供了大量的宝贵意见。这些意见主要立足于苏联的国家经验，但基本上还是符合当时中国的国情的。根据中苏双方签订的《关于苏维埃社会主义共和国联盟政府援助中华人民共和国政府发展中国国民经济的协定》，苏联在第一个五年计划期间援助中国新建或改建 91 个项目，还包括国民经济恢复时期的 50 个项目，共计 141 个项目。截至 1957 年年底，"一五"计划的各项指标大幅度超额完成，工业、交通运输业等行业都取得了长足的进步，使我国建立起社会主义工业化的初步基础，工业生产能力大幅度提高。"一五"计划期间我国工业建设和生产取得的成就超过了旧中国任何一个历史时期，彰显了社会主义制度的优越性，积累了社会主义建设的初步经验。然而，近代中国社会的基本特征决定了中国工业化道路是不可能照搬苏联道路的。毛泽东一方面认可苏联社会主义建设的经验十分宝贵，另一方面力图摆脱"斯大林模式"的禁锢，提出中国共产党人自己的思考。毛泽东指出，中国的工业体系必须是独立的，中国现代工业的发展不能依赖于外部力量。同时，中国的工业体系也必须是完整的，工业生产部门要齐全，各部门之间才能相互配合、互相促进，形成一个有机的整体。中国的工业化还要体现现代性，以赶超世界生产力的先进水平。当中国开始发展现代化时，世界上有两种模式可供参考：一是以原始积累为起点的资本主义现代化道路；二是苏联社会主义计划经济的发展模式。毛泽东在综合考虑中国国情后表示，中国的现代化建设既不能选择西方资本主义的工业化道路，也不能照搬苏联的社会主义模式。中国的现代化要走一条适合中国的道路，毛泽东对此提出了两个根本基点：一要坚持工业化与社会主义化的一致性；二要坚持社会主义工业化道路的中国特色。

3. 毛泽东现代化思想的发展

新中国成立前，毛泽东在党的七届二中全会上作的报告中指出："中国的工业和农业在国民经济中的比重，就全国范围来说，在抗日战争以前，大约是现代性的工业占百分之十左右，农业和手工业占百分之九十左右。这是帝国主义制度和封建制度压迫中国的结果，这是旧中国半殖民地和半封建社会性质在经济上的表现，这也是在中国革命的时期内和在革命胜利以后一个相当长的时期内一切问题的基本出发点。"①中国在社会主义现代化建设的起步阶段，借鉴了苏联的经验和做法，但没有完全照搬苏联的工业化模式。例如我国没有照搬苏联完全没收资本家财产实现公有制的做法，而是采取公私合营、合作化、没收与赎买相结合的形式，使资产阶级的资源能够为社会主义建设服务。

毛泽东认为，苏联在发展工业化的过程中一味地强调重工业，没能处理好农、轻、重之间的关系，这种发展模式的突出问题需要予以重视，不可照搬照抄。毛泽东指出："据说一直到第十九次代表大会那个时候，苏联粮食的产量还没有达到沙皇历史上的最高水平。如果真是这样，这就是大问题了。如果真是这样，集体化、机械化的优越性在哪里？社会主义制度比沙皇制度好又要怎么说呢？"②我国是一个有着五千年历史的农业大国，农村人口在当时超过全国人口的80%，我国发展工业必须和发展农业同措并举，才能为工业提供物质保障。针对国家现代化发展不平衡的问题，毛泽东提出要将过去的重工业、轻工业、农业顺序调整为农、轻、重的顺序，将农业摆在首位，将轻工业的发展放在重工业发展的前面。农业、轻工业的发展能够为重工业提供广阔市场和充足资金，使重工业的发展不仅"不会慢，或者反而可能快一些"。③

1956年，《人民日报》发表《关于无产阶级专政的历史经验》一文，直指破除教条主义、个人崇拜、盲目迷信的必要性。毛泽东善于总结苏联模式的弊端，反对对"斯大林模式"的迷信和教条主义，在学习总结苏联经验、结合我国自身国情写下《论十大关系》，拉开中国共产党独立自主发展现代化的序幕，并在党的

① 《建党以来重要文献选编(1921—1949)》(第26册)，北京：中央文献出版社2011年版，第163页。
② 薄一波：《若干重大决策与事件的回顾》(上卷)，北京：中共中央党校出版社1991年版，第487页。
③ 《毛泽东文集》(第7卷)，北京：人民出版社1999年版，第241页。

八大上概括形成"四个现代化"作为我国现代化建设的战略目标。毛泽东向来不反对学习外国的先进经验，认为不仅要向社会主义国家学习，也可以向资本主义国家学习它们可取的先进经验，但"必须有分析有批评地学，不能盲目地学，不能一切照抄，机械搬运"。① 毛泽东在《十年总结》中指出从《论十大关系》开始中国人找到了一条适合中国的道路。

1959 年至 1960 年，毛泽东在阅读苏联《政治经济学教科书》时，又重新提出现代化国防，这是自党的八大以后又一次重新把"国防现代化"纳入到"四个现代化"的范畴中。毛泽东指出："建设社会主义，原来要求是工业现代化，农业现代化，科学文化现代化，现在要加上国防现代化。"②至此，毛泽东正式完整而明确地表述了"四个现代化"战略思想的全部内涵，也是以毛泽东为主要代表的中国共产党人在社会主义建设实践中确定的现代化具体内涵。

(二)毛泽东社会主义现代化思想的主要内容

随着"四个现代化"战略目标的确定，毛泽东的现代化思想基本确立。在此基础上，毛泽东又对实现现代化的战略步骤提出初步设想。实现现代化不可能一蹴而就，而是一项任重而道远的大事业。毛泽东始终坚信中国社会主义现代化建设要从中国具体国情出发。1959 年年底，毛泽东在读苏联《政治经济学教科书》时提出："社会主义这个阶段，又可能分为两个阶段，第一个阶段是不发达的社会主义，第二个阶段是比较发达的社会主义。后一阶段可能比前一阶段需要更长的时间。"③

1. "四个现代化"的基本内涵

周恩来在第一届全国人大第一次会议《政府工作报告》中首次提出"四个现代

---

① 《毛泽东文集》(第 7 卷)，北京：人民出版社 1999 年版，第 41 页。
② 《毛泽东文集》(第 8 卷)，北京：人民出版社 1999 年版，第 116 页。
③ 《毛泽东年谱(1949—1976)》(第 4 卷)，北京：中央文献出版社 2013 年版，第 264 页。

化", 包括现代化的工业、现代化的农业、现代化的交通运输业和现代化的国防。① 在党的八大上, 毛泽东充分肯定了"四个现代化"的基本内容, 并将"四个现代化"写入新修订的党章。后期, 随着社会的发展和基本国情的变化, 我们党又对"四个现代化"的基本内容进行了调整, 如将"交通运输现代化"并入"工业现代化"中, 不再单独作为一个独立的部分, 又将"科学文化现代化"(后改称为"科学技术现代化")单独拿出来摆在突出位置。

在四届全国人大一次会议上, 周恩来作的《政府工作报告》将"农业现代化"放在首位。我国长期以来都是世界上人口数量最大的国家, 人民的"吃饭问题"一直是党和国家密切关心的重中之重。从毛泽东到习近平, 每一位领导人无不反复强调农业生产在国民经济中的重要地位。在吸取了"大跃进"的教训后, 毛泽东重新审视农业在国民经济中的地位, 重新确立了农业在国民经济中的基础地位。1959 年, 毛泽东提出"农业的根本出路在于机械化",② 强调机械化在农业现代化中的战略地位。毛泽东提出大力推广农业科学技术, 强调精耕细作, 并出台农业生产的"八字宪法"(土、肥、水、种、密、保、管、工), 对农业耕种的各个方面作出批示。

"工业现代化"必须重视重工业发展, 因为重工业生产是生产资料的生产, 在社会再生产中具有重要地位。毛泽东提出要用多发展一些农业、轻工业的办法发展重工业。他在《关于正确处理人民内部矛盾的问题》中指出:"这里所讲的工业化道路问题, 主要是指重工业、轻工业和农业的发展关系问题。我国的经济建设是以重工业为中心, 这一点必须肯定。但是同时必须充分注意发展农业和轻工业。"③农业、轻工业既为重工业提供了物质基础, 又为重工业生产的生产资料带来了广泛的需求。

"国防现代化"建设必须以国家根本利益为出发点。毛泽东在国防现代化建

---

① 《建国以来重要文献选编》(第 5 册), 北京: 中央文献出版社 1993 年版, 第 584 页。
② 《毛泽东文集》(第 8 卷), 北京: 人民出版社 1999 年版, 第 49 页。
③ 《毛泽东文集》(第 5 卷), 北京: 人民出版社 1996 年版, 第 400 页。

设上突出强调全民国防的战略思想，在他看来国防不单单是一种军事行为，而且是一种和平保障行为。在战时和民用工业产品的生产上，毛泽东提出了要学"两套本事"的思维方式，"在军事工业中练习生产民用产品的本事，在民用工业中练习生产军事产品的本事。"①

"科学技术现代化"在毛泽东看来是一场深刻的"革命"。1958 年，毛泽东提出要"把党的工作的着重点放在技术革命上去"，② 体现了毛泽东对科学技术现代化的高度重视。毛泽东认为小的技术上的改进只能叫作"技术革新"，只有具有广泛影响的、根本性的进步才能称为"技术革命"，而我们需要的正是"技术革命"。我们要跟上世界的先进步伐，去挑战"原子能时代"这样的历史新时期。

2. 分"两步走"基本实现现代化

根据毛泽东的战略指示，党的八大提出"为了把我国由落后的农业国变为先进的社会主义工业国，我们必须在三个五年计划或者再多一点的时间内，建成一个基本上完整的工业体系"③的战略步骤，这是毛泽东对具体国情以及现代化建设规律进行认识和把握的早期成果。以毛泽东同志为主要代表的中国共产党人认为，实现工业化和现代化，仅仅做到工业总产值超过农业总产值是不够的，单纯的数量不能说明问题。中国必须建立起一个独立的、完整的工业体系和国民经济体系。

1963 年，毛泽东在审阅《关于工业发展问题》(初草稿)时对"两步走"战略作出了更加具体的补充："在三年过渡阶段之后，我们的工业发展可以按两步来考虑：第一步，搞十年，建立一个独立的完整的工业体系，使我国工业大体上赶上世界先进水平；第二步，再用十年，使我国工业走在世界最前列"，毛泽东在审阅过程中将"文中的两个'十年'都改为了'十五年'，将'走在世界最前列'，改为

---

① 《毛泽东年谱(1949—1976)》(第 2 卷)，北京：中央文献出版社 2013 年版，第 565 页。
② 《建国以来重要文献选编》(第 11 册)，北京：中央文献出版社 1995 年版，第 46 页。
③ 《中共中央文件选集(1949 年 10 月—1966 年 5 月)》(第 24 册)，北京：人民出版社 2013 年版，第 249 页。

'接近世界的先进水平'"。① 遵照毛泽东的指示，周恩来在三届全国人大一次会议上对"两步走"战略作了完整、准确的表述。

第一个"十五年"是以三个"五年计划"作为标志的。从第一个五年计划开始，苏联援建的156项重点工程、694个大中型建设项目成为了我国发展现代化工业的中心。② 从"一五"到"四五"期间，我国的工业生产有了显著的改善，汽车、机械、能源、国防等诸多重点领域都有了长足的进步，这些进步有很多是直接从无到有的，发展过程之快让世界震惊。可以说，用三个五年计划初步实现工业化的目标是保质保量地完成了。

毛泽东从来不否认我国社会主义建设初期与发达国家在生产力水平上的差距。在会见各国外宾时，他经常表示"我们的基本情况就是一穷二白"。③ 毛泽东在和蒙哥马利谈话时也说：我们"做了一点，还不够，要有五十年到一百年的时间。一个世纪不算长。你们英国的发展用了两三个世纪"。④

社会主义革命和建设时期，毛泽东始终坚持科学把握社会主义现代化建设的内在规律，只有科学把握和运用规律才能取得预期效果。1962年，毛泽东在扩大的中央工作会议上的讲话中进一步指出："至于建设强大的社会主义经济，在中国，五十年不行，会要一百年，或者更多的时间。……中国的人口多，底子薄、经济落后，要使生产力很大地发展起来，要赶上和超过世界上最先进的资本主义国家，没有一百多年的时间，我看是不行的。"⑤中国走社会主义道路是马克思主义理论与中国社会发展的实际相统一的必然结果，是历史和人民的选择。毛泽东始终坚信，中国的现代化必须是社会主义的现代化，社会主义制度比旧有的所有社会制度都表现出明显的优越性，能使生产力以前所未有的速度发展，赶超

---

① 《毛泽东年谱（1949—1976）》（第5卷），北京：中央文献出版社2013年版，第252页。
② 沙健孙：《毛泽东与"四个现代化"目标和"两步走"战略的确定》，载《思想理论教育导刊》2007年第12期。
③ 《毛泽东文集》（第8卷），北京：人民出版社1999年版，第216页。
④ 中共中央文献研究室：《毛泽东传》（第5册），北京：中央文献出版社2011年版，第2138页。
⑤ 《毛泽东文集》（第8卷），北京：人民出版社1999年版，第301~302页。

传统的资本主义国家。

3. "统筹兼顾"方针处理一系列重大关系

从新民主主义革命到新中国成立初期，再到社会主义革命与建设时期，毛泽东关于统筹兼顾的科学思想运用于国家建设的不同场合。由于长时间的战争和动乱，中国社会经济一派衰败，新中国成立前后，中国社会经济几乎处于崩溃的边缘。在党的七届三中全会上，毛泽东提出用"统筹兼顾"的方针来对待当时中国存在的各种经济成分，以达到整个社会经济恢复和发展的目的。

毛泽东领导中国共产党在借鉴苏联经验的基础上，结合中国实际，制定了一系列原则方针，探索出一条符合中国特点的社会主义建设道路，这其中就包括统筹兼顾的方针，用于处理社会主义建设过程中一系列重大关系的问题。毛泽东在《论十大关系》中总结了中国社会主义建设的基本经验，并鉴于苏联建设的经验和教训，提出"把国内外一切积极因素调动起来，为社会主义事业服务"[1]的基本方针。当毛泽东谈到处理国家和个人的关系时，强调要"军民兼顾""公私兼顾"。在科学论证"十大关系"的基础之上，毛泽东根据社会发展具体情况的变化，对社会主义建设指导方针进行了一定的调整，将方针调整为"统筹兼顾，各得其所"，之后又调整为"统筹兼顾、适当安排"，为的就是能够调动一切发展社会主义现代化事业的积极因素。即便对待消极的力量也应当争取过来，尽量将其转变为积极的力量，为我国现代化事业发展服务。

新中国成立以来我国在现代化建设方面取得的突出成就证明毛泽东现代化建设的基本方针是正确的。因"文化大革命"而被迫停滞的现代化建设在党的十一届三中全会后得以恢复，邓小平再次重申并恢复了"统筹兼顾"的基本方针。他指出："要调动一切积极因素，努力化消极因素为积极因素，团结一切可以团结的力量，同心同德，群策群力，维护和发展安定团结的政治局面，为把我国建设

---

① 《毛泽东文集》(第7卷)，北京：人民出版社1999年版，第23页。

成为现代化的社会主义强国而奋斗。"①

三、中国特色社会主义现代化理论

随着改革开放的顺利推进，中国停滞已久的现代化建设重新回到正轨。面对全新的社会发展态势，邓小平指出："把马克思主义的普遍真理同我国的具体实际结合起来，走自己的路，建设有中国特色社会主义，这就是我们总结长期历史经验得出的基本结论。"②中国特色的现代化首先是社会主义现代化，是不同于资本主义以殖民掠夺作为资本原始积累的现代化，是适应中国国情的现代化。

(一) 邓小平现代化理论

邓小平现代化理论是马克思主义基本原理与中国社会主义现代化建设实践相结合的宝贵结晶，是在改革开放新实践中丰富和发展了的马克思主义现代化理论。马克思列宁主义现代化理论、毛泽东现代化思想都为邓小平现代化建设理论的形成提供了坚实的理论基础。然而，在新的历史条件下，如何推动中国的现代化建设是马克思、列宁、毛泽东等人都没有回答过的问题，没有现成的答案可供遵循。于是，邓小平审时度势，在毛泽东"两步走"战略的基础上创造性地提出了"三步走"的现代化战略。

1. 分"三步走"基本实现现代化

1979 年 3 月，邓小平提出了有关"中国式现代化"的新概念。他指出，"过去搞民主革命，要适合中国情况，走毛泽东同志开辟的农村包围城市的道路；现在

---

① 《邓小平文选》(第 2 卷)，北京：人民出版社 1994 年版，第 187 页。
② 《邓小平文选》(第 3 卷)，北京：人民出版社 1993 年版，第 3 页。

搞经济建设，也要适合中国情况，走出一条中国式的现代化道路"。① 中国式现代化建设，意味着党对我国现代化目标的制定更加务实和具象化了。

全面现代化目标的实现，需要正确的、合乎实际的战略步骤。为此，邓小平立足我国社会主义初级阶段的现实国情，确立了"三步走"的现代化战略步骤。1982 年 9 月，中共十二大依据邓小平的设想，把我国现代化的战略目标确定为："从一九八一年到本世纪末的二十年，我国经济建设总的奋斗目标是，在不断提高经济效益的前提下，力争使全国工农业的年总产值翻两番，即由一九八〇年的七千一百亿元增加到二〇〇〇年的二万八千亿元左右。实现了这个目标，我国国民收入总额和主要工农业产品的产量将居于世界前列，整个国民经济的现代化过程将取得重大进展，城乡人民的收入将成倍增长，人民的物质文化生活可以达到小康水平。"②党的十二大以后，邓小平明确提出了"两步走"的战略构想，即"前十年打好基础，后十年高速发展"。③ 在此基础上，邓小平进一步提出了"第三步"的战略构想。1987 年 4 月，邓小平在会见西班牙工人社会党副总书记、政府副首相阿方索·格拉时首次对"三步走"的现代化战略作了完整阐释，即"第一步在八十年代翻一番。以一九八〇年为基数，当时国民生产总值人均只有二百五十美元，翻一番，达到五百美元。第二步是到本世纪末再翻一番，人均达到一千美元。实现这个目标意味着我们进入小康社会，把贫困的中国变成小康的中国。那时国民生产总值超过一万亿美元，虽然人均数还很低，但是国家的力量有很大增加。我们制定的目标更重要的还是第三步，在下世纪用三十年到五十年再翻两番，大体上达到人均四千美元。做到这一步，中国就达到中等发达的水平"。④

党的十三大把这个战略步骤正式写入党的决议，具体表述为：第一步，实现国民生产总值比 1980 年翻一番，解决人民的温饱问题。这个任务已经基本实现。

① 《邓小平文选》(第 2 卷)，北京：人民出版社 1994 年版，第 163 页。
② 《十二大以来重要文献选编》(上)，北京：人民出版社 1986 年版，第 14 页。
③ 《邓小平文选》(第 3 卷)，北京：人民出版社 1993 年版，第 9 页。
④ 冷溶、汪作玲：《邓小平年谱(1975—1997)》(下)，北京：中央文献出版社 2004 年版，第 1183 页。

第二步，到本世纪末，使国民生产总值再增长一倍，人民生活达到小康水平。第三步，到下个世纪中叶，人均国民生产总值达到中等发达国家水平，人民生活比较富裕，基本实现现代化。这是邓小平为中国制定的基本实现现代化的战略步骤，也是邓小平实现中国梦的伟大蓝图，在邓小平的领导下，中国在经济建设上取得了前所未有的辉煌成就，为社会主义的经济发展指明了正确方向。

邓小平"三步走"发展战略是在深刻总结以往建设社会主义过程中正反两方面的经验、深入分析我国基本国情的基础上逐步发展完善起来的。人口多、底子薄、耕地少是中国长期以来的基本国情，以邓小平同志为主要代表的中国共产党人面临的一大问题就是如何将我国一个人口庞大的农业国家发展为一个社会主义工业国。邓小平始终坚持实事求是的基本原则，敢于破除错误思想对人民群众的桎梏，切实做到把最广大人民群众的根本利益作为党和国家一切工作的出发点和落脚点。制定"三步走"经济发展战略就是坚持了前人正确的发展经验，破除了错误思想的束缚之后得到的符合我国经济发展规律的科学的发展战略，"三步走"战略真切地反映了广大人民群众的根本利益和迫切愿望。回望改革开放以来我国的建设历程，我国的经济水平快速提高，广大人民群众从中获得了切实的利益，更加证明了邓小平"三步走"经济战略的可行性和科学性。让人民群众自己切身体会到分"三步走"基本实现现代化是切实有效的。党的十三大报告不仅明确概括了邓小平的"三步走"发展战略，而且将达到中等发达国家水平的第三步目标称为"基本实现现代化"。

2. "中国式现代化"的提出

邓小平在深入分析马克思主义基本原理之后得出结论："贫穷不是社会主义，社会主义要消灭贫穷。不发展生产力，不提高人民的生活水平，不能说是符合社会主义要求的。"[①]在邓小平看来，要科学理解马克思主义就必须正确认识马克思

---

① 《邓小平文选》(第3卷)，北京：人民出版社1993年版，第116页。

主义与现代化关系，即马克思主义是一种现代化理论，而不是反现代化的理论。

邓小平重新把"四个现代化"战略摆在突出的位置，并强调："所谓政治，就是四个现代化"。① 以毛泽东同志为主要代表的中国共产党人在社会主义革命和建设时期没有把"四个现代化"提上一个政治高度。而改革开放伊始，邓小平站在历史唯物主义和辩证唯物主义的立场上，重新概括了"四个现代化"的政治定位，将之提高至"最大政治"的战略高度。不仅如此，邓小平对"四个现代化"的内涵加以丰富，驳斥了现代化等同于西化的错误观点，首次提出"中国式的现代化道路"的全新概念，拉开了我国走独立自主、独具特色现代化之路的序幕。邓小平指出中国的现代化要从中国的国情出发、从中国的实际出发，发展社会主义现代化的时候必须首先考虑到我国底子薄、人口多、耕地少等特点。中国式的现代化可以"把标准放低一点"，承认与西方发达资本主义国家的差距，1979 年，邓小平在会见日本首相大平正芳时将我国的现代化定位成"小康社会"的独特概念，这是现代化的最低标准，也是建设社会主义现代化国家的入门阶段。邓小平创造性地将"中国式现代化"与"小康之家"联系在一起，并认为"这个小康社会，叫做中国式的现代化"。②

中国式现代化脱胎于"四个现代化"，但又实事求是地考虑了我国现代化发展的特殊国情，创新了现代化的理论框架和判断标准，使我国现代化战略的目标更加清晰、更加具体，更加符合不同阶段的生产力发展水平。中国式现代化是在继承前人优势、反思前人不足之后提出的具体化、定量化的现代化标准。让中国人对现代化的认识集中统一到具体的数据上面来，提出了翻两番、国民生产总值人均达到 800 美元、4000 美元等明确的量化目标。邓小平的中国式现代化理论立足于改革开放新的历史条件，坚持以马克思主义作为科学指引，生动地诠释了落后国家建设社会主义现代化的独特道路，使中国的发展既不脱离世界，又不依赖世界。

---

① 《邓小平文选》(第 2 卷)，北京：人民出版社 1994 年版，第 194 页。
② 《邓小平文选》(第 3 卷)，北京：人民出版社 1993 年版，第 54 页。

3. 社会主义初级阶段理论

马克思、恩格斯曾经宏观地将实现共产主义的过程分为两个阶段，即社会主义社会和共产主义社会。但马克思、恩格斯并未指出针对社会主义阶段是否还需要分阶段，列宁、毛泽东等马克思主义理论家也未对该问题作出诠释。对于中国何时能建成社会主义强国，毛泽东曾提出 50 年到 75 年左右可以把我国建设成"一个强大的高度社会主义工业化的国家"。[①] 有学者认为这一概述可以看作是我国进入共产主义社会阶段的开始，[②] 也就是说毛泽东当时判断我国建设社会主义社会的时间大约是 50 到 75 年。而后，毛泽东针对我国人口多、底子薄、经济落后等特点，将该时间调整为"五十年内外到一百年内外"。[③]

随着"文化大革命"的爆发，现代化建设停滞，直到 1979 年 3 月才开始有人重新讨论我国社会主义发展阶段的问题。这一年恰逢新中国成立 30 周年，叶剑英在庆祝新中国成立 30 周年大会上指出我国的社会主义还处在"幼年时期"，"在我国实现现代化，必然要有一个由初级到高级的过程"。[④] 从这里的"幼年时期"开始，中国共产党人已经认识到我国建成社会主义强国将是一个漫长的过程，而我们现在还处于这一过程的初始阶段。1981 年通过的《关于建国以来党的若干历史问题的决议》则将此阶段概括为"初级的阶段"。直到 1987 年召开党的十三大前，邓小平分析党的十三大要解决什么问题，就是要"阐述中国社会主义是处在一个什么阶段"。[⑤] 我国的社会主义"就是处在初级阶段，是初级阶段的社会主义"。[⑥] 社会主义初级阶段论的正式形成对我国的现代化道路起到了至关重要的作用。首先，它明确了我国社会主义社会的基本属性，那么我们的现代化建设就

---

① 《毛泽东文集》(第 6 卷)，北京：人民出版社 1999 年版，第 390 页。
② 罗平汉：《中共百年若干重大事件述实》，北京：人民出版社 2021 年版，第 320 页。
③ 《毛泽东文集》(第 8 卷)，北京：人民出版社 1999 年版，第 302 页。
④ 《改革开放三十年重要文献选编》(上)，北京：中央文献出版社 2008 年版，第 70 页。
⑤ 《邓小平文选》(第 3 卷)，北京：人民出版社 1993 年版，第 252 页。
⑥ 《邓小平文选》(第 3 卷)，北京：人民出版社 1993 年版，第 252 页。

不能脱离社会主义的轨道；其次，我国的社会主义还处于初级阶段，所以我们的现代化发展必须从这一实际出发，允许不发达、低水平的存在。在党的十三大报告中，党中央正式提出我国社会主义初级阶段的基本路线，即"领导和团结全国各族人民，以经济建设为中心，坚持四项基本原则，坚持改革开放，自力更生，艰苦创业，为把我国建设成为富强、民主、文明的社会主义现代化国家而奋斗"。[①] 并将"集中力量进行现代化建设"[②]摆在初级阶段指导方针的首位。

(二)"三个代表"重要思想中关于社会主义现代化的理论

党的十三届四中全会以来，为了适应国内外发展局势的变化，以江泽民同志为主要代表的中国共产党人在坚持邓小平理论的基础上，在实践中继续丰富和发展中国特色社会主义现代化理论，诞生了"三个代表"重要思想，为改革开放和现代化建设的伟大实践注入了新的活力。"三个代表"重要思想提出并回答了"建设一个什么样的党以及怎样建设党"的问题，是对马克思主义现代化理论的又一重要发展。

1. 从"三步走"到"新三步走"战略

邓小平提出的"三步走"发展战略，第一步的目标已经提前实现，第二步的目标也在 20 世纪 90 年代逐步接近实现。在当时面临的问题是：第三步的时间跨度较长，大约需要 50 年左右的时间，目标的完成难度也比前两步大得多。如何走好这关键的第三步是以江泽民同志为主要代表的中国共产党人急需解决的现实问题。

1997 年 9 月，江泽民在党的十五大上指出，21 世纪我们的目标是：第一个十年实现国民生产总值比 2000 年翻一番，使人民的小康生活更加宽裕，形成比较完善的社会主义市场经济体制；再经过十年的努力，到建党一百年时，使国民

---

① 《十三大以来重要文献选编》(上)，北京：人民出版社 1991 年版，第 15 页。
② 《十三大以来重要文献选编》(上)，北京：人民出版社 1991 年版，第 13 页。

经济更加发展，各项制度更加完善；到世纪中叶新中国成立一百年时，基本实现现代化，建成富强民主文明的社会主义国家。2002 年江泽民在十六大报告中重申："根据十五大提出的到 2010 年、建党一百年和新中国成立一百年的发展目标，我们要在本世纪头二十年，集中力量，全面建设惠及十几亿人口的更高水平的小康社会，使经济更加发展、民主更加健全、科教更加进步、文化更加繁荣、社会更加和谐、人民生活更加殷实。经过这个阶段的建设，再继续奋斗几十年，到本世纪中叶基本实现现代化，把我国建成富强民主文明的社会主义国家。"[①]江泽民提出的 21 世纪前 50 年分三个阶段的发展构想，是对邓小平提出的"三步走"发展战略的延伸和新的发展，把"第三步"中五十年的目标进一步细化、具体化，让"三步走"战略迸发出新的活力。"新三步走"发展战略是对"三步走"战略的进一步完善和补充，也是中国特色社会主义理论与实践发展的新成果。同样是在党的十五大上，江泽民郑重宣布："现在完全可以有把握地说，我们党在改革开放初期提出的本世纪末达到小康的目标，能够如期实现。"[②]"新三步走"战略的确立，让邓小平"三步走"发展战略中第三步的宏伟蓝图转变成看得见、摸得着、行得远的现实，让"三步走"战略中的具体目标和举措能够得到更好、更有效的落实。

2. 正确处理现代化建设中若干重大关系

社会主义社会最根本的任务就是发展生产力，这是邓小平理论关于"什么是社会主义、怎样建设社会主义"的最根本的结论。"发展是硬道理"自邓小平南方谈话和党的十四大以来已成为人民共识。江泽民在党的十四届五中全会重要讲话中指出："我们是发展中国家，要实现现代化，缩小与发达国家的差距，关键在于要走出一条既有较高速度又有较好效益的国民经济发展路子。"[③]针对如何处理

---

① 《十六大以来重要文献选编》(上)，北京：中央文献出版社 2005 年版，第 14~15 页。
② 《江泽民文选》(第 2 卷)，北京：人民出版社 2006 年版，第 47 页。
③ 《江泽民文选》(第 1 卷)，北京：人民出版社 2006 年版，第 462 页。

现代化建设中的若干重大关系，江泽民在报告中详细列举了十二组重点要素之间的关系。

江泽民继承了毛泽东"调动一切积极因素，为社会主义事业服务"基本方针的思想，主张正确认识和处理矛盾，调动一切积极因素，建设强大的社会主义国家。《正确处理社会主义现代化建设中的若干重大关系》（下称《若干重大关系》）以唯物辩证的矛盾分析方法分析中国社会主义现代化建设中的矛盾关系。毛泽东在《论十大关系》中指出："世界是由矛盾组成的。没有矛盾就没有世界。我们的任务，是要正确处理这些矛盾"。① 江泽民运用矛盾分析的方法，根据矛盾普遍性和特殊性原理，对决定社会主义现代化建设全局的改革、发展、稳定这组矛盾进行总体性分析。同时也对各方面的其他矛盾进行具体分析，提出解决不同矛盾应当确定的原则和方法。

处理好改革、发展、稳定的关系。江泽民在《若干重大关系》报告中将改革、发展、稳定的关系摆在首位，足见其重要性。我国社会主义现代化建设进入了一个新的阶段，改革和发展的任务相当繁重和艰巨。纵观世纪之交的国内外局势，我们既享有不可多得的历史机遇，也面临着严峻的挑战，需要妥善处理一系列问题。1992年邓小平南方谈话后，党中央作出加快改革开放和现代化建设步伐的战略决策，并高度重视处理改革、发展、稳定的关系，在全面推进改革开放的同时，实行加强和改善宏观调控的措施，不仅保证制度上的重大改革取得突破性进展，国民经济持续向好发展，同时也兼顾了政治和社会稳定。

处理好速度与效益的关系。速度与效益的关系是我国经济发展中的重大问题，关系着我国转变经济增长方式和促进经济良性循环的内在要求。新中国成立以来，我国的现代化建设过程中就曾出现过追求高速发展而忽略效益的情况。针对速度与效益失衡的问题，江泽民提出我国的经济增长方式要从过去的粗放型转向集约型。依靠科学技术、提高劳动者素质才能保证速度和效益相统一。

① 《毛泽东文集》（第7卷），北京：人民出版社1999年版，第44页。

处理好物质文明建设和精神文明建设的关系。江泽民对于这一对重要关系，提出"始终不渝地坚持两手抓，两手都要硬。任何情况下，都不能以牺牲精神文明为代价去换取经济的一时发展"。① 江泽民的这一重要论断为我国物质文明和精神文明建设指明了正确方向，促进我国的精神文明建设达到一个新的水平，开创两个文明协调发展的新局面。党在社会主义初级阶段定下的目标强调要建成的必须是"富强、民主、文明"的社会主义现代化国家，从根本上确定了精神文明建设在社会主义现代化建设中的战略位置。精神文明建设一直以来难以像物质文明那样进行量化，常常在经济发展中遭到忽视。这样的忽视是危险的信号，如果没有先进的思想武器作为我国现代化建设的思想指导，我们最终得到的物质文明也将是不纯粹的物质文明、被污名化的物质文明、没有精神保障的物质文明。

(三)科学发展观中关于社会主义现代化的理论

随着中国化马克思主义的不断发展，中国现代化建设指导思想处在不断丰富和发展的过程中。党的十六大以来，以胡锦涛同志为主要代表的中国共产党人高举中国特色社会主义伟大旗帜，以"科学发展观"为指导继续推进我国的现代化建设事业。胡锦涛从党和国家事业发展全局出发，认真总结我国现代化发展经验，提出了以人为本、全面协调可持续的科学发展观。"科学发展观总结了二十多年来我国改革开放和现代化建设的成功经验，揭示了经济社会发展的客观规律，反映了我们党对发展问题的新认识。"②科学发展观揭示了什么是发展、为谁发展、怎样发展等问题，并对此作出了科学的回答。

1. 推进"四化同步"发展

20 世纪 60 年代，我国曾提出"四个现代化"，即农业现代化、工业现代化、国防现代化以及科学技术现代化。"四化同步"中的"四化"则是既区别于"四个现

---

① 《江泽民文选》(第 1 卷)，北京：人民出版社 2006 年版，第 474 页。
② 《胡锦涛文选》(第 2 卷)，北京：人民出版社 2016 年版，第 174 页。

代化"也一脉相承于"四个现代化"。"新四化"的具体内容是：具有中国特色的新型工业化、信息化、新型城镇化以及农业现代化。"四化同步"理论是一个复杂的系统性工程，"四化"之间不可能孤立存在，必须做到环环相扣、相互关联。

"四化同步"的理论在党的十八大之前并未频繁出现，[①] "四化同步"理论的形成是一个不断发展和完善的过程。2011 年，党的十七届五中全会提出"在工业化、城镇化深入发展中同步推进农业现代化"形成了"三化同步"的论断。2012年，党的十八大报告又在此基础上进一步指出："坚持走中国特色新型工业化、信息化、城镇化、农业现代化道路，推动信息化和工业化深度融合、工业化和城镇化良性互动、城镇化和农业现代化相互协调，促进工业化、信息化、城镇化、农业现代化同步发展。"[②]至此，"四化同步"的理论正式确定下来。在"四化同步"推进的过程中，新型工业化"新"在其具有多层次的特点。工业化长期作为国家现代化标准的核心内容备受重视，新型工业化跳出了传统的工业化的单一模式，不仅限于考察一个国家工业生产的水平，新型工业化是更为全面的工业化，涵盖了经济、制度、思想等更多维度的内容。

"四化同步"在继承"三化同步"战略的基础上，将信息化作为战略体系重要的一部分引入，并单独构成了"四化"的一个重要组成部分。这一改动体现了党和国家在现代化发展的道路上对信息化水平的高度重视，注重信息化与新型工业化、城镇化及农业现代化的融合发展、协调发展，强调新型工业化、信息化、城镇化、农业现代化要整体推进，同步发展。截至 2000 年，我国的城市化率达到36.2%，比 1978 年提高了 18.3%。在此期间，农村人口不断向城镇转移，第二、三产业向城市集聚，城市规模呈现出空前扩大的一个基本态势。作为一个传统的农业大国，我国现代化建设一直绕不开农业现代化的问题，每一代中央领导集体都在反复强调农业现代化的基础性作用。"四化同步"是符合我国现代化发展规

---

① 卢新海、马小军：《基于"四化同步"的小城镇建设逻辑、模式与路径》，武汉：华中师范大学出版社 2018 年版，第 25 页。

② 《十八大以来重要文献选编》（上），北京：中央文献出版社 2014 年版，第 16 页。

律的，是当代社会现代化建设的客观要求，也是发展中国家推进现代化建设的必然选择。

"四化同步"理论既要强调"同步"，又要强调"四化"的全面协调。从现代化建设的角度上看，"四化同步"的本质其实是"生产力与生产关系的辩证关系"，是党和国家在进入 21 世纪、面对新的发展环境，根据经济社会发展现状相应作出的战略调整和战略部署。从"两化"到"三化同步"，再到"四化同步"，皆为我国在现代化建设进程中根据现代化建设实践一次又一次不断发展完善的理论创新。"四化同步"涵盖了经济社会发展的众多层面，在内在逻辑上强调各个层面融合协调发展，对现代化建设实践具有重要的指导意义。

2. 全面协调可持续的现代化理念

科学发展观坚持把发展作为第一要义，强调既要保证经济发展，又要走科学发展的道路。我国作为世界上最大的发展中国家，目前还处在社会主义初级阶段，所以发展必然是排在第一位的事情。以胡锦涛同志为主要代表的中国共产党人根据我国在新世纪初期的发展阶段与发展状况，提出："只有紧紧抓住和搞好发展，才能从根本上把握人民的愿望，把握社会主义现代化建设的本质。"[1]胡锦涛在纪念毛泽东同志诞辰一百一十周年座谈会上指出："我们要坚持以经济建设为中心，坚持以人为本，树立全面、协调、可持续的发展观"。[2]

"全面协调可持续"的科学发展观是以马克思主义唯物辩证法为灵魂，依据我国现代化发展的阶段性特征和国际、国内发展环境，由中国共产党人提出针对新时期中国特色社会主义建设的基本要求。"全面"印证了中国的现代化建设是一个相互联系、相互作用的有机整体，新时期的现代化与我国早期现代化不同，不单是工业上的现代化，而是经济的、政治的、文化的、社会的和生态的"五位一体"全面发展的整体现代化。"协调"让人们意识到中国特色社会主义现代化必

---

[1] 《胡锦涛文选》(第 3 卷)，北京：人民出版社 2016 年版，第 3 页。
[2] 《胡锦涛文选》(第 2 卷)，北京：人民出版社 2016 年版，第 143 页。

须以协调均衡的发展为特点，不能搞顾此失彼不平衡的现代化，协调均衡的内容包括城乡协调、区域协调、产业协调等。"可持续发展"要求在发展现代化的过程中注重保护环境、节约资源，既追求经济社会发展，又要求人与自然和谐。不能走资本主义国家"先污染，后治理"的老路，要始终坚持不断增强现代化建设的可持续性，实现一代又一代人民的永续发展。

四、习近平关于中国式现代化道路的重要论述

习近平总书记指出："坚持和发展中国特色社会主义是一篇大文章，邓小平同志为它确定了基本思路和基本原则，以江泽民同志为核心的党的第三代中央领导集体、以胡锦涛同志为总书记的党中央在这篇大文章上都写下了精彩的篇章。"[①]党的十一届三中全会以来，中国特色社会主义现代化建设的理论与实践紧密围绕着"小康社会"，着重强调"中国式现代化"道路。习近平总书记在党的十九大报告中提出："我们既要全面建成小康社会、实现第一个百年奋斗目标，又要乘势而上开启全面建设社会主义现代化国家新征程，向第二个百年奋斗目标进军"。[②] 全面建设社会主义现代化国家的进程可以分为两个阶段：第一个阶段，从 2020 年到 2035 年，我们党团结带领人民基本实现社会主义现代化；第二个阶段，从 2035 年到 21 世纪中叶，把我国建成富强民主文明和谐美丽的社会主义现代化强国。2022 年，党的二十大上，习近平总书记强调："从现在起，中国共产党的中心任务就是团结带领全国各族人民全面建成社会主义现代化强国、实现第二个百年奋斗目标，以中国式现代化全面推进中华民族伟大复兴。"

① 习近平：《习近平谈治国理政》（第 1 卷），北京：外文出版社 2018 年版，第 23 页。
② 习近平：《论把握新发展阶段、贯彻新发展理念、构建新发展格局》，北京：中央文献出版社 2021 年版，第 191 页。

(一) 分"两步走"建成社会主义现代化强国

改革开放 40 多年来，我国经济持续较快发展，工业化城镇化快速推进，各项事业全面进步，国家面貌发生了前所未有的巨大变化。我们党改革开放初期制定的"三步走"战略的第三步(即基本实现现代化)已经具备提前完成的条件。新"两步走"发展战略指出，我国将于 2035 年基本实现现代化，相较"三步走"战略中规定的时间提前了 15 年。基本实现现代化的主要目标要求涵盖了经济建设、政治建设、文化建设、民生和社会建设、生态文明建设等方面。

1. 对"三步走"发展战略的继承与创新

中国共产党长期以来十分重视对长远经济社会发展战略和目标的制定。早在新中国成立之初，毛泽东就曾多次谈到经济建设的步骤和发展战略的问题，在之后的各个历史时期，不同的领导人与领导集体都对中国的经济社会发展作出了长远战略的规划。

中国特色社会主义进入新时代，以习近平同志为核心的党中央，认真分析国内外发展局势，提出新时代"两步走"发展战略。新时代"两步走"发展战略是对我国从 2020 年到本世纪中叶，为期 30 年的总体安排，主要勾画了我国全面建成小康社会后开启全面建设社会主义现代化国家新征程的伟大蓝图。它既是基于我国全面建成小康社会的现实考量，又是对改革开放与社会主义现代化建设时期"三步走"战略的继承与创新。

党的十三大在党的十二大"两步走"战略的基础正式提出"三步走"经济发展战略。进入 21 世纪，以江泽民同志为主要代表的中国共产党人又在"三步走"战略业已完成前两步的基础上提出了"新三步走"战略。从"三步走"到"新三步走"主要聚焦于建设小康社会的基本战略，对全面建成小康社会后如何建设社会主义现代化国家的具体步骤规划得还不甚清晰。习近平新时代"两步走"发展战略针对全面建成小康社会后直至本世纪中叶这一时期的工作和任务作出具体谋划。

2. 新时代"两步走"发展战略的基本内涵

新时代"两步走"发展战略聚焦于我国全面建成小康社会后的现代化建设问题，将从 2020 年至 2050 年间 30 年时间划分为两个 15 年，并对每个 15 年要完成的任务作出了明确规定，为我们将要开始的社会主义现代化建设攻坚战描绘了宏伟蓝图。习近平总书记指出，自 2022 年起的"未来五年是全面建设社会主义现代化国家开局起步的关键时期"，全面建设社会主义现代化国家是一项艰巨而伟大的事业。

在经济建设方面，我国跻身创新型国家前列，经济社会发展水平、科学技术水平得到很大的提高，达到中等发达国家水平。经济将仍然保持中高速增长、产业迈向中高端水平。在保证经济增速的同时，更为重要的是经济发展将实现由数量、规模增长向质量、效益提升的根本转变。

在政治建设方面，法治国家、法治政府、法治社会基本建成。全过程人民民主深入发展，人民各项平等权利得到充分保障，国家治理体系和治理能力现代化基本实现。人民民主制度得到更加充分的发展，人民代表大会制度和人民政协制度更加完善，人权得到更加充分的保障，人民群众的主人翁精神将大大增强，更加积极、主动、热情地投入到社会主义法治国家建设的队伍中来。

在文化建设方面，社会主义精神文明建设呈现出"百花齐放，百家争鸣"的繁荣态势，国家精神文明水平、文化软实力达到历史的新高度，中华优秀传统文化、马克思主义文化观念在中国特色社会主义的土壤上绽放出新的火花。实现中华民族伟大复兴中国梦在文化建设方面得到充分体现，社会主义核心价值观植根于广大人民群众的心中。全党全国人民的文化自信、文化自觉得以提升，国家和民族的文化自强得以实现，中华民族文化凝聚力得以全面提升。

在民生和社会建设方面，人民生活更为富足，中等收入群体比例明显提高，城乡区域发展差距明显缩小，基础设施建设趋于完善，基本公共服务均等化基本实现，为实现全体人民共同富裕贡献坚实的物质基础和制度保障。

在生态文明建设方面，生态环境治理取得根本性成效，党和国家向着"美丽中国"的光明目标迈步。清洁、安全、高效的能源体系和绿色低碳循环发展的经济体系基本建立，生态文明制度更加健全。绿色发展的生产方式和生活方式深入人心，国家社会发展不再以牺牲自然生态环境为代价，资源利用效率显著提高。生态文明建设水平将达到国际领先水平，在国际生态环境保护与治理的工作中发挥重要作用，为应对全球气候变化和促进全球绿色发展贡献中国智慧和中国力量。

进入第二个阶段后，我国社会主义物质文明、政治文明、精神文明、社会文明、生态文明协同发展将得到全面提升，我国的综合国力将大幅增强，中华民族将以更加昂扬的姿态屹立于世界民族之林，我国将从社会主义大国向社会主义强国转变，在国际合作中发挥更为突出的作用。到 21 世纪中叶，无论是历史悠久的中华文明还是中国特色社会主义事业都将焕发出前所未有的生机活力，实现国家治理体系和治理能力的现代化，对构建人类命运共同体、推动世界和平与发展作出更大贡献。

(二) 中国式现代化道路的科学内涵和基本特征

中国历史文化的长期延续性与中华文明的独特性，决定了中国现代化道路的独特性。中国共产党的坚强领导是中国现代化最终成功的根本保证，是"中国式现代化新道路"最本质的特征，也是最大的优势所在。"中国式现代化新道路"坚持走和平发展道路、构建人类命运共同体，坚持物质文明、政治文明、精神文明、社会文明、生态文明协调发展，坚持道路自信、理论自信、制度自信、文化自信，坚持人和自然和谐共生，开创了人类文明新形态。

1. 中国式现代化道路的科学内涵

中国式现代化是中国共产党领导下的社会主义现代化。坚持中国共产党的领导，为中国式现代化新道路提供了强有力的领导核心，中国共产党领导是中国特色社会主义最本质的特征，是中国特色社会主义制度的最大政治优势。在中国共产党的领导下，中国开辟了一条既不同于内源性现代化国家(如英、美)也不同于依附性现代化国家(如日、韩)，同样有别于苏联社会主义现代化的社会主义现代化新模式。

中国式现代化是以人民为中心的现代化。习近平总书记指出："以人民为中心的发展思想，不是一个抽象的、玄奥的概念，不能只停留在口头上、止步于思想环节，而要体现在经济社会发展各个环节。"[①]习近平总书记引用《淮南子》中的"治国有常，而利民为本"，指出国家治理有其不变的法则，最根本的、最本质的就是要让人民获得幸福和满意。

中国式现代化是和平发展、合作共赢的现代化。中国式现代化道路不同于西方早期的现代化道路，充斥着血腥与暴力，用圈地运动和殖民掠夺为其现代化的发展提供原始资本。中国式现代化力图超越以资本为核心的发展逻辑，打造以创新、协调、绿色、开放、共享为特色的新发展之路。习近平总书记在庆祝中国共产党成立一百周年大会上指出："中华民族的血液中没有侵略他人、称王称霸的基因"，[②] 中国式现代化新道路坚持走和平发展之路，推动建设新型国际关系，推动构建人类命运共同体，共建"一带一路"高质量发展。

2. 人口规模巨大的现代化

我国是世界上人口数量最多的国家，中国式现代化就是 14 亿人民的现代化，人口规模巨大的现实条件就注定了我国的现代化道路必须是独特的、不可照搬照抄别国经验的现代化。这既是我国现代化道路上的独特优势，也是现代化道路上的重大挑战。人口规模巨大带给我国现代化事业天然优势和红利。我国全部人口整体实现现代化将意味着我国现代化"规模超过现有发达国家的总和，将彻底改

[①] 中共中央文献研究室：《习近平关于全面建成小康社会论述摘编》，北京：中央文献出版社 2016 年版，第 158 页。

[②] 习近平：《在庆祝中国共产党成立 100 周年大会上的讲话》，北京：人民出版社 2021 年版，第 16 页。

写现代化的世界版图"。① 要利用好人口规模为现代化事业带来的红利就必须坚持党对现代化事业的集中统一领导。"办好中国的事情，关键在党"，② 中国共产党的领导是中国特色社会主义最本质的特征，也是我国最大的制度优势。我国幅员辽阔、人口众多、发展态势尚不平衡，如果没有一个强有力的党和国家作为坚强领导，各地必定是一盘散沙，只能各行其是，最终损害国家的整体利益。"中国特色社会主义大厦需要四梁八柱"，"党中央是顶梁柱"。③ 纵观中国共产党领导中国革命、建设、改革的各个历史阶段，中国共产党始终是中国特色社会主义中流砥柱般的领导核心。党的十八大以来，以习近平同志为核心的党中央总揽全局、协调各方，在经济社会发展中把方向、谋大局、定政策、促改革，统筹推进"五位一体"总体布局，协调推进"四个全面"战略布局，推动人口规模巨大的现代化不断迈上新的台阶。

3. 全体人民共同富裕的现代化

共同富裕是社会主义的本质要求，事关党的执政根基和人心所向。从理论逻辑出发，共同富裕是马克思主义"以所有的人富裕为目的"的发展与延伸，是中国共产党奋斗百年的目标。随着社会生产的不断提高、人民生活水平的不断改善，进入新时代以来，以习近平同志为核心的党中央将实现共同富裕摆在了党和国家工作中更为突出的位置。习近平总书记在多种重要场合重申我们党始终坚持推进全体人民共同富裕的坚定立场，充分反映了党不忘初心，将推进共同富裕作为党的执政使命。中国共产党必须始终心系人民，眼里只有人民群众的利益，始终坚持将以人民为中心作为开展一切工作的价值取向，坚持做到一切为了人民群众、一切依靠人民群众并自觉接受人民群众的监督。

---

① 习近平：《习近平谈治国理政》（第4卷），北京：外文出版社2022年版，第123页。

② 中共中央文献研究室：《习近平关于全面从严治党论述摘编》，北京：中央文献出版社2016年版，第14页。

③ 习近平：《论坚持党对一切工作的领导》，北京：中央文献出版社2019年版，第11页。

共同富裕的共同理想是满足人民对美好生活的向往。不同历史阶段的人民群众对于美好生活的追求是不同的。党的十八大刚刚结束，习近平总书记会见中外记者时指出，我们必须"坚定不移走共同富裕的道路"，彰显了新一届党中央推进共同富裕的政治决心。2020年10月，习近平总书记在学习党的十九届五中全会精神专题研讨班上指出："实现共同富裕不仅是经济问题，而且是关系党的执政基础的重大政治问题。"①共同富裕不能局限于经济层面的物质富裕，不能只站在经济维度用局限的眼光看待这一问题，共同富裕的本质要求需要从关系人心向背、关系党长期执政的政治高度加以强调。"国家富强、民族振兴、人民幸福"离不开共同富裕的根本原则。这是社会主义最大的优越性，也是社会主义现代化的重要目标。中国式现代化始终坚持推进全体人民共同富裕，共同富裕的道路上既不可落下一人，也不可出现贫富两极分化。中国式现代化始终坚持不断提升人民群众的生活水平，增强人们的幸福感、获得感，为实现民族复兴奠定了基本前提。全面开启建设社会主义现代化新征程，必须始终坚持以人民为中心，必须始终把人民对美好生活的向往作为发展的出发点和落脚点，扎实推进共同富裕，努力实现中华民族伟大复兴中国梦。

4. 物质文明和精神文明相协调的现代化

中国特色社会主义现代化建设总体布局的发展历程是一个不断发展、不断完善的过程。自改革开放提出建设具有中国特色的社会主义以来，党和国家先后已经提出了"两个文明"总体布局，"三位一体""四位一体""五位一体"总体布局，不断对中国特色社会主义现代化的内涵进行丰富和拓展，形成了对中国特色社会主义文明较为系统全面的认识。

中国特色社会主义必须坚持物质文明和精神文明相协调。中国式现代化不同于西方资本主义单向度发展的现代化，不但要促进物质的全面丰富，而且还要注

---

① 习近平：《习近平谈治国理政》(第4卷)，北京：外文出版社2022年版，第171页。

重人民群众的精神世界，弘扬社会主义核心价值观。具体而言，在物质文明建设上，必须始终坚持贯彻新发展理念，推动高质量发展，建设现代化经济体系，实现经济跨越式发展。我国"经济迈上更高质量、更有效率、更加公平、更可持续、更为安全的发展之路"。① 在精神文明建设上，要始终坚持和完善社会主义先进文化制度，坚持马克思主义在意识形态领域的指导地位，"我国意识形态领域形势发生全局性、根本性转变，全党全国各族人民文化自信明显增强，全社会凝聚力和向心力极大提升，为新时代开创党和国家事业新局面提供了坚强思想保证和强大精神力量"。②

党的十八大以来，我们党逐渐认识到中华民族的伟大复兴离不开精神文明的支撑作用。习近平总书记强调："实现中国梦，是物质文明和精神文明比翼双飞的发展过程。"③党在推进中国式现代化进程中，要着力解决物质文明和精神文明发展不平衡不协调的问题，进一步促进物质文明和精神文明协调发展，为实现中华民族伟大复兴奠定坚实的物质保障和主动的精神力量。

5. 人与自然和谐共生的现代化

党的十九大报告指出，随着我国发展进入新时代，社会主要矛盾已经发生变化，人民群众对生态环境的需求日益迫切。"社会主义生态文明"是中国特色社会主义现代化建设道路上必须始终坚持的。社会主义生态文明建设始终贯穿于"五位一体"总体布局和"四个全面"战略布局之中。党的十九大报告指出："全面节约资源有效推进，能源资源消耗强度大幅下降。重大生态保护和修复工程进展顺利，森林覆盖率持续提高。"④以习近平生态文明思想为指导，推进人与自然和

---

① 《中共中央关于党的百年奋斗重大成就和历史经验的决议》，北京：人民出版社 2021 年版，第 36 页。

② 《中共中央关于党的百年奋斗重大成就和历史经验的决议》，北京：人民出版社 2021 年版，第 46 页。

③ 中共中央文献研究室：《习近平关于社会主义文化建设论述摘编》，北京：中央文献出版社 2017 年版，第 5 页。

④ 《十九大以来重要文献选编》(上)，北京：中央文献出版社 2019 年版，第 4 页。

谐共生的现代化建设是当前中国特色社会主义现代化建设中重要的成果之一。

习近平总书记2012年12月在广东考察工作时指出："建设生态文明是人类化解生态危机的客观要求"。① 在当前人类社会发展的大环境下，面临新的十字路口和种种危机，人类的选择至关重要，人类对待自然环境的态度决定了今后人类生产生活的方方面面。对此，习近平总书记表示，"我们在生态环境上的欠账太多"。②

改革开放40多年来，我国大量粗放式的传统工业发展，造成了不少资源、环境上的短板。现阶段，全面建设社会主义现代化国家不能因为环境问题而制约整体的发展态势，不能让环境问题成为国家发展的短板。转变思维模式和发展方式才是科学治理的治本之策，不能再走西方"先污染，后治理"的老路，发达国家的前车之鉴告诫我们这样的发展是不科学的、是行不通的，这样的发展违背了发展可持续的原则，地球上有限的资源难以维持这样的索取和挥霍。习近平总书记多次强调，保护生态环境是全人类的责任。保护地球环境关乎每一个人的切身利益，保护地球就是保护人类共同的家园。对此，有学者做出总结："世界各国理应以承认其他国家的生存权与发展权为前提，撇开偏狭的个体利益而以全球的共同利益为根本目标进行气候合作。"③每个国家不仅要对自己的生态环境负责，也要帮助弱小、贫穷的国家进行环境治理工作，加强国际上的合作，共同维护家园。

6. 走和平发展道路的现代化

习近平总书记在庆祝中国共产党成立100周年大会的讲话中指出："我们坚

---

① 中共中央文献研究室：《习近平关于社会主义生态文明建设论述摘编》，北京：中央文献出版社2017年版，第3页。

② 中共中央文献研究室：《习近平关于社会主义生态文明建设论述摘编》，北京：中央文献出版社2017年版，第7页。

③ 王雨辰、张星萍：《论后巴黎时代全球气候治理的伦理困境与可能的出路》，载《江汉论坛》2018年第11期。

持和发展中国特色社会主义，推动物质文明、政治文明、精神文明、社会文明、生态文明协调发展，创造了中国式现代化新道路，创造了人类文明新形态。"①人类社会进入工业文明以来，实现现代化一直是各国人民的共同追求，但走向现代化的道路绝对不是唯一的，每一个国家和民族都有选择适合自己道路的权利。资本主义虽然曾经对现代化的发展起到过开启性的作用，但这不代表资本主义就是通往现代化的唯一道路，更不可以将"现代化"等同于"资本主义化"（或"西化"）。

中国由落后的半殖民地、半封建社会发展而来，经历了艰苦卓绝的伟大斗争，实现了民族独立和人民解放。中国的发展道路是和西方资本主义世界截然不同的。在中国奔赴现代化的历程中没有血腥、残忍的资本原始积累，不属于"早发内生型现代化"。中国的现代化属于集合"后发型"和"赶超型"于一体的现代化模式。西方现代化道路在数百年的发展历程中已经暴露出其固有的弊端和局限性，它不是现代化的"唯一道路"和"终极模式"。"世界上没有一种普遍适用的发展模式，推动一个国家实现现代化并不是只有西方制度模式这一条道，各国完全可以走出自己的路。"②历史和现实呈现出一种有违人类社会发展规律的广泛现象："广大发展中国家在选择发展道路时，由于忽视从本国历史文化传统和具体实际出发进行独立探索，一味追随和效仿西方现代化发展道路和发展模式，在现代化进程中逐渐出现了经济畸形、发展缓慢、政局动荡、社会矛盾激增、成为他国附庸等诸多问题"。③ 世界范围内很多国家的发展历程也证明过度依赖国际经济循环发展本国经济的道路存在不确定性和不稳定性。④ 正如习近平总书记所指出的："人类历史上没有一个民族、一个国家可以通过依赖外部力量、照搬外国

---

① 习近平：《在庆祝中国共产党成立 100 周年大会上的讲话》，载《人民日报》2021 年 7 月 2 日。

② 中共中央文献研究室：《习近平关于社会主义政治建设论述摘编》，北京：中央文献出版社 2017 年版，第 7 页。

③ 王晓：《人类文明新形态的世界意义》，载《中南民族大学学报》（人文社会科学版）2022 年第 6 期。

④ 刘靖北、张博卡：《全面建设社会主义现代化国家的历史方位、指导原则和路径选择》，载《世界社会主义研究》2022 年第 7 期。

模式、跟在他人后面亦步亦趋实现强大和振兴。那样做的结果，不是必然遭遇失败，就是必然成为他人的附庸。"①

(三)走中国式现代化道路的战略举措

新时代中国共产党开创的中国式现代化新道路打造了推动人类社会持续协调发展的崭新形态，为人类文明新形态提供新的范式。中国式现代化新道路的内核代表着新时代中国共产党人的价值取向与奋斗目标，具有重要的时代价值，显示出极大的理论意义与实践意义。中国特色社会主义进入新时代，我国经济社会发展进入新常态，已由高速增长阶段转向高质量发展阶段，发展环境发生深刻复杂变化，传统发展模式难以为继，发展理念和发展方式亟须调整转变。在指导新时代中国现代化发展的实践中，习近平总书记深刻总结并充分运用我国现代化建设和发展的成功经验，从新的实际出发，提出了一系列新理念新思想新战略，形成了中国式现代化的新道路，实现了中国化马克思主义现代化理论新的飞跃。

1. 贯彻新发展理念，构建新发展格局

发展一定要有发展理念作为先导，发展的实践都是由特定的发展理念引领的。我国社会主义发展进入新时代，面对经济社会发展的新趋势、新机遇和新挑战，我们面临的首要问题就是，用什么样的发展理念引导新时代环境下的经济社会发展。以习近平同志为核心的党中央在深入分析当前国内外发展环境和局势后，创造性地提出"立足新发展阶段，贯彻新发展理念，构建新发展格局"的构想，对中国式现代化新道路提出了新的要求，同时也为其指明了前进方向。习近平总书记指出："发展理念搞对了，目标任务就好定了，政策举措跟着也就好定了。"②新发展理念始终坚持以人民为中心的发展思想，传承发扬中国共产党的人

---

① 《中共中央关于党的百年奋斗重大成就和历史经验的决议》，北京：人民出版社2021年版，第67页。

② 习近平：《论把握新发展阶段、贯彻新发展理念、构建新发展格局》，北京：中央文献出版社2021年版，第39页。

民观。中国特色社会主义进入新时代，我国必须大力实施创新驱动发展战略，坚持新型工业化、信息化、城镇化、农业现代化同步发展。习近平总书记指出："面向未来，中国将坚持新发展理念，继续实施创新驱动发展战略，着力培育和壮大新动能，不断推动转方式、调结构、增动力，推动经济高质量发展"。①

"新发展理念就是指挥棒、红绿灯。"②全党全国要把思想统一到新发展理念上来，它体现了辩证思维和统筹兼顾的有机统一，也是发展观念转变和国家治理能力提升的有机统一。习近平总书记强调，要增强大局意识、战略意识，不能只顾及眼前的利益，不能为了局部利益损害全局利益、为了暂时利益损害根本利益和长远利益。新发展理念是解决发展动力、内外联动、可持续发展、互利共赢等重大问题的基本原则。要始终把创新、协调、绿色、开放、共享的新发展理念贯穿发展的全过程和各领域，努力让发展变得更有质量、更有效率、更加公平、更可持续、更为安全。

在新发展理念的引导下，构建新发展格局要作为适应我国经济发展阶段变化的主动选择。我国的经济社会发展已经发生了阶段性的变化，必须辩证地看待其中的机遇和挑战。我国虽然已经实现全面小康，但发展不平衡的问题仍然严峻，生产体系内部循环不畅和供求脱节现象严重。加快构建新发展格局，要主动适应这种变化，努力攻坚克难，推动高质量发展。加快构建新发展格局，要坚持扩大内需这个战略基点，使生产、分配、流通、消费更多依托国内市场，使国内市场成为最终需求的主要来源。加快构建新发展格局，必须加快科技自立自强。畅通国内国际双循环，需要科技实力，需要强化国家战略科技力量，鼓励大胆探索和科技创新。

2. 推进供给侧结构性改革

党的十九届六中全会通过的《中共中央关于党的百年奋斗重大成就和历史经

---

① 习近平：《习近平谈治国理政》（第3卷），北京：外文出版社2020年版，第213页。

② 习近平：《论把握新发展阶段、贯彻新发展理念、构建新发展格局》，北京：中央文献出版社2021年版，第111页。

验的决议》指出："坚持以高质量发展为主题、以供给侧结构性改革为主线、建设现代化经济体系、把握扩大内需战略基点。"①我国的改革开放经历了"改革开放和社会主义现代化建设"和"中国特色社会主义新时代"两个时期，这两个时期对于我国的改革要求是不同的。在新时代下，"城镇化是现代化的必由之路"，我国经济建设要"遵循科学规律，加强顶层设计，统筹推进相关配套改革，鼓励各地因地制宜、突出特色、大胆创新，积极引导社会资本参与，促进中国特色新型城镇化持续健康发展"。②

推进供给侧结构性改革的过程中，要处理好政府和市场、短期和长期、减法和加法、供给和需求四组重大关系。习近平总书记指出："供给侧和需求侧是管理和调控宏观经济的两个基本手段。需求侧管理，重在解决总量性问题，注重短期调控，主要是通过调节税收、财政支出、货币信贷等来刺激或抑制需求，进而推动经济增长。供给侧管理，重在解决结构性问题，注重激发经济增长动力，主要通过优化要素配置和调整生产结构来提高供给体系质量和效率，进而推动经济增长。"③供给侧结构性改革中的"结构性"十分重要，不能忽视"结构性"的重要地位，将其与单纯的供给侧改革等同起来。供给侧结构性改革的重点在于解放和发展社会生产力，用改革的方式推进结构调整，减少低效的供给，让供给向中高效、中高端转型，提高全要素生产率。推进供给侧结构性改革既要强调供给，又要关注需求，要同时统筹兼顾社会生产力和生产关系的发展，促使社会经济长期向好发展。

3. 建设现代化经济体系

2018 年 1 月，习近平总书记对构建现代化经济体系的产业、城乡区域、绿

---

① 《中共中央关于党的百年奋斗重大成就和历史经验的决议》，北京：人民出版社 2021 年版，第 34 页。

② 《坚持以创新、协调、绿色、开放、共享的发展理念为引领 促进中国特色新型城镇化持续健康发展》，载《人民日报》2016 年 2 月 24 日。

③ 习近平：《习近平谈治国理政》（第 2 卷），北京：外文出版社 2017 年版，第 253 页。

色、开放、收入分配、市场体系以及经济体制七个方面的内容提出新的要求。他指出："建设现代化经济体系是一篇大文章，既是一个重大理论命题，更是一个重大实践课题，需要从理论和实践的结合上进行深入探讨。"①建设现代化经济体系反映了中国共产党对我国经济发展规律的全新认识，丰富和发展了马克思主义政治经济学的相关理论。要从总体上主动研究社会主义初级阶段社会生产力发展规律，按照生产力发展的客观规律推进我国社会生产的不断发展，建成创新、协调、绿色、开放、共享的现代化经济体系。

现代化经济体系涵盖了我国经济社会发展的各个方面，一方面该体系是对我国未来发展勾画蓝图，另一方面也是协调各方面重大关系能力的集中体现，体现了中国式新道路中的整体观念。党的十九届五中全会将建成现代化经济体系的时间点确定为 2035 年，并且将其和"新型工业化、信息化、城镇化、农业现代化"并举，充分体现了中国共产党建成现代化经济体系的决心，也反映了构建现代化经济体系将是未来经济工作的重点任务之一。

当今世界和当代中国都处于从工业社会向知识社会的转型期，建设现代化经济体系已经成为我国国家发展的迫切需求，成为经济社会发展到一定阶段的必然选择。进入新时代，中国社会主要矛盾已经由人民日益增长的物质文化需要同落后的社会生产之间的矛盾，转化为人民日益增长的美好生活需要和不平衡不充分的发展之间的矛盾。主要矛盾决定了当前及今后很长一段时间我们的主要任务是要解决发展不平衡不充分的问题，必须形成一种整体性、系统性、全面性的发展模式才能满足人民对美好生活的需求，而建立现代化经济体系是解决这一问题的重要途径。

4. 坚定不移走高质量发展之路

由高速发展向高质量发展迈进是一个历史的过程。从新中国成立伊始的一穷

---

① 习近平：《习近平谈治国理政》（第 3 卷），北京：外文出版社 2020 年版，第 240 页。

二白，到改革开放初期的经济迅猛发展，发展速度虽然提高了，但发展方式比较粗犷、发展要求比较低。随着中国特色社会主义进入新时代，粗放型的经济发展方式已经不能再满足人民对美好生活的向往，党和国家必须把发展质量提到重要位置，必须坚定不移地走高质量发展之路。如何解决"不平衡不充分"的发展难题是对新时代现代化建设的重要考验。不平衡、不充分归根到底就是发展的质量还不够高。"在经济体系中，我们有些领域已经接近现代化了，有些还是半现代化的，有些则是很低效和过时的。"①面对此类问题，中国共产党始终坚持从实践出发，脚踏实地、求真务实，将高质量发展融入到中国特色社会主义理论体系之中，丰富和发展了中国化马克思主义。

推动高质量发展是一场关系全社会经济文化发展的深刻变革，必须始终坚持中国共产党对一切工作的统一领导，坚持以人民为中心，坚持改革开放，坚持"两个毫不动摇"。2020 年我国全面建成小康社会，并已经踏上全面建设社会主义现代化国家的新征程。这是一个宏伟的目标，围绕这一伟大的历史目标，党和国家从长远考虑，制定正确的重大战略，坚持推进高质量发展，坚持质量第一、效益优先，努力提高生产生活中资源配置效率，加快推动产业升级与变革。

---

① 刘鹤：《必须实现高质量发展》，载《人民日报》2021 年 11 月 24 日。

第七章

中国化马克思主义农业发展理论

人类社会产生和发展的历史事实表明，农业是人类赖以生存和从事一切生产活动的先决条件。从马克思、恩格斯到中国共产党人，一直未曾停止对农业问题的研究、农业理论的拓展、农业发展的探索。马克思主义经典作家结合自身所处的时代背景和社会条件，论述了农业的基础性地位，谋划了实现农业现代化的发展道路，形成了丰富的农业思想。中国共产党人掌握了马克思主义农业理论之后，在充分吸收其合理内核的基础上，结合我国的具体国情，展开了马克思主义农业理论中国化的壮阔历程。从新民主主义革命时期开始，中国共产党人就在密切关注中国农业问题，在实践探索和经验总结中，逐渐形成了"农业是国民经济的基础"、农业现代化、农业合作化、农业机械化、农业"八字宪法"、发展"大农业"等丰富的农业思想。改革开放以后，中国共产党人进一步思考并解答了农业的重要战略地位、农业发展的方向选择、农业发展的主要动力、农业发展的路径创新等问题，形成了中国特色社会主义农业发展理论。进入新时代以后，以习近平同志为核心的党中央继续巩固农业的基础性地位，坚持走中国特色新型农业现代化道路，化解了农业现代化过程中遇到的新矛盾和新问题，丰富了中国化马克思主义农业理论的内涵，有力推进了中国农业现代化进程。

一、马克思列宁主义农业发展理论

马克思主义经典作家关于农业问题的基本观点，产生于不同的时代背景和社会条件。马克思和恩格斯关于农业发展的观点，是伴随资本主义的发展而形成，其观点体现着对资本主义制度下农业生产问题的反思和批判，主要有农业基础地位思想、农业合作化思想、农业集约化思想、农业机械化思想等。列宁关于农业发展的观点产生于 19 世纪后期至 20 世纪初期的俄国，伴随垄断资本主义在世界的扩张而形成，其农业观点既是对马克思、恩格斯农业发展理论的吸收和继承，又是结合俄国的现实和实践问题做出的理论创新，丰富并发展了马克思主义农业发展理论，为社会主义国家开辟农业现代化道路提供了理论指引和实践参考。

（一）马克思、恩格斯农业发展理论

农业是人类赖以生存和从事一切生产活动的先决条件，即便在科技发达、生产力先进的工业社会，国民经济和社会的稳定发展依然以农业为基础。马克思、恩格斯从劳动和劳动生产率两个角度阐述了农业的基础性地位，阐释了发展农业合作社的重要性、原则和路径问题，提出了农业经营方式要向集约化转变、农业生产要运用现代方法等，从而形成了马克思、恩格斯农业发展理论。

1. 农业基础地位思想

从农业劳动本身的属性看，"农业劳动是其他一切劳动得以独立存在的自然基础和前提"。[1] 在人类社会中，"一切劳动首先而且最初是以占有和生产食物为目的的"，[2] 因为人类要从事农业生产以外的其他创造性活动，就不得不首先满足"一切人类生存的第一个前提"，即满足吃喝住穿以及其他的生活产品需求，所以说"食物的生产是直接生产者的生存和一切生产的首要的条件"。[3] 基于对农业生产的重要性的认识，恩格斯指出："农业是整个古代世界的决定性的生产部门，现在它更是这样了。"[4]这里的"决定性"体现的是一个重要的经济事实，即在人类社会产生和演变中，农业的发展和进步为人类的生存和发展提供了不可或缺、稳定可靠的生活资料，尤其是人类逐步由农业社会跨入工业社会的过程中，农业生产者更是为工业劳动者提供了维持生活的必需产品，这才逐渐推动了社会经济形态的转变。

从农业劳动生产率的角度看，"超过劳动者个人需要的农业劳动生产率，是

---

[1] 《马克思恩格斯全集》（第33卷），北京：人民出版社2004年版，第27页。
[2] 《马克思恩格斯全集》（第25卷），北京：人民出版社1974年版，第713页。
[3] 《马克思恩格斯全集》（第25卷），北京：人民出版社1974年版，第715页。
[4] 《马克思恩格斯选集》（第4卷），北京：人民出版社2012年版，第165页。

全部社会的基础"。① 在社会生产力较落后的情况下，农业生产者必须把自身的全部劳动都投入到农业生产中去，以满足最基本的生活资料需求。但是，随着全社会农业生产率越来越高，人们在单位时间内不仅可以产出满足自身消费需求的生活资料，同时还出现了一定的剩余产品，这时，农业生产部门不仅可以向其他经济部门输送更多劳动力，而且可以推动其他生产部门从农业生产部门中分离出去成为独立生产部门。正如马克思所说："社会为生产小麦、牲畜等等所需要的时间越少，它所赢得的从事其他生产，物质的或精神的生产的时间就越多"。② 当人类开始拥有更多时间从事农业生产之外的其他的生产活动，那么，农业人口的转移速度、产业分工的发展速度、工业经济的成长速度就会迎来较大提升，因为"财富的增长和文明的进步，通常都与生产食品所需要的劳动和费用的减少成相等的比例"，③ 农业劳动生产率的显著提升会夯实其他一切劳动发展的基础。

2. 农业合作社理论

马克思、恩格斯深刻揭露了小土地所有制的弊端。马克思指出，小农作为小块土地的所有者或租佃者，往往采用传统的生产技术、落后的生产工具在狭小的土地上进行自给自足的生产。因此，小土地所有制下小地块耕作和孤立劳动的方式，既不利于落实各种现代农业的改良措施，也不利于财富的积累和再生产的扩大，势必会阻碍生产力的发展，导致小农的生产条件日益恶化、生产资料的成本日益提高，小农会陷入严重剥削的贫苦生活之中。后来，在谈到小农的前途和命运时，恩格斯一针见血地指出："我们的小农，同过了时的生产方式的任何残余一样，在不可挽回地走向灭亡。他们是未来的无产者。"④既然以个人占有为条件

① 马克思：《资本论》（第3卷），北京：人民出版社2004年版，第888页。
② 《马克思恩格斯文集》（第8卷），北京：人民出版社2009年版，第67页。
③ 《马克思恩格斯全集》（第12卷），北京：人民出版社1998年版，第354页。
④ 《马克思恩格斯选集》（第4卷），北京：人民出版社2012年版，第359页。

的个体经济使小农必须面对走向灭亡的"宿命"，那么是否有办法摆脱这种"宿命"而使小农重获新生？恩格斯认为，要保全小农的房产和田产，"只有把它们变成合作社的占有和合作社的生产才能做到。"①也就是说，要把大规模的合作生产作为中间环节，通过生产资料的集体所有、合作劳动、分工等手段来实现对小农的改造。在马克思和恩格斯看来，相比于俄国的劳动组合以及德国的马尔克公社，农业合作社是农村集体经济的相对理想的实现路径，通过合作社发展集体经济为引导小农走向共产主义提供重要条件。

恩格斯晚年重点阐释了农业合作社发展的原则和路径。一是发展农业合作社要尊重和保障农民利益，争取农民理解，坚持自愿原则。恩格斯在《法德农民问题》中明确反对用暴力的方式去剥夺小农，他认为社会主义政党对于小农的任务，"首先是把他们的私人生产和私人占有变为合作社的生产和占有，不是采用暴力，而是通过示范和为此提供社会帮助。"②二是改造资本主义制度的小农生产要循序渐进、分类施策。恩格斯把农民分为农业工人、小农、中农、大土地占有者等，并主张针对不同的农民类型要采取差别化的方针和策略来争取他们加入合作社。对于小农，由于他们与无产阶级具有利益一致性，因此要采取示范和引导的方法。对于大土地占有者，恩格斯的态度十分清楚，"我们的党一旦掌握了国家政权，就应该干脆地剥夺大土地占有者，就像剥夺工厂主一样"，③把他们的大土地转交给农业工人使用。三是发展农业合作社需要国家支持。在发展合作社时，社会主义政党要努力破除农民固有的私有观念、积极宣传合作社的好处、通过典型合作社的示范作用彰显合作社的优越性，由此引导更多农民转变思想观念，接受农村生产关系变革的事实，提高农民加入合作社的积极性和主动性。同时，国家要为合作社的发展营造氛围、创造条件、提供便利，如从社会资金中抽拨贷款来建立大规模生产。

---

① 《马克思恩格斯选集》（第4卷），北京：人民出版社2012年版，第371页。
② 《马克思恩格斯选集》（第4卷），北京：人民出版社2012年版，第370页。
③ 《马克思恩格斯选集》（第4卷），北京：人民出版社2012年版，第375页。

3. 耕作集约化思想

农业集约化经营是农业发展必然趋向，是实现农业现代化的主要路径之一，尤其在人口众多、耕地有限的国家必然要走农业集约化道路。马克思、恩格斯早已关注到农业集约化问题。农业经营方式主要有粗放经营和集约经营两种。在资本主义生产方式产生之前，由于可耕作土地面积较大，缺乏提高社会生产力的手段和科技条件，加之人口较少，对于农产品的需求量有限，所以粗放经营成为当时农业生产的主要形式。但是，随着自然条件的变迁、人口数量的增长、科学技术的发展，加之受耕地的有限性、土地位置的固定性、土地肥力的可变性、社会生产关系的制约等因素影响，① 粗放经营的现实基础逐渐被打破，那种"无须施用肥料，甚至只要进行粗放耕作，也能长期获得收成"②的时代已经逐渐成为历史，取而代之的是农业集约化。在马克思看来，"所谓耕作集约化，无非是指资本集中在同一土地上，而不是分散在若干毗连的土地上"。③ 在资本主义生产方式下，当农业经营者受到剩余价值规律和竞争规律的支配，在有限的土地上投入更多资本，从而改良土壤、使用农业机械、建设排灌工程、增施化肥、实行轮作制，这样就实现了农业经营方式由粗放到集约的逐渐转变。

4. 运用现代方法发展农业的思想

从传统农业走向现代农业，本质上就是用先进的农业机械代替过去落后的手工工具，解放人和牲畜的劳动。在这一过程中，大规模地使用机器是发展农业生产力的必然选择。这是因为，"机器是提高劳动生产率，即缩短生产商品的必要劳动时间的最有力的手段。"④在《论土地国有化》中，马克思指出，要实现农业日益增长的生产，"一切现代方法，如灌溉、排水、蒸汽犁、化学处理等等，应当

---

① 朱解放：《马克思农业集约化经营思想及其指导意义》，载《安徽农业科学》2012年第11期。
② 《马克思恩格斯全集》(第25卷)，北京：人民出版社1974年版，第756页。
③ 《马克思恩格斯全集》(第25卷)，北京：人民出版社1974年版，第760页。
④ 马克思：《资本论》(第1卷)，北京：人民出版社2004年版，第463页。

在农业中广泛采用"。① 但是，马克思同时也意识到，在农业生产中要想充分运用科学知识和先进耕作技术，就必须实现机器与大规模耕种的结合。恩格斯与马克思的观点是一致的，他在《论住宅问题》中抨击蒲鲁东主张把德国的大地产分割成小农户的理论为"反动的东西"，认为大地产不仅不应当分割，相反地，"现存的大地产将给我们提供一个良好的机会，让联合的劳动者来经营大规模的农业，只有在这种巨大规模下，才能应用一切现代工具、机器等，从而使小农明显地看到通过联合进行大规模经营的优越性"。② 也就是说，马克思和恩格斯通过分析小地块耕作的弊端，认识到要提高农业生产力必须经营大规模的农业，而一旦扩大了农业生产经营的规模，就必须借助机器等现代工具提高农业生产水平。

（二）列宁农业发展理论

列宁充分继承和吸收了马克思、恩格斯农业发展思想，结合新的时代背景以及苏俄的具体国情，提出了带有原创性的农业发展思想。列宁直接指出农业在国民经济中的基础地位，形成了比较完整的农民合作社思想，发展了马克思、恩格斯的耕作集约化思想和运用现代方法发展农业的思想，这些重要思想对历代中国共产党人发展农业生产形成了深远影响。

1."农业是俄国国民经济的基础"

从农业生产的经济地位来看，农业被视作国民经济的基础。列宁提出了"农业是俄国国民经济的基础"③的观点，这是基于当时俄国的经济现状而得出的结论。俄国在经历了十月革命之后，建立了无产阶级专政的国家，但是当时俄国经济发展落后，社会主义制度的经济基础薄弱，而发展农业则成为振兴国民经济、协调工农业关系和保证大工业发展的必要条件。于是，列宁提出："既然我们所

---

① 《马克思恩格斯选集》(第3卷)，北京：人民出版社2012年版，第176页。
② 《马克思恩格斯选集》(第3卷)，北京：人民出版社2012年版，第269~270页。
③ 《列宁全集》(第14卷)，北京：人民出版社2017年版，第177页。

处的国际形势已经改善，一切政治问题就都集中到了一个方面，就是无论如何要提高农业生产率。"①在列宁看来，农业生产率的提高与工业的发展紧密相连，农业生产率越高，工业生产部门所需的生产资料越充足，工业发展水平就会提升，继而也可以为农业经济提供更多更好的生产工具和机器等，所以归根结底还是要以发展农业作为国民经济的基础。

2. 农民合作社思想

十月革命后，为引导农民走上社会主义道路，列宁认识到"共耕制"在当时的条件下已行不通，于是在实施"新经济政策"的过程中重新认识和判断合作社，对合作社的认识经历了从否定到肯定的动态变化过程。在继承和发展马克思、恩格斯的农业合作社理论的基础上，列宁结合俄国当时小农占多数、经济文化落后的基本国情，逐渐形成了比较完整的农民合作社思想，开辟了一条适合俄国社会主义改造的新道路。

农民合作社的性质问题。列宁对于合作社性质的认识并非固定不变的，而是经历了一个不断转变的过程。起初他认为合作社是资本主义性质的，而后又将其视为国家资本主义性质，最后在《论合作社》中，列宁指出："在生产资料公有制的条件下，在无产阶级对资产阶级取得了阶级胜利的条件下，文明的合作社工作者的制度就是社会主义的制度。"②至此，才最终确定了农民合作社是社会主义性质的经济组织。

优先发展流通领域的农民合作社。由于当时俄国生产力水平不发达、生产资料缺乏、生产技术落后，难以在生产领域达成大规模合作，因此，列宁选择从流通环节出发，先把农民通过合作社的形式组织起来，待生产力发展、农民文化素养提升、集体觉悟提高等条件成熟时再进入生产领域的合作社。

农民合作社发展壮大的条件。一是坚持自愿互利、典型示范的原则发展合作

① 《列宁全集》(第42卷)，北京：人民出版社2017年版，第295页。
② 《列宁全集》(第43卷)，北京：人民出版社2017年版，第369页。

社。列宁坚决反对用强制命令的方式去实施改造，认为这种强迫的方法是完全荒谬的，并提出"要想影响千百万小农经济，只能采取谨慎的逐步的办法，只能靠成功的实际例子"。① 二是充分结合个人利益与国家利益。合作社的发展不只是立足于国家和集体的利益，而"必须把国民经济的一切大部门建立在同个人利益的结合上面"，② 在促进合作社发展的过程中充分关心和体现农民的个人利益。三是坚持国家帮助的原则。国家必须"在经济、财政、银行方面给合作社以种种优惠"，③ 并以合理的"奖励方式"培养出文明的社员、激发社员的劳动热情。四是重视合作社发展中的文化建设。列宁意识到要使全体农民加入合作社，如果"没有一场文化革命，要完全合作化是不可能的"。④ 因此列宁十分重视文化建设工作，主张在全国开展农村扫盲教育，通过增加教育经费、提高教师待遇和社会地位不断发展国民教育和职业教育，着力提高农民的文化水平、文化素养和文明程度，为取得文化革命的胜利夯实基础。

3. 农业集约化思想

农业集约化是现代农业的重要标志。列宁基于对实践的观察和思考，形成了丰富的农业集约化思想。一方面，列宁提出了集约化经营的原则和举措。列宁认为，集约化耕作不是在增加耕地面积上做文章，而是要在提高耕作质量上下功夫，即在原有面积的土地上更多地投资，如"更多地使用人造肥料，改良和更多地使用农具和机器，更多地使用雇佣劳动"。⑤ 与此同时，列宁还提出了农业集约化经营的实践措施：实施轮作制度、推广新农业机械、规模化种植与精耕细作并举、施用人造化肥和农药等。⑥ 另一方面，列宁批判了资产阶级学者以土地面

① 《列宁全集》(第37卷)，北京：人民出版社2017年版，第366页。
② 《列宁全集》(第44卷)，北京：人民出版社2017年版，第201页。
③ 《列宁全集》(第43卷)，北京：人民出版社2017年版，第368页。
④ 《列宁全集》(第43卷)，北京：人民出版社2017年版，第372页。
⑤ 《列宁全集》(第27卷)，北京：人民出版社2017年版，第194页。
⑥ 巩前文：《当代中国"三农"发展研究》，北京：中央编译出版社2019年版，第38页。

积作为衡量的方式。在美国和欧洲大多数国家，主要采取"按照农场占有的或耕种的土地的面积对农场进行分类"，① 列宁肯定了这种分类标准既有行政上的合理性也有科学上的合理性，但又指出了这种划分标准的不足，因为这种划分标准"没有考虑到以牲畜、机器、改良种子和改进耕作方法等形式投入单位面积土地上的资本的增长"。② 在列宁看来，"因为土地面积只能间接地证明农场的规模，而且农业集约化发展得愈广泛，愈迅速，这种'证明'就愈不可靠。"③也就是说，衡量农场规模的标准应该定为土地的产值，因为在集约化经营的条件下，用土地规模去证明农场规模，是间接且不可靠的方式。

4. 农业机械化思想

在结合苏维埃俄国农业生产的实际状况的基础上，列宁也对在农业生产中使用机器的问题形成了丰富的论述。列宁基于对俄国农业中日益广泛使用机器这一事实的基本考察，得出了"机器大大提高了农业劳动生产率"④的结论，由此肯定了机器所带来的积极作用，进而否定了所谓俄国粮食生产"绝对停滞"乃至农业劳动"生产率下降"的论断。1918 年，在谈到给农业供应生产工具时，列宁特别关注分配农业机械的原则，他提出："既要首先保证有利于农业生产，有利于全部土地的耕作和农业生产率的提高，又要对贫苦的劳动农民优先供应农业机械等。"⑤在全俄苏维埃第八次代表大会上，列宁在提到顿河州的国营农场耕种难题时，认为大片土地无法耕种的原因是缺乏牲畜和拖拉机队，于是他提出："我们多买一些拖拉机就可以使情况缓和。拖拉机是彻底打破旧耕作习惯和扩大耕地的最重要的手段。"⑥1921 年，列宁在共产国际第三次代表大会上提出，俄国无产阶

① 《列宁全集》(第 27 卷)，北京：人民出版社 2017 年版，第 192 页。
② 《列宁全集》(第 27 卷)，北京：人民出版社 2017 年版，第 192 页。
③ 《列宁全集》(第 27 卷)，北京：人民出版社 2017 年版，第 204 页。
④ 《列宁全集》(第 3 卷)，北京：人民出版社 2013 年版，第 201 页。
⑤ 《列宁全集》(第 34 卷)，北京：人民出版社 2017 年版，第 222 页。
⑥ 《列宁全集》(第 40 卷)，北京：人民出版社 2017 年版，第 116 页。

级作为统治阶级要"领导农民，同农民结成巩固的联盟，通过许多渐进的过渡办法实现使用机器的社会化大农业"。① 应当说，列宁关于农业机械化的丰富论述既是对马克思、恩格斯相关思想的继承和发展，同时也是源于对苏俄实践的探索和总结，实现了认识和实践的统一、理论与实践的结合。

在列宁逝世以后，斯大林开始领导苏联人民展开社会主义建设，他继承了马克思、恩格斯、列宁的农业发展理论，但同时又在特殊的历史条件下进行了创新创造，最具代表性的是提出了集体农庄理论。斯大林认为，改造小农经济必须走集体化道路，因为集体化的方法不仅可以使农民避免陷入贫困和破产，而且对于经济文化比较落后的苏联而言，集体化道路可以满足巩固无产阶级政权和实现国家现代化的需要。对于如何走集体化道路的问题，斯大林主张发展农村中的大农业经济，即将集体农庄作为农业改造的桥梁，他强调，集体农庄是"整个合作社运动不可分割的组成部分，也是列宁的合作社计划不可分割的组成部分"，② 集体农庄是合作社的高级形式。客观来看，斯大林的集体农庄理论存在着一定合理性，因为农业现代化的过程正是要把落后的小农业改造成使用先进生产工具的大农业，而发展集体农庄则是使用大机器设备、使用化肥、利用先进科学技术成就的路径选择。

二、毛泽东农业发展思想

中华人民共和国的成立，为中国的现代化发展提供了基本的政治条件和现实保障，但是中国共产党面临的一个突出的现实问题是，我国仍然是一个经济落后、科技水平不发达的农业大国。能不能解决好农业生产难题从而保障人民的吃饭问题，是对中国共产党的重要考验。以毛泽东同志为主要代表的中国共产党

① 《列宁选集》(第4卷)，北京：人民出版社2012年版，第538~539页。
② 《斯大林选集》(下卷)，北京：人民出版社1979年版，第48页。

人，在吸收马克思主义经典作家的农业理论，充分掌握并分析中国国情的基础上，提出了"农业是国民经济的基础"、农业现代化、农业合作化、农业机械化、农业"八字宪法"、发展"大农业"等丰富的农业思想，不仅使我国在社会主义改革和建设时期在农业生产方面做出了诸多有益探索，而且为改革开放以后继续探索中国特色农业现代化道路奠定了思想基础、提供了实践借鉴。

（一）"农业是国民经济的基础"

以毛泽东同志为主要代表的中国共产党人继承并发展了马克思、恩格斯、列宁的农业基础地位思想，充分汲取了斯大林时代苏联片面发展重工业而牺牲损害农业的惨痛教训，提出在国民经济中要协调处理好重工业、轻工业、农业关系问题，进而形成了"农业是国民经济的基础"①的重要思想，明确了发展农业的重要意义。

"农业关系国计民生极大"。中华人民共和国成立之初，党急需解决的一个重要问题就是中国人民的吃饭问题，而解决粮食问题的出路就在于大力发展农业，所以毛泽东指出，"全党一定要重视农业。农业关系国计民生极大"，② 只有"农业搞好了，农民能自给，五亿人口就稳定了"。③ 而且农业不仅事关五亿农村人口的生活问题，"也关系到城市和工矿区人口的吃饭问题"，④ 商品性的农产品丰富起来了，才能满足工业人口的生活需求，从而为工业的发展提供保障。20世纪50年代末60年代初，全国面临着日益突出的粮食问题，毛泽东在《关于全党动手，大办农业，大办粮食的指示》中和八届九中全会上一再强调发展农业和保障粮食生产的重要性，更加突出了发展农业对于解决人民的温饱问题和维护社会稳定的基础性作用。

---

① 《中共中央文件选集（一九四九年十月——一九六六年五月）》（第34册），北京：人民出版社2013年版，第508页。
② 《毛泽东文集》（第7卷），北京：人民出版社1999年版，第199页。
③ 《毛泽东文集》（第7卷），北京：人民出版社1999年版，第199页。
④ 《毛泽东文集》（第7卷），北京：人民出版社1999年版，第199页。

"农业是工业的基础"。在分析农业与工业的关系时，毛泽东把农业的地位定得比较高，他指出："农业是工业的基础，没有农业就没有基础，许多轻工业大部甚至全部都要依靠农业。"①农业何以成为工业的基础呢？第一，农业为工业提供原料和重要市场。毛泽东在 1957 年指出："农业是轻工业原料的主要来源，农村是轻工业的重要市场"，"农村又是重工业的重要市场"。②只要农业发展了，我国建立起社会主义的农业经济，那么无论是轻工业还是重工业，都能实现既有原料供给又有广阔市场。第二，农业是工业资金积累的重要来源。积累是扩大再生产的源泉，中国作为经济较为落后的国家，资金积累主要还是靠农业。毛泽东指出："为了完成国家工业化和农业技术改造所需要的大量资金，其中有一个相当大的部分是要从农业方面积累起来的。"③第三，农业是出口物资的重要来源。由于当时的中国经济技术条件落后，必须引进先进技术和设备以发展工业，而引进技术和设备需要外汇，所以我国主要选择把"农产品变成外汇，就可以进口各种工业设备"。④由此可见，在当时的国情下，发展农业为我国的工业化建设提供了长期的发展基础。

"农业应放在第一位"。"一五"时期，我国工业化建设的重点就是优先发展重工业，但是后来出现了急躁冒进的现象，使社会总需求和社会总供给之间比例失衡，所以毛泽东在《论十大关系》中指出，我国要适当调整农轻重的投资比重，更多地发展农业和轻工业。当然，这种调整还是会坚持以重工业为主的基调，但是也会加大对农业和轻工业的投资比重。此后，随着"大跃进"和人民公社化运动的兴起，国民经济的比例严重失调，为了使国民经济重新走上正轨，毛泽东在 1959 年的庐山会议上，提出要把经济计划的次序由原来的重、轻、农转换成农、轻、重的安排，以此来突出农业的基础性地位，强调要把农业搞好。⑤ 1962 年 9

---

① 《毛泽东著作专题摘编》(上)，北京：中央文献出版社 2003 年版，第 1005 页。
② 《毛泽东文集》(第 7 卷)，北京：人民出版社 1999 年版，第 199 页。
③ 《毛泽东文集》(第 6 卷)，北京：人民出版社 1999 年版，第 432 页。
④ 《毛泽东文集》(第 7 卷)，北京：人民出版社 1999 年版，第 199 页。
⑤ 谭首彰：《毛泽东与中国农业现代化》，长沙：湖南大学出版社 2009 年版，第 84 页。

月，党的八届十中全会公报强调，要把以农业为基础、以工业为主导作为发展国民经济的总方针，正确处理好农业和工业的关系问题，坚决把工作转移到以农业为基础的轨道上来。由此而知，在推进现代化建设的过程中，由于国民经济建设中的一些曲折和失误，毛泽东对农、轻、重的次序安排有了基于实践维度的更深层的理解，从而更加巩固了农业在国民经济中的基础性地位。

(二) 农业现代化居于"四个现代化"之首

实现中国的现代化，让中国成为世界强国，一直是毛泽东的实践追求。毛泽东对中国现代化目标的定位有一个从"工业化"到"四个现代化"的变化过程。在"四个现代化"目标中，农业现代化始终位居其中，并最终位列首位，这也凸显了中国共产党人对农业现代化的高度重视。

1954 年，在毛泽东的建议下，周恩来于一届人大一次会议上首次提出"四个现代化"的目标，此时提出的现代化是包括工业、农业、交通运输业和国防四个方面的现代化。1959 年年底到 1960 年年初，毛泽东在读《政治经济学 (教科书)》时深化了对建设社会主义的认识，第一次较为完整地提出"四个现代化"的思想，他指出："建设社会主义，原来要求是工业现代化，农业现代化，科学文化现代化，现在要加上国防现代化。"[①]后来，我国"大跃进"时期，国民经济遭到严重破坏，毛泽东再次强调要巩固农业的基础地位，于是他在 1963 年提出要把我国"建成一个具有现代化农业、现代化工业、现代化国防和现代化科学技术的社会主义强国"。[②] 这也是农业现代化首次位列"四个现代化"目标首位，体现了毛泽东对国情的准确研判。在 1964 年的三届人大一次会议上，毛泽东关于"四个现代化"的最新设想被写进《政府工作报告》，由此正式形成了以农业现代化为基础、工业现代化为主导的"四个现代化"相互依存、相互促进的发展格局。

---

① 《毛泽东文集》(第 8 卷)，北京：人民出版社 1999 年版，第 116 页。
② 逢先知、金冲及：《毛泽东传》(1949—1976) 下，北京：中央文献出版社 2003 年版，第 1358 页。

(三)"组织起来"走农业合作化道路

早在 1943 年，毛泽东就在《组织起来》中分析了合作社的必要性。他认为分散的个体生产是封建统治的基础，也是农民穷苦的根源。而要瓦解封建统治的基础、改变农民困苦的现状，就必须经过合作社逐渐地达到集体化。中华人民共和国成立后，面对如何组织广大农民走上社会主义集体化道路的重大问题，以毛泽东同志为主要代表的中国共产党人，构思并确定了建设农村集体经济的途径、步骤和原则。

农业合作化是构建农村集体经济的途径。土地改革完成以后，我国确立了农民的个体所有制，但农村地区也由此变成了小生产者的海洋，农村的贫富差距不断拉大，农产品的生产矛盾不断激发。鉴于这种情况，毛泽东指出："全国大多数农民，为了摆脱贫困，改善生活，为了抵御灾荒，只有联合起来，向社会主义大道前进，才能达到目的。"[①]这里的"联合起来"就是要走农业合作化的道路，用发展合作社的方式实现农民改造，逐步地由个体所有制过渡到集体所有制，最终过渡到社会主义。

采取由低到高"三步走"的发展步骤。面对社会主义改造不同阶段的现实需要，党中央采用积极引导、逐步过渡的方式，创造了由互助组、初级合作社到高级合作社的渐进发展方针。

坚持农村集体经济建设的原则遵循。一是要注重合作社的质量，反对重"量"轻"质"的偏向。毛泽东在谈农业合作化问题时明确指出要优先考虑合作社的质量，而不是一味追求合作社与农户的数目，并强调"一切合作社，都要以是否增产和增产的程度，作为检验自己是否健全的主要的标准"。[②] 二是要注重循序渐进，防止急躁冒进。在吸取苏联经验教训的基础上，毛泽东指出："我们必

---

① 《毛泽东文集》(第 6 卷)，北京：人民出版社 1999 年版，第 429 页。
② 《毛泽东文集》(第 6 卷)，北京：人民出版社 1999 年版，第 449 页。

须反对任何没有准备的不顾农民群众觉悟水平的急躁冒进的思想"。① 三是要坚持自愿互利、典型示范、国家帮助的原则。毛泽东认为用命令主义发展合作社是不能奏效的，要采取合理的教育以及典型示范的手段，提高农民的觉悟，吸引农民主动入社。发展合作社时，国家还要给予必要的资金援助和其他的政策扶持，协调好国家利益、集体利益和个人利益之间的关系。

(四)"农业的根本出路在于机械化"

要实现农业现代化的发展目标，农业生产工具和生产技术必须实现现代化，用先进的生产工具和技术助推农业的现代化转型。毛泽东很重视农业机械化问题，1959 年 4 月，他在《党内通信》中提出了"农业的根本出路在于机械化"②的重要论断，成为我国农业现代化发展的行动指南。

实现农业现代化的战略意义。第一，有利于解决农产品的供求矛盾。由于当时我国科学技术落后，生产力不发达，如果不使用机器生产，那么"我们就不能解决年年增长的商品粮食和工业原料的需要同现时主要农作物一般产量很低之间的矛盾"，③ 这也会阻碍工业化进程的推进。第二，有利于解决农村劳动力不足的问题。1956 年以后，农村的劳动力不足的问题越来越突出，单靠增加劳动时间和劳动强度，无法从根本上解决劳动力紧张的矛盾。1959 年，中共中央政治局上海会议指出，化解农村劳动力不足的有效途径在开展技术革命，即"实行工具改革、半机械化和机械化"，④ 用机器的大规模生产弥补劳动力缺口。第三，有利于巩固工农联盟。农业机械化的发展，不仅有利于解决农业生产的问题，还可以使农业和工业相互适应，缩小工农差别，进而巩固工农联盟。正如毛泽东在《矛盾论》中所言："在社会主义社会中工人阶级和农民阶级的矛盾，用农业集体

---

① 《毛泽东文集》(第 6 卷)，北京：人民出版社 1999 年版，第 433 页。
② 《毛泽东文集》(第 8 卷)，北京：人民出版社 1999 年版，第 49 页。
③ 《毛泽东文集》(第 6 卷)，北京：人民出版社 1999 年版，第 431 页。
④ 《建国以来重要文献选编》(第 12 册)，北京：中央文献出版社 1996 年版，第 176 页。

化和农业机械化的方法去解决"。①

实现农业现代化的步骤设想。毛泽东在《关于农业合作化问题》中明确了规划了我国实现农业机械化的时间线，主要分三个步骤完成。第一步，在"一五"计划至"二五"计划时期，农村以社会改革为主，技术改革为辅；第二步，在"三五"计划时期，农村同步推进社会改革和技术改革；第三步，大概需要四个至五个五年计划，"在全国范围内基本上完成农业方面的技术改革"。② 这样的步骤设计，体现出了毛泽东急于改变农村生产力状况的愿望。但是，在"大跃进"时期，毛泽东又改变了原来的设想，提出要"在七年内(争取五年内做到)基本上实现农业机械化和半机械化"，③ 这一提法更加缩短了实现农业机械化的时间线，显然不符合中国的实际情况。经过几年的调整，毛泽东对农业机械化的认识再次回归理性，他指出：各省、市、区应当"从少数试点，逐步扩大，用二十五年时间，基本上实现农业机械化"。④ 根据这一重要指示，国务院随即召开全国农业机械化现场会议，对实现农业机械化进行了具体规划，实践进程划分为三个阶段，每个阶段拟定了明确的发展指标，并计划于1980年基本实现农业现代化。

实现农业现代化的举措安排。第一，主张要调动中央和地方两个积极性，但更多的是要依靠地方自主。《中共中央关于农业机械化问题的意见》中明确提出，农业机械的制造，除大型的和技术要求高的机器外，一般的以地方工业为主，中央主要提供经验和技术交流等方面的帮助。第二，主张设立农具研究所，开展改良农具、发展半机械化农具的群众运动。1959年，毛泽东在《党内通信》中指出："每省每地每县都要设一个农具研究所，集中一批科学技术人员和农村有经验的铁匠木匠，搜集全省、全地、全县各种比较进步的农具，加以比较，加以试验，

---

① 《毛泽东选集》(第1卷)，北京：人民出版社1991年版，第311页。
② 《毛泽东文集》(第6卷)，北京：人民出版社1999年版，第438页。
③ 《中共中央文件选集(一九四九年十月——一九六六年五月)》(第27册)，北京：人民出版社2013年版，第323页。
④ 《中共中央文件选集(一九四九年十月——一九六六年五月)》(第50册)，北京：人民出版社2013年版，第291页。

加以改进，试制新式农具。试制成功，在田里实验，确实有效，然后才能成批制造，加以推广。"①也就是说，通过设立农具研究所，推动农民自发研发、实验、推广新农具。第三，为了加快实现农业机械化，我国于 1959 年成立了农业机械部，旨在更加系统全面地指导农业机械化各项工作有序推进。

(五) 农业"八字宪法"

中国自古以来就是一个农业大国，但是人多地少的现状使我国的农业产量无法完全满足社会发展的正常需求，这就要求我国必须实行精耕细作，在提高亩产上下功夫。毛泽东通过研究总结农民长期农业生产的有益经验，最终得出了科学种田的方法，即为人熟知的农业"八字宪法"，为实现精耕细作提供了科学指导。

农业"八字宪法"的提出与确立。早在 1955 年《关于农业合作社问题》中，毛泽东就已经提出了"农业的技术改革"问题，其中包含着"八字宪法"的雏形。1956 年 1 月，毛泽东起草并主持修订的《1956 年到 1967 年全国农业发展纲要（草案）》中，提到了使农作物增产的措施，后来这些措施被地方会议进行概括总结，逐渐形成了"八字宪法"的主体内容。1958 年，党的八届六中全会通过的决议文件用"农业八字宪法"一词概括了"水（水利）、肥（肥料）、土（深耕、改良土壤）、种（改良种子）、密（密植）、保（植物保护、防治病虫害）、工（改良工具）、管（田间管理）"②等使农作物增产的主要措施，这是"八字宪法"第一次被写进党的正式文件，此后 20 余年的时间里，农业"八字宪法"成为指导我国农业生产的重要思想。

农业"八字宪法"的内涵及意义。农业"八字宪法"深刻揭示了农作物生长的必要条件和技术要求，蕴含着丰富的内容。一是"土"，即改良土壤。毛泽东十分重视对土壤的研究，认为土壤关系到农业产量问题，于是提出在土壤方面要开展深耕、改良土壤、土壤普查和土地规划等工作。二是"肥"，即合理施肥。毛

---

① 《毛泽东文集》(第 8 卷)，北京：人民出版社 1999 年版，第 49 页。
② 《建国以来重要文献选编》(第 11 册)，北京：中央文献出版社 1995 年版，第 640 页。

泽东重视化肥生产工作，提出中国农业生产的化肥应当以有机肥为主，并作出"按土施肥"和按照农作物生长规律施肥的指示。三是"水"，即发展水利。"兴修水利是保证农业增产的大事"，① 毛泽东强调各县要做一个水利规划，通过兴修水利和发展灌溉，控制水旱灾害，实现旱涝保收。四是"种"，即推广良种。毛泽东强调要引进、培育和推广良种，他认为："有了优良品种，即不增加劳动力、肥料，也可获得较多的收成。"②五是"密"，即合理密植。密植的目的是有效利用和开发土壤与空间，对于如何把握密植的程度，毛泽东强调"不可太稀，不可太密"，③ 而是要因气候、地点、生产条件、农作物特点、田间管理水平等要素规定科学的密植程度。六是"保"，即防治病虫害。为了保护农业生产环境，保证农作物的正常生长，毛泽东在谈到农业合作化问题时号召人们"同病虫害作斗争"。④ 七是"管"，即田间管理。强调既要运用最新技术加强田间管理提升精耕细作水平，又要坚持"不违农时"，根据农作物的生长规律和特点展开田间作业。八是"工"，即工具改良。这一点强调的是为了适应农业集体化的需要，必须不断推进农具改良，试制和推广新式农具，从广义上看，最终目的是实现农业机械化。农业"八字宪法"提出之后的20余年里，我国农业生产一直遵守这一最高指示，在改良土壤、农田水利、推广良种、农机改造、防治病虫害等诸多方面取得了很大的成就，并且许多农业生产经验对于今天实现农业现代化依然有借鉴意义。

(六)发展"大农业"的思想

毛泽东对于农业生产的重视，不仅仅体现在他十分关注粮食生产问题，同时也体现在他对其他农作物生产的重视。在社会主义建设时期，毛泽东提出了"以粮为纲，全面发展"的方针，这一方针实际上就蕴含着发展"大农业"的思想。因

---

① 《毛泽东文集》(第6卷)，北京：人民出版社1999年版，第451页。
② 《毛泽东著作专题摘编》(上)，北京：中央文献出版社2003年版，第691页。
③ 《毛泽东文集》(第8卷)，北京：人民出版社1999年版，第48页。
④ 《毛泽东文集》(第6卷)，北京：人民出版社1999年版，第427页。

为这一方针既强调主要抓好粮食生产，同时也提出要促进农、林、牧、副、渔综合平衡，全面发展。

首先，坚持"以粮为纲"，务必要抓好粮食生产工作。"我国是一个有六亿五千万人口的大国，吃饭是第一件大事"，① 解决好粮食问题才能维护国家的稳定和安全，进而促进其他产业的共同发展。1955 年冬以后，由于全国开始集中搞粮食而忽视了副业和经济作物，于是党中央和政府开始纠正偏差，但纠偏的结果是粮食生产跟不上了，这一问题引起了毛泽东的重视，他在党的八届二中全会上指出："开头一偏偏到粮食，再一偏偏到副业、经济作物。谷贱伤农，你那个粮价那么便宜，农民就不种粮食了。这个问题很值得注意。"②这说明，"大办农业"中"大办粮食"是居于最基础最紧要的地位的，发展副业不能以牺牲粮食生产为代价。

其次，坚持"全面发展"，实现"农林牧副渔"综合平衡。在农业经济结构上，毛泽东不仅重视粮食问题，也不排除其他经济作物的生产。毛泽东认为，"所谓农者，指的是农林牧副渔五业综合平衡"。③ 1959 年 10 月 30 日，毛泽东同安徽、江苏两省负责人谈话，在问到经济作物和多种经营的情况时，他指出："农业包括十二个方面，粮、棉、油、麻、丝、茶、糖、菜、烟、果、药、杂，还有畜牧业，林业，渔业，还有别的副业，都要发展。"④1962 年，在七千人大会上，毛泽东再次提到农业的"十二个方面"，并要求党员干部认识并懂得这些问题。紧接着，同年 9 月，党的八届十中全会通过了《关于进一步巩固人民公社集体经济、发展农业生产的决定》，该文件指出："集体经济必须认真实行粮食作物和经济作物并举的方针，在优先发展粮食生产的同时，合理安排各种经济作物的生产"。⑤ 在发展副业和经济作物时，毛泽东强调要组织农业的多种经营，《人民日

---

① 《毛泽东文集》(第 8 卷)，北京：人民出版社 1999 年版，第 49 页。
② 《马列著作毛泽东著作选读》(哲学部分)，北京：人民出版社 1978 年版，第 433 页。
③ 逄先知、金冲及：《毛泽东传》(1949—1976)下，北京：中央文献出版社 2003 年版，第 967 页。
④ 逄先知、金冲及：《毛泽东传》(1949—1976)下，北京：中央文献出版社 2003 年版，第 1018 页。
⑤ 《建国以来重要文献选编》(第 15 册)，北京：中央文献出版社 1997 年版，第 610 页。

报》则发表《以粮为纲，全面发展》的社论，指出："粮食生产和多种经营决不是互不相容的，而是互相促进的"，① 反对把党的方针政策所允许的多种经营当作资本主义倾向。客观来看，毛泽东的"大农业"思想起到了一定的推动作用，对于调整农业生产结构，促进农村市场化、农业商品化，增加农民收入，增加国家和集体的积累等方面都有积极影响。

三、中国特色社会主义农业发展理论

党的十一届三中全会以后，面对过去遗留下来的老问题和改革开放带来的一系列新问题与新挑战，中国共产党人必须及时予以回应，用带有时代特色的新举措化解问题、迎接挑战。邓小平作为改革开放的总设计师，十分重视和关注农业发展问题，继续勾画我国农业现代化建设的蓝图，在坚持解放思想、实事求是的思想路线下，形成了邓小平农业发展理论。此后，在邓小平农业发展理论指引下，江泽民和胡锦涛继续根据农业发展实践中的新情况、新问题，与时俱进推动理论创新，进一步丰富和发展了中国特色社会主义农业发展理论。

(一) 邓小平农业发展理论

邓小平深入分析毛泽东在社会主义建设时期对我国农业现代化建设的理论和实践的探索历程，认真反思其在实践中的曲折和失误，充分吸收和借鉴毛泽东农业发展思想的合理内核，进而结合国情展开了一系列理论创新，提出了"农业是根本"的思想、农业改革和发展"两个飞跃"的思想、依靠政策和科学促进农业发展的思想、因地制宜发展多种经营的思想等，奠定了中国特色社会主义农业发展理论的思想基础。

---

① 《以粮为纲，全面发展》，载《人民日报》1972 年 4 月 16 日。

1. "农业是根本"的思想

中华人民共和国成立以后，我国始终坚持农业的基础地位，积极为实现农业现代化定方向、谋措施。但是，在社会主义建设的过程中，由于各种主客观条件的影响，导致我国农业的发展经历了曲折的历程。改革开放以后，邓小平从我国是农业大国的现实国情出发，要求全党集中精力把农业搞上去，并提出："农业是根本，不要忘掉"，① 从而继续强调并夯实了农业的基础性地位。

第一，提出农业是国民经济的战略重点。改革开放以前，邓小平就已十分重视农业问题，他认识到如果不发展农业就会影响最大多数人的生活，所以提出要"确立以农业为基础、为农业服务的思想"。② 改革开放以后，在制定 1982 年国民经济发展目标时，邓小平指出："战略重点，一是农业，二是能源和交通，三是教育和科学"，③ 把农业摆在战略重点的首位，体现了发展农业在邓小平的战略谋划中的重要性。与此同时，邓小平告诫全党要坚持"农业是根本"的思想，多次强调务必抓紧农业问题，以此来突出农业的基础性地位。

第二，指出农业事关社会主义现代化的实现。早在 1975 年召开的全国农业学大寨会议上，邓小平就提到了农业发展与社会主义现代化之间的关系问题，他指出："实现四个现代化，关键是农业现代化，如果农业搞得不好，很可能拖国家建设的后腿。"④党的十一届四中全会通过的《中共中央关于加快农业发展若干问题的决定》中进一步指出："农业的高速度发展是保证实现四个现代化的根本条件。"⑤该文件强调，只有逐步实现农业现代化，才能使农民逐渐富裕起来，有利于促进国民经济蓬勃发展。

第三，强调农业关乎社会稳定和经济发展大局。搞改革开放必须创造一个稳

① 《邓小平文选》(第 3 卷)，北京：人民出版社 1993 年版，第 23 页。
② 《邓小平文选》(第 2 卷)，北京：人民出版社 1994 年版，第 28 页。
③ 《邓小平文选》(第 3 卷)，北京：人民出版社 1993 年版，第 9 页。
④ 《邓小平文选》(第 2 卷)，北京：人民出版社 1994 年版，第 420 页。
⑤ 《三中全会以来重要文献选编》(上)，北京：人民出版社 1982 年版，第 177 页。

定的国内发展环境，农村地区作为我国发展的关键一环，如果失去稳定的基础就没有全国的稳定。邓小平指出，要首先解决农村问题，"因为中国人口的百分之八十在农村，如果不解决这百分之八十的人的生活问题，社会就不会是安定的"。① 因此，邓小平提出农业要有全面规划，要促进粮食增产，通过改革来解决农业发展后劲不足的问题，以此来稳定经济社会发展大局。

改革开放以后，我国逐渐废除了与农业生产实际情况不相符的人民公社体制，转而采取"统分结合"的双层经营体制。但在具体实践中，"统"和"分"的两个积极性没有同时发挥，导致"统"与"分"失衡，农村集体经济发展薄弱。于是，邓小平在 1990 年 3 月提出了"两个飞跃"的思想："中国社会主义农业的改革和发展，从长远的观点看，要有两个飞跃。第一个飞跃，是废除人民公社，实行家庭联产承包为主的责任制。这是一个很大的前进，要长期坚持不变。第二个飞跃，是适应科学种田和生产社会化的需要，发展适度规模经营，发展集体经济。这是又一个很大的前进，当然这是很长的过程。"②

2. 农业改革和发展"两个飞跃"的思想

"两个飞跃"的思想包含三个理论要点。其一，"两个飞跃"思想的核心是发展高水平的集体经济。邓小平曾明确指出，"我们总的方向是发展集体经济"。③"第一个飞跃"不是废除或取消集体经济，而是为了在一定程度上解放和发展生产力、激发农民的生产积极性。"第二个飞跃"是要变革集体经济的组织方式，大力发展新型集体经济，使家庭联产承包责任制下低水平低层次的集体经济向高水平的集体经济迈进，促进生产力发展，最终达到农民共同富裕的目标。其二，"两个飞跃"的目标指向是实现农业现代化。"第一个飞跃"旨在变革旧的生产关系，排除不合理的经营体制，从而适应生产力的发展要求，为实现农业现代化奠

① 《邓小平文选》(第 3 卷)，北京：人民出版社 1993 年版，第 117 页。
② 《邓小平文选》(第 3 卷)，北京：人民出版社 1993 年版，第 355 页。
③ 《邓小平文选》(第 2 卷)，北京：人民出版社 1994 年版，第 315 页。

定良好基础；"第二个飞跃"则是为了适应科学种田和生产社会化的要求，走集体化、集约化、机械化道路，着力推进农业现代化进程。其三，"两个飞跃"的实现途径是适度规模经营和集约化经营。"适度规模经营"有两个重点，一个是强调经营方式要规模化，另一个是强调经营的范围要适度。为了适应生产社会化的客观要求、有效整合各种资源、提升"统"的控制力，邓小平认为应该发展"规模经营"。但是，"规模经营"不可能很大，必须是"适度经营"，因为农业生产也有边际成本效应问题，规模过大只会导致成本不降反升。"集约化经营"则是相对于粗放型经营而言的，农民必须在其所属的土地上投入更多生产资料，实行精耕细作，提高土地产出率，从而增加单位面积产量和产品总量。

3. "农业的发展一靠政策，二靠科学"

邓小平在总结历史经验教训的基础上，得出了一个重要结论："农业的发展一靠政策，二靠科学。科学技术的发展和作用是无穷无尽的。"[1]这一重要思想既强调要变革不合时宜的生产关系，同时又强调要依靠先进科学技术提高农业生产力，体现了使生产力与生产关系相适应的改革要求。

"一靠政策"，是指适时调整不合时宜的生产关系，制定正确的农业发展政策，以调动农民的生产积极性。改革开放以后，我国农村地区率先拉开经济体制改革的序幕，而农业改革的核心问题就是调整农村的生产关系，即废除不合时宜的人民公社制度，代之以家庭联产承包责任制，从而抛弃了吃大锅饭的办法，解除了不适应农业生产力发展需求的落后生产关系的束缚。伴随改革而来的，是一系列保护农民利益的政策举措。一是恢复按劳分配的政策，因为农民"付出的劳动同他的实际收入、家庭和个人的利益结合起来，积极性就起来了"；[2] 二是权力下放，邓小平指出："我们农村改革之所以见效，就是因为给农民更多的自主权"，[3]

---

① 《邓小平文选》(第3卷)，北京：人民出版社1993年版，第17页。

② 冷溶、汪作玲：《邓小平年谱(1975—1997)》(上)，北京：中央文献出版社2004年版，第574页。

③ 《邓小平文选》(第3卷)，北京：人民出版社1993年版，第242页。

有自主权才能有更多自由发展的空间；三是政策要放宽，"要使每家每户都自己想办法，多找门路，增加生产，增加收入。有的可包给组，有的可包给个人，这个不用怕，这不会影响我们制度的社会主义性质。在这个问题上要解放思想，不要怕。在这些地区要靠政策，整个农业近几年也要靠政策。"①正是在邓小平农业发展要靠政策的思想的指导下，我国农村开始突破体制障碍，通过变革生产关系，使之与农业生产力水平相适应，并以正确的农业政策保护了农民的积极性，促进了农业发展。

"二靠科技"，是指发挥科学技术在农业发展中的巨大作用。"科技兴农"是邓小平农业思想的重要组成部分。一是强调农业的发展必须依靠科技。邓小平认为，农业现代化的衡量指标不能单一地理解为机械化，关键还是要应用和发展科学技术，没有现代化的科学技术作支撑，就无法建成现代农业，因为"提高农作物单产，发展多种经营，改革耕作栽培方法，解决农村能源，保护生态环境等等，都要靠科学"。② 二是强调农业科技推广的重要性。邓小平十分重视农业科技推广工作，在制定关于加快农业发展的政策文件时，一再强调要建立县、乡、村三级科技成果推广站，建立民间各种专业技术协会和科技服务机构，进一步完善县、乡、村、户科技推广网络，使农业科研与农业科技推广联系起来。三是提出要努力加强农业科技队伍建设。依靠人才推动科技进步是邓小平一贯的思想，他提出："要大力加强农业科学研究和人才培养，切实组织农业科学重点项目的攻关。"③在邓小平的指示下，国务院恢复了中国农业科学院和中国林业科学院的建制，又组建了中国水产科学研究院，从组织结构上为培养更多农业科技人才提供了保障。由此可见，邓小平的"科技兴农"思想紧密贴合了农业生产力发展的迫切需要，为我国农业现代化建设注入了强大动力。

---

① 冷溶、汪作玲：《邓小平年谱(1975—1997)》(上)，北京：中央文献出版社 2004 年版，第 616 页。
② 冷溶、汪作玲：《邓小平年谱(1975—1997)》(下)，北京：中央文献出版社 2004 年版，第 882 页。
③ 《邓小平文选》(第 3 卷)，北京：人民出版社 1993 年版，第 23 页。

4. 因地制宜发展多种经营

改革开放之前，尤其在"文化大革命"期间，毛泽东提出的"以粮为纲"的方针开始变形走样，在"农业学大寨"运动中更是走向极端，导致在很长的时间内，我国搞的是单一农业，造成农产品单一化，引起了农副产品供应的匮乏，严重抑制了农业经济发展。改革开放以后，邓小平认真思考阻碍农业经济发展的因素，突破了传统单一农业的观念，指出："谈农业，只抓粮食不行，还是要因地制宜，农林牧副渔并举"，① 实际上这是对毛泽东发展"大农业"思想的合理因素的继承与发展。

邓小平因地制宜发展多种经营的思想，是坚持因地制宜原则和采取多种经营的方法的有机结合。一方面，邓小平强调要坚持因地制宜。他批评了一些干部思想不够解放、仍然按照老办法办事情的问题，指出："所谓因地制宜，就是说那里适宜发展什么就发展什么，不适宜发展的就不要去硬搞。"②鼓励地方干部找到适合本地情况、能够带来经济效益和群众实惠的东西。另一方面，邓小平强调要发展多种经营。1980 年，他提出："社队企业还要因地制宜地从各方面打主意，搞多种经营，如种植业、养殖业、加工工业，乃至出口外贸产品等，都要在可能的条件下多搞一点。"③1987 年，邓小平又提出农业要实行多种经营，因地制宜种植粮食或者经济作物，实现粮食和经济作物双双大幅度增长。在邓小平的鼓励和指导下，农民的积极性被调动起来，"仅仅用了三年多的时间，农村面貌就大大改观，大多数农民开始摆脱贫困，成效是显著的。粮食不仅没有减产，反而有较大的增加。"④实践证明，坚持因地制宜，可以更好地利用各个地区的资源禀赋和区位优势，形成农产品的集中产区，提高了农业的经济效益；发展多种经营，突破了农民只能从事种植业的思想观念，充分利用了山林、水面、滩涂等非耕地资

① 冷溶、汪作玲：《邓小平年谱（1975—1997）》（上），北京：中央文献出版社 2004 年版，第 497 页。
② 《邓小平文选》（第 2 卷），北京：人民出版社 1994 年版，第 316 页。
③ 冷溶、汪作玲：《邓小平年谱（1975—1997）》（上），北京：中央文献出版社 2004 年版，第 653 页。
④ 冷溶、汪作玲：《邓小平年谱（1975—1997）》（下），北京：中央文献出版社 2004 年版，第 909 页。

源发展其他产业，丰富了农民的收入来源，同时为粮食生产提供了资金支持，进一步解放和发展了农村生产力。

(二)"三个代表"重要思想中关于农业发展的理论

改革开放之后，我国农业改革和发展不断走向深化，以江泽民同志为主要代表的中国共产党人继续增强政治定力，全面落实邓小平农业发展思想，同时又与时俱进地提出把农业放在发展国民经济的首位、推进农业产业化经营、依靠科技进步振兴农业、落实农业可持续发展战略等农业发展思想，形成了"三个代表"重要思想关于农业发展的理论。

1. "把农业放在发展国民经济的首位"

江泽民创造性地运用并发展了邓小平农业思想，提出了"必须坚持把农业放在整个经济工作的首位"。① 之所以做出这个政治判断，是基于三个方面的考虑。

第一，从我国人多地少的基本国情出发。20 世纪 90 年代的中国拥有 11 亿人口，却要用仅占世界可耕地面积 7%的土地养活占世界 22%的人口。面对这种耕地面积日益减少、粮食产量波动、粮食消费总量增加的趋势，江泽民强调："粮食问题，始终是国计民生第一位的大问题。农业始终是战略产业，粮食始终是战略物资，必须抓得很紧很紧，任何时候都松懈不得。"②

第二，从保持全国经济和社会稳定发展的全局性出发。中国农业人口众多，因此"农业和农村工作，是关系治国兴邦的重大问题。农业上不去，整个国民经济就上不去"，③ 一旦农业和粮食出现了问题，任何国家也帮不了我们，如果靠国际粮食市场解决我国的吃饭问题，则会陷入受制于人的危险境地，因此江泽民提出"制定计划首先安排好农业，研究政策优先考虑农业"。④

---

① 《十四大以来重要文献选编》(下)，北京：人民出版社 1999 年版，第 1944 页。
② 《江泽民论有中国特色社会主义》(专题摘编)，北京：中央文献出版社 2002 年版，第 120 页。
③ 《新时期农业和农村工作重要文献选编》，北京：中央文献出版社 1992 年版，第 788 页。
④ 《江泽民文选》(第 1 卷)，北京：人民出版社 2006 年版，第 464 页。

第三，从巩固我国在国际竞争中的独立性出发。20 世纪末，国际局势风云
变幻，世界各国身处一个世界多极化和经济全球化的大格局下，面对复杂的国际
形势，我国必须要有稳固的农业作为发展的物质基础，这是关乎国家和民族自立
自强的大事，是至关重要的政治问题。江泽民对农业的战略地位的高度重视和反
复强调，使中央到地方各级党委坚持抓紧抓实农业生产工作，为打牢农业基础、
解决粮食问题、保持经济持续快速健康发展、维护国家和社会的稳定产生了积极
影响。

2. 农业产业化经营思想

江泽民在坚持和运用"两个飞跃"思想的实践中，根据我国农业发展的新情
况和新问题，逐渐探索出了一条以家庭联产承包经营为基础，在统分结合的双层
经营体制的基础之上的农业产业化经营道路。农业产业化经营是坚持以市场为导
向，以家庭联产承包为基础，以经济效益为中心，以"龙头"企业为依托，对农
业和农村经济实行区域化布局、专业化生产、一体化经营、社会化服务和企业化
管理，把分散的农户小生产转变为社会化大生产，实行种养加、产供销、贸工农
一体化经营的农业组织形式和经营方式。[1] 以江泽民同志为主要代表的中国共产
党人在探索农业产业化道路的实践中形成了丰富的思想和理论。

第一，十分重视并充分肯定农业产业化经营的积极作用。1996 年的中央"一
号文件"提出"推进农业产业化"。江泽民肯定了农业产业化经营的作用，他认为
这种经营体制，既能够连接国内外市场，又能够把千家万户联系起来，从而使农
户与市场建立稳定的关系，有利于促进农业的规模经营，"农民收入增加了，农
村市场打开了，发展其他的行业也就有了广阔的空间"。[2] 这种经营方式，不仅
不会动摇家庭经营的基础，还提高了农业经济效益和市场化程度，因此江泽民提
出要把农业产业化经营当作农业经济中的一件带全局性、方向性的大事来抓，并

---

[1] 许传红：《中国共产党农业发展思想研究》，武汉：武汉理工大学出版社 2013 年版，第 70 页。
[2] 《十四大以来重要文献选编》（下），北京：人民出版社 1999 年版，第 1946 页。

且把农业产业化经营看作是实现农业现代化的现实途径、农业经济结构性调整的重要力量。

第二，作出了关于推进农业产业化经营的一系列重要指示。一是指出农业产业化经营的方向。1995 年 3 月，江泽民在江西考察时强调，要把农村的分散经营引导到规模化、系列化、产业化的轨道上来。1996 年 3 月通过的"九五"计划纲要提出："鼓励发展多种形式的合作与联合，发展联结农户与市场的中介组织，大力发展贸工农一体化，积极推进农业产业化经营。"①1997 年，江泽民在党的十五大上指出要"形成生产、加工、销售有机结合和相互促进的机制，推进农业向商品化、专业化、现代化转变"。② 二是强调要提高农业的综合效益。1998 年 9 月，江泽民在安徽考察时指出，要通过"引导农民根据市场需求调整和优化产业结构，发展高产优质高效农业，发展贸工农一体化的农业产业化经营，提高农业综合效益"。③ 江泽民的农业产业化经营思想既坚持了"两个飞跃"思想，又实现了创新发展，通过一体化经营弥补了传统农业分散的弱点，使农业生产经营逐渐变大变强，提高了比较效益，增加了农业收入，为实现农业现代化奠定了坚实的物质基础。

3. "依靠科技进步振兴农业"

20 世纪末，随着新的农业科技革命的到来，江泽民敏锐觉察到新科技革命所带来的巨大变化，在坚持邓小平农业发展思想的基础上，他进一步认识到科技在农业发展中的重要作用，于是在实践中提出了要"依靠科技进步振兴农业"。④

第一，提出了科教兴农的战略思想。邓小平提出的"科学技术是第一生产力"的观点对江泽民产生了重要影响，在思考农业现代化的发展动力问题时，江

---

① 《中华人民共和国第八届全国人民代表大会第四次会议文件汇编》，北京：人民出版社 1996 年版，第 65 页。

② 《江泽民文选》（第 2 卷），北京：人民出版社 2006 年版，第 24 页。

③ 《江泽民文选》（第 2 卷），北京：人民出版社 2006 年版，第 216 页。

④ 《江泽民论有中国特色社会主义》（专题摘编），北京：中央文献出版社 2002 年版，第 127 页。

泽民认为农业现代化取决于农业科技的进步和运用，因此提出"坚定不移地实施科技、教育兴农的发展战略"。① 他多次强调要走科技兴农的路子，指出先进农业科技的应用有投入小、收效大的特点，可以弥补农业资源的短缺，提高物质投入的有效性，推动传统农业不断向现代农业转变，使我国农业经济不断跃上新台阶。

第二，论述了实施科教兴农战略的措施。一是重视农业科技研究。江泽民强调要充分调动广大农业科技工作者的积极性，使其投入到农业科技事业中，助力我国"加强基础研究，充实科技贮备，组织农业科技重大项目的攻关，尽快推出一批重大成果"，② 从而确保农业和农村经济的发展后劲。二是注重农业科技成果的推广应用。江泽民指出，农业科技工作的重点就是"要转到先进适用科技成果的引进、示范、推广上来，建立和健全多种形式的农业技术推广服务组织"，③通过不断壮大农村科技推广普及队伍，提升农村的科技成果应用率。三是加强农民教育培训。农民是运用农业科技从事生产劳动的最关键的主体，江泽民十分重视提高劳动者的素质，他强调："教育兴农的战略，就必须提高劳动者的素质。要改革和发展农村教育，除了办好农业院校，培养农业现代化所需要的各种人才外，还要通过多种形式、多种途径的职业教育和培训，逐步提高广大农民的科技文化水平。"④在江泽民科教兴农思想指导下，我国不断加大对农业科研和人才培养的投入，建立了农业科技创新体系，科技对农业增长的贡献率明显增长，有效振兴了我国的农业经济。

4. 农业可持续发展思想

由于我国农业长期处于粗放型的发展模式，一方面农业资源相对缺乏，另一方面农业资源过度使用，在思索农业发展未来道路的过程中，江泽民提出了"两

---

① 《十四大以来重要文献选编》（上），北京：人民出版社 1996 年版，第 429 页。
② 《十四大以来重要文献选编》（上），北京：人民出版社 1996 年版，第 429 页。
③ 江泽民：《论科学技术》，北京：中央文献出版社 2001 年版，第 8 页。
④ 《新时期农业和农村工作重要文献选编》，北京：中央文献出版社 1992 年版，第 795 页。

个根本性转变"的思想，强调要实现经济方式由粗放型向集约型转变，走一条农业可持续发展道路。

其一，通过出台法律法规和制定发展规划来落实可持续发展战略。在农业生产中，我国在灌溉用水和使用化肥等方面都存在高耗低效的问题，江泽民出于高瞻远瞩的战略眼光和紧迫感，提出了"在社会主义现代化建设中，必须把贯彻实施可持续发展战略始终作为一件大事来抓"①的重要论断。1992 年以来，我国陆续出台了一系列法律法规，涉及防沙治沙、水土保护、农田保护、环境保护等多个方面内容，重点就是加强对耕地尤其是基本农田的保护和对农业发展环境污染的治理。1994 年，国务院审议通过的《中国 21 世纪议程》，提出要推进农业可持续发展的综合管理，发展可持续性农业科学技术等。1996 年 3 月，"九五"计划纲要提出了"实施可持续发展战略"，倡导积极保护环境，大力发展生态农业。

其二，在农业发展具体工作中给予具体指导。1996 年 6 月，江泽民到河南考察时，就从农业增长和资源利用的关系出发，论述了我国应该如何走可持续道路。他认为，随着人口不断增加，对农产品的需求不断增长，如果单靠增加新的资源去满足新的需求显然不现实，正确的方式应当是提高资源的利用率，把节约用地、节约用水坚定不移地贯彻实施下去，为子孙后代留有发展的资源和空间。此外，在针对西部地区生态环境建设的问题上，江泽民指出要发挥社会主义制度的优越性，通过建设生态农业使恶劣的生态环境得以根本改观。江泽民所开辟的农业可持续化发展道路，引导我国农业朝着"优质、高产、高效、生态、安全"的方向不断发展，有利于化解农业发展与资源浪费之间的矛盾，从而促进国民经济持续、快速、健康发展。

（三）科学发展观中关于农业发展的理论

党的十六大以后，以胡锦涛同志为主要代表的中国共产党人，继续坚持和拓

---

① 《江泽民文选》（第 1 卷），北京：人民出版社 2006 年版，第 532 页。

展中国特色社会主义农业发展理论，将"三农"工作作为全党工作的"重中之重"，强调农业是安天下的战略产业，提出要加快我国农业的市场化改革进程、推进城乡统筹发展、优化农业和农村经济结构等思想，形成了科学发展观关于农业发展的理论，推动农业发展迈上新的台阶。

1. "农业是安天下的战略产业"

进入 21 世纪，面对新形势和新问题，胡锦涛在继承马列主义农业理论、毛泽东农业思想、中国特色社会主义农业理论的基础上，进一步深化了对农业基础性地位的认识。

第一，把"三农"工作当作全党工作的"重中之重"。党的十六大以来，我国在发展过程中呈现出越来越明显的城乡差别和工农差别，针对这种现状，党中央多次召开会议专门研究农业发展问题。2003 年 1 月，胡锦涛在中央农村工作会议上，把"三农"工作称为全党工作的"重中之重"。[①] 而后，从 2004 年至 2012 年，中共中央连续发了 9 个关于"三农"的"一号文件"，这些文件充分体现了农业的"重中之重"的地位，充分展现了党中央毫不动摇地巩固农业基础地位的决心。2007 年，"三农"的"重中之重"地位还被写进党的十七大报告。

第二，强调农业是安天下的战略产业。2004 年 5 月，胡锦涛在联合国粮农组织第二十七届亚太区域大会开幕式上阐释了农业发展对于亚太地区乃至全世界的重大意义，他指出："农业是安天下的战略产业，对保证经济社会发展、改善人民生活、保持社会稳定，具有十分重要的基础性作用。"[②]对于中国这个人口大国而言，农业发展水平和粮食生产能力始终关系我国的国计民生，始终关乎全面建设小康社会的大局，因此胡锦涛强调要绷紧巩固农业基础的弦。

综上可知，胡锦涛对农业问题的重视，既坚持了中国共产党一贯坚持的战略

① 《十六大以来重要文献选编》（上），北京：中央文献出版社 2005 年版，第 112 页。
② 胡锦涛：《在联合国粮农组织第二十七届亚太区域大会开幕式上的致词》，《人民日报》2004 年 5 月 20 日。

思想，又进一步巩固了农业的基础地位，把农业的战略地位提升到了全新的高度，体现了中国共产党人对农业基础地位的认识逐渐深化。

2. 农业市场化改革思想

深化农业市场化改革，是顺应我国社会主义市场经济体制改革需要的因应之举。以胡锦涛同志为主要代表的中国共产党人，坚持与时俱进，加快我国农业的市场化进程，促进了农村经济运行机制从计划配置资源向市场化配置资源的转变。

第一，深化粮食流通体制改革。2003 年 1 月，中央农村工作会议要求加快培育和规范粮食市场，探索市场化改革的路子。此后，我国的粮食流通体制迎来了系列变革：2003 年，在安徽等省进行直接补贴试点改革；2004 年，全面开放粮食收购和销售市场，实行购销多渠道经营；2006 年，加快建立符合市场化改革要求的中央储备粮调控机制，对承储中央储备粮的代储企业实行资格认证；2008 年，实施粮食临时收储制度。

第二，深化棉花流通体制改革。早在 2001 年，国务院已经下发《关于进一步深化棉花流通体制改革的意见》，棉花市场化改革比较顺利，但是也存在着市场流通秩序混乱和棉花质量参差不齐的现象，因此以胡锦涛同志为主要代表的中国共产党人为了继续优化棉花市场化改革进程，先后出台了《棉花质量检验体制改革方案》《整顿棉花流通秩序工作方案》《关于严厉打击违法收购棉花行为切实加强棉花市场监督工作的通知》等文件，切实加强了市场监督执法力度，保障了市场化经营的活力，维护了棉花流通秩序。

第三，发挥市场机制作用，搞活农产品流通。2004 年至 2012 年的中央"一号文件"都强调要深化农业市场化改革，而其中的一项重要任务就是要搞活农产品流通。党的十七届三中全会提出要扩大农业对外开放，"坚持'引进来'和'走出去'相结合，提高统筹利用国际国内两个市场、两种资源能力，拓展农业对外开放广度和深度。"[①]因此，在"十一五"时期，我国加强国际市场研究和信息服

---

① 《十七大以来重要文献选编》（上），北京：中央文献出版社 2009 年版，第 683 页。

务，提高出口优势产品附加值和质量安全水平，建立农产品国际产销加工储运体系，积极参与国际农产品贸易规则和标准制定等，从而不断适应国际市场的竞争环境，农业对外开放不断加深，为健全农产品流通营造了良好的发展条件和贸易环境。

3."建立以工促农、以城带乡长效机制"

在城乡二元制结构下，中国社会结构呈现出明显的城乡差别，城乡之间的收入、财产、公共服务等各个方面的差距不断拉大。基于此，以胡锦涛同志为主要代表的中国共产党人，提出了"统筹城乡发展"的战略，以此来探索城市和农村共同繁荣的现代化道路。

第一，提出"两个趋向"的重要论断。在世界范围内，工农、城乡之间关系的发展具有一定的规律，胡锦涛通过深入考察这种规律，于党的十六届四中全会上提出："综观一些工业化国家发展的历程，在工业化初始阶段，农业支持工业、为工业提供积累是带有普遍性的趋向；但在工业化达到相当程度以后，工业反哺农业、城市支持农村，实现工业与农业、城市与农村协调发展，也是带有普遍性的趋向。"[1]"两个趋向"实质上揭示了工业化发展的一般规律，认为工业化进程分为两个阶段，第一个阶段以农业支持工业为主，第二个阶段以工业反哺农业为主。在同年的中央经济工作会议上，胡锦涛根据我国的基本国情作出了"我们在总体上已进入'以工促农、以城带乡'的发展阶段"[2]的重要研判，这也说明我国逐渐开启了推进工农城乡协调发展的历史进程。

第二，提出建设社会主义新农村。党的十六届五中全会作出了建设社会主义新农村的决定，对于如何扎实推进新农村建设，2006年胡锦涛在省部级主要领导干部建设社会主义新农村专题研讨班上指出："解决好农业和农村发展、农民增收问题，仅靠农村内部的资源和力量已经不够，必须在继续挖掘农村内部的资

---

① 《十六大以来重要文献选编》(中)，北京：中央文献出版社2006年版，第311页。
② 《十六大以来重要文献选编》(中)，北京：中央文献出版社2006年版，第934页。

源和力量的同时，充分运用外部的资源和力量，推动国民收入分配向农业和农村倾斜，依靠工业的反哺和城市的支持。"①总结来说，就是要"建立以工促农、以城带乡长效机制，形成城乡经济社会发展一体化新格局"。② 胡锦涛从落实科学发展观的角度，打破了长期以来分开解决城乡问题的传统观念，他认为我国已经到了工业助推农业、城市带动乡村的发展阶段，从而从城乡一体化发展的角度制定农业发展规划、部署农业发展任务，为新时期我国农业现代化稳步发展找准了前进方向。

4. 优化农业和农村经济结构

党的十六大以后，以胡锦涛同志为主要代表的中国共产党人，不断根据中国发展的现实情况，求解建设现代化农业的创新路径。

第一，优化农业经济结构。胡锦涛十分重视农业结构调整的问题，他认为应该按照"优质、高产、高效、生态、安全"的要求，以市场需求为导向、科技创新为手段、质量效益为目标，走精细化、集约化、产业化的道路，向农业发展的广度和深度进军，加快构建现代农业产业体系。同时，他还强调要发挥各地的比较优势，调整农业区域布局，促进农产品优势产业带的形成。

第二，加快发展农业产业化经营。胡锦涛积极支持农业产业化经营，通过多个中央"一号文件"明确了多种支持政策和措施。主要措施有：完善农业产业化经营内部利益连接机制，让农民与企业实现双赢；加强和扶持"龙头"企业建设，提高农业经营组织化程度；出台《农民专业合作社法》，大力扶持发展农民专业合作社，让农民从产业经营中获得更多实惠。

第三，转变农业发展方式。党的十六届三中全会明确了要贯彻落实科学发展观，关键在于转变经济增长方式，按照全面、协调、可持续的要求发展农业，提高资源利用效率，减轻农业对资源环境的压力，实现农业又好又快发展。

---

① 《十六大以来重要文献选编》（下），北京：中央文献出版社 2008 年版，第 278 页。
② 《十七大以来重要文献选编》（上），北京：中央文献出版社 2009 年版，第 133 页。

第四，提高农业综合生产力。胡锦涛针对我国农业基础薄弱、农业综合生产能力不强等问题，提出了要完善和强化各项支农政策，切实加强农业综合生产能力建设。最突出的实践表现就是，通过中央和地方财政资金支持，加大对农业基础设施的投资，如抓好水利基础设施、建设高标准农田、构建生态安全屏障等，夯实了农业持续稳定发展的基础。

第五，加快建设现代农业。发展现代农业是社会主义新农村建设的首要任务。以胡锦涛同志为主要代表的中国共产党人设计的基本方案是："用现代物质条件装备农业，用现代科学技术改造农业，用现代产业体系提升农业，用现代经营形式推进农业，用现代发展理念引领农业，用培养新型农民发展农业，提高农业水利化、机械化和信息化水平，提高土地产出率、资源利用率和农业劳动生产率，提高农业素质、效益和竞争力。"①

四、习近平关于农业发展的重要论述

党的十八大以来，习近平总书记在马克思列宁主义和中国特色社会主义农业发展理论的指导下，结合在地方和中央任职时积累的丰富的调研考察经验和治国理政经验，继续热切关注和深入思索"三农"问题，通过深入分析"三农"工作现状，从统筹"两个大局"出发，阐发了一系列极具现实指导性的关于农业发展的重要论述。这些体系完备、逻辑严谨、内涵丰富的重要论述，阐明了农业的基础性地位，设计了中国特色新型农业现代化道路，涵盖了构建新型农业经营体系和推进农业供给侧结构性改革的举措，指出了提高农业综合生产能力的具体方向，为化解新时代我国推进农业现代化过程中遇到的新矛盾和新问题提供了方法论指导。

---

① 《中共中央 国务院关于积极发展现代农业 扎实推进社会主义新农村建设的若干意见》，北京：人民出版社 2007 年版，第 2 页。

(一)"坚持农业农村优先发展总方针"

进入新时代,习近平总书记立足我国的基本国情,一如既往地重视农业的基础性地位。提出"坚持农业农村优先发展总方针",为农业发展提供原则遵循。

重视农业的基础性地位是中国共产党人一以贯之的政治共识。随着理论拓新和实践发展不断深化,习近平总书记对于农业的基础性地位有了新的认识。2016年,习近平总书记在安徽凤阳县小岗村主持召开农村改革座谈会时指出:"中国要强,农业必须强,任何时候都不能忽视农业",① 这是对中国共产党人农业基础性地位认识的继承。2017年,党的十九大报告中,首次提出要"坚持农业农村优先发展",确定了"三农"发展的方向问题。2019年,中央"一号文件"继续将这一重大原则扩展为"坚持农业农村优先发展总方针"。② 2022年,在党的二十大上,习近平继续强调要坚持农业农村优先发展。把坚持农业农村优先发展作为"三农"工作的总方针,是中国共产党人在农业发展问题上一次重大理论创造和实践创新,是以习近平同志为核心的党中央从党和国家事业发展全局出发作出的重要决策,进一步彰显了"三农"工作是全党工作"重中之重"的突出地位。习近平总书记强调:"我国是农业大国,重农固本是安民之基、治国之要。"③只有实现农业现代化,才能促进乡村振兴,进而推动实现国家现代化。

(二)走中国特色新型农业现代化道路

2013年以来,为了继续稳步推进中国特色农业现代化,全面深化农业改革,2014年中央"一号文件"提出:我国要"努力走出一条生产技术先进、经营规模适度、市场竞争力强、生态环境可持续的中国特色新型农业现代化道路"。④

---

① 《习近平在安徽凤阳县小岗村主持召开农村改革座谈会并发表重要讲话》,载《京华时报》2016年4月29日。
② 《十九大以来重要文献选编》(上),北京:中央文献出版社2019年版,第748页。
③ 《习近平向全国亿万农民祝贺中国农民丰收节》,载《人民日报》2018年9月23日。
④ 《十八大以来重要文献选编》(上),北京:中央文献出版社2014年版,第703页。

1. 坚持推进农业科技创新

在世界新一轮农业科技革命不断推进的时代背景下，以习近平同志为核心的党中央提出我国要"以科技为支撑走内涵式现代农业发展道路"，① 并从我国农业现代化建设需要出发，拟定了一系列举措安排。一是加强农业科技研发，通过完善国家农业科技创新体系和现代农业产业技术体系，大力推进种业、农业机械等方面的研究。二是强化农业科技推广，把农技推广工作当一项重要工作来抓，通过支持各类社会力量广泛参与农业科技推广，支持农技推广人员与家庭农场、农民合作社、龙头企业开展技术合作，加强农村科普公共服务建设。三是完善农业科技创新激励机制，通过"加快落实科技成果转化收益、科技人员兼职取酬等制度规定。通过'后补助'等方式支持农业科技创新"②等举措，激励更多人才投身于农业科技创新工作之中，为农业科技创新增添动力。四是提升农业科技园区建设水平，建设农业科技成果转化中心、科技人员创业平台、高新技术产业孵化基地，打造现代农业创新高地。五是开发农村人力资源，重点是造就更多乡土人才，通过"加强农业科技人才队伍和技术推广队伍建设。培养一支有文化、懂技术、善经营、会管理的高素质农民队伍"。③ 在习近平总书记关于农业科技创新的思想的指导下，我国农业科技成果逐渐落地生根、开花结果，农业科技水平和机械化水平持续提升。

2. 发展适度规模经营

我国有两亿多农户，但是经营规模小、组织化程度低等问题较为普遍。农业现代化要发展，就要不断突破小规模经营的局限性，因此党的二十大报告指出要发展农业适度规模经营。党的十八大以来，以习近平同志为核心的党中央，针对

---

① 中共中央党史和文献研究室：《习近平关于"三农"工作论述摘编》，北京：中央文献出版社2019年版，第93页。
② 《十八大以来重要文献选编》（下），北京：中央文献出版社2018年版，第538页。
③ 《十九大以来重要文献选编》（中），北京：中央文献出版社2021年版，第163~164页。

发展适度规模经营的问题作出了一系列重要指示，指明了新时代条件下农业现代化的前进方向。一是要鼓励、引导和规范土地流转。对于如何推进经营权的有序流转，习近平总书记提出了四个要求：把握好土地经营权流转、集中、规模经营的度，强调不能片面追求大和快，不能"人为垒大户"，而是要尊重实际情况，实事求是地追求土地经营规模；与城镇化进程和农村劳动力转移规模相适应，强调要推进城镇化以容纳从事非农产业的转移劳动力；与农业科技进步和生产手段改进程度相适应，强调要从科技水平和生产条件出发，适应生产关系发展的趋势；与农业社会化服务水平提高相适应，强调抓好土地规模化和"产种销"各环节规模化，为产前、产中、产后提供更加优质和专业化的服务。[①] 二是采取多种方式发展农业适度规模经营。比如，通过土地股份合作和联合或土地托管等方式；通过龙头企业与农民或合作社签订单，按照标准和要求进行生产；通过发展农机大户、农机合作社、流通合作社等以及其他形式的农业社会化服务，实行供种供肥、农机作业、生产管理、产品销售等"几统一"的方式等。三是要坚持因地制宜的原则。各地具体情况各不相同，则不能一刀切地采用一套发展模式，而是要允许地方进行多种形式的探索试验，给地方一定自主权。党中央对此的态度是支持"探索、探索、再探索"，强调在实践中要尊重农民的意愿和选择，注意总结经验，不断完善规模经营的形式。[②]

3. 提高农业市场竞争力

在市场竞争加剧的环境中，习近平总书记强调要提升农业的市场竞争力。除了从市场需求出发提升农产品的质量、丰富农产品的种类以外，一个很重要的工作就是要在开拓市场上下功夫。农业经济的发展离不开广阔的市场，只有主动开拓市场、占领市场，才能稳步提升农业市场竞争力。一是要抓农产品转化加工。在过去，农产品主产区存在一个突出的问题就是"原"字号农产品外调较多，而

---

① 《十八大以来重要文献选编》（上），北京：中央文献出版社 2014 年版，第 671 页。
② 《十八大以来重要文献选编》（中），北京：中央文献出版社 2016 年版，第 265 页。

302

转化加工较少。针对这一现状，党中央积极支持主产区打破外调局面，通过发展畜牧业、粮食加工业和农产品精深加工，不断延伸产业链、自主打造供应链，从而提升其农产品的市场占有率。二是创新农产品的流通方式。农产品从产区到进入销售市场要经过许多流通环节，流通环节增多必然导致销售成本提高，从而产生了农民"卖难"和居民"买贵"并存的现象。以习近平同志为核心的党中央意识到这一问题的重要性，因此高度重视农业市场化建设，提出要"推进电商与实体流通相结合，完善农产品流通骨干网络，推进各种形式的对接直销"，[①] 从而有效缓解"卖难"和"买贵"并存的困局。三是要提高开发和利用国际市场的能力。习近平总书记强调要积极支持优势农产品出口，完善边民互市贸易政策，支持培育具有国际竞争力的农业企业集团，健全农业对外合作部际联席会议制度，创新农业对外合作模式等，以此扩大农产品的出口规模，增加农业收益。

4. 加强农业生态环境治理和保护

农业农村生态环境保护是新时代生态环境保护的重要内容。推进农业现代化需要以良好的农业生态环境为基础，因此必须正确处理好农业经济发展与农业生态保护之间的关系，"坚决摒弃损害甚至破坏生态环境的发展模式，坚决摒弃以牺牲生态环境换取一时一地经济增长的做法"。[②] 为了更好地应对农业环境污染和农业生态破坏等问题，以习近平同志为核心的党中央提出"坚持绿色发展是发展观的一场深刻革命"，[③] 由此推动我国农业向环境友好、生态保育方向持续发展。一是提出"打好农业面源污染治理攻坚战"。[④] 好的制度才能管根本、管长远。党中央首先强调要形成改善农业环境的政策法规制度和技术路径，确保农业

---

① 《十八大以来重要文献选编》(中)，北京：中央文献出版社 2016 年版，第 263 页。
② 中共中央文献研究室：《习近平关于社会主义生态文明建设论述摘编》，北京：中央文献出版社 2017 年版，第 36 页。
③ 中共中央文献研究室：《习近平关于社会主义生态文明建设论述摘编》，北京：中央文献出版社 2017 年版，第 38 页。
④ 中共中央文献研究室：《习近平关于社会主义生态文明建设论述摘编》，北京：中央文献出版社 2017 年版，第 61 页。

生态环境恶化趋势总体得到遏制；其次提出要加大农业面源污染防治力度，实施化肥农药零增长行动，实施种养业废弃物资源化利用、无害化处理区域示范工程；最后还积极倡导推广高效生态循环农业模式。二是提出"实施山水林田湖生态保护和修复工程，进行整体保护、系统修复、综合治理"。[①] 农业生态修复必须要坚持"养""用"结合的原则，扩大退耕还林还草规模、扩大退牧还草工程实施范围、开展退耕还湿等，加快推进水生态修复工程建设，编制实施耕地、草原、河湖休养生息规划，促进良好生态环境成为农业经济发展的增长点和支撑点。

(三) 加快构建新型农业经营体系

党的十八大报告指出，要"构建集约化、专业化、组织化、社会化相结合的新型农业经营体系"。[②] 此后，党的十八届三中全会以及 2013 年、2014 年的"中央一号"文件等都强调要加快构建新型农业经营体系。当前，构建新型农业经营体系的关键就是要巩固和完善农村基本经营制度、健全农业社会化服务体系、扶持发展新型农业经营主体。

1. 巩固和完善农村基本经营制度

党的二十大报告强调，要巩固和完善农村基本经营制度。农村基本经营制度是党的农村政策的基石。在中国共产党的话语体系中，坚持农村基本经营制度不是一句空口号，而是有明确的政策要求的。2013 年，在《坚持和完善农村基本经营制度》中，习近平总书记将这些政策要求概括为三个要点：一是坚持农村土地农民集体所有，这是坚持农村基本经营制度的"魂"，因为农村土地集体所有权是土地承包经营权的基础和本位；二是坚持家庭经营基础性地位，不论承包经营权如何流转，集体土地承包权都属于农民家庭，其他任何主体都不能取代农民家

---

① 《十八大以来重要文献选编》(下)，北京：中央文献出版社 2018 年版，第 110 页。
② 《胡锦涛文选》(第 3 卷)，北京：人民出版社 2016 年版，第 631 页。

庭的土地承包地位；三是坚持稳定土地承包关系，任何组织和个人都不得剥夺和非法限制农民承包土地的权利。① 党的十八大以来，我国在继续巩固和完善农村基本经营制度的基础上，立足于处理农地关系的现实需要，坚持以"三权分置"为龙头，积极稳妥推进农村土地改革。在深化农村土地改革的过程中，习近平总书记论述了处理农村地区改革、发展、稳定三者关系的重要指针，即始终坚持公有制和土地集体所有制。习近平总书记在 2016 年 4 月视察安徽小岗村时强调："不管怎么改，都不能把农村土地集体所有制改垮了，不能把耕地改少了，不能把粮食生产能力改弱了，不能把农民利益损害了"。② 习近平总书记旗帜鲜明地提出"四个底线"的思想，突出了"农村土地公有制性质不能变"的观点，明确了农村土地改革的总基调和根本方向，为巩固和完善农村基本经营制度提供了根本遵循。

2. 健全农业社会化服务体系

"人均一亩三分地，户均不过十亩田"是我国农业用地的基本现状，习近平总书记由此指出："这样的资源禀赋决定了我们不可能各地都像欧美那样搞大规模农业、大机械作业，多数地区要通过健全农业社会化服务体系，实现小规模农户和现代农业发展有机衔接。"③进入新时代以来，在以习近平同志为核心的党中央对于农业发展的高度关注和精心部署下，农业社会化服务不断探索创新、蓬勃发展。2014 年中央"一号文件"强调要健全农业社会化服务体系，该文件提出要稳定农业公共服务机构，健全经费保障、绩效考核激励机制；大力发展主体多元、形式多样、竞争充分的社会化服务；支持具有资质的经营性服务组织从事农

---

① 中共中央党史和文献研究室：《习近平关于"三农"工作论述摘编》，北京：中央文献出版社 2019 年版，第 50~51 页。

② 《加大推进新形势下农村改革力度 促进农业基础稳固农民安居乐业》，载《人民日报》2016 年 4 月 29 日。

③ 中共中央党史和文献研究室：《习近平关于"三农"工作论述摘编》，北京：中央文献出版社 2019 年版，第 64 页。

业公益性服务；扶持发展农民用水合作组织、专业技术协会、农民经纪人队伍等组织；完善农村基层气象防灾减灾组织体系等。① 2015 年中央"一号文件"继续强调要强化农业社会化服务。2020 年，党的十九届五中全会把"健全农业专业化社会化服务体系"写进"十四五"规划之中。2021 年 7 月，《农业农村部关于加快发展农业社会化服务的指导意见》发布。该文件作为指导农业社会化服务发展的专门文件，明确了坚持市场导向、聚焦服务小农户、鼓励探索创新、引导资源共享的发展思路；确立了农业社会化服务的阶段性发展目标；拟定了推动共同发展、拓展服务领域、创新服务机制、推进资源整合、提升科技水平、强化行业指导的主要任务。

3. 扶持发展新型农业经营主体

新型农业生产经营主体，既包括职业农民，又包括农业经营组织，其类型主要有专业大户、家庭农场、农民合作社、龙头企业等。习近平总书记在 2013 年的中央农村工作会议上提出："要把加快培育新型农业经营主体作为一项重大战略，以吸引年轻人务农、培育职业农民为重点，建立专门政策机制，构建职业农民队伍，形成一支高素质农业生产经营者队伍，为农业现代化建设和农业持续健康发展提供坚实人力基础和保障。"②为了加大对农村中新出现的农业经营主体的扶持，以习近平同志为核心的党中央出台多元举措，为新型农业经营主体的发展创设了良好的政策环境。一是加强对新兴农业经营主体的培育，通过发展家庭农场、合作社、龙头企业、社会化服务组织和农业产业化联合体等，从而实现多种形式的适度规模经营；二是兼顾扶持小农户，在培育新型农业经营主体的同时，党和政府通过采取针对性措施，把小农生产引入现代农业发展轨道；三是加强金融支持力度，通过创新涉农金融产品和服务，为新型农业经营主体提供稳定的资金支持；四是做好涉农保险工作，通过开发满足新型农业经营主体需求的保险产

---

① 《十八大以来重要文献选编》（上），北京：中央文献出版社 2014 年版，第 711 页。
② 《十八大以来重要文献选编》（上），北京：中央文献出版社 2014 年版，第 680 页。

品，采取以奖代补方式支持地方开展特色农产品保险；五是加大对新型职业农民和新型农业经营主体领办人的教育培训力度等。通过一系列政策举措壮大了新型农业经营主体队伍，从而加快了我国农业现代化发展进程。

(四)提高农业综合生产能力

在2021年中央经济工作会上，习近平总书记指出："要把提高农业综合生产能力放在更加突出的位置，持续推进高标准农田建设，深入实施种业振兴行动，提高农机装备水平，保障种粮农民合理收益，中国人的饭碗任何时候都要牢牢端在自己手中。"[1]提高农业综合生产能力是一篇大文章，事关乡村振兴、农业现代化全局，因此习近平总书记在多次重要讲话和多个重要文件中反复阐释"如何做"的问题，指明了农业综合生产能力稳步提升的正确方向和有效途径。

1. 持续推进高标准农田建设

随着我国经济社会的持续发展，大量的耕地资源被占用，面对耕地资源逐渐减少的问题，习近平总书记强调要落实和完善最严格的耕地保护制度，坚守18亿亩耕地红线，划定永久基本农田，防止耕地流失或土地用途发生根本性变化，坚决禁止耕地"非农化"。为了更好地利用有限的土地资源，落实"藏粮于地"战略，习近平总书记多次作出重要指示，强调要突出抓好耕地保护和地力提升，加快推进高标准农田建设，切实提高建设标准和质量，真正实现旱涝保收、高产稳产。与此同时，党中央相继制定了多个关于推进高标准农田建设的重要文件，如《关于扎实推进高标准农田建设的意见》《关于切实加强高标准农田建设提升国家粮食安全保障能力的意见》《全国高标准农田建设规划（2021—2030）》等。这些重要文件按照农业高质量发展要求，以提升粮食产能为首要目标，确定了高标准农田建设的指导思想、基本原则、目标任务、主要内容以及保障措施等，有利于大

---

[1] 《中央经济工作会议在北京举行》，载《人民日报》2021年12月11日。

力推进高标准农田建设，为保障国家粮食安全提供坚实基础。

2. 深入实施种业振兴行动

"国无农不稳，农以种为先。"种业安全是维护国家粮食安全的重要保障。在2013 年的中央农村工作会议上，习近平总书记提出："要下决心把民族种业搞上去，抓紧培育具有自主知识产权的优良品种，从源头上保障国家粮食安全"，[①]这一重要论述不仅彰显了党中央推进种业振兴的坚定决心，也展现了种业振兴对于国家安全战略的重要性。2020 年 12 月 28 日，习近平总书记在中央农村工作会议上强调要加快实施生物育种重大科技项目。2021 年 7 月 9 日，中央全面深化改革委员会第二十次会议审议通过了《种业振兴行动方案》，习近平总书记在会上提出：要"把种源安全提升到关系国家安全的战略高度"，[②] 集中力量突破育种难题、补齐育种短板，实现种业科技自立自强、种源自主可控。此后，习近平总书记多次到地方考察，反复提及种业科技发展问题。2021 年 10 月，习近平总书记在山东东营考察时，强调要加强种质资源基础性研究；2022 年 4 月，习近平总书记在海南考察时，提出必须把种子牢牢攥在自己手里，用中国种子保障中国粮食安全；2022 年 6 月，习近平总书记在四川考察时，高度赞扬了农业科技工作者对水稻良种育种所作出的重要贡献。这一系列重要论述把种源安全提升到关系国家安全的战略高度，提醒全党全国要从国家安全的高度认识把握种业振兴的战略性、基础性和紧迫性，充分体现了以习近平同志为核心的党中央对种业的高度重视，为实施种业振兴行动指明了方向、提供了遵循。

3. 提高农机装备水平

农机装备是我国保障国家粮食安全、全面推进乡村振兴、加快农业农村现代

---

① 《十八大以来重要文献选编》（上），北京：中央文献出版社 2014 年版，第 664 页。
② 《统筹指导构建新发展格局 推进种业振兴 推动青藏高原生态环境保护和可持续发展》，载《人民日报》2021 年 7 月 10 日。

化的重要支撑和物质技术基础，是制造强国的十大重点领域之一。在"十四五"规划纲要和《"十四五"推进农业农村现代化规划》等文件中，党中央把农业机械化作为攻关重点，"十四五"规划纲要明确指出：要"加强大中型、智能化、复合型农业机械研发应用，农作物耕种收综合机械化率提高到75%"。[1] 为了切实提升农机装备研发应用水平，以习近平同志为核心的党中央提出了一系列战略举措。一是加大农机购置补贴力度，完善补贴办法，继续推进农机报废更新补贴试点；二是加快推进大田作物生产全程机械化，主攻机插秧、机采棉、甘蔗机收等薄弱环节，实现作物品种、栽培技术和机械装备的集成配套；三是积极发展农机作业、维修、租赁等社会化服务，支持发展农机合作社等服务组织；四是要加快改造和提升农机工业，研发适合不同地区、不同产品、不同环节的农业机械，努力提高农机质量，推进农业产业全程机械化；五是推进我国农机装备产业转型升级，加强科研机构、设备制造企业联合攻关，进一步提高大宗农作物机械国产化水平，加快研发经济作物、养殖业、丘陵山区农林机械，发展高端农机装备制造等。这些举措安排，体现了党中央对农业机械化的高度重视，为加快实现农业现代化、牢牢握紧中国人的饭碗提供了有力支撑。

4. 保障粮食和重要农产品有效供给

国以民为本，民以食为天。我国作为人口大国，粮食安全无疑是保障经济发展、社会稳定、国家安全的重要基础。习近平总书记怀着强烈的忧患意识，从我国历史上发生多次大饥荒的教训出发，特别强调"保障国家粮食安全是一个永恒课题，任何时候这根弦都不能松"。[2] 2021年中央"一号文件"把"提升粮食和重要农产品供给保障能力"[3]放在加快推进农业现代化的首要位置。在党的二十大

---

① 《中华人民共和国国民经济和社会发展第十四个五年规划和2035年远景目标纲要》，北京：人民出版社2021年版，第69页。
② 《十八大以来重要文献选编》（上），北京：中央文献出版社2014年版，第660页。
③ 《中共中央 国务院关于全面推进乡村振兴 加快农业农村现代化的意见》，北京：人民出版社2021年版，第35页。

上，习近平总书记更是提出要全方位夯实粮食安全根基。为了确保我国的粮食安全，习近平总书记提出了"坚持以我为主、立足国内、确保产能、适度进口、科技支撑的国家粮食安全战略"。① 其中，"以我为主、立足国内"是习近平总书记反复强调的重要原则。他指出，"中国人的饭碗任何时候都要牢牢端在自己手上"，② 而且这个"饭碗"中应该主要装的是中国粮，如果在粮食问题上依赖进口，就会被别人牵着鼻子走，这样会严重影响我国的国家安全。此外，以习近平同志为核心的党中央还提出了要完善粮食等重要农产品价格形成机制，健全农产品市场调控制度，合理利用国际农产品市场，强化农产品质量和食品安全监管等系列举措，为保证粮食等农产品的自给率提供了有力支撑。

（五）深入推进农业供给侧结构性改革

改革开放以来，我国农业发展取得了长足的进步。在新的历史条件下，农业领域的主要矛盾也发生了转变，由供给总量不足转化为结构性矛盾，矛盾的主要方面在供给侧。面对农产品供求结构失衡，农民收入持续增长乏力等问题，急需作出相应的实践回应以破解重重矛盾。以习近平同志为核心的党中央审时度势，当机立断，提出要"坚持问题导向，调整工作重心，深入推进农业供给侧结构性改革，加快培育农业农村发展新动能"，③ 以此破解结构性矛盾。

1. 解决产量结构性过剩矛盾

对于粮食问题，习近平总书记强调要善于透过现象看到本质。我国粮食持续增产、农业连年丰收，为稳定宏观经济作出了重要贡献。但是，在国际粮价下跌、进口增加的背景下，"增产"和"丰收"不仅仅会带来正面影响，还会造成库存积压、财政负担加重等新问题。针对供大于求所造成的结构性过剩矛盾，习近平总

---

① 《十八大以来重要文献选编》（上），北京：中央文献出版社 2014 年版，第 660 页。
② 《十八大以来重要文献选编》（上），北京：中央文献出版社 2014 年版，第 660 页。
③ 《十八大以来重要文献选编》（下），北京：中央文献出版社 2018 年版，第 529 页。

书记指出：“粮食去库存是当前紧迫任务。要在继续消化玉米库存的同时，加大稻谷去库存力度，采取更加积极有效的举措，加快消化积压库存。”①只有解决好库存积压的问题，才能推进农业可持续发展、保障农民的收入、维护农村的稳定。

2. 调整和优化农业供给结构

当前，我国农业领域的主要矛盾不仅表现为结构性的供过于求，而且同时存在结构性供给不足的问题。所谓结构性的供给不足，是指随着消费需求的升级，人们对农产品的供给质量和供给种类的要求越来越高，而现有农产品无法很好满足消费者的新兴需求，从而出现的供求矛盾，本质上是高端供给或优质供给不足。面对结构性矛盾，习近平总书记强调要在保障国家粮食安全的基础上，协同发挥政府和市场“两只手”的作用，更好引导农业生产，优化供给结构，以实现供需匹配。那么，农业供给结构应该往哪个方向调呢？习近平总书记指出：“市场需求是导航灯，资源禀赋是定位器。要根据市场供求变化和区域比较优势，向市场紧缺产品调，向优质特色产品调，向种养加销全产业链调，拓展农业多功能和增值增效空间。”②也就是说，要始终坚持市场化导向，使农业结构布局不断与市场需求相适应，减少低端供给和无效供给，扩大优质供给和有效供给。

3. 坚持走质量兴农之路

习近平总书记强调，深入推进农业供给侧结构性改革，必须走质量兴农之路。走质量兴农之路，一是要做好“优”的文章，农业生产者要转变生产观念，“树立大农业观、大食物观，向耕地草原森林海洋、向植物动物微生物要热量、要蛋白，全方位多途径开发食物资源”，③ 不断适应消费者的多样性的消费需求；

---

① 中共中央党史和文献研究室：《习近平关于“三农”工作论述摘编》，北京：中央文献出版社 2019 年版，第 96 页。

② 中共中央党史和文献研究室：《习近平关于“三农”工作论述摘编》，北京：中央文献出版社 2019 年版，第 91~92 页。

③ 《十九大以来重要文献选编》（上），北京：中央文献出版社 2019 年版，第 147 页。

二是要做好"特"的文章，"加快培育优势特色农业，打造高品质、有口碑的农业'金字招牌'"，① 用特色鲜明的农产品提高市场占有率；三是要做好"卖"的文章，农产品从产区到消费者手中要经过诸多流通环节，农产品是否能够卖得出、卖得好，关键还是要"学会给农产品梳妆打扮和营销宣传，加强农产品产后分级、包装、仓储、物流、营销，特别是要加快补上冷链物流等短板，推进农产品流通现代化"；② 四是要做好"安全"的文章，习近平总书记指出，既要把住生产环境安全关和农产品生产安全关，又要进行严格规范的管理，必须"织出一张确保食品安全的天罗地网"，通过加强源头治理，健全监管体制，让老百姓获得"舌尖上的安全"。

---

① 《十九大以来重要文献选编》(上)，北京：中央文献出版社 2019 年版，第 147 页。
② 《十九大以来重要文献选编》(上)，北京：中央文献出版社 2019 年版，第 147 页。

第八章

中国化马克思主义国有企业理论

国有企业关乎党执政兴国的经济基础和政治基础，是社会主义基本经济制度重要的物质载体，是国民经济的"顶梁柱"和"稳定器"。发展和壮大国有企业，有利于推动经济高质量发展，有利于增强我国综合实力，有利于保障人民共同利益。自马克思列宁主义诞生伊始，马克思主义经典作家对于公有制经济都作出过系统性的论述。作为公有制经济的重要实现形式之一，国有企业的发展需要科学的理论指导，实践的需求呼唤国有企业理论的诞生。伴随马克思主义经济理论中国化的进程和实践探索的发展，国有企业理论同样经历了中国化的过程，并且在理论与实践的碰撞中不断发展，形成了具有中国特色的国有企业理论。从经济思想史的视角研究国有企业理论中国化的历程，有助于深入挖掘马克思主义经济理论中国化进程中具有理论价值和实践价值的相关思想，有助于理清中国化马克思主义国有企业理论的发展脉络，有助于理解新时代习近平关于国有企业的重要论述。理论是实践的先导，梳理马克思主义国有企业理论中国化的发展进程，有利于推动新时代国有企业改革和发展的实践取得新的进展。

一、马克思列宁主义国有企业的相关理论

作为马克思主义的创始人，马克思、恩格斯在对资本主义私有制进行深入批判后，提出了要建立以生产资料公有制为主要经济特征的共产主义社会。围绕着"生产资料公有制"理论，马克思、恩格斯构建了一套在生产资料公有制的社会将如何进行生产、分配、流通和消费的理论框架，成为马克思主义国有企业理论的开端。1917年俄国十月革命取得胜利，率先建立起社会主义制度。苏联在马克思主义理论的指导下，开始了公有制经济探索，创建了首批社会主义国营企业，国有企业理论初次得以实践。在资本主义由自由竞争阶段向垄断阶段转变的大背景下，列宁和斯大林等苏联马克思主义经典作家对国有企业进行了一系列实践探索，并将其上升为理论，对于马克思主义国有企业理论中国化具有重大

意义。

(一)马克思、恩格斯关于国有企业的相关理论

在资本主义自由竞争背景下，马克思、恩格斯开始深入剖析资本主义经济，对资本主义基本矛盾进行了系统性分析，在此基础上构想未来社会的经济制度。在马克思和恩格斯的研究原典中，并没有明确提出"国有企业"或"国营企业"这一概念，但马克思主义经济理论中所有制、产权理论和企业理论都为后来国有企业实践提供了坚实的理论基础。因此，对马克思、恩格斯关于国有企业的相关理论的考察，有助于探寻中国化马克思主义国有企业理论的渊源。

1. 马克思所有制理论

生产社会化和资本主义生产资料私有制之间的矛盾是资本主义社会的基本矛盾，因此所有制问题是资本主义社会所面临的核心问题。马克思所有制理论建立在对资本主义社会基本矛盾的深入分析之上，为社会主义公有制奠定科学的理论基础。

第一，明确所有制的概念。明晰和甄别概念是任何一种科学理论所必需的首要步骤，马克思在早期批判德国古典主义哲学时就注重对所有制概念的辨析。在当时德国社会中，"现存的所有制关系是作为普遍意志的结果来表达的"，这也导致了一个错觉，即"仿佛私有制本身仅仅以个人意志即以对物的任意支配为基础"。① 对于所有制概念的混淆导致对于人类社会历史的研究脱离了唯物主义的范畴，社会大众对所有制的认知不是对特定生产力的反映，而是个人意志对物的任意支配，是一种社会意志的产物。对于所有制概念的混淆，导致人们对社会所有制的认识不清，一旦所有制概念被划分至社会意识的范畴，将难以研究所有制的历史及未来发展的锚点。马克思批判资产阶级经济学家通过混淆和模糊所有制

---

① 《马克思恩格斯选集》(第 1 卷)，北京：人民出版社 2012 年版，第 213 页。

的概念，使私有制成为一种看似永恒的社会关系，而所有制与生产力之间的关系被掩盖起来，"在每个历史时代中所有权是以各种不同的方式、在完全不同的社会关系下面发展起来的。因此，给资产阶级的所有权下定义不外是把资产阶级生产的全部社会关系描述一番"。①马克思在这段论述中说明：一方面，所有制是历史的概念，具有动态的发展过程，随着各个历史时代社会关系的变化不断发展；另一方面，所有制与"生产的社会关系"即生产关系概念紧密相连，那么所有制的形式如同生产关系一样，由生产力的发展水平决定。进而可以得出，所有制是一个历史的概念，随生产力的发展不断变化。从哲学的视角考察完所有制的概念范畴后，马克思进而从经济学的理论出发，探索所有制产生的原因。马克思在考察社会生产过程中发现，"一切生产都是个人在一定社会形式中并借这种社会形式而进行的对自然的占有"。②马克思在早期已将所有制产生与生产紧密联系起来，所以他发现所有制是通过制度形式，使个人借助社会制度对自然进行合法的占有，占有的目的是进行社会生产。社会制度都是为社会生产服务的，所有的社会制度都是确保社会能有序且可持续地生产，而生产的前提是个人对生产资料的占有，这一行为得到社会的共同认可，作为制度的形式确立下来，从而形成所有制。个人对生产资料占有也会产生劳动产品的归属问题，生产资料的所有者理所应当地占有了劳动的产品，这种生产的现实揭露出生产和分配的问题。马克思在后文中解释道："在分配是产品的分配之前，它是（1）生产工具的分配。"③马克思详细论证了生产与分配的辩证关系，分配本身是生产的一个环节，二者统一于生产。具体表现为，在产品分配以前，还存在一个先于生产的步骤，即对生产工具的分配。这种分配并不是某个个人行为，而是社会的行为，因此这种分配行为被确定为一种社会制度，即生产资料所有制。

马克思对所有制概念的辨析，尤其是对生产资料所有制的论述，揭示了社会

---

① 《马克思恩格斯选集》（第1卷），北京：人民出版社2012年版，第258页。
② 《马克思恩格斯选集》（第2卷），北京：人民出版社1995年版，第5页。
③ 《马克思恩格斯选集》（第2卷），北京：人民出版社1995年版，第14页。

生产的一般性规律。企业作为社会生产的基本单元，也在社会生产的一般规律的作用范围内，在企业进行生产之前，需要先明确的就是占有企业的主体，也就是企业的所有制。明确所有制的概念，奠定了马克思所有制理论的基础。

第二，建立公有制。明确所有制概念后，马克思、恩格斯从资本主义私有制入手，对资本主义进行深入研究。马克思认为，"私有制作为社会的、集体的所有制的对立物，只是在劳动资料和劳动的外部条件属于私人的地方才存在。"①个人对生产资料和劳动外部条件的占有以社会制度的形式固定下来，从而形成私有制。而占有生产资料和劳动外部条件的所有者既可以是劳动者，也可以是不参与劳动的非劳动者。劳动者占有生产资料的生产方式是私人小生产的方式。这种生产方式发展到一定程度，就会从多数人占有小财产转变为少数人掌握大财产，就形成了资本主义所有制。小部分资产阶级掌握绝大部分社会财富，与广大无产阶级形成对立，当无产阶级除了自身劳动力以外再也没有可以出卖的财产后，资产阶级通过雇佣劳动的形式占有劳动力，使无产阶级异化为劳动生产的工具，从而造成贫困等一系列社会问题。所以私有制是这一切的根源所在。伴随私有制发展，生产则以社会化趋势发展，劳动协作范围不断扩大，为了进一步节省生产成本而使生产资料被社会共同使用，科学技术创新推动生产力的发展，世界市场逐渐形成和发展。于是，"生产资料的集中和劳动的社会化，达到了同它们的资本主义外壳不能相容的地步"。② 所以马克思在《共产党宣言》中明确提出："共产党人可以把自己的理论概括为一句话：消灭私有制。"③在确定了消灭私有制的任务以后，马克思对于消灭私有制的任务和步骤有着清醒的认识。马克思在《〈政治经济学批判〉序言》中指出："无论哪一个社会形态，在它所能容纳的全部生产力发挥出来以前，是决不会灭亡的；而新的更高的生产关系，在它的物质存在条件在旧社会的胎胞里成熟以前，是决不会出现的。"④"两个决不会"说明了，消灭私

---

① 马克思：《资本论》(第1卷)，北京：人民出版社2004年版，第872页。
② 马克思：《资本论》(第1卷)，北京：人民出版社2004年版，第874页。
③ 《马克思恩格斯选集》(第1卷)，北京：人民出版社2012年版，第414页。
④ 《马克思恩格斯选集》(第2卷)，北京：人民出版社2012年版，第3页。

有制，对旧有的生产关系进行变革，必须以生产力发展情况为根本。共产党人要根据生产力的发展状况作出正确的判断，才有可能实现社会主义制度。马克思消灭私有制的思想，是广大共产党人为实现共产主义理想不懈奋斗的行动指南，对苏联建立社会主义制度和我国社会主义改造具有直接影响。在这两次社会主义发展史上的重大事件中，苏联和中国开始建立社会主义经济体制的实践，社会主义公有制下的国有企业就此登上历史的舞台。

马克思、恩格斯在作出资本主义必然灭亡的科学判断后，对于未来社会的所有制进行了探索。马克思在《共产党宣言》(下文简称《宣言》)中写道，无产阶级的革命任务是"一步一步地夺取资产阶级的全部资本，把一切生产工具集中在国家即组织成为统治阶级的无产阶级手里"。① 在《宣言》中已经可以清晰地看到马克思对未来社会的构想：无产阶级通过革命获得政权，没收资产阶级的资本，实现生产资料公有制。在实现了公有制后，为满足社会需要，进行社会化生产。《宣言》中列出了十条共产党人应采取的具体措施，其中第七条是"按照共同的计划增加国家工厂和生产工具"，② "国家工厂"这一概念说明在生产资料公有制的社会，需要以国家为所有者而运营的生产单位，可以将其看作国有企业的原始概念。马克思在《资本论》中也谈道："在协作和对土地及靠劳动本身生产的生产资料的共同占有的基础上，重新建立个人所有制。"③关于"个人所有制"概念当前学术界还存在诸多讨论，尚未能下定论，但可以明确马克思设想的未来社会是构建在社会广泛协作以及共同占有生产资料的基础上，因此社会主义经济制度的必然要求是构建生产资料公有制。马克思建立公有制思想确定了国有企业公有制的属性，在生产资料公有制的基础上，存在运用生产资料进行生产、管理的部门，在后来的社会主义实践过程中逐渐形成了国有企业。

第三，产权与所有制的关系。产权是对财产的所有权，是所有制关系在法律

① 《马克思恩格斯选集》(第1卷)，北京：人民出版社2012年版，第421页。
② 《马克思恩格斯选集》(第1卷)，北京：人民出版社2012年版，第422页。
③ 马克思：《资本论》(第1卷)，北京：人民出版社2004年版，第874页。

形式上的表现。马克思在担任《莱茵报》主编时期，参与到一场关于"林木盗窃案"的辩论当中，他深刻认识到法律问题与经济问题密切相关，转而开始研究社会经济的运行规律。马克思在系统深入地研究政治经济学后，发现了"经济领域的生产关系与法律领域的财产关系之间的本质联系"，① 对产权和所有制的关系进行理论探索，对改革开放以来我国国有企业改革实践产生了深远的影响。

所有权是所有制的法律形态。唯物史观认为，经济基础决定上层建筑。产权作为法律概念属于上层建筑范畴，并不是凭空产生，而是由一定的社会经济制度所决定的。马克思在经济研究中注重研究现实中法的问题与其背后的经济关系之间的联系性，他认为"这种具有契约形式的法的关系，是一种反映着经济关系的意志关系。这种法的关系或意志关系的内容是由这种经济关系本身决定的"。② 任何法的表象背后，都是某种经济意志的体现，而决定这种经济意志的，则是社会中人与人结成的经济关系。由这一概念入手，可以推断属于法律范畴的产权背后，是财产所有制的关系。马克思探索私有财产的起源时发现，并非是先产生私有权再产生私有财产，而是先产生对自然的占有这种现实现象，再将现实以法律的形式确定为权利。"只是由于社会赋予实际占有以法律规定，实际占有才具有合法占有的性质，才具有私有财产的性质。"③马克思明确产权与所有制的关系，是国有企业产权的基础，国有企业改革过程中也要注意把握产权与所有制之间的关系，要坚持国有企业的公有产权主体，防止国有资产流失。

产权形态具有历史性。不同于西方的经济学家将产权当作一种永恒不变的经济学概念，马克思以唯物史观为方法论，深入探索产权的发展历史。马克思认为在资本主义私有财产以前，产权存在三种历史形态：一是原始土地占有，因为当时并没有形成国家和法律，因此只有土地占有和所有制，不存在产权；二是生产工具的所有权，生产工具的产生使劳动者获得生产工具的所有权，同时对生产工

---

① 吴易风：《产权理论：马克思和科斯的比较》，载《中国社会科学》2007年第2期。
② 马克思：《资本论》（第1卷），北京：人民出版社2004年版，第103页。
③ 《马克思恩格斯全集》（第3卷），北京：人民出版社2002年版，第137页。

具的占有也意味着劳动者拥有生产资料和劳动产品的所有权；三是劳动者只拥有生活资料的所有权，而失去生产资料的所有权，这种所有权的形式"实质上是奴隶制和农奴制的公式"。① 从产权的演变历史不难看出，产权并非长期不变，反而是随着社会形态的变化不断发生变化。产权发生变化的根本原因，马克思认为"这种财产归结为对生产条件的关系"，② 归根结底还是生产力的发展水平。因此在国有企业改革进程中，国有企业的产权属性并不是一个孤立概念，而应该随着生产力的发展状况不断调整，也为我国国有企业改革提供理论依据。

产权具有可划分性。马克思在考察原始公社的产权时发现，"统一体本身能够表现为一种凌驾于这许多实际的单个共同体之上的特殊东西……对这个别的人来说是间接的财产，因为这种财产，是由作为这许多共同体之父的专制君主所体现的总的统一体，以这些特殊的公社为中介而赐予他的"。③ 在东方的专制制度下，公社的产权结构颇为复杂，有一个共同体拥有全部公社的财产，但又将各个财产以间接财产的形式分给每个个体，以保证个体可以正常生产生活。可以看出，产权不同于所有制，产权可以分割为不同的具体权利，而这些具体权利又可以分属不同的主体，这使得产权体系更为复杂。比如对财产的所有权可以划分为占有权、使用权、经营权、收益权、继承权等多种权利，对财产具有占有权的主体可以将其他权利依据法律规范转让给其他主体。产权的可划分性对于国有企业的产生具有非常重要的意义，国有企业是公有制属性，在经济意义上归全体人民共同拥有，但是不可能做到全体人民共同对国有企业进行管理经营，因此在法律上就可以对国有企业产权进行划分，将企业的经营权和管理权移交至部分劳动者代表，而保留国有企业的收益权归全体人民共同享有。可以说，产权的可划分性，使国有企业的构想在法律层面上具有可实施性，保障了国有企业的合法性。

---

① 《马克思恩格斯全集》(第30卷)，北京：人民出版社1995年版，第494页。
② 《马克思恩格斯全集》(第30卷)，北京：人民出版社1995年版，第485页。
③ 《马克思恩格斯全集》(第30卷)，北京：人民出版社1995年版，第467页。

2. 马克思企业理论

企业是社会生产的核心单元，企业理论是经济学界重要的研究内容。马克思在《资本论》中从宏观层面对资本主义生产关系进行了系统性研究，从微观层面则通过企业的生产行为剖析资本主义制度下劳动与资本的关系。在当时的社会生产力背景下，马克思考察的企业是以机器大生产为主的资本主义工厂。虽然现在企业的形式已发生诸多变化，但马克思企业理论对当今企业的发展尤其是国有企业的发展提供了理论指引。

第一，企业的产生。马克思认为，不同于个人作坊这种小手工业生产方式，企业产生于资本和劳动力的集中，分工协作的需要是企业产生的根本原因。马克思在《资本论》中论述道："协作本身表现为同单个的独立劳动者或小业主的生产过程相对立的资本主义生产过程的特有形式。"[1]有了分工协作以后，不同的生产个体就需要统筹协调在同一个生产单位中，并具有不同的生产职能。马克思在对资本主义私有制进行宏观分析时已经提到，资本主义私有制使大多数劳动资料集中在少数人手里，将社会自然划分为资产阶级和无产阶级两个对立阶级。在资本主义所有制的基础上，社会分工产生了新的变化，雇佣劳动就成为劳动的主要形态。"在同一个劳动过程中同时雇用人数较多的雇佣工人，构成资本主义生产的起点。"[2]因此，在更大范围的分工协作和雇佣劳动的作用下，诞生了资本主义制度下的企业。企业作为生产单位，将生产资料和劳动者大规模聚集起来。这样的聚集，可以通过空间和原料的集中节约成本，通过提高劳动者专业化技能提升生产效率，从而大幅提高生产率。国有企业依然属于企业范畴，其基本的生产职能并没有发生改变，马克思对于企业的科学认识有助于我们把握国有企业的本质，从而对国有企业改革发展作出科学规划。

第二，企业的内部结构。企业的内部结构是从微观层面解剖资本与劳动关系

---

① 马克思：《资本论》（第1卷），北京：人民出版社2004年版，第388页。
② 马克思：《资本论》（第1卷），北京：人民出版社2004年版，第388~389页。

的关键，企业中人与人结成的组织关系和分配关系，是资本主义生产关系的缩影。"一切规模较大的直接社会劳动或共同劳动，都或多或少地需要指挥，以协调个人的活动，并执行生产总体的运动。"①马克思以乐队作比喻，单个乐手演奏不需要指挥，但是整个乐队演奏就需要指挥协调各方。企业这个大规模协作劳动的生产单位，需要由部门进行协调管理，就产生了管理者和生产者两种职务。充当管理者的往往就是资本的所有者，即资本家；充当生产者的，就是被雇佣的工人。在这个结构基础上，还衍生出细分的结构，"真正的工场手工业不仅使以前独立的工人服从资本的指挥和纪律，而且还在工人自己中间造成了等级的划分"。② 在工人群体中间，企业依然对工人群体进行细化分工，小部分工人拥有部分管理职能，所以企业内部形成一个等级森严的金字塔结构。马克思对这样的企业结构进行深刻批判，在这样森严的等级结构中，工人不再是具有自然属性的自由独立的个体，而沦为整个工厂机器中的一个零部件，工人们所失去的权利，全部集中在与其相对立的资本本身。在这样畸形的结构里，工人的发展变得畸形，逐步成为"局部工人"，失去自由全面发展的权利。马克思对企业内部结构的剖析和批判，对国有企业发展具有深刻的警示意义。作为公有制企业，国有企业确实存在不同职能的岗位，但是并不存在"资本家"和"雇佣工人"这个对立的矛盾。如何在国有企业中实现每一名企业职工平等而全面的发展，是国有企业需要深入思考的理论问题和现实问题，也是突出国有企业公有制属性的关键。

第三，合作制企业。马克思、恩格斯在探索共产主义实现形式的过程中，对于合作制这种古代生产制度产生了浓厚的兴趣。马克思曾在《资本论》中提到对国际工人协会试验的"合作工厂"的看法，"工人自己的合作工厂，是在旧形式内对旧形式打开的第一个缺口"。③ 这样的合作制尝试，可以看作资本主义向共产主义过渡的一次伟大的试验。工人们借助资本主义产生的工厂制度和信用制度，

---

① 马克思：《资本论》(第 1 卷)，北京：人民出版社 2004 年版，第 384 页。
② 马克思：《资本论》(第 1 卷)，北京：人民出版社 2004 年版，第 417 页。
③ 马克思：《资本论》(第 3 卷)，北京：人民出版社 2004 年版，第 499 页。

在内部形成联合体共同生产。马克思认为，合作制工厂可以从小的试点逐渐扩展为国家规模。虽然资本主义股份制是合作制的前身，但是"在前者那里，对立是消极地扬弃的，而在后者那里，对立是积极地扬弃的"。① 由此可见，在马克思的构想中合作制是一种比股份制更高级别的合作形式。恩格斯也同样重视合作制的过渡作用，他在 1886 年致奥·倍倍尔的书信中写道："在向完全的共产主义经济过渡时，我们必须大规模地采用合作生产作为中间环节，这一点马克思和我从来没有怀疑过。"②马克思、恩格斯对未来社会生产的构想在之后公有制经济下国有企业实践中得以体现，以国家占有生产资料为基础，形成了工人的联合生产体。同时，马克思对合作制企业的探索，对于当前我国探索混合所有制企业具有相当的启示意义，如何摆脱股份制的"消极扬弃"，建立更高级别的合作制企业，是混合所有制改革面临的理论课题。

（二）列宁、斯大林关于国有企业的相关理论

1917 年俄国十月革命胜利，无产阶级掌握政权建立了由马克思主义政党领导的第一个社会主义国家。十月革命后，无产阶级政权迅速将全国各大工业企业、地方公共事业企业和交通运输企业收归国有，开始了国有企业的实践探索。同时，资本主义在这一时期也发生了变化，国家垄断资本主义这种新的形态的出现也对苏联国有企业发展造成了一定影响。列宁和斯大林针对国有企业的具体实践，从理论上提出了一系列新思想，丰富了马克思主义国有企业理论。

1. 列宁国营企业思想

列宁在建立起无产阶级专政的政权后，开始对社会主义经济建设进行思考和探索。面对着在一个经济落后的国家建立起先进工业体系的艰巨任务，国有企业在社会主义经济建设中发挥着不可或缺的作用。列宁遵循马克思主义基本原理，

---

① 马克思：《资本论》（第3卷），北京：人民出版社 2004 年版，第 499 页。
② 《马克思恩格斯全集》（第 36 卷），北京：人民出版社 1975 年版，第 416 页。

结合新生苏维埃政权的实际情况，寻找新的发展道路。

第一，探索社会主义公有制的实现形式。公有制是社会主义生产关系的根本特征，苏维埃政权建立之后，如何具体实现公有制成为新的理论问题。列宁提出："劳动在俄国按共产主义原则联合起来了，第一，是指废除了生产资料私有制；第二，是指由无产阶级国家政权在全国范围内在国有土地上和国营企业中组织大生产，把劳动力分配给不同的经济部门和企业，把属于国家的大量消费品分配给劳动者。"①列宁认为，在马克思主义理论的指导下，消灭生产资料私有制是俄国革命的必经之路，而消灭私有制以后将会面临国家如何组织生产的新问题。当生产资料归国家所有，国家需要将生产资料和劳动力合理地分配到各个生产部门中，并且生产满足人民需要的生活消费品。在俄国革命的实践中，无产阶级通过革命的形式废除了土地私有制，并没收了所有大资本家的资产。在工业方面，实现了国家组织工业大生产，基本实现了"工人监督"向"工人管理"的转变，国有企业已初具雏形。但是在社会主义过渡阶段，苏俄在解放和发展生产力过程中遇到了阻碍，使列宁开始重新思考社会主义经济建设的方针，提出了"新经济政策"。新经济政策及时纠正了"战时共产主义政策"，并提出利用资本主义建设共产主义的构想。在新经济政策中，列宁重新强调市场的重要性，认为"私人的非国营的交换的发展，即商业的发展，即资本主义的发展，而这种发展在有千百万小生产者存在的条件下是不可避免的"。②列宁看到，生产力落后的国家必须借助资本主义生产方式发展生产力，从而为社会主义发展积蓄力量。通过租让的方式，将国家无力经营开发的生产资料承租给资本家，通过生产力的提高"培植"国家资本主义，再将国家资本主义转换为社会主义，实现向社会主义的过渡。列宁的新经济政策开启了一条符合生产力发展实际情况的社会主义过渡路线，对我国社会主义改造和改革开放以后的国有企业改革均有启示作用。

第二，国营企业进行经济核算。国营企业在公有制经济中，很容易出现生产

① 《列宁选集》(第4卷)，北京：人民出版社2012年版，第61页。
② 《列宁选集》(第4卷)，北京：人民出版社2012年版，第504页。

积极性不高、管理僵化、生产效率低下等问题，国有企业的发展质量直接影响到国有经济的发展情况。面对这些问题，列宁认识到光靠革命热情远远不够，要从制度上入手，彻底扭转国有企业的发展，于是提出了"经济核算"的思想。"国营企业也在改行所谓经济核算，实际上就是在相当程度上实行商业的和资本主义的原则。"①经济核算与新经济政策密不可分，即在允许自由贸易和市场经济的背景下，让企业成为一个独立的市场主体，采取商业的原则参与到市场竞争，那么生产力水平不高、经营管理落后的国营企业就会被淘汰。这种原则是为了提高生产率，使国营企业扭亏为盈，从而增强国有经济。列宁同时也看到，给国营企业赋予更多的经济权利，国营企业会出现过分追求企业利益的情况，在一定程度上会导致工人群众与企业的管理人员形成利益上的对立。列宁要求国家对这个现象保持警惕，并通过工会维护工人阶级的利益，缓和工人与管理人员之间的利益矛盾。在计划经济时代，我国的国营企业也同样面临着管理手段落后、生产效率不高等问题，国营企业亏损现象时刻存在。改革开放以后，我们党提出要将国有企业建设成为自负盈亏的生产主体，通过一系列体制机制改革提升企业的盈利能力。列宁的经济核算思想抓住了国有企业的本质，将提高国有企业生产效率当作国有企业发展的中心任务。

第三，国营企业管理思想。战后苏联面临着饥荒和经济破坏的严峻形势，亟待恢复工业大生产。为了尽快恢复企业的工业生产，列宁提出国营企业的经营管理思想。一方面，要给予国营企业独立性。要尽快实现恢复工业生产的任务，必须要让企业享受充分的机动自由，在人员管理、资金调配和生产计划等方面具有相应的权利，使企业扭亏为盈。因此，企业"应当独立地处理规定工资数额以及分配纸币、口粮、工作服和其他种种供应品的工作"。②另一方面，要重视个人利益的分配。列宁指出："必须把国民经济的一切大部门建立在同个人利益的结

① 《列宁选集》（第4卷），北京：人民出版社2012年版，第620页。
② 《列宁选集》（第4卷），北京：人民出版社2012年版，第623页。

合上面。"①对于个人利益的重视既是由社会主义生产资料公有制的性质决定的，又是提高工人生产积极性、提升企业效率的现实需求。列宁的国营企业管理思想对我国国有企业经营管理依然有深刻的理论价值和实践价值。我国国有企业改革也经历了"放权让利"的阶段，给予企业充分的自主经营权，提升企业的经营效率。在企业内部，也要注意利益分配问题，充分重视工人的个人利益。

2. 斯大林国营企业思想

在列宁去世以后，斯大林接续探索苏联的社会主义道路。在斯大林的探索过程中，他对新经济政策的认识和态度发生了转变。在1926年以前，斯大林一直支持和维护列宁的新经济政策。但在1926年之后，斯大林转变了对新经济政策的认识，逐步以"一国建成社会主义"理论取代新经济政策，建立起斯大林模式。斯大林模式虽然使苏联从生产力落后的国家迅速跻身为世界一流工业大国，但是由于未能真正结合苏联国情，背离了生产力发展规律，埋下经济体制僵化、经济逐步走向崩溃的隐患。因此，应以辩证的眼光看待斯大林的国有企业思想，发掘其积极的部分，摒弃其消极的部分。

第一，发展合作社企业。合作社企业是列宁提出的企业制度构想，合作社企业是在生产资料公有制的基础上，以商业的形式构建的企业。早期斯大林一直坚持列宁的合作社企业的思想，认为"列宁并不是把合作社企业孤立起来观察，而是把它们和我们的现存制度联系起来观察"，②因为合作社企业建立在生产资料公有制的基础上，合作社中的生产资料和土地都属于国有，所以即便合作社遵循着商品经济规律，仍然属于社会主义的企业。这一时期斯大林在列宁的基础上坚持了对合作社企业的正确认识，认为在苏联当时的生产力发展水平条件下需要以合作社的形式组织企业，并不能完全消灭商品经济。遗憾的是，斯大林并未将这个正确认识坚持到底，在后续的探索中遭遇曲折。

---

① 《列宁选集》(第4卷)，北京：人民出版社2012年版，第582页。
② 《斯大林选集》(下卷)，北京：人民出版社1979年版，第226页。

第二，党对国营企业的管理责任。斯大林认识到国营企业具有其独特属性，国营企业不仅是社会主义生产的基本单元，更是对苏联人民群众的物质生活有着重要的保障作用。斯大林指出："党的路线认为，必须使党员群众了解经济机关、企业和托拉斯的工作，因为我们的党支部对企业中的缺点对非党群众负有道义上的责任。"①党对于人民群众负有相应的责任，因此党员不能不顾国营企业的发展状况，而要积极纠正企业中的缺点。斯大林强调要在企业内部建立起支部，并且"支部要能够在工厂里领导并带领非党群众，能够对企业的工作进程负责"。② 党支部在国营企业生产、经营和管理中有着重要的地位，因此要加强党支部对国营企业的领导作用。斯大林对国营企业党支部的建设问题的看法，对当前我国国有企业党建工作有着借鉴意义。

二、毛泽东国营企业思想

中国共产党通过对新民主主义经济建设和社会主义建设探索，结合苏联发展国营企业的经验，逐步形成符合中国实际的发展道路。在计划经济体制的条件下，如何发展和壮大国营经济成为重要的理论问题和现实问题。毛泽东进行大量的调查研究和实践探索，对于国营企业的建立、分权、管理、利益分配、思想教育等问题进行系统论述，形成了毛泽东国营企业思想，成为中国化马克思主义国有企业理论的第一个理论成果。

(一) 坚持发展国营企业的思想

早在土地革命战争时期，中国共产党开始公营经济的探索，为国营企业的建立与发展奠定基础。1927 年毛泽东建立井冈山革命根据地后，先后创办了小型

---

① 《斯大林选集》(上卷)，北京：人民出版社 1979 年版，第 147 页。
② 《斯大林选集》(上卷)，北京：人民出版社 1979 年版，第 151 页。

修械所、兵工厂等军需公营企业，填补革命根据地的工业空白。随后，1931年中央革命根据地建立，创建一批以军需工业为主的公营企业，公营经济得到较快发展。在抗日战争时期，出于抗战的需要和国民党的经济封锁，陕甘宁边区政府以"发展经济、保障供给"为主要指导方针，制定相应的产业政策，大力发展一批政府经营的公营工业和公营商业，公营经济成为"保障财政供给两大来源的一个主要基础"。[①]

1949年召开的中国人民政治协商会议第一届全体会议通过了《中国人民政治协商会共同纲领》（简称《共同纲领》）。在《共同纲领》中，确立了国有经济的地位和性质，以及国营企业的建设方针。新中国成立后，诞生了第一批国有企业并且形成了相应的国企管理制度。当时的国有企业主要通过根据地的公营企业、没收官僚资本、征用外资企业和政府投资新建四种途径建立起来，起到了主导国家经济命脉、保障人民民生的作用，使国民经济迅速得到恢复。

社会主义改造期间，毛泽东提出分步骤对资本主义工商业进行改造，第一步将"资本主义企业逐步变为国家资本主义企业"，[②] 让私人所有制受到社会主义所有制的限制，资本家最多占有25%的企业利润，剩余部分归国家、工人及企业所有。第二步再"由国家资本主义变为社会主义"，[③] 通过定息的方式将企业的生产资料所有权与企业主的收益权分开，建立起全民所有制企业。随着"三大改造"的完成，我国实现了生产资料私有制向社会主义公有制的转变，国营经济的比重由19.1%上升到32.2%，社会主义公有制经济所占比重为92.9%。[④] 随着社会主义基本经济制度的建立，国营企业的作用日益彰显。

（二）国营企业集中领导与分权的思想

社会主义"三大改造"完成后，国营企业迅速发展，对于我国工业化进程有

---

① 《毛泽东文集》（第2卷），北京：人民出版社1993年版，第459页。
② 《毛泽东文集》（第6卷），北京：人民出版社1999年版，第286页。
③ 《毛泽东文集》（第6卷），北京：人民出版社1999年版，第287页。
④ 薛暮桥等：《中国国民经济的社会主义改造》，北京：人民出版社1978年版，第148页。

着极大的推动作用。但同时在计划经济体制下，政府对企业管得过多、管得过死，导致国营企业生产经营模式僵化，国营企业利润分配存在问题。因此把握集中领导与企业自主权之间的关系成为重大的理论课题。毛泽东在《论十大关系》中谈道："中央的部门可以分成两类。有一类，它们的领导可以一直管到企业，它们设在地方的管理机构和企业由地方进行监督；有一类，它们的任务是提出指导方针，制定工作规划，事情要靠地方办，要由地方去处理。"①企业由谁来领导和管理是国营企业管理的首要问题，这个问题涉及中央、地方与企业三个主体之间的关系，决定了社会主义建设时期国营企业管理的基本架构。有一类中央部门直接对国营企业进行集中领导，但是地方对于企业有监督职能。中央对于国营企业进行直接领导，使国有企业发展始终与中央的政策方针同步，有利于加强党对国家经济工作的领导，同时由于企业设立在全国各地，中央无法完全监管到各地的企业，所以要发挥好地方的自主作用，对本地的国营企业进行监督。

对于企业的自主权问题，毛泽东也进行过思考。毛泽东在1956年中央政治局扩大会议上指出："关于企业的独立自主，列宁所说的独立自主，应搞到什么程度，请大家注意研究。我想，企业无非是这样两类：一类是生产过程的企业，工业是厂矿，农业是生产合作社；一类是流通过程的企业，就是运输业和商业。"②可以看到，毛泽东在国营企业自主权的问题上，认为要给予国有企业一定的自主权。毛泽东将国营企业称为"独立王国"，他认识到国营企业作为一个独立生产的主体，如果完全丧失独立自主的权力，将会极大影响到企业的生产效率，不利于社会主义经济的发展。1957年召开党的八届三中全会，会上通过了适当向地方和企业下放管理权力的草案，一定程度上提升了企业的自主性。

毛泽东加深了对企业自主权和集中统一领导之间辩证关系的认识，"中央部门管的和地方各级管的企业，都在统一领导和统一计划下，具有一定的自治权。

---

① 《毛泽东文集》(第7卷)，北京：人民出版社1999年版，第32页。
② 《毛泽东文集》(第7卷)，北京：人民出版社1999年版，第53页。

有没有这种自治权，对促进生产的发展，还是阻碍生产的发展，关系很大"。①
毛泽东看到了企业的需要国家统一管理和企业自主管理相结合，在一定程度上继承和发展的列宁的"经济核算"思想，但也与"经济核算"思想有一定区别。其中最大的区别在于毛泽东关于国营企业统一领导和分权思想是计划经济体制下的思想，因此国营企业的自主权界限比较模糊，难以根除国营企业经营管理僵化、劳动积极性不足、生产效率低下等痼疾。而"经济核算"思想是在一定商品经济的背景下，将企业当作独立市场主体给予其一定的权力。从生产力与生产关系角度来看，国有企业的改革与经济体制改革的关系密不可分，只有经济体制适合当前生产力的发展水平，才能最大程度发挥国有企业的效率和功能。

(三)国营企业管理的思想

国营企业建立以后，面临的最大问题就是国营企业的管理问题，如何搞好经营管理，调动好国企员工的积极性，直接影响到国营企业的生产效率。毛泽东在读苏联《政治经济学教科书》的谈话里提道："所有制问题基本解决以后，最重要的问题是管理问题，即全民所有的企业如何管理的问题，集体所有的企业如何管理的问题，这也就是人与人的关系问题。"②毛泽东批判苏联《政治经济学教科书》空洞地论述社会主义制度下人与人的关系，将一个现实中的重要问题过分地抽象化和理论化，导致教科书中的理论缺少实践价值。因为在公有制经济建立起来以后，所有制的形式是相对稳定的，但生产中人与人的关系是不断发生变化的。毛泽东从社会主义生产关系的角度研究国营企业管理的问题，其实质是公有制形式下生产中人与人的关系和地位，因此是该阶段需要着重研究的问题。毛泽东认为，国营企业管理离不开劳动者的参与。"这里讲到苏联劳动者享受的各种权利时，没有讲劳动者管理国家、管理军队、管理各种企业、管理文化教育的权利。

---

① 《毛泽东文集》(第8卷)，北京：人民出版社1999年版，第138页。
② 《毛泽东文集》(第8卷)，北京：人民出版社1999年版，第134页。

实际上，这是社会主义制度下劳动者最大的权利，最根本的权利。"①公有制经济决定了在全民所有的企业中，劳动者的管理权利是与生俱来的，劳动者本身也是企业的所有者之一，因此需要参与到管理事务中来。毛泽东十分重视劳动者参与管理的权利，因为这是社会主义劳动者最根本的权利，是实现其他权利的基本保障。同时毛泽东指出，社会主义制度下领导干部与劳动者也不是天然就能创造性地合作，而需要领导干部放下架子，走进工人群众中去，与工人们打成一片。简言之，国营企业的管理问题是社会主义公有制经济的重要问题，劳动者参与管理是国有企业管理的重要原则。

对于国营企业的管理体制，毛泽东提出了"两参一改三结合"的构想。毛泽东指出："对企业的管理，采取集中领导和群众运动相结合，工人群众、领导干部和技术人员三结合，干部参加劳动，工人参加管理，不断改革不合理的规章制度。"②这样的管理思想既是毛泽东在国有企业实践过程中的经验总结，也是对马克思企业理论的实践创新。在资本主义制度下，企业有着严格刻板的分工结构，管理、技术研发和生产职能较为固定，并使劳动者专精于某一职能以提升劳动生产率。但过于机械的分工会使劳动者异化为生产过程中的"零部件"，失去全面发展的机会，丧失劳动的积极性、主动性和创造性，反而会影响企业的生产效率。"两参一改三结合"的管理思想是毛泽东国有企业思想的重要理论创新，是民主集中制在国营企业管理中的运用，能更大程度地推进企业民主管理，更好发挥领导干部、工人和技术人员的主体力量，真正发挥好国有企业的公有制属性。

(四)国营企业利益分配的思想

在国营企业的具体实践中，如何分配好利益，是国营企业管理的重要问题。毛泽东在《论十大关系》中明确提出，要处理好"国家、生产单位和生产者个人的

---

① 《毛泽东文集》(第 8 卷)，北京：人民出版社 1999 年版，第 129 页。
② 《毛泽东文集》(第 8 卷)，北京：人民出版社 1999 年版，第 135 页。

关系"，要采取"三兼顾"的原则，即"必须兼顾国家、集体和个人三个方面"。①
对于企业的工人来说，劳动生产率提高了，工人的劳动条件和收入水平就应当得
到提高，这是由国有企业公有制性质决定的，也是由提升工人的生活水平和生产
积极性的现实需要决定的。毛泽东强调，要减小企业的收入差距，对于增加的工
资收入，主要加给工人，"以便缩小上下两方面的距离"。② 所以既要发挥工人们
艰苦奋斗的精神，同时要保障工人们的生活水平，必须同时兼顾"国家、集体和
个人"三个方面的利益，失去任何一个方面，都不利于社会主义建设，都将影响
无产阶级专政。

明确了"三兼顾"的原则后，需要对国营企业的利益分配进行具体的探索。
1961 年在总结"大跃进"的失败教训后，中共中央根据过去三年中国营企业经营
的实践，制定了《国营工业企业工作条例（草案）》（以下简称《工业七十条》）。
《工业七十条》明确国营企业的全民所有制性质，并规定"国营工业企业对职工的
劳动报酬，实行各尽所能、按劳分配的社会主义原则"。③ 国营企业的社会主义
属性决定了国有企业内部的分配原则是按劳分配，国营企业职工根据自己的生产
劳动获取劳动报酬。同时《工业七十条》看到平均主义带来的危害，也提出"工
人、技术人员、一般职员的劳动报酬的多少，应当按照本人技术业务的熟练程度
和劳动的数量质量来决定，不应当按照其他标准"。④《工业七十条》规定，对于
工人的工资，按照具体情况采取计时工资和计件工资两种方式，而技术人员和一
般职员的工资则采取计时工资的形式。对于有重大贡献和发明创造的职工，可以
按照贡献大小给予奖励，企业全面或超额完成生产任务也可以得到奖励。可以看
到《工业七十条》对于企业的利益分配作了较为明确的规定，一定程度上提高了
企业的生产积极性。

---

① 《毛泽东文集》（第 7 卷），北京：人民出版社 1999 年版，第 28 页。
② 《毛泽东文集》（第 7 卷），北京：人民出版社 1999 年版，第 28 页。
③ 《建国以来重要文献选编》（第 14 册），北京：中央文献出版社 1997 年版，第 645 页。
④ 《建国以来重要文献选编》（第 14 册），北京：中央文献出版社 1997 年版，第 660 页。

(五) 加强国营企业思想政治工作的思想

我们党历来重视思想政治教育工作，新民主主义革命时期党在思想政治教育工作中取得了一系列成果和经验。社会主义改造完成后，工人阶级队伍成长速度很快，而新参加的成分多半带有一些非无产阶级的思想。因此党中央提出："必须加强对职工群众进行思想政治教育工作的任务……才能提高职工群众的主人翁觉悟，发挥他们在企业工作中的积极作用。"①毛泽东也多次强调加强思想政治教育的意义，"提高劳动生产率，一靠物质技术，二靠文化教育，三靠政治思想工作"。② 他认为要想提高生产效率需要从物质和精神两方面入手，而文化教育和政治思想工作同样重要，都决定着劳动者能否成为合格的社会主义建设者。

《工业七十条》对加强国营企业思想政治教育工作作了更详细的阐释。《工业七十条》的总则里指出："中国共产党在企业中的组织，是企业工作的领导核心。"③明确规定了党对企业的领导作用，因此党是加强企业思想政治工作的领导者和主要践行者。企业党委"要不断地教育全体职工，提高他们的思想政治水平"，④ 组织企业员工学习毛泽东思想和马克思列宁主义。《工业七十条》提出"政治工作要深入细致，生动活泼"⑤的工作原则，防止思想政治工作沦为形式主义。对于工人、技术人员和一般职员要分类进行政治思想工作，对于不同年龄、性别的企业职工，思想政治工作的方法不同。通过思想政治工作和按劳分配原则相结合，提高企业员工的生产效率。毛泽东关于加强国营企业思想政治工作的思想对于现阶段国有企业发展仍具有指导意义。一方面，毛泽东厘清了党与国营企业之间的关系，明确了党的全面领导地位；另一方面，通过加强企业思想教育工作，提高企业职工的主人翁意识，是国有企业党建工作面临的重要理论问题和实践问题。

---

① 《建国以来重要文献选编》(第10册)，北京：中央文献出版社1994年版，第170~171页。
② 《毛泽东文集》(第8卷)，北京：人民出版社1999年版，第124~125页。
③ 《建国以来重要文献选编》(第14册)，北京：中央文献出版社1997年版，第648页。
④ 《建国以来重要文献选编》(第14册)，北京：中央文献出版社1997年版，第648页。
⑤ 《建国以来重要文献选编》(第14册)，北京：中央文献出版社1997年版，第678页。

三、中国特色社会主义国有企业理论

在计划经济时代，对企业管得过多、统得过死的经济体制，严重影响了国有企业的劳动积极性、自主创新能力和生产效率，国有经济发展受到一定的阻碍。党的十一届三中全会正式拉开改革开放的序幕，国有企业也进入新的阶段，国有企业改革成为该阶段的主题。在改革开放和社会主义现代化建设新时期，国有企业经历了放权让利、建立现代企业制度、产权改革的改革阶段，进行了一系列的实践探索。在探索进程中，我国逐步改革了国有企业的经营体制和经营机制，企业制度不断完善，国有企业活力不断增强，培养出一大批具有社会影响力和国际竞争力的骨干企业。随着实践的深入，国有企业改革理论不断发展，逐渐形成中国特色社会主义国有企业理论。中国特色社会主义国有企业理论成功指导了我国国有企业改革实践，对现在深化国有企业改革有着重大理论意义和实践价值。

(一)邓小平国有企业理论

党的十一届三中全会开启了国有企业改革的新征程，以邓小平同志为主要代表的中国共产党人深刻总结了社会主义建设的正反两方面经验，结合时代背景和中国发展的实际情况，形成了一系列国有企业改革思想，丰富和发展了中国化马克思主义国有企业理论。

1. 放权让利搞活国有企业

解放思想是改革开放的前提条件，从思想上拨乱反正是实现伟大转折的基础，打破固有思想的束缚对于国有企业改革具有重要意义。邓小平从生产关系与生产力辩证关系的理论角度，对社会主义本质进行了深刻分析，"社会主义的本质，是解放生产力，发展生产力，消灭剥削，消除两极分化，最终达到共同富裕"。① 所以社会主义社会的任务，是要解放和发展生产力。对于国有企业来说，提高企业生产效率才是国有企业的最根本目的。党的十二届三中全会出台的《中共中央关于经济体制改革的决定》中明确指出"增强企业活力是经济体制改革的中心环节"。② 城市企业是工业生产和商品流通的支柱，城市工业企业的利润和利润，占当时国家财政的80%以上，企业的活力直接决定了国家财政和国民经济的运转状况。所以"具有中国特色的社会主义，首先应该是企业有充分活力的社会主义"。③

国有企业活力不足是旧的经济体制下长期存在的问题，在较为僵化的经济体制中，企业缺少相应的自主性和激励性，企业和职工的积极性、主动性和创造性被严重抑制。邓小平对国有企业缺少活力的原因进行分析，他提出："企业没有经营管理的自主权，一切靠国家计划，没有主动性，吃'大锅饭'。企业没有权利，也就没有义务，权利和义务都在国家手里。"④企业缺少活力的主要原因，是企业的权责错位，企业本来承担社会生产的责任，但是在计划经济体制下没有经营管理的自主权。缺少自主权，企业受到诸多限制，自身就没有生产积极性，也不承担生产的义务。最后生产好坏不由企业负责，后果全部由国家承担，既没能发挥好国有企业的优势和潜力，又增加了国家的负担。

邓小平认为向国有企业放权让利是释放国有企业活力的关键。他在党的十一届三中全会召开前的中央工作会议上提出："现在我国的经济管理体制权力过于集中，应该有计划地大胆下放，否则不利于充分发挥国家、地方、企业和劳动者个人四个方面的积极性，也不利于实行现代化的经济管理和提高劳动生产率。"⑤企业生产需要有足够的自主权，可以根据生产实际情况及时调整生产计划，分配企业的生产资料和劳动力，应对突发状况。如果生产经营所有的事情都需要层层

① 《邓小平文选》(第3卷)，北京：人民出版社1993年版，第373页。
② 《十二大以来重要文献选编》(中)，北京：人民出版社1986年版，第564页。
③ 《十二大以来重要文献选编》(中)，北京：人民出版社1986年版，第564页。
④ 《邓小平思想年谱》(1975—1977)，北京：人民出版社1998年版，第354页。
⑤ 《邓小平文选》(第2卷)，北京：人民出版社1994年版，第145页。

上报、层层审批，就会极大增加企业的时间成本，不利于企业效率的提高，且企业情况错综复杂，国家机构不可能深入了解每个企业的情况，很有可能造成计划与实际相矛盾的情况。所以党的十二届三中全会明确提出："要使企业真正成为相对独立的经济实体，成为自主经营、自负盈亏的社会主义商品生产者和经营者，具有自我改造和自我发展的能力，成为具有一定权利和义务的法人。"①邓小平明确了国有企业改革的目标是增强国有企业的活力，而国有企业改革的方式是放权让利，让企业成为有自主经营管理能力的经济实体。

2. 政企分开与两权分离

经济体制改革的重要任务是厘清政府与企业之间的关系，也是国有企业改革的重点和难点。新中国成立以来，领导和组织经济建设是无产阶级政府的基本职能，但是政府如何领导和统筹经济工作需要认真探索。在旧的经济体制下，政企不分的问题是国有企业中的突出问题，没有划清企业与政府的边界，导致很多不该政府管的事情被政府包揽，有些该政府管的事情却存在政府缺位现象。这样的弊端导致政企双方互相推诿扯皮，企业的生产效率低下，不利于释放国有企业活力。邓小平对当时国有企业生产中存在的现象进行批判，"有些事情，办起来老是转圈，要经过省、部、国家计委，就太慢了"。② 因此党的十二届三中全会中提出要实行政企权责分开，发挥好政府的经济职能。

邓小平指出："企业下放，政企分开，是经济体制改革，也是政治体制改革。"③政企分开的重要环节是政府机构的改革，确定政府部门的职能。政府有着统筹和计划社会和经济发展的职能，"但就政府和企业的关系来说，今后各级政府部门原则上不再直接经营管理企业"。④ 在确定了权力下放给企业之后，邓小

① 《十二大以来重要文献选编》(中)，北京：人民出版社1986年版，第565~566页。
② 《邓小平文选》(第2卷)，北京：人民出版社1994年版，第131页。
③ 《邓小平文选》(第3卷)，北京：人民出版社1993年版，第192页。
④ 《十二大以来重要文献选编》(中)，北京：人民出版社1986年版，第573页。

平进一步提出"用多种形式把所有权和经营权分开，以调动企业积极性"。① 国有
企业的性质决定了企业的所有权属于国家，而为了企业自主经营，必须将经营权
下放给企业，实现两权分离。为了解除思想上的束缚，邓小平将两权分离作为经
营手段，"许多经营形式，都属于发展社会生产力的手段、方法，既可为资本主
义所用，也可为社会主义所用"。② 企业拥有自主经营的权利，并不属于"姓资"
"姓社"的问题，因为企业的所有权依然归国家所有，只是采用了不同的企业经
营形式。邓小平关于政企分开的思想，厘清了政府和企业的权责边界，使企业获
得了自主经营权，从而激发了国有企业活力。

3. 企业联合重组

早在"大跃进"时期，国有企业发展受到"左"倾错误思想的影响，各地不顾
经济规律大办工业企业，导致国有经济失控，国营工业企业的数量和规模明显扩
大，国有企业的质量和效率得不到保障。在旧的经济体制下国有企业重复建设和
"大而全、小而全"的现象导致国有资产分布过于分散，严重影响了国有经济的
质量，不利于国有企业健康发展。针对这个问题，邓小平提出："要搞企业联
合……太分散，各搞各的不行，那样质量上不去"。③ 党的十二届三中全会提出，
社会主义企业之间的关系，是合作与竞争辩证统一的关系，企业之间既相互协
作、相互支援，同时也在市场上优胜劣汰。在联合重组思想的指导下，一大批工
业企业组成集团，通过建设一批大型企业带动中小型企业的发展。不同于资本主
义资本集中形成垄断，在社会主义条件下形成的大企业更容易实行社会化大生
产，发挥社会主义经济优势。因此对一批国有企业进行重组，实质上是调整国有
经济的布局，促进行业健康发展，从总体上提升国有经济质量。邓小平关于企业
联合重组的思想，为今后"抓大放小"和优化国有经济布局的改革实践奠定了思

---

① 《邓小平文选》（第3卷），北京：人民出版社1993年版，第192页。
② 《邓小平文选》（第3卷），北京：人民出版社1993年版，第192页。
③ 《邓小平文选》（第3卷），北京：人民出版社1993年版，第192~193页。

想基础。

4. 改革企业领导管理体制

在确立了企业独立经营主体的地位之后，将自主经营管理权下放至各个企业，就必须对原有的经营管理体制进行改革。原来管得过多、管得过死的模式抑制了企业的自主性，导致企业内部存在管理体制僵化，缺乏自主管理能力的问题。因此，为了激发国有企业的活力，要对国有企业的领导管理体制进行彻底改革。邓小平强调："一定要按照国际先进的管理方法、先进的经营方法、先进的定额来管理，也就是按照经济规律管理经济。"①只有升级企业经营管理模式，才能使企业能够适应先进生产力的发展，才能产生经济效益。

第一，建立厂长负责制。厂长是企业的第一责任人，承担着指挥企业生产经营的职责。在国有企业改革过程中，建立厂长责任制的思想经历了一个转变的过程，是理论与实践相结合的产物。1978 年 10 月，中国工会第九次全国代表大会召开，邓小平在会上指出："我们的企业要实行党委领导下的厂长或经理负责制，要建立强有力的生产指挥系统。"②厂长负责制是针对当时国有企业普遍存在的无人负责的乱象所提出的。所以要建立高度集中领导的指挥系统，明确企业责任是首要任务。党委领导下的厂长负责制的建立，改变了企业领导班子责任落实不到位、管理不善和思想怠惰的问题，提升了企业经营管理效率，从而调动了企业积极性。但随着企业生产规模的扩大，邓小平看到了原有领导制度产生的新问题，"实行党委领导下的厂长负责制，党委只管大的政治问题、原则问题，厂里的生产、行政方面的管理工作，就应该由厂长负责统一指挥，不能事无大小都由党委包起来"。③ 党委领导与厂长负责相结合的制度依然存在权责不清的问题，难以划分党委和厂长的职责，所以容易出现党委包揽全部工作的情况，没能从根本上改变

---

① 《邓小平文选》(第 2 卷)，北京：人民出版社 1994 年版，第 129～130 页。
② 《邓小平文选》(第 2 卷)，北京：人民出版社 1994 年版，第 137 页。
③ 《邓小平文选》(第 2 卷)，北京：人民出版社 1994 年版，第 282 页。

管理体制僵化的问题。1982年颁布的《国营工厂厂长工作暂行条例》明确了党委和厂长的权责，党委主要执行党的方针政策和加强企业思想政治教育工作，厂长负责行政指挥，统一指挥企业的经营管理工作。厂长负责制的建立，使企业经营管理出现指挥灵、反应快、经营活的新特点，企业经营管理状况得到极大的改善。

第二，加强责任监督。将权力下放于企业的同时，企业需要承担更多的生产经营的责任，因此要加强责任监督，确保权责统一落实到位。早在1975年，邓小平就提出"恢复和健全规章制度。关键是建立责任制"。① 责任不严必然会导致生产任务难以落实，生产责任无人承担的乱象。为了整顿企业乱象，要将生产责任落到实处，最终要将生产责任落实到个人。为了促使领导干部发挥积极性，主动担负责任，要给他们管理权利的同时，"也要对他们进行考核，要讲责任制"。② 由此可见，加强责任监督需要建立考核制度，才能保障责任制的落实。邓小平强调："要实行考核制度。考核必须是严格的、全面的，而且是经常的。"③ 只有建立起日常考核制度，对企业领导干部和职工进行严格的考核，并且根据考核结果给予一定奖励和处罚，才能真正保障企业责任落实，激发企业员工的工作积极性。

第三，加强质量管理。产品是企业的核心，企业的产品质量决定了企业的核心竞争力。邓小平看到提高企业质量的重要性，认为"质量第一是个重大政策"。④ 邓小平批判国有企业中存在的重量不重质的现象，认为产品质量提升有助于节约原材料，提高出口量，使产品拥有国际竞争力。邓小平将提高质量摆在工业生产的中心，"要立些法，要有一套质量检验标准，而且要有强有力的机构来严格执行"。⑤ 通过立法、建立标准体系和执行机构的方式，加强质量管理，从根本上提升国有企业的核心竞争力，也为后来市场化改革中国有企业的发展奠

---

① 《邓小平文选》(第2卷)，北京：人民出版社1994年版，第30页。
② 《邓小平文选》(第2卷)，北京：人民出版社1994年版，第131页。
③ 《邓小平文选》(第2卷)，北京：人民出版社1994年版，第102页。
④ 《邓小平文选》(第2卷)，北京：人民出版社1994年版，第30页。
⑤ 《邓小平文选》(第3卷)，北京：人民出版社1993年版，第132页。

定了物质基础。

5. 运用先进科学技术改造企业

邓小平深刻意识到科学技术的创新在国家综合实力竞争中的重要作用，提出"科学技术是第一生产力"的精辟论断。国有企业发展的核心是科学技术的创新，必须通过多种途径改造国有企业的技术。邓小平在讨论工业发展问题时曾提到："引进新技术、新设备，扩大进出口。"①当时我国工业技术与西方发达国家存在较大的差距，所以很多技术和设备只有国外才有。邓小平认为发展我国的工业就必须要通过引进西方的新技术来改造我们的国有企业，用产品换技术的方式，既增加我国的出口量，又能学习到先进的科学技术，加速工业的改造。所以邓小平提出尽量多出口一些商品，用以交换高精尖的技术和设备。邓小平为科学技术改造企业提出了实践步骤，"引进技术改造企业，第一要学会，第二要提高创新"。② 引进科学技术后先要学会技术，通过模仿、分析的方式弄懂技术的原理。在此基础上还要积极创新，在了解原理的技术上实现技术创新，从而将技术创新转化为企业的相对优势。邓小平还要求大型企业配备技术研发人员，走独立自主的创新道路，"科学技术叫生产力，科技人员就是劳动者"，③ 通过提高科技人员的待遇和地位，把人才作为科技创新的根本。

6. 加强党对企业的领导

虽然国有企业改革的总体目标是增强企业活力，将自主经营的权力下放给企业，但是邓小平认识到了党领导企业的重要性。邓小平认为，党对于国有企业的领导，不仅要加强，更要改善。如果不改善党领导工作的方式，"可能损害党的领导，削弱党的领导，而不是加强党的领导"。④ 对于原来党委大包大揽企业管

---

① 《邓小平文选》(第2卷)，北京：人民出版社1994年版，第29页。
② 《邓小平文选》(第2卷)，北京：人民出版社1994年版，第129页。
③ 《邓小平文选》(第2卷)，北京：人民出版社1994年版，第34页。
④ 《邓小平文选》(第2卷)，北京：人民出版社1994年版，第270页。

理事务的问题，邓小平认为要划分好企业党委的职能，只要保障企业正常生产、发展、分配和合理用人，"就是党的领导有效，党的领导得力"。① 如果被一些不太重要的琐事分散了党委的领导力量，反而不利于党委的威信。在这个思想的指导下，国有企业明确了企业党委和厂长的权责，进而加强了企业党委的领导作用。

(二)"三个代表"重要思想中关于国有企业的理论

随着党的十四大提出建立社会主义市场经济的改革目标，如何使国有企业适应社会主义市场经济体制成为国企改革新的问题。在此期间，以江泽民同志为主要代表的中国共产党人进行了一系列探索，提出了新的改革思想。

1. 国有企业改革的重大意义

新中国成立以来，国有企业对于国民经济的发展有着不可取代的作用。从历史的角度来看，"国有企业在国家经济社会发展中始终处于十分重要的地位"。② 国有企业为我国形成完整的工业体系和国民经济体系，促进经济发展，巩固国防实力，提高人民生活水平作出巨大的贡献。从理论的角度来看，"没有国有经济为核心的公有制经济，就没有社会主义的经济基础，也就没有我们共产党执政以及整个社会主义上层建筑的经济基础和强大物质手段"。③ 从唯物史观的视角能更深入地理解国有企业的重要作用，国有企业的物质基础作用在以公有制经济为主体的社会主义经济中不可替代。以国有企业为支柱的国有经济，是公有制经济的核心，是社会主义上层建筑的经济基础，也是我们党执政兴国重要的物质力量。从实践的角度来看，"建立社会主义市场经济体制……必须抓住国有企业改革这个经济体制改革的中心环节"。④ 在建立社会主义市场经济体制的过程中，

---

① 《邓小平文选》(第2卷)，北京：人民出版社1994年版，第271页。
② 《江泽民文选》(第2卷)，北京：人民出版社2006年版，第377页。
③ 《江泽民文选》(第3卷)，北京：人民出版社2006年版，第71页。
④ 《江泽民文选》(第2卷)，北京：人民出版社2006年版，第379页。

国有企业扮演着重要角色，因此要使国有经济适应社会主义市场经济的发展要求。江泽民从历史、理论和实践三重维度论述了国有企业的重要性和关键地位，认为"要保证国有经济控制国民经济命脉、对经济发展起主导作用"，① 国有企业改革不仅是经济问题，更是影响到中国共产党执政的重要政治问题。

2. 建立现代企业制度

20世纪90年代以来，国有企业改革进入攻坚期和结构调整期，现有体制存在的弊病逐渐暴露出来，对于国有企业改革的方向问题存在着很多讨论，社会对于国有经济的理解也产生了一定的偏差。江泽民强调："我们要积极开拓，勇于进取，但决不搞私有化。这是一条大原则，决不能有丝毫动摇。"②党的十四届三中全会通过的《中共中央关于建立社会主义市场经济体制若干问题的决定》（简称《决定》）中明确指出："建立现代企业制度……是我国国有企业改革的方向。"③要解决国有企业存在的深层矛盾，即国有企业与社会主义市场经济体制之间的矛盾，关键在于建立起现代企业制度，使企业真正成为市场经营的微观主体。《决定》将现代企业制度的基本特征概括为"产权清晰、权责明确、政企分开、管理科学"。江泽民强调这四个特点是统一的整体，必须全面贯彻这四个方面，不能片面地理解某一方面。江泽民认为建立现代企业制度"是实现公有制与市场经济相结合的有效途径"。④ 具体要对企业实行公司制改革，建立起公司法人治理结构，明确各个管理层的权责。

3. 战略上调整国有经济布局

为了适应社会主义市场经济的要求，提高国有企业的市场竞争力，搞好国有经济，就必须优化资源配置，从战略上调整国有经济的布局。江泽民认为，国有

---

① 《江泽民文选》（第3卷），北京：人民出版社2006年版，第71页。
② 《江泽民文选》（第2卷），北京：人民出版社2006年版，第389页。
③ 《十四大以来重要文献选编》（上），北京：人民出版社1996年版，第523页。
④ 《江泽民文选》（第2卷），北京：人民出版社2006年版，第381页。

经济依照行业不同，应当制定不同的改革方案，对于涉及国民经济命脉的行业，"国有经济必须成为主体"，对于非国民经济命脉的行业，"国有经济可以适当收缩"。① 如此一来，可以更好利用国有资产和资金，将资源投入到更需要的行业，也为民营经济腾出发展空间，更好发挥国有经济的主导作用。1995 年党的十四届五中全会首次提出从宏观上对国有经济进行改革，强调对国有企业实施战略性改组，"这种改组要以市场和产业政策为导向，搞好大的，放活小的，把优化国有资产分布结构、企业组织结构同优化投资结构有机地结合起来"。② 根据"抓大放小"的改革方针，"要坚持有进有退，有所为有所不为"③的原则。对于国有大中型企业，要推行现代企业制度，并主张通过股份制改造对其进行战略性调整；对于一般小型国有企业，可以实行承包经营、租赁经营、股份合作或出售等方式进行调整。对于控制国民经济命脉的关键企业，要加大国有资本的投入力度，培养出一批具有国际竞争力的骨干企业；对于非国民经济命脉行业的中小型国企，要通过多种方式放开搞活。

(三) 科学发展观中关于国有企业的理论

以胡锦涛同志为主要代表的中国共产党人在继承和发展中国化马克思主义国有企业理论的基础上，进一步推进国有企业改革实践，提出完善国有资产管理体制、推行股份制、优化国有经济布局等思想。

1. 完善国有资产管理体制

新世纪以来，随着我国社会主义市场经济体制逐步建立和完善，国有经济的发展也面临着新的形势。2003 年党的十六届三中全会明确提出了完善国有资产管理体制，"坚持政府公共管理职能和国有资产出资人职能分开"。④ 中央和地方

---

① 《江泽民文选》(第1卷)，北京：人民出版社 2006 年版，第 615 页。
② 《十四大以来重要文献选编》(中)，北京：人民出版社 1997 年版，第 1496 页。
③ 《江泽民文选》(第2卷)，北京：人民出版社 2006 年版，第 381 页。
④ 《十六大以来重要文献选编》(上)，北京：人民出版社 2005 年版，第 467 页。

政府充分发挥积极性，在法律基础上代表国家履行出资人的职责，明确资产所有者所享有的权利和义务。完善国有资产管理体制是为了更好地实行政企分开，将政府的公共管理职能和出资人职能分开，避免两种职能相互影响导致国有企业管理混乱的现象。胡锦涛强调："加快建立国有资本经营预算制度，完善国有资产监督管理体制，实现国有资产在流动中增值，防止国有资产流失。"①针对国有企业改革过程中国有资产流失现象，胡锦涛提出要完善国有资产管理体制，形成管资产与管人、管事相结合的管理体制，进一步完善国有企业的管理体制。并且将中央与地方政府之间的出资人权利界限进行划分，中央负责关系到国家经济命脉和国家安全的行业，其他行业国有资产由地方负责履行出资人职责。2003 年国务院国有资产监督管理委员会正式成立，代表国家履行出资人职责，基本实现管资产和管人、管事相结合，解决国有资产监管体制中出资人缺位、国有资产多头管理的问题。

2. 深化股份制改革

深化国有企业改革的一个重要任务，是探索公有制的多种实现形式。在社会主义市场经济体制下，公有制经济要探索多种多样的实现形式，才有利于适应市场经济体制。党的十六届三中全会指出："使股份制成为公有制的主要实现形式。"②混合所有制经济是公有制经济的重要实现形式，而股份制则是混合所有制经济的基础，股份制的本质是公有制的实现形式，深化了对公有制理论的认识。实行股份制可以将国有资产转变为国有资本，使国有经济的控制形式更为灵活，有利于国有资产保值增值。同时国有企业实行混合所有制，有利于引导非公资本发展混合所有制企业，提高企业的科技水平和管理水平，增强企业的市场竞争力。党的十七大提出："深化国有企业公司制股份制改革。"③厘清股份制与公司

---

① 《胡锦涛文选》(第 2 卷)，北京：人民出版社 2016 年版，第 371~372 页。
② 《十六大以来重要文献选编》(上)，北京：人民出版社 2005 年版，第 466 页。
③ 《十七大以来重要文献选编》(上)，北京：中央文献出版社 2009 年版，第 20 页。

制的理论关系，进而推行股份制是建立现代企业制度的重要方面。国家通过控股的方式参与企业的经营管理过程，使企业管理制度更加完善，更符合市场经济规律。

3. 优化国有经济布局

国有经济是国民经济的命脉，但长期以来国有经济战线过长，影响了国有经济的活力和控制力。发展壮大国有经济是坚持和完善基本经济制度的原则，因此要通过调整国有经济布局，使国有经济发挥集中力量办大事的优势。胡锦涛指出："加快国有经济战略性调整。"[①]对于不同的行业，国有经济必须"有进有退"，从而"优化国有经济布局和结构，增强国有经济活力、控制力、影响力"。[②] 在这个思想的指导下，结合"抓大放小"的改革战略，通过改制、兼并、租赁、出售等方式，中小型国有企业逐步退出市场，极大地缩短了国有经济的战线。用市场竞争的方式实现国有企业的优胜劣汰，支持具有相对优势的企业做大做强，积极参与国际竞争，对于长期经营管理不善的企业，实行劣势企业退出机制。这样的国有经济布局调整战略，符合市场经济规律，既能培养出一批具有活力、影响力和市场竞争力的大型国有企业，又缩小了国有企业的分布范围，降低了国有资产管理的难度，增加了国有资产管理的精细化程度。优化调整国有经济布局，并不是动摇以公有制为主体的基本经济制度，而是为了更好发挥国有经济的影响力，巩固公有制经济的主体地位。

四、习近平关于国有企业的重要论述

党的十八大以来，以新的历史时期和时代要求为出发点，习近平总书记提出一系列关于深化国有企业改革的重要论述，为新时代国有企业改革提供理论指

---

① 《胡锦涛文选》(第 2 卷)，北京：人民出版社 2016 年版，第 164 页。
② 《胡锦涛文选》(第 2 卷)，北京：人民出版社 2016 年版，第 632 页。

引。以科学的理论为先导，党全面推进深化国有企业改革的战略部署，出台一系
列重要政策文件，分类推进国有企业改革，完善国有资产监管体系，推动混合所
有制改革，建立健全现代企业制度，加强国有企业党建工作。随着深化国有企业
改革实践的推进，以实践为基础又产生了许多新理论、新思想，丰富和发展了中
国化马克思主义国有企业理论。

(一)国有企业的重要地位与作用

自国有企业诞生之初，国有企业在国民经济中始终处于重要地位。改革开放
以来，国有企业改革成为经济体制改革的重要环节，国有企业改革的重要性也被
提升到理论高度。中国特色社会主义进入新时代，习近平总书记多次强调在新时
代深化国有企业发展和改革的重要性，对于国有企业的重要地位多次作出重要
论述。

1. 国有企业的经济支柱作用

习近平总书记在 2013 年党的十八届三中全会上指出："必须毫不动摇巩固和
发展公有制经济，坚持公有制主体地位，发挥国有经济主导作用，不断增强国有
经济活力、控制力、影响力。"①习近平总书记重申"两个毫不动摇"的基本原则，
明晰了坚持发展国有经济对坚持"两个毫不动摇"的重要意义，并且为国有经济
发展指明了方向。国有企业是国有经济的重要组成部分，坚持"两个毫不动摇"
的基本原则要具体落实到增强国有企业的活力和市场竞争力。2014 年，习近平
总书记在中央全面深化改革领导小组第四次会议中强调："国有企业特别是中央
管理企业，在关系国家安全和国民经济命脉的主要行业和关键领域占据支配地
位，是国民经济的重要支柱，在我们党执政和我国社会主义国家政权的经济基础

---

① 《十八大以来重要文献选编》(上)，北京：中央文献出版社 2014 年版，第 500 页。

中也是起支柱作用的，必须搞好。"①从坚持"两个毫不动摇"到发挥国有企业的"国民经济支柱"作用，习近平总书记以抽象到具体的思维方法，深化了对国有企业支柱作用的认识。国有企业是国有经济的重要组成部分，在国民经济中起到重要支柱作用。习近平总书记秉持历史唯物主义观点，从经济基础角度论述国有企业的"支柱作用"，国有企业不仅是国民经济的支柱，也是保障我们党执政和社会主义国家政权的重要支撑力量。这个重要论述继承了国有企业改革既是经济工作又是重要的政治任务的思想，明确了国有企业的发展与我们党执政兴国密切联系，是社会主义国家政权的经济基石。因此要进一步发展壮大国有企业，深化国有企业改革。

2. 国有企业的政治基础作用

2016 年 10 月召开的全国国有企业党的建设会议中，习近平总书记多次对国有企业的地位和作用作出深刻论述。习近平总书记强调，"国有企业是中国特色社会主义的重要物质基础和政治基础，是我们党执政兴国的重要支柱和依靠力量……我国国有企业为我国经济社会发展、科技进步、国防建设、民生改善作出了历史性贡献，功勋卓著，功不可没。"②经济基础会影响到政治、社会、文化等方方面面，对于国有企业的认识不能仅仅停留在经济领域，国有企业的发展关系到我们党执政兴国。习近平总书记认识到，国有企业对于国家的贡献不仅在于推动国民经济的平稳发展，更在于维护社会稳定、提供就业机会、服务国家大政方针、推动科技进步、保障国家安全等多个方面。国有企业不仅是国民经济的物质基础，也是中国特色社会主义的政治基础，对我国经济、科技、国防发展起到了重要作用。因此在推动国有企业改革的过程中，不能只注重企业的经济效益问题，而要全方位考虑企业的功能和作用，分类推进国有企业的改革进程。

---

① 习近平：《共同为改革想招一起为改革发力 群策群力把各项改革工作抓到位》，载《人民日报》2014 年 8 月 19 日。
② 习近平：《习近平谈治国理政》(第 2 卷)，北京：外文出版社 2017 年版，第 175~176 页。

3. 国有企业的民生保障作用

国有企业改革有利于更好地发挥国有企业保障民生的作用。2015 年习近平总书记在长春考察时多次强调国有企业在推进现代化建设与保障和改善民生中起到重要作用，更具体地论述国有企业在推动国民经济发展的推动作用。2020 年新冠疫情蔓延，在危急时刻国有企业展现出企业担当，率先复工复产，优先恢复抗疫物资和生活必需品的生产，解决了物资匮乏的重大难题。2020 年 4 月习近平总书记在陕西考察时指出："制造业是国家经济命脉所系。国有大型企业要发挥主力军作用，在抓好常态化疫情防控的前提下，带动上下游产业和中小企业全面复工复产。"[1]在疫情这种突发的公共安全事件中，国有企业由于其公有属性，充分发挥着民生保障的作用。国有企业的发展代表着公有经济的发展，为减小贫富差距、推动全体人民共同富裕提供物质力量。同时国有企业在稳定就业、重大突发性公共安全事件中往往也充当着关键角色。国有企业发展一直坚持着以人民为中心的发展思想，在发展过程中成为全体人民共同利益的有力保障。

作为公有制经济的主体，国有企业在社会主义现代化建设中发挥着不可替代的作用，习近平总书记深入分析国有企业的物质基础地位和政治基础地位，国有企业对我国经济、政治、科技、国防、民生发展的重要支撑作用，以及面对重大风险时的"压舱石""稳定器"的作用，进一步深化对于国有企业的理论认识，从理论和实践角度论述国有企业发展壮大的重要性和国有企业改革的重要性。

(二) 国有企业发展与改革的目标方向

随着全面深化改革的推进，国有企业发展面临新的形势，深化国有企业改革也面临着新情况。明确国有企业的重要意义后，习近平总书记针对国有企业的现

---

① 习近平：《扎实做好"六稳"工作落实"六保"任务 奋力谱写陕西新时代追赶超越新篇章》，载《人民日报》2020 年 4 月 24 日。

实发展状况，对国有企业改革提出了新的改革目标。习近平总书记在 2014 年参加上海代表团审议时强调，"深化国企改革是篇大文章。国有企业不仅不能削弱，还要加强，要在深化改革中自我完善。"①国有企业只能加强不能削弱的论断，有力地回应了唱衰国有企业的错误论调，为新时代国有企业发展和改革指明了正确的前进方向。

1. 做强做优做大国有企业

新时期国有企业改革面临着新的发展方向问题，对于国有企业的未来的定位问题也产生了不少讨论。习近平总书记首先回答了"还要不要国有企业"这一重要理论问题，为国有企业改革和发展指明了方向道路。习近平总书记强调："国有企业是壮大国家综合实力、保障人民共同利益的重要力量，必须理直气壮做强做优做大，不断增强活力、影响力、抗风险能力，实现国有资产保值增值。"②"做强做优做大"国有企业是国有企业发展和改革的根本目标，其中"做强"是要提高国有企业效率、活力和创新能力，使其成为市场经济强有力的竞争主体；"做优"既是优化国有企业内部结构、管理机制、激励机制、创新机制等，也是优化国有企业整体分布，优化国有经济的总体布局；"做大"国有企业不仅是做大国有企业规模和在市场经济中所占比重，也要求国有企业放眼国内和国际两个大市场，真正成为具有国际竞争力的骨干企业。这个论述为发展国有企业提供了有力支撑，也回应了"国企改革是国有企业私有化"等错误观点。2021 年党的十九届六中全会再次强调："支持国有资本和国有企业做强做优做大。"③党的二十大进而提出："推动国有资本和国有企业做强做优做大。"明晰了国有资本与国有企业共同进退的关系，更正了"国资进国企退"的错误认识。由于国有企业在中国特色社会主义经济中的特殊地位，必须"理直气壮做强做优做大"，确定国有

---

① 缪毅容、谈燕：《习近平总书记参加上海代表团审议侧记》，载《解放日报》2014 年 3 月 6 日。
② 习近平：《理直气壮做强做优做大国有企业》，载《人民日报》2016 年 7 月 5 日。
③ 《中国共产党第十九届中央委员会第六次全体会议文件汇编》，北京：人民出版社 2021 年版，第 59 页。

企业未来的发展方向。

2. 使国有企业成为"六个力量"

习近平总书记在全国国有企业党的建设工作会议中，结合国家发展的实际情况和重大发展战略，创新性地提出使国有企业成为"六个力量"的论述。具体要使国有企业成为"党和国家最可信赖的依靠力量""坚决贯彻执行党中央决策部署的重要力量""贯彻新发展理念、全面深化改革的重要力量""实施'走出去'战略、'一带一路'建设等重大战略的重要力量""壮大综合国力、促进经济社会发展、保障和改善民生的重要力量"和"我们党赢得具有许多新的历史特点的伟大斗争胜利的重要力量"。[①] "六个力量"的重要论述，对国有企业的发展提出了具体的前进方向，为国有企业改革措施落实到位提出了具体要求。党和国家的依靠力量，厘清了国有企业与党的关系，强调国有企业发展和改革要遵循党领导国企的原则，要始终坚持党的全面领导，对于国有企业党建工作提出了更高的要求；贯彻执行党中央决策部署的重要力量，强调国有企业的政治功能，要巩固国有企业的政治基础作用；贯彻新发展理念、全面深化改革的重要力量，强调国有企业的改革原则，要以新发展理念为指引，以全面深化改革为目标；实施重大战略的重要力量，强调国有企业的先锋作用，要使国有企业的生产经营符合国家制定的重大方针政策，作为微观主体积极参与到国家重大战略中；壮大综合国力、促进经济社会发展、保障和改善民生的重要力量，强调国有企业的多重功能，要注重经济效益与社会效益相统一，坚持以人民为中心的发展思想；党赢得伟大斗争胜利的重要力量，强调国有企业的使命责任，要承担起中华民族伟大复兴的历史使命。"六个力量"的提出，明确了国有企业改革要将发展国有企业与国家重要战略结合，强调国有企业的改革和发展方向要与党和国家发展战略相一致，协同部署国有企业改革战略。

---

① 习近平：《习近平谈治国理政》（第 2 卷），北京：外文出版社 2017 年版，第 175 页。

3. 建设世界一流企业

早在 20 世纪 90 年代"抓大放小"推进国有企业改革的阶段，就有将大型国有企业培育成具有市场竞争力的骨干企业的发展规划，因此培养出一大批综合实力较强的国有企业。习近平总书记在此基础上，结合对外开放战略，提出要建设世界一流企业的思想。习近平总书记在党的十九大报告中指出，要"培育具有全球竞争力的世界一流企业"，[①] 进一步深化了"做强做优做大国有企业"这一目标，要鼓励国有企业"走出去"，参与国际市场竞争，要求国有企业积极推动技术创新，成为行业的领头羊角色，也要求国有企业拓宽国际业务，增加国际贸易交易份额。这个目标符合我国建设制造强国的发展战略，使我国产业迈向全球产业链中高端，发挥我国经济质量优势。

(三) 国有企业发展和改革的基本原则

国有企业改革的基本原则是深化国有企业改革的行动指南，只有明确国有企业发展和改革的基本原则，才有可能判断国有企业改革成效。习近平总书记明确了国有企业改革的重要性和目标后，对国有企业发展和改革的基本原则展开深入研究，为进一步发展壮大国有企业提供了行动指南。

1. 坚持"两个一以贯之"

习近平总书记强调："坚持党对国有企业的领导是重大政治原则，必须一以贯之；建立现代企业制度是国有企业改革的方向，也必须一以贯之。"[②]"两个一以贯之"是国有企业发展和改革的重要原则，两个方面有着深刻的理论内涵，厘清了坚持党的领导和建立现代企业制度的重大理论关系。党的领导和现代企业制度并不是两个独立的概念，要将二者有机结合，使党的领导内嵌于现代企业治理

---

① 《十九大以来重要文献选编》(上)，北京：中央文献出版社 2019 年版，第 24 页。

② 习近平：《习近平谈治国理政》(第 2 卷)，北京：外文出版社 2017 年版，第 176 页。

中，党的领导与现代企业制度的融合形成了中国特色现代企业制度。中国特色现代企业制度是由国有企业的独特属性决定的，是由我国公有制为主体的基本经济制度决定的，是由以人民为中心的发展立场决定的。坚持党的领导是建立现代企业制度的基础和前提，而建立现代企业制度有利于巩固党的领导地位，二者统一于国有企业改革进程中。如何将党的领导有机融入现代企业制度中，使国有企业既发挥其经济支柱作用又能发挥其政治基础作用和民生保障作用，是新时期国有企业改革的一个重大理论问题。

2. 坚持"三个有利于"标准

邓小平曾在南方谈话中提出"三个有利于"的标准，即"是否有利于发展社会主义社会的生产力，是否有利于增强社会主义国家的综合国力，是否有利于提高人民的生活水平"，[①] 用来解决改革开放中姓"资"姓"社"的争论问题。国有企业改革是改革开放中的重要一环，"三个有利于"也长期成为国企改革的评价标准。随着国有企业改革实践的发展深化，习近平总书记针对国有企业改革中存在的现实问题，提出来判断改革成效的新标准。习近平总书记在吉林调研时提出，"推进国有企业改革，要有利于国有资本保值增值，有利于提高国有经济竞争力，有利于放大国有资本功能"。[②] 要从国有资本保值增值、国有经济竞争力和国有资本功能三个层面来衡量国有企业成效。国有企业改革必须保证国有资本保值增值，从国有资本数量方面对国有企业改革提出要求；必须保证加强国有经济竞争力，从国有经济质量方面对国有资本提出要求；必须放大国有资本功能，从总体上对国有企业提出更高的要求。邓小平提出的"三个有利于"标准是对于改革开放总的评价标准，是更为宏观的原则。而习近平总书记提出的"三个有利于"是更为具体的评价标准，主要是对国有企业改革工作的评价。可以看到，习近平关

① 《邓小平文选》(第3卷)，北京：人民出版社1993年版，第372页。
② 习近平：《保持战略定力增强发展自信 坚持变中求新变中求进变中突破》，载《人民日报》2015年7月19日。

于国有企业重要论述继承和发展了中国特色社会主义国有企业理论，回应了实践的新需求。只有坚持"三个有利于"的标准，才能把握量和质两种标准，争取建设量大质优的国有经济，更好发挥国有经济的主体地位。

（四）深化国有企业改革的主要任务

明确了国有企业发展和改革的重要性、目标方向和目标原则之后，最关键的是解决深化国有企业改革的具体路径问题。习近平总书记深入考察国有企业面临的现实问题，结合国有企业的历史和理论，提出了新时期深化国有企业改革的具体任务，为发展壮大国有企业、落实国有企业改革工作提供了理论指引。

1. 建立中国特色现代企业制度

2015 年中共中央出台了《关于深化国有企业改革的指导意见》，对国有企业改革作了顶层设计和具体规划，要在一些关键领域和环节取得重要进展，其中在国有企业中建立符合我国社会主义市场经济要求的现代企业制度是国有企业改革的关键环节。习近平总书记提出的"两个一以贯之"的基本原则，进一步深化了对国有企业中建立现代企业制度的认识。将党的领导同现代企业制度相结合，创新性提出"中国特色现代国有企业制度"，进一步深化现代企业制度的概念。党的十九届六中全会指出："建立中国特色现代企业制度。"①通过建立中国特色现代企业制度，国有企业成为独立的市场经济主体，能更好发挥社会主义市场经济体制的优势，并且将国有企业制度与党的领导紧密相连，能巩固党的领导核心地位。在理论的有效指引下，国有企业建立起健全的公司法人治理结构，形成了与市场经济相适应的薪酬分配制度，深化选人用人机制改革，增强了企业依法治理的能力。在政策的有效指导下，企业有效制衡的法人治理结构逐步建立，市场化经营机制更加完善，企业真正成为平等的市场经济主体。

---

① 《中国共产党第十九届中央委员会第六次全体会议文件汇编》，北京：人民出版社 2021 年版，第 59 页。

2. 加强国有资产监管

党的十八届三中全会指出："完善国有资产管理体制，以管资本为主加强国有资产监管。"①2015 年出台的《国务院办公厅关于加强和改进企业国有资产监督防止国有资产流失的意见》从强化企业内部监管和加强企业外部监督两个方面，对加强国有资产监管提出具体要求。2019 年党的十九届四中全会强调，国有资产管理体制要以管资本为主，通过国有资本投资和运营，发挥好国有经济的主导作用。通过一系列重要讲话和政策文件，我们党采取一系列具体措施将加强国有资产监管落到实处。一是转变国有资产监管机构的职能，从过去监管机构职能过于分散和重叠明确为履行资本出资人的职能，规定"管资本"为国有资产监管的核心任务。二是改革国有资本经营授权体制，把握国有资本监管机构与运营机构的关系，对于运营机构进行适当改组，提高国有资本运行效率。三是调整国有资本的分布布局，通过合理优化国有资本的配置，大力支持国家命脉行业和重点产业，对于竞争性领域的国有资本实施优化重组或者退出机制，并为非公资本提供发展空间，推动国有资本合理流动、优化配置。以规范资本运作为重点，维护资本安全，以管资本为主加强国有资产监管，防止国有资产流失，是加强国有资产监管的成功实践。

3. 大力发展混合所有制经济

2013 年党的十八届三中全会指出，混合所有制经济是我国基本经济制度的重要实现形式，发展混合所有制经济，有利于强化放大国有资本的功能，有利于保障国有资本持续增长积累，有利于提升国有资本的竞争力，有利于促进各种所有制资本相互融合、取长补短、共同发展。明确混合所有制经济是基本经济制度的重要实现形式，并且发展混合所有制经济能够更好发挥国有资本的作用，促进

---

① 《十八大以来重要文献选编》（上），北京：中央文献出版社 2014 年版，第 501 页。

各种所有制经济相互融合、取长补短。混合所有制经济结合公有制经济和非公有制经济的特点，有利于国有资本和民营资本相互补充，既能增强国有资本的控制力，同时能发挥民营资本灵活高效的优势，是对基本经济制度实现形式的完善补充。2015年出台的《关于深化国有企业改革的指导意见》又为混合所有制改革提供更为清晰的路径，要根据国有企业实际情况逐步推行混合所有制改革，同时鼓励国有资本入股非国有企业，同时探索员工持股的可行方案。2020年中央全面深化改革委员会通过了《国企改革三年行动方案（2020—2022年）》，提出分层分类推进混合所有制改革，合理设计股权结构，转换经营机制，做到各类所有制企业取长补短。发展混合所有制经济思想是对马克思产权理论和列宁公有制实现形式思想的继承和发展，探索公有制的多种实现形式，使多种所有制经济共同为社会主义现代化建设服务，从而实现社会主义生产力的发展。通过分类、分层推进国有企业混合所有制改革，完善混合所有制改革制度设计，优化国有企业的股权结构，激发国有企业活力。

4. 优化国有经济布局

国有经济布局优化一直是国有企业改革中的重要议题，国有经济布局是否合理直接影响国有资本的功能作用。在2013年党的十八届三中全会上，习近平总书记指出："国有资本投资运营要服务于国家战略目标，更多投向关系国家安全、国民经济命脉的重要行业和关键领域，重点提供公共服务、发展重要前瞻性战略性产业、保护生态环境、支持科技进步、保障国家安全。"[①]为了更好发挥国有资本的控制作用，应合理配置国有经济布局，将国有资本集中投入与国家安全和国家重大战略相关的行业和领域，既保证国有企业的控制力又能为民营企业提供发展空间。2015年出台的《关于深化国有企业改革的指导意见》中明确要提高国有资本配置效率，发挥国有企业在提升自主创新能力、保护环境资源、加速转型升

---

① 《十八大以来重要文献选编》（上），北京：中央文献出版社2014年版，第501页。

级和履行社会责任方面的表率作用，优化国有资产结构和布局。2020 年《国企改革三年行动方案(2020—2022 年)》提出要推动国有资本布局优化和结构调整，将国有资本聚焦于主责主业，做到国有资本的有进有退。经过一系列探索和实践，国有资本的运行布局更为优化，对于关系到国家发展安全、公共服务以及战略性产业，加大国有资本的投入力度，对于充分竞争领域，国有资本选择性退出，从而提高国有资本的运行效率，使之更好地服务于社会主义现代化建设大局，发挥出"集中力量办大事"的制度优势。

(五) 加强国有企业党建工作

党的十八大以来，党对国有企业工作的领导地位不断加强，国有企业党的建设工作成为重要理论议题，习近平总书记对国有企业党的建设问题作出重要论述，涵盖了党建工作的重要性、目标要求和具体部署等内容，对新时代国有企业党建工作提出了新的要求。

1. 国有企业党建工作的重要性

从国有企业诞生伊始，中国共产党与国有企业的关系密不可分，在正确方略的引领下，我国国有企业党建工作取得了一系列理论突破和实践成就。面对新时期国有企业党建工作淡化、弱化等问题，习近平总书记在全国国有企业党的建设工作会议上强调："坚持党的领导、加强党的建设，是我国国有企业的光荣传统，是国有企业的'根'和'魂'，是我国国有企业的独特优势。"[1]中华人民共和国成立以来，由于国有经济独特的性质和地位，第一批诞生的国营企业属于全体人民共同财产，由国家统一经营管理，党领导企业成为国有企业的优良传统。习近平总书记深化对党的领导和国企党建工作的认识，明确指出党与国有企业紧密相连、休戚与共的关系，失去党的领导国有企业将成为"无根之木、无源之水"，

---

① 习近平:《习近平谈治国理政》(第 2 卷)，北京：外文出版社 2017 年版，第 176 页。

丧失活力、发展潜力和市场竞争力；国有企业如果不重视党的建设，党的领导将无法得到落实，党的领导和企业运营"两张皮"现象会日益加剧。因此，我国国有企业的独特优势正在于坚持党的领导，加强党的建设工作是国有企业改革中一项重要任务。

2. 国有企业党建工作的要求和目标

习近平总书记提出"两个一以贯之"的原则，其中坚持党对国有企业的领导是重要原则之一，必须一以贯之。在会议中，习近平总书记明确了国有企业党建工作的总要求，可以概括为"四个坚持"，具体来说是"坚持党要管党、从严治党""坚持服务生产经营不偏离""坚持党组织对国有企业选人用人的领导和把关作用不能变""坚持建强国有企业基层党组织不放松"①四个原则。"四个坚持"对国有企业党的建设工作作出具体规定，为新时代国企党建工作指明方向。

2015年出台的《关于深化国有企业改革的指导意见》提出国有企业党建工作的短期目标是全面加强党的建设，巩固党组织在公司治理中的法定地位，充分发挥党组织的政治核心作用。维护国有企业中党组织的领导地位成为国企党建工作的主要目标。2016年，习近平总书记在全国国有企业党的建设工作会议中进一步深化这个目标，提出党的领导与企业公司治理相融合是中国特色现代国有企业制度的"特色"所在。因此，新时代国有企业改革应将党组织建设内嵌于公司治理结构中，落实党组织的法定地位，将建设中国特色现代国有企业制度作为国有企业改革的新方向，也是国企党建工作的目标。在科学的目标引导下，国有企业党建工作取得显著进展，党管企业的意识不断增强，党组织作用不断提升，建成一批国企党建工作品牌，为国有企业注入强大动力。

3. 国有企业党建工作的具体部署

在论述国企党建工作重要性，明确国企党建工作的要求和目标之后，习近平

---

① 习近平：《习近平谈治国理政》(第2卷)，北京：外文出版社2017年版，第176页。

总书记对国企党建工作作出具体部署：

第一，明确党对国有企业的领导方式。在国有企业中，党的领导是政治领导、思想领导和组织领导相统一。党组织要发挥"把方向、管大局、保落实"的作用，要明确党组织和其他主体在公司治理中的权责界限，形成多主体共治的公司治理机制。要实现发挥党组织政治核心作用同健全公司法人治理结构的有机统一，坚持"党的建设同步谋划、党的组织及工作机构同步设置、党组织负责人及党务工作人员同步配备、党的工作同步开展"。① 坚持和完善双向进入、交叉任职的领导体制，切实履行"一岗双责"的领导体制，发挥党组织"双核心"的作用。

第二，加强党对国有企业领导人员的监督管理。要加强对国企领导人员的党性教育、宗旨教育、警示教育，严明政治纪律和政治规矩，提升领导人员的思想政治素质和党性修养。对于重要领域、重要行业和重要岗位的人员要进一步加强监督管理，完善相应的监督管理机制。切实落实国有企业党组织的主体责任和纪检机构的监督责任，大力宣传国企党风廉政建设，改进国企党组织检查、监督、追责工作，打造"不敢腐、不能腐、不想腐"的氛围。

第三，坚持全心全意依靠工人阶级。全心全意依靠工人阶级既是国有企业党建工作的方针，也是国有企业公有制属性的具体体现。列宁、斯大林、毛泽东等马克思主义经典作家都对国营企业中工人阶级的作用和意义作出过系统论述。习近平总书记在理论和实践的基础上，进一步提出国有企业党建工作要坚持全心全意依靠工人阶级，并明确具体措施。要健全以职工代表大会为基本形式的企业民主管理制度，保障企业职工基本权利，充分调动工人的积极性、主动性、创造性。完善企业决策制度、职工董事制度、职工监事制度，引导企业职工有序参与公司治理，形成共治局面。强化国有企业基层党建工作，加强企业党组织对群众工作的领导。发挥好企业工会、共青团等群众组织的协同作用，深化服务型政党的建设。

---

① 《十八大以来重要文献选编》(中)，北京：中央文献出版社 2016 年版，第 660 页。

第四，加强企业领导队伍建设。企业领导干部在国有企业改革和发展过程中起到关键作用，国企领导人员必须"对党忠诚、勇于创新、治企有方、兴企有为、清正廉洁"，树立"四个意识"，坚定理想信念，坚守任事担当。要坚持正确的用人导向，规范选人用人程序，加强党务干部培训。保证党组织对领导干部的领导权和管理权，让领导人员在生产一线得到锻炼，对领导人员进行正向激励，培育领导人员的企业家精神，从而建立适应中国特色现代国有企业制度需要的选人用人机制，培养一批高素质领导管理人才队伍。

第九章

中国化马克思主义对外开放理论

对外开放是我国的基本国策之一，在推动经济社会发展中有着重要作用。中国共产党依据马克思主义基本原理，从世界经济政治发展的全局高度，深刻把握世界发展的新变化，以马克思、恩格斯、列宁关于对外开放的主要观点为理论基础，从中国社会主义建设的经验教训出发，把中国的发展同世界的发展、同时代主题的变换紧密联系起来，就对外开放问题作出了一系列精辟论述，逐步形成了一套完整的中国化马克思主义对外开放理论。中国化马克思主义对外开放理论是中国化马克思主义经济理论的重要组成部分，是在探索中不断发展的，是对中国对外开放实践经验的理论总结，是对马克思主义对外开放和经济理论的丰富发展和创新突破。梳理中国化马克思主义对外开放理论发展历程，深入理解和把握对外开放理论的创新，是推动我国经济社会全面进步的重要理论根基。

一、马克思列宁主义对外开放理论

马克思、恩格斯、列宁、斯大林的论著中有许多关于对外开放的理论，这是中国化马克思主义对外开放理论形成的重要理论基础，对中国对外开放实践有重要的指导意义。马克思、恩格斯从世界历史发展的规律、世界市场形成和发展，以及资本的扩张性等不同方面对对外开放的必然性进行了阐释。列宁根据社会主义国家面临的具体问题，结合国际格局和发展趋势，首次系统地阐述了社会主义国家应该如何对外开放。斯大林亦从多方面论述了对外开放的必要性。

(一) 马克思、恩格斯对外开放理论

虽然马克思和恩格斯没有建立起关于对外开放研究的系统完整的理论体系，但他们对世界历史整体性、开放性、规律性和世界市场、国际分工、共同体等问题的分析和观点，揭示了对外开放的缘起和趋势，是马克思主义关于对外开放理论的开端和基础。

1. 世界历史理论

世界历史理论是马克思和恩格斯关于"开放"思想的最初体现。马克思和恩格斯的世界历史理论不同于一般的、分裂的民族和地域历史，是伴随着各民族和国家之间在开始交往后，打破了地域限制互相影响、渗透、融合而形成的具有相互联系的整体性的历史体系。马克思在《德意志意识形态》中指出，"各个相互影响的活动范围在这个发展进程中越是扩大，各民族的原始封闭状态由于日益完善的生产方式、交往以及因交往而自然形成的不同民族之间的分工消灭得越是彻底，历史也就越是成为世界历史。"①马克思认为，大工业生产力的不断发展推动了社会分工和交往的普遍化，进而消灭了各国各民族以往的原始封闭状态，这是世界历史形成的深刻根源，它使每个国家及每个人的满足都依赖于整个世界。②世界历史就是在大工业与市场这种相互作用中形成和发展的。

随着现代生产方式的扩张和生产力的发展，普遍交往推动着狭窄的民族历史走向广阔的世界历史，使得开放成为历史发展的必然趋势。而世界历史又在各方面制约和影响着各个民族和国家，使其不能在自我封闭的历史环境中生存，不能处于孤立隔绝的状态。③ 从人类历史转变为世界历史的立场出发，资本主义社会、社会主义社会和共产主义社会都是世界历史的一部分，每个国家和民族都要接受、适应这一既成事实，必须打破闭关自守的状态，与其他民族和国家产生交往和实际联系，才能摆脱民族的局限和地域的局限，"获得利用全球的这种全面的生产(人们的创造)的能力"。④ 因此，开放的世界是社会主义实现的前提，社会主义只有在开放中才能不断探索前进。马克思、恩格斯指出，共产主义"是以

---

① 《马克思恩格斯选集》(第 1 卷)，北京：人民出版社 2012 年版，第 168 页。
② 《马克思恩格斯文集》(第 1 卷)，北京：人民出版社 2009 年版，第 566 页。
③ 张雷声：《经济全球化条件下的对外开放与经济安全》，载《首都师范大学学报》(社会科学版) 2001 年第 4 期。
④ 《马克思恩格斯选集》(第 1 卷)，北京：人民出版社 2012 年版，第 169 页。

生产力的普遍发展和与此相联系的世界交往为前提的"，① "无产阶级只有在世界历史意义上才能存在，就像共产主义——它的事业——只有作为'世界历史性的'存在才有可能实现一样"。② 马克思认为，共产主义是要实现全人类的解放，不能只"作为某种地域性的东西而存在"。③ "地域性共产主义"的观点脱离了世界历史的整体性和普遍联系性，违背了客观规律，孤立的、封闭的国内市场不利于共产主义的发展，因此，对社会主义及其社会经济生活实践进行考察，必须将其放在世界的总体联系之中。此外，社会主义国家应当"吸取资本主义制度所取得的一切积极成果"，④ 以促进自身的发展。

世界历史的逐渐形成使资本主义社会的基本矛盾也逐渐世界化。马克思认为，在世界历史和资本主义条件下，资本主义的扩张不仅使不同国家在经济上融入世界市场，也进一步改变了其他国家的社会制度与结构，使资本主义的矛盾在全球范围内普遍地存在并相互关联了，这一世界性的矛盾只有靠共产主义的方式来解决。因此，共产主义是世界历史内在矛盾运动的必然产物，世界历史发展的必然趋势是实现共产主义。

2. 世界市场和国际分工理论

通过对世界历史的解释和分析，马克思、恩格斯进一步提出了世界市场的理论范畴。马克思指出大工业的发展和资本的扩张本性是世界市场形成和发展的重要因素，并从世界历史观和唯物史观的高度，分析了资本主义生产方式运动的全过程，描绘出关于世界市场总体雏形和经济全球化的结构框架，从而第一次科学地阐释了世界市场的本质和经济全球化的两重趋势。

马克思和恩格斯在《德意志意识形态》中，提出"世界市场"这一概念，对以

---

① 《马克思恩格斯选集》(第1卷)，北京：人民出版社2012年版，第166页。
② 《马克思恩格斯选集》(第1卷)，北京：人民出版社2012年版，第168页。
③ 《马克思恩格斯选集》(第1卷)，北京：人民出版社2012年版，第166页。
④ 《马克思恩格斯全集》(第25卷)，北京：人民出版社2001年版，第479页。

世界市场为特征的资本主义世界经济趋势作了最早论述。在《共产党宣言》中，马克思和恩格斯系统阐释了资本主义时代的世界市场。"由于开拓了世界市场，使一切国家的生产和消费都成为世界性的了……古老的民族工业……被新的工业排挤掉了……它迫使一切民族——如果它们不想灭亡的话——采用资产阶级的生产方式；它迫使它们在自己那里推行所谓的文明，即变成资产者。一句话，它按照自己的面貌为自己创造出一个世界。"①在这里，马克思和恩格斯初步揭示了世界市场是资本为实现其无限增殖和外在扩张的本性而剥削劳动力的外在表现。

随着世界历史和社会生产力的进一步发展，商品生产和商品交换活动愈发频繁，当国内市场已无法满足人们不断增长的需求的时候，国际分工和世界市场便形成了。马克思认为，工业革命对国际分工产生巨大影响的一个表现就是生产部门的细化和一些新兴生产部门的诞生，极大丰富了国际市场上商品的种类，这也是国际分工发展的必然结果。由于资本的扩张，最终形成了国际分工和世界市场、国际贸易体系，构建了新型资本主义经济关系，形成了国际关系格局，世界市场总体正是资本主义生存方式运动的终点和最高发展形态。

因此，经济全球化是历史发展趋势，是世界普遍交往最重要的内容，其本质是将国内市场扩大到世界范围，使世界经济逐渐成为一个整体。对世界市场规律的认识，是社会主义国家实行对外开放、积极参与经济全球化的重要理论基础。马克思、恩格斯认为，世界市场的形成和发展对落后国家有双重影响，既会给落后国家带来风险挑战，也为其带来了发展契机。

一方面，资本的扩张给落后国家带来了被剥削和压迫的风险。首先，由于资本具有追逐利益最大化的贪婪本质，利益驱动下资本主义国家的对外侵略打破了落后国家与世隔绝的状态，使其被迫对外开放。在世界历史和世界市场形成初期，落后国家作为资本主义国家扩张和剥削的主要对象，被大量掠夺廉价原料和劳动力。"不列颠人给印度斯坦带来的灾难，与印度斯坦过去所遭受的一切灾难

---

① 《马克思恩格斯文集》(第2卷)，北京：人民出版社2009年版，第35~36页。

比较起来……在程度上要深重得多。"①其次，资本主义主宰下的国际贸易是不平等国际分工体系得以形成并巩固的途径。② 显然，马克思已经敏锐地认识到，只要是在资本主义主导下的国际贸易，就必然是阶级剥削的手段，是把阶级剥削进一步国际化的工具和手段，这是落后国家和劳动人民参与国际分工体系过程中所面临的不可避免的风险。

另一方面，世界市场的扩张对于落后国家来说是一个契机。首先，在世界历史和世界市场的发展背景下，资本主义国家的侵略与扩张导致了落后国家封建制度的崩溃，使落后国家迈出了建立新制度的第一步。其次，马克思晚年探讨在俄国发展道路时提出，较为落后的国家可以通过学习和模仿先进国家的科学技术成果，利用后发优势实现赶超发展。最后，世界市场的扩张壮大了无产阶级队伍。在世界市场扩张的过程中，无产阶级队伍也随之扩展为世界范围内的联盟，"无产阶级不仅人数增加了，而且结合成更大的集体，它的力量日益增长，而且它越来越感觉到自己的力量。"③

此外，马克思、恩格斯认为国际贸易也具有积极意义，可以使一国的生产在世界市场上获得更高的利润率，推动资本主义生产方式的转变，推动国民经济的繁荣发展。这些思想给我们今天认识和剖析经济全球化的内在机理和运行机制提供了重要的理论基础和科学方法。

(二) 列宁对外开放理论

在社会主义经济体系与资本主义经济体系并存和对立的情况下，列宁对经济相对落后的社会主义国家应当如何发展、社会主义国家与其他国家的经济关系应当如何处理等问题进行了不断的探索与思考，提出了一系列有关对外开放的观点。他首次系统阐述了社会主义国家对外开放理论，科学分析了社会主义国家对

---

① 《马克思恩格斯选集》(第 1 卷)，北京：人民出版社 2012 年版，第 849 页。
② 任治君：《对外经济关系论》，成都：西南财经大学出版社 2006 年版，第 9 页。
③ 《马克思恩格斯选集》(第 1 卷)，北京：人民出版社 2012 年版，第 409 页。

外开放的必然性，认为社会主义国家应该对外开放，大胆吸收和借鉴资本主义创造的文明成果，并开创了在落后社会主义国家利用资本主义的积极成果进行社会主义建设的理论与实践。列宁的对外开放理论，既是基于对马克思主义对外开放理论的科学认识，又进一步丰富了马克思主义关于社会主义国家如何进行经济建设和开展对外经济关系的理论，具有重要的理论与实践价值。

1. 对外开放的必然性和可能性

列宁首先论述了社会主义国家为什么要坚持对外开放。一是，列宁认为世界经济已经是一个相互联系的整体，不论是社会主义国家还是资本主义国家，都是世界经济的组成部分，必然要与其他国家发生经济联系，人类的整个经济、政治和精神生活都不可避免地相互依存。

二是，列宁认为社会主义国家应当与资本主义国家发展经济关系与合作，明确提出了"社会主义共和国不同世界发生联系是不能生存下去的"，[1] "把社会主义国家的生存同资本主义世界经济联系起来"，[2] 并在交往中吸取其值得借鉴的合理部分。"贸易关系和对外联系＝我国大工业的振兴。"[3]在"资强社弱"的情况下，新生的社会主义国家设备和技术落后，资金和人才短缺，"没有外国的装备和技术帮助，我们单靠自己的力量就无法恢复破坏了的经济。"[4]因此，要充分利用经济国际化、全球化的积极成果，通过学习和利用资本主义先进的技术和文化成就，巩固和发展新生的苏维埃政权。"社会主义能否实现，就取决于我们苏维埃政权和苏维埃管理组织同资本主义最新的进步的东西结合得好坏。"[5]而且社会主义作为比资本主义更高的社会形态，要求比资本主义更加开放，既要学习资本主义的合理性，包括人类社会乃至资本主义社会的最先进的文化科学技术，也要

① 《列宁全集》(第41卷)，北京：人民出版社2017年版，第167页。
② 《列宁全集》(第41卷)，北京：人民出版社2017年版，第167页。
③ 《列宁全集》(第42卷)，北京：人民出版社2017年版，第525页。
④ 《列宁全集》(第41卷)，北京：人民出版社2017年版，第17页。
⑤ 《列宁选集》(第3卷)，北京：人民出版社2012年版，第492页。

批判资本主义的弊病，消除资本主义的消极因素。

三是，出于对当时俄国具体国情的考虑，为了保证政权的安稳性，消除资本主义国家的敌对情绪，帮助苏维埃政权实现和平发展，完成社会主义过渡，列宁主张制定和平外交政策，向西方国家宣布和平纲领和主张，与其和平共处，建立正常的邦交关系和经贸关系。

对于社会主义国家同资本主义国家发生联系的可能性，列宁认为，一方面，资本主义出于利益驱动性本质，会主动利用经济相对落后国家较低的生产成本、广阔的商品销售市场以及丰富的资源等优势。列宁通过考察和研究随着商品生产和商品交换的发展而使各国之间逐渐建立和发展起来的经济联系，特别是以国际交换为基础的世界市场后，提出资本主义国家离不开俄国，就像俄国离不开世界资本主义国家一样。为了获取利益，资本主义国家会暂时不考虑政治、军事上的对立而与苏维埃俄国建立和发展经济关系。"我们要做生意，他们也要做生意。"①

另一方面，帝国主义国家之间的矛盾也为对外开放创造了条件。应该利用两个帝国主义之间、两个资本主义国家集团之间的对立和矛盾，发展和壮大自己的力量。"在政治上我们应该利用敌人之间的分歧，并且只利用由最深刻的经济原因引起的深刻分歧。"②在此，列宁提出了一个公式："经济意义=（α）同先进的国家资本主义缔结联盟反对小资产阶级的和落后的自发势力=（β）同一个帝国托拉斯缔结联盟反对另一个"。③

2. 对外开放的形式和途径

列宁对社会主义国家如何采取更有利的对外开放方式进行了积极探索和实践，提出了一系列灵活的开放政策。

---

① 《列宁全集》（第43卷），北京：人民出版社1987年版，第70页。
② 《列宁全集》（第40卷），北京：人民出版社2017年版，第62页。
③ 《列宁全集》（第40卷），北京：人民出版社2017年版，第379页。

一是充分利用国外资本。针对国家建设急需大量资金支持的问题，列宁指出："当我们国家在经济上还极其薄弱的时候，怎样才能加速经济的发展呢？那就是要利用资产阶级的资本"。① 列宁提出了利用外资的两种形式：第一是向西方资本主义国家借款，通过银行借贷等方式筹集资金进行建设；第二是创造性地提出了租让制，通过租让和商品交换加强利用西方资本主义。租让制是指国家把自己暂时无力恢复或改进生产的矿山、森林、油田、土地和工厂等，交由外国资本家来经营和组织生产，所得一部分归国家，另一部分作为利润归资本家所有。通过租让制原则和公私合营的方式，既可以引进国外的资金、技术、设备，以利于经济的恢复，还能从这些企业的经营过程中学习到外国先进的科学技术、经营方式和管理方法，培养专业人才。在租让制对象的选择上，列宁提出"对任何国家都可以实行租让，也包括波兰在内"。② 此外，列宁还提出要将重要的租让企业和地区与一般的企业和地区加以区分，给予它们特殊的自主权，实行特殊的政策。

二是学习外国的先进管理经验。列宁指出，社会主义国家的发展要建立在资本主义所取得的经济基础和文化基础之上，社会主义国家与资本主义国家交往时必须吸收其值得借鉴的成果和经验。他尤其强调要积极吸取资本主义国家先进的技术和管理经验，向有专门知识的外国专家和有管理经验的资本家学习，纠正不向资产阶级学习也能够实现社会主义的看法，主张在微观管理上采用泰罗制中许多合乎科学的进步方法，在宏观管理上向德国的统计、监督和组织方式学习，向托拉斯的组织者学习，提出了"苏维埃政权+普鲁士的铁路秩序+美国的技术和托拉斯组织+美国的国民教育等+……=总和=社会主义"③的著名公式，形象地表达了社会主义国家应该通过学习资本主义国家先进科学技术和管理经验的做法来实现更好发展的思想。

---

① 《列宁全集》(第 40 卷)，北京：人民出版社 2017 年版，第 42 页。
② 《列宁全集》(第 40 卷)，北京：人民出版社 2017 年版，第 124 页。
③ 《列宁全集》(第 34 卷)，北京：人民出版社 2017 年版，第 520 页。

三是积极开展对外贸易。列宁认为，苏维埃要巩固自己的政权，必须利用贸易关系和对外联系来振兴本国的大工业，应当"根据资本主义世界的特点，利用资本家对原料的贪婪使我们得到好处，在资本家中间——不管这是多么奇怪——来巩固我们的经济地位"。① 这并不是向资本主义的妥协，而"正是俄罗斯苏维埃共和国在物质上和精神上战胜了全世界资本家的最好不过的证明"。②

3. 在对外开放中维护国家主权

面对资本主义为主导的国际大环境，列宁充分认识到了对外开放将会带来的负面影响，这些企业将带来资本主义习气，腐蚀农民。为此，列宁从理论上阐明了对外开放不会影响社会主义国家的性质和独立性，应该用共产主义影响抵制资本主义的消极影响，用清醒的头脑在对外开放中维护国家主权。在提倡租让制的同时强调了应把其控制在社会主义允许的范围之内。"如果苏维埃政权把自己的大部分工厂拿去租让，那是十分荒唐的；那就不是租让，而是复辟资本主义。只要我们掌握着所有国营企业，只要我们精确而严格地权衡轻重……这种情况下发展起来的资本主义是在监督之下和计算之中的，而国家政权则仍然掌握在工人阶级和工人国家的手中。"③列宁还指出，剥夺和掠夺是资本主义的本性，这决定了它们不会给苏俄真正的援助，而完全是出于它们自身利益的需要，因此要充分发挥社会主义法制的规范作用，实行严格的国家统计和监督，坚决防范资本主义的颠覆和破坏行为，以巩固国家性质。这是列宁在社会主义实践中的伟大创造，也是列宁对马克思主义对外开放理论的一个重大突破，保证了对外开放过程中社会主义政权的性质和国家的独立性不会受到干扰和影响。

列宁关于对外开放的必然性、可能性和具体实现途径，关于同资本主义国家的关系以及开展对外贸易的主张，补充发展了马克思主义关于对外开放理论，是

---

① 《列宁全集》(第41卷)，北京：人民出版社2017年版，第162页。
② 《列宁全集》(第40卷)，北京：人民出版社2017年版，第25~26页。
③ 《列宁全集》(第41卷)，北京：人民出版社2017年版，第151页。

中国化马克思主义对外开放理论的重要理论基础。

斯大林充分肯定了列宁关于对外开放的思想,从经济的国际化角度和苏联所处的国际环境角度两个方面论述了对外开放的必要性,指出吸收外资,利用外资来振兴工业是正确的。他认为,苏联同西方发展经济关系应当既相互依赖,同时又保持苏联经济上的独立性,是一种既合作又斗争的关系。"以为社会主义经济是一种绝对闭关自守、绝对不依赖周围各国国民经济的东西,这就是愚蠢之至。"①但 20 世纪 30 年代中期起,斯大林的对外开放思想受到国际形势的变化和党内斗争的影响,提出了"两个阵营"和"两个平行市场"的理论,认为"两个对立阵营的存在所造成的经济结果,就是统一的无所不包的世界市场瓦解了"。② 两个平行市场理论以及由此形成的对外经济政策,对经济发展产生了不可否认的消极影响:低估了资本主义经济的发展潜力;只看到了社会主义与资本主义之间的对立;在对外关系上采取了收缩政策,把对外合作的重点放在社会主义国家之间,割裂了社会主义国家与资本主义国家在经济和文化上的联系,具有一定的局限性,造成了许多消极后果。

二、毛泽东对外开放思想

在不同的历史时期,以毛泽东同志为主要代表的中国共产党人围绕对外经济交往和对外开放提出了许多具有较为鲜明的时代特色的思想,推动了我国与世界的友好交往。理论总是在实践中得到检验并不断完善的,随着社会主义革命和建设实践的不断推进,毛泽东对外开放思想日趋成熟、完善,是中国化马克思主义对外开放理论的重要部分,对推进对外开放有重要的现实指导意义。

早在新民主主义革命时期,毛泽东就一贯反对闭关自守,主张对外交往,吸

---

① 《斯大林选集》(上卷),北京:人民出版社 1979 年版,第 595 页。
② 《斯大林选集》(下卷),北京:人民出版社 1979 年版,第 561 页。

收外国的进步文化，在打倒侵略者、保持和平、互相尊重国家的独立和平等地位等基础上，同其他国家建立并巩固相互关系等明晰的对外开放的内涵和原则，为中华人民共和国的对外交往奠定了坚实的理论基础。中华人民共和国成立后，面对困难的经济形势和国际阵营的对立，如何打破西方国家对中国的经济封锁，争取外国对华投资和开展对外贸易，以促进工业化发展，是急需解决的问题。毛泽东着眼于新中国建设的需要，在坚持主权独立的基础上，探索发展对外经济的方式和方法，在自力更生的基础上，争取外援。但是，由于美国主导的西方世界对中国进行长期封锁和中苏关系恶化的影响，使得这一时期的对外经济关系相对封闭。

（一）以独立自主、平等互利为原则

毛泽东明确提出了对外开放的基本原则，即独立自主、平等互利地开展对外开放，反对照抄照搬外国模式和经验。在外交事务和对外关系特别是经济关系上，一贯强调独立自主、自力更生、互利互惠的原则，对待外资和外援的态度是必须以取得真正的独立和民主为前提，不能损害国家主权，要有利于中国人民的利益。在与斯诺的谈话中，毛泽东阐释了与其他国家交往的基本原则，指出当中国取得真正独立和民主之后，将同友好国家商定互助、互利和互相同意的条约。1945年，在党的七大上，毛泽东明确提出："中国共产党的外交政策的基本原则，是在彻底打倒日本侵略者，保持世界和平，互相尊重国家的独立和平等地位，互相增进国家和人民的利益及友谊这些基础之上，同各国建立并巩固邦交，解决一切相互关系问题。"[①]进一步重申了我国对外开放的基本原则是独立自主、平等互利，指导思想是要在互相增进国家利益，促进经济发展，增进各国人民的友谊的前提下与各国建立外交关系。

毛泽东强调要在"独立自主、自力更生"基础上争取外援，发展对外经济关

---

① 《毛泽东选集》(第3卷)，北京：人民出版社1991年版，第1085页。

系。他说："我们是主张自力更生的。我们希望有外援，但是我们不能依赖它，我们依靠自己的努力，依靠全体军民的创造力。"①中华人民共和国成立后，毛泽东在积极倡导对外开放的同时，把"独立自主、自力更生"确立为我国发展对外经济关系的一项重要原则。他提出，"自力更生为主，争取外援为辅，破除迷信，独立自主地干工业、干农业、干技术革命和文化革命，打倒奴隶思想，埋葬教条主义，认真学习外国的好经验，也一定研究外国的坏经验——引以为戒，这就是我们的路线。"②这标志着"自力更生为主，争取外援为辅"正式成为我国经济建设的基本国策。

此外，毛泽东还强调在和平共处五项基本原则的基础上维护同第三世界国家的友好关系并进行无私援助。为了进一步打开中国的外交局面，提高国际地位，以毛泽东同志为代表的中国共产党人提出把加强同亚非拉国家的团结和互助作为中国外交的基本立脚点，与第三世界国家签订经济援助协定。在毛泽东对外援助思想的指导下，中国尊重援国主权，不干涉别国内政，平等互利，既推动了世界上其他国家的民族解放运动和经济建设，也获得了良好的国际声誉，树立了良好的国际形象。

(二)吸收利用外国资金援助我国经济建设

毛泽东多次说明利用外资和外国援助的重要性，表示"欢迎外国资本的投资"。③ 在经济基础落后、资金不足的情况下，遵循"双方有利"的原则合理利用外资，能够恢复和发展经济，推进工业化，提高人民生活水平。"国际援助对于现代一切国家一切民族的革命斗争都是必要的。"④抗日战争时期，毛泽东提出建立广泛统一战线，争取社会主义国家和国际无产阶级的支持与援助。"外援是不可少的，孤立政策是有利于敌人的。"毛泽东在同斯诺的谈话中提出："要抗日成

① 《毛泽东选集》(第3卷)，北京：人民出版社1991年版，第1016页。
② 《毛泽东文集》(第7卷)，北京：人民出版社1999年版，第380页。
③ 《毛泽东选集》(第2卷)，北京：人民出版社1991年版，第347页。
④ 《毛泽东选集》(第1卷)，北京：人民出版社1991年版，第161页。

功，中国也必须得到其他国家的援助"，① "欢迎外国资本的投资"②。解放战争时期，在《关于外交工作的指示》《论联合政府》《关于解放区外交方针的指示》等论著中，毛泽东都论述了利用外资、通过资本主义国家援助我国的经济建设的观点。1944 年毛泽东在与美军观察组成员谢伟思的谈话中说："在中国，工业化只能通过自由企业和在外国资本帮助之下才能做到，中国和美国的利益是相同和互相关联的。"③1945 年在《论联合政府》的报告中，毛泽东指出："为着发展工业，需要大批资本。从什么地方来呢？不外两个方面：主要是依靠中国人民自己积累，同时借助外援。在服从中国法令，有益于中国经济的条件下，外国投资是我们所欢迎的。"④毛泽东在与英国记者斯坦因的谈话中指出，为了发展工业，"不管是中国的还是外国的私人资本，在战后的中国都应给予充分发展的机会，因为中国需要发展工业。"⑤他认为抗日战争后美国是最有能力、最适宜援助中国经济发展的国家，美国在中国投资，能使中美双方在经济上"取长补短"，给中美双方都带来经济利益。

这些论述表明了毛泽东主张吸收利用外国资金、接受外国援助以发展我国经济的观点，对于正确认识和处理与资本主义国家的关系具有重要意义。

(三) 积极发展对外经贸关系

毛泽东主张积极发展对外经贸关系，在平等、互利基础上同一切国家做生意。在新民主主义革命时期提出发展商品经济和对外贸易能够壮大革命力量、提升经济社会发展水平，为红色政权的存在和发展提供经济基础和物质条件。他在

---

① ［美］埃德加·斯诺：《西行漫记》，董乐山译，北京：生活·读书·新知三联书店 1979 年版，第 77 页。

② 《毛泽东 1936 年同斯诺的谈话》，北京：人民出版社 1979 年版，第 129 页。

③ 《毛泽东百周年纪念——毛泽东生平和思想研讨会论文集》(下册)，北京：中央文献出版社 1994 年版，第 296 页。

④ 《毛泽东百周年纪念——毛泽东生平和思想研讨会论文集》(下册)，北京：中央文献出版社 1994 年版，第 135 页。

⑤ 《毛泽东文集》(第 3 卷)，北京：人民出版社 1996 年版，第 186 页。

与斯诺、谢伟思的谈话中多次提到对外经济关系，表明中国共产党愿意与其他国家进行友好经济交往的态度。毛泽东主张在根据地设立外贸局，大力发展与敌占区的经济贸易，在尊重中国主权与遵守苏维埃一切法令条件下，与中华苏维埃共和国临时政府签订平等条约国家的人民可以自由地经营工商业，允许外国人到边区游历、参观、考察、参加抗日工作或在边区搞实业等。在《论联合政府》中毛泽东重申："在彻底打倒日本侵略者……基础之上，解决一切相互关系问题，例如配合作战、和平会议、通商、投资等等。"①毛泽东在同谢伟思探讨中美贸易关系时提出，中国需要建立轻工业，在满足人民对轻工产品需求的基础上实现产品出口。美国的资本投资、重工业、制造业需要寻找市场，而中国可以用原料和农副产品偿付外贸和投资，中国和美国在经济贸易上可以各取所需。

抗日战争胜利以后，是中国经济发展的一个相对有利的时期。以毛泽东同志为主要代表的中国共产党人根据当时的国内国际条件，抓住时机，制定了与外国特别是与美国进行经济交往的方针。中华人民共和国成立前夕，毛泽东在党的七届二中全会上进一步指出："同外国人做生意，那是没有问题的，有生意就得做，并且现在已经开始做，几个资本主义国家的商人正在互相竞争。我们必须尽可能地首先同社会主义国家和人民民主国家做生意，同时也要同资本主义国家做生意。"②他指出了对外开放的范围，不仅仅局限于经济方面，在军事、政治等方面都可以实行开放，并且提出了对外开放的具体方式，可以是通商、投资办厂等方式。

中华人民共和国成立伊始，鉴于两大阵营尖锐对立的格局和以美国为首的西方国家对中国采取敌视和封锁的政策，毛泽东宣布实行"一边倒"的方针，但这并不意味着彻底关闭同西方的往来。随着国际形势的不断变化，毛泽东提出应根据各国对中华人民共和国的不同态度加以区别对待，他把原则性与灵活性巧妙地结合起来，以高超的斗争艺术，多渠道、多层次地发展和扩大对外关系，发展同不同社会制度国家的往来，尽可能为我国的发展创造有利的国际环境。原则性就

① 《毛泽东选集》（第3卷），北京：人民出版社1991年版，第1085页。
② 《毛泽东选集》（第4卷），北京：人民出版社1991年版，第1435页。

是指不能干涉中国内政，不能损害中国主权和领土完整，平等互利；灵活性就是在坚持原则的前提下可以超越意识形态和国家制度与资本主义国家进行交往。

毛泽东提出，在准备对苏贸易时，应从统筹全局的观点出发，苏联当然是第一位，但同时要准备和波德英日美等国做生意。① 即使是对于带头对中国实行封锁、禁运的美国，毛泽东也始终希望和它建立正常的政治经济交往关系。如果政府与政府暂不能建立关系，民间经济交往可以先搞起来，实行"民间先行""以民促官"的方针。20 世纪 70 年代，中国同日本、美国、联邦德国等资本主义国家的交往为中国引入西方国家先进技术、实现与世界市场和世界经济的接轨提供了重要机遇。

(四)学习外国先进的科学技术和管理经验

毛泽东提出"向外国学习"的口号，认为不仅要广泛发展同各国的政治经济合作，对于资本主义国家先进的科学技术和科学的企业管理方法，以及政治文化中有用的东西，都应当虚心学习。"一切民族、一切国家的长处都要学，政治、经济、科学、技术、文学、艺术的一切真正好的东西都要学。"②"吸收资本主义国家中技术上某些好的对我们有用的东西"，③ 根据我国的实际情况，有选择地学习那些急需急用的地方。在当时的情况下，我国的自然科学方面比较落后，因此，要学习外国先进的科学技术和管理经验。不仅要向社会主义国家学习，也要向工业发达的资本主义国家学习，争取同资本主义国家和平共处，注意利用资本主义文明的积极成果建设社会主义。"工业发达国家的企业，用人少，效率高，会做生意，这些都应当有原则地好好学过来，以利于改进我们的工作。"④

同时，在学习借鉴时要批判吸收，不能盲目照抄、机械搬运，要有分析有批判、结合中国实际学习，注意消化和创新。"外国资产阶级的一切腐败制度和思

---

① 《毛泽东文集》(第 6 卷)，北京：人民出版社 1999 年版，第 35 页。
② 《建国以来重要文献选编》(第 8 册)，北京：中央文献出版社 1994 年版，第 262 页。
③ 《建国以来重要文献选编》(第 4 册)，北京：中央文献出版社 1993 年版，第 179 页。
④ 《毛泽东文集》(第 7 卷)，北京：人民出版社 1999 年版，第 43 页。

想作风，我们要坚决抵制和批判。"①伴随社会主义建设的实践，照搬苏联模式的弊端显露出来，毛泽东指出，学习不能不动脑筋，适用我国的和不适用我国的一起搬来，这是教条主义态度，应当具体问题具体分析，学习那些符合我国实际国情的经验。

三、中国特色社会主义对外开放理论

党的十一届三中全会后，中国开始融入经济全球化浪潮，开启了改革开放历史新时期，对外开放水平不断提高，中国与世界的良性互动也逐渐增加，成为经济全球化的参与者、贡献者和受益者。中国特色社会主义对外经济关系理论大致经历了三个发展阶段，第一阶段是实行和扩大对外开放，先是以思考和探索对外开放的必要性和方式为主要内容，经过20世纪80年代的实践后，加快全方位经济开放是这一时期的主要议题。第二阶段，进入21世纪以后，中国加入了世界贸易组织，进入了对外开放的新阶段，同时也面临着来自国内国外的巨大挑战，这一时期的理论探讨转向了如何在经济全球化条件下参与国际经济合作和竞争、提高开放质量、实现互利共赢。第三阶段，面对激烈的国际竞争，如何利用国内国外两个市场，把国内发展与对外开放有效结合起来成为急需解决的问题，加快构建开放型经济新体制，推进更高水平的对外开放的策略应运而生。

(一)邓小平对外开放理论

邓小平明确了对外开放的必要性、含义、原则、方式等内容，并进一步就对外开放和自力更生的关系、辩证看待西方发达国家的文明成果和腐朽思想等问题作了一系列深刻的阐述，内涵丰富，形成了较为系统完整的科学理论体系，继承

---

① 《建国以来重要文献选编》(第8册)，北京：中央文献出版社1994年版，第264页。

并发展了马克思列宁主义对外开放理论和毛泽东对外开放理论，实现了中国化马克思主义对外开放理论的重大提升，反映了世界经济发展趋势和时代背景的变化，展现了中国共产党人开拓马克思主义新境界的理论勇气。

1. 中国的发展离不开世界

开放的世界需要中国，中国的发展需要开放。经济全球化是世界经济发展的主旋律，各国友好合作、共同繁荣是不可抗拒的历史潮流，商品经济的开放性和世界性决定了当代社会主义中国要坚定不移实行对外开放。邓小平提出的"中国的发展离不开世界"①成为论述我国开放必然性和必要性的经典结论，其核心内容是要吸收和利用世界各国包括资本主义发达国家所创造的一切先进文明成果来发展社会主义。邓小平指出，封闭只能导致落后，过去中国长期闭关自守，吃过苦头，历史的经验一再告诉我们，"任何国家要发达起来，闭关自守都不可能。"②

邓小平深刻阐明了对外开放的含义，一是对外开放是面向全世界，包括西方发达国家、苏东国家和第三世界国家，而不是针对某一国家某一方面的开放；二是不仅沿海城市要对外开放，内地也要逐步对外开放。国家与国家之间要相互往来，地区与地区之间、部门与部门之间也要互相开放。在社会主义国家能否对资本主义国家开放、引进外资、合资经营这样的重大问题上，邓小平大胆地突破传统观念，明确指出"开放是对世界所有国家开放，对各种类型的国家开放"，③ 发展对外关系，要超越意识形态和社会经济制度的差异和矛盾，吸收一切国家、一切民族的特点、长处和文明成果为我所用，才能真正有利于我国经济建设。开放伤害不了我们，开放不会使中国变成资本主义。同时，邓小平认为，对外开放并不仅仅是因为中国当前的经济技术相对落后，需要吸收外国的资金、技术和经

---

① 《邓小平文选》(第 3 卷)，北京：人民出版社 1993 年版，第 78 页。
② 《邓小平文选》(第 3 卷)，北京：人民出版社 1993 年版，第 90 页。
③ 《邓小平文选》(第 3 卷)，北京：人民出版社 1993 年版，第 237 页。

验，更为重要的是要互利共赢，中国经济与世界经济发展互相推动是世界经济发展的客观需要。

邓小平认为，有些国家对中国不友好，甚至连国家关系都不能够正常化，但只要有可能，我们也应该与它们建立经济交往关系，要把国家关系和经济关系区别开来。"国家关系即使不能够正常化，但是可以交往，如做生意呀，搞技术合作呀，甚至于合资经营呀，技术改造呀……他们可以出力嘛。"①采取这样的态度，既有利于发展经济、壮大自己，也有利于增进中国人民与外国人民的相互了解和友谊。

2. 坚持独立自主、自力更生

对外开放必须坚持独立自主、自力更生为主的方针，这是我们的立足点。邓小平指出，发达国家有些人不愿我们得到发展，企图卡住我们的脖子，所以，对外开放仍要坚持中国共产党人一贯倡导的自力更生的方针，在自力更生的基础上争取外援，依靠自己的艰苦奋斗进行社会主义建设。邓小平强调，"中国的事情要按照中国的情况来办，要依靠中国人自己的力量来办。"②照抄照搬别国经验、别国模式不能成功，反而会具有危害性。坚持独立自主、自力更生的原则进行对外开放，不仅不会使资本主义损害社会主义中的主权，反而能够为社会主义现代化事业的健康发展提供保障。

3. 吸收和借鉴资本主义社会创造的现代文明成果

邓小平指出，要赢得与资本主义相比较的优势，就必须大胆吸收和借鉴人类社会的文明成果。③ 具体来说，就是要利用外资，扩大对外贸易，引进先进的技术、设备和人才，加强科技、文化、教育等各方面的国际交流。

《邓小平文选》(第3卷)，北京：人民出版社1993年版，第98~99页。
② 《邓小平文选》(第3卷)，北京：人民出版社1993年版，第3页。
③ 《邓小平文选》(第3卷)，北京：人民出版社1993年版，第373页。

第一，利用外资。邓小平指出，中央和各省都要充分研究怎样利用外资的问题，可以使用补偿贸易、同外国人合资经营等。针对一些人在引进外资问题上存在的思想顾虑，邓小平指出："外资是资本主义经济……但是外资所占的份额也是有限的，改变不了中国的社会制度。"[①]"同外国人合资经营，也有一半是社会主义的。合资经营的实际收益大半是我们拿过来。不要怕，得益处的大头是国家，是人民，不会是资本主义。"[②]同时，邓小平也告诫党和人民要警惕引进外资带来腐朽东西的风险，要坚决打击经济犯罪活动。

第二，大力发展对外贸易。对外贸易是对外开放的传统途径，邓小平十分重视发展对外贸易对经济发展的重要作用，认为中国的对外贸易规模太小就不能实现国民生产总值翻两番的战略目标。对于扩大对外贸易的途径，邓小平指出必须要解决好三个问题：一是企业要生产出"新""高""低"的产品，提高产品竞争力；二是全面扩大对外贸易的领域，多方面打开国际市场，双方都应开辟贸易途径；三是进行经济体制改革以适应发展对外贸易的需要。在邓小平的关心和指导下，我国外向型、开放型经济发展取得了举世瞩目的成就，对外贸易额大幅度增长。

第三，科技和教育的开放要先行。邓小平认为，社会主义的根本任务是发展生产力，而科学技术是第一生产力，要学习国外的先进科学技术成果。为此，要加强同国外的教育、科技方面的交流，积极学习和借鉴各国的成功经验，世界上最先进的科研成果作为我们的起点。1979年邓小平访美时签署了关于留学生派遣和中美科学技术交流合作的协议，这是我国对外开放最早的措施之一。

4. 开办经济特区，从沿海向内地逐步推进对外开放

中国的对外开放没有现成的经验可借鉴，只能边探索边总结，这一思想充分体现在我国对外开放的具体方式上。基于"开放的世界需要中国，中国的发展需要开放"这样的认识，根据中国幅员辽阔、社会生产力水平比较低、历史上长期

---

① 冷溶、汪作玲：《邓小平年谱(1975—1997)》(上)，北京：中央文献出版社2004年版，第580页。
② 《十二大以来重要文献选编》(中)，北京：人民出版社1993年版，第546页。

处于封闭半封闭状态的实际情况，借鉴一些国家设立经济特区的有益经验，为了顺利打开对外开放局面，邓小平大胆决策，果断提出了发展外向型经济，选择以沿海地区的发展带动内地的发展作为对外开放突破口的思想。他主张由南到北、由东到西、由沿海到内地逐步推进对外开放，积极倡导创办经济特区，把特区当作引用技术、管理、知识的窗口和开放的基地，① 以加强与国外的信息知识交流，更加直接地观察和了解国际市场，让外部世界直接了解中国致力于改革开放的决心。邓小平提出，先在沿海几个具有相对优势的中等城市建立经济特区，以此作为对外开放的"窗口"进行试验。在取得经验后，再在沿海城市进一步开放。1980 年，我国正式建立了四个经济特区，并以经济特区为龙头，带动和辐射沿海地区的对外开放，形成中国沿海强劲的经济增长带。1984 年，决定将 14 个沿海港口城市及海南岛对外开放。沿海开放地带的形成，使中国对外开放进入了一个新的阶段，我国形成了"经济特区—沿海开放城市—沿海开放地区—内地"的对外开放格局。循序渐进的开放步骤，能够在实践中不断总结经验、逐步发展，符合我国国情和经济发展的需要，避免对外开放过程中出现不必要的重大失误。

1992 年年初，邓小平发表了著名的"南方谈话"，提出"三个有利于"的评判标准，作出特区姓"社"不姓"资"的重大判断，并再次指出要大胆吸收和借鉴一切文明成果和先进的经营方式、管理方法，从理论上深刻回答了长期以来困扰特区工作、束缚人们思想的重大认识问题，确保了中国的对外开放政策坚定不移。

5. 对外开放是一项长期的基本国策

对外开放是中国一项长期的基本国策，是邓小平理论的重要组成部分。邓小平在总结中国历史经验教训的基础上，从我国现代化建设的需要出发，基于政策稳定性和制度稳定性考虑，多次强调对外开放是一项长期的基本国策。邓小平强

---

① 《邓小平文选》(第 3 卷)，北京：人民出版社 1993 年版，第 51~52 页。

调，实现四个现代化必须有一个正确的对外开放政策，"对内经济搞活，对外经济开放，这不是短期的政策，是个长期的政策，最少五十年到七十年不会变……即使是变，也只能变得更加开放。"①邓小平敏锐地看到世界经济将越来越开放，只有融入世界经济发展的洪流，在开放中加强合作才能在世界经济发展中有立足之地。1984 年会见英国首相撒切尔夫人时，邓小平再次强调："如果开放政策在下一世纪前五十年不变，那末到了后五十年，我们同国际上的经济交往更加频繁，更加相互依赖，更不可分，开放政策就更不会变了。"②党的十二大确定了"一个中心，两个基本点"的基本路线，开放成为党的基本路线的重要内容之一。邓小平将对外开放政策确定为长期的基本国策充分显示了他的远见卓识。

(二)"三个代表"重要思想中关于对外开放的理论

面对经济全球化逐渐成为主流的世界形势，以江泽民同志为主要代表的中国共产党人，继承并发展了邓小平对外开放理论，坚持对外开放的基本国策，进一步结合扩大对外开放新的实践，集中全党智慧，积极推进全方位、多层次、宽领域的对外开放格局，坚持"引进来"和"走出去"相结合的开放战略，抓住机遇，迎难而上，丰富和发展了中国特色社会主义对外开放理论，对我国对外开放和现代化建设具有重大而深远的指导意义。"三个代表"重要思想关于对外开放的理论主要包括以下几个方面。

1. 积极推进全方位、多层次、宽领域的对外开放格局

党的十四届三中全会后，中共中央作出了加快对外开放步伐，实行全方位开放，不断提高对外开放水平，引导对外开放向高层次、宽领域、纵深化方向发展的战略部署。党的十五大强调，"我们要以更加积极的姿态走向世界，完善全方位、多层次、宽领域的对外开放格局，发展开放型经济，增强国际竞争力，促进

---

① 《邓小平文选》(第 3 卷)，北京：人民出版社 1993 年版，第 79 页。
② 《邓小平文选》(第 3 卷)，北京：人民出版社 1993 年版，第 123 页。

经济结构优化和国民经济素质提高。"①以江泽民同志为主要代表的中国共产党人更加全面、具体、深入地阐述和说明了中国在新的时期如何积极、稳妥地推进和完善全方位、多层次、宽领域的对外开放格局，进一步扩大对外开放的具体思路。

首先，要扩大对外开放的地域、领域。在继续推进经济特区、沿海沿边沿江城市对外开放的同时，鼓励中西部地区吸收外资、办好经济技术开发区、保税区等。根据各个地区的区域优势，形成层次丰富、格局特点的地域特色，在产业领域上要从贸易、加工向投资、服务业延伸，实现在新产业、新领域的对外突破。

其次，具体来说，要以提高效益为中心，扩大对外贸易，推进服务业的对外开放，优化进出口结构；积极合理有效地利用外资，提高利用外资的质量；进一步办好经济特区、上海浦东新区，发挥其对全国的示范、辐射、带动作用；维护国家经济安全，正确处理对外开放和独立自主、自力更生的关系；加强对外商投资的引导和监督，鼓励对外投资，为对外开放创造良好的、和平的国际环境。

最后，在总结经济特区和沿海地区对外开放经验的基础上，指出要进一步"扩大开放沿边地区，加快内陆省、自治区对外开放的步伐"。② 针对区域经济对外开放不均衡的问题，以江泽民同志为主要代表的中国共产党人提出西部大开发战略，将扩大西部地区对外开放作为对外开放战略的重点。我国对外开放不均衡的特点比较明显，从对外开放的空间分布来看，是以沿海地区为起点向内地推进的。为此，要积极探索投资体制改革，推进财税体制改革，加大转移支付力度，大力改善投资环境，搭建东西互动合作和吸引外商投资的重要平台，不断拓展西部地区新的开放领域和空间。此外，江泽民还积极倡导"加快能源、交通等基础设施的开放步伐"，③ 以基础设施建设带动对外开放的深入。西部大开发战略的

---

① 江泽民：《高举邓小平理论伟大旗帜，把建设有中国特色社会主义事业全面推向二十一世纪——在中国共产党第十五次全国代表大会上的报告》，北京：人民出版社1997年版，第31~32页。
② 《江泽民文选》(第1卷)，北京：人民出版社2006年版，第230页。
③ 《江泽民论有中国特色社会主义(专题摘编)》，北京：中央文献出版社2002年版，第188页。

部署和实施，进一步完善了我国多层次的开放格局，为全面对外开放打下了坚实的基础。

2. 坚持"引进来"和"走出去"相结合的开放战略

在开放的最初阶段，主要是以"引进来"为重点任务。但是随着我国综合国力的不断提升和国内外形势的变化，仅仅依靠"引进来"已经不能满足社会主义现代化建设的需要。《中共中央关于建立社会主义市场经济体制若干问题的决定》提出，要积极参与国际经济合作和竞争，发挥我国经济的比较优势，发展开放型经济，使国内经济与国际经济实行互接互补，不断提高国际竞争能力。[1] 1996年，江泽民指出："要加紧研究国有企业如何有重点有组织地走出去，做好利用国际市场和国内资源这篇大文章。"[2]党的十五大上，江泽民进一步提出："积极参与区域经济合作和全球多边贸易体系……鼓励能够发挥我国比较优势的对外投资。更好地利用国内国外两个市场、两种资源。"[3]同年的全国外资工作会议上，江泽民明确提出"引进来"和"走出去"是对外开放方针的两个方面，缺一不可。2000年年初在全面总结我国对外开放经验的基础上，将"走出去"上升到"关系我国发展全局和前途的重大战略之举"的高度。由此，在根据经济全球化新形势和对国民经济发展的内在需要进行深刻考量的基础上，江泽民进一步发展了邓小平的对外开放理论，正式提出把"走出去"作为国家战略，并把它作为四大新战略之一。

"走出去"主要是指鼓励有比较优势的国内企业，有计划、有步骤地到其他国家特别是发展中国家投资建厂，通过对外直接投资、对外工程承包、对外劳务合作等形式积极参与国际竞争与合作，从产品、要素、资本、技术等方面全面主动地进入国际市场。江泽民指出，对外开放应该是双向的，"走出去"和"引进

---

① 《中共中央关于建立社会主义市场经济体制若干问题的决定》，北京：人民出版社1993年版，第25页。

② 《江泽民文选》（第3卷），北京：人民出版社2006年版，第94页。

③ 《中国共产党第十五次全国代表大会文件汇编》，北京：人民出版社1997年版，第30页。

来"是对外开放政策相辅相成的两个方面，坚持二者紧密结合，才能最大程度地优化资源配置，开拓"两个市场"，利用"两种资源"，拓展对外开放的发展空间，全面提高对外开放水平。他形象地说："'引进来'和'走出去'是对外开放的两个轮子，必须同时转动起来。"①

经过多年的发展，我国的经济实力得到了大幅度提升，为我国企业"走出去"奠定了良好基础。实施这一战略，不仅能够带动商品和劳务出口，对于提高我国企业在国际上的知名度、竞争力、经营水平和经济全球化合作参与度等方面也具有重要的战略意义和现实意义。"引进来"和"走出去"相结合的开放战略是中国共产党依据历史条件的变化积极实现对外开放理论创新的重要成果。

3. 抓住机遇，迎难而上

冷战结束以后，世界格局发生深刻变革，"一超多强"的世界形势继续发展。从总体上看，和平和发展仍是时代的主题，但霸权主义和强权政治依然存在，局部地区的矛盾冲突多发，经济全球化程度的不断加深给中国带来了重大的战略机遇和风险挑战。一方面，经济全球化给中国提供了更加广阔的利用国际资源和国际市场的空间；另一方面，中国的国内市场的潜力将得到更加充分的挖掘。

2001年12月，我国正式加入世界贸易组织，标志着中国全方位对外开放和参与世界贸易进入新的历史阶段。以江泽民同志为主要代表的中国共产党人适应新形势，提出要抓住"入世"契机，主动"到国际市场的大海中去游泳"，② 通过在国际市场中历练，"在更大范围、更广领域、更高层次上参与国际经济技术合作和竞争，拓展经济发展空间"，③ 提高我们的竞争力，以推进我国的现代化，全面提高对外开放水平。

加入世界贸易组织后，我国由原有的试点性政策性开放转变为在法律框架下

---

① 《江泽民文选》（第3卷），北京：人民出版社2006年版，第457页。
② 《江泽民文选》（第3卷），北京：人民出版社2006年版，第450页。
③ 《十五大以来重要文献选编》（下），北京：人民出版社2003年版，第2415页。

可预见的开放，由自我开发转变为世界贸易组织成员之间的相互开放，能够在多边、稳定、无条件最惠国待遇原则下发展开放型经济，逐步消除一些对我国的歧视性贸易限制，并在参与制定国际经济贸易规则的过程中推进建立公正合理的国际经济新秩序，这是中国前所未有的新机遇，有利于改善我国的国际贸易环境，促进我国经济快速发展，推动国民经济结构调整和产业升级，增强我国企业的竞争力，提高人民生活水平。同样，我国一些产业将面临更加激烈的竞争，对一些技术水平较低、管理较为落后的企业来说，将会受到一定的冲击和压力，这是加入世贸组织带来的严峻挑战。江泽民强调："加入世界贸易组织，要求我们各级政府管理经济的方式和办法必须有一个大的改进。"[1]这是应对风险挑战的根本途径，政府部门的管理理念、体制和企业的经营方法、机制都要作出相应的改变，才能使中国企业在竞争和压力中蜕变升级，推动内外贸易结构的调整和产业的升级，促进我国经济的健康发展。江泽民明确指出，针对加入世界贸易组织后的利弊问题，要科学分析和全面认识，既要抓住机遇、迎难而上，也要提高规避风险的能力。

此外，江泽民还明确提出了要正确处理三个方面的关系：对外开放与独立自主、自力更生的关系；扩大开放与抵御化解风险的关系；积极引进来与努力走出去的关系。总的来说，就是要正确处理好对外开放过程中的各种关系，分清主次矛盾，抓住机遇、迎难而上。在积极参与经济全球化的过程中，中国始终高度重视维护国家经济安全，注意防范和化解经济全球化带来的风险挑战。

（三）科学发展观中关于对外开放的理论

随着全面对外开放格局的形成和中国开放领域的进一步扩大，以胡锦涛为主要代表的中国共产党人站在新的历史起点上，深入而系统地阐述了新时期的对外开放思想，与以往的对外开放思想是既一脉相承又与时俱进的，对于推进改革开

---

① 《江泽民文选》（第3卷），北京：人民出版社2006年版，第454页。

放伟大进程具有重要指导意义。对外开放理论是科学发展观的有机组成部分，科学发展观是胡锦涛对外开放理论的重要指导思想，在科学发展观的指导下，实现经济发展和社会全面进步是第一要义，以人为本是核心立场，全面协调可持续是基本要求，统筹国内发展和对外开放是根本方法。科学发展观关于对外开放的理论内涵丰富，概括来看，主要包括以下几个方面。

1. 建设持久和平、共同繁荣的和谐世界

胡锦涛提出了建设"和谐世界"的主张，全面阐述了以合作谋和平、以合作促发展，推动建设一个持久和平、共同繁荣的和谐世界的理念。这一理念是包括政治、经济、文化、安全、环境保护等丰富内涵的新的世界秩序观，其核心是世界各国不仅要相互尊重、求同存异、平等协商、维护和平，更要加强合作、共同发展，共同推动经济全球化朝着均衡、普惠、共赢方向发展，构建公正、公开、合理、非歧视的多边贸易体制，走可持续发展道路。可以说，"和谐共处"超越了一般的和平理念，表明了中国走和平发展道路的决心，一经提出就引起了国际社会的广泛关注。

和谐世界理念是中国化马克思主义对外开放理论的丰富和发展，它坚持了中国共产党人一贯倡导的独立自主、和平合作、求同存异的原则，同时强调各国人民利益的一致性，提出了世界发展的远景目标，符合世界发展潮流和各国人民的共同利益，反映了中国人民对世界和平、稳定和繁荣的期待，展现了我国的大国胸怀和全球意识，昭示出中国走和平发展道路、致力于世界和平与进步的价值思考。从一定意义上说，和谐世界还是人类命运共同体理念的雏形。

2. 提高开放型经济水平，构建开放型经济体系

党的十六届五中全会将"统筹国内发展和对外开放"作为"五个统筹"要求中的一个重要方面。党的十七大基于对过去发展开放型经济的成功实践和新时期国际国内形势的战略把握，作出"开放型经济进入新阶段"的科学判断，在强调"拓展对外开放广度和深度，提高开放型经济水平"的基础上，把发展开放型经济提到了一个全新的高度，首次提出了"开放型经济体系"的理论范畴，提出要"完善内外联动、互利共赢、安全高效的开放型经济体系"，① 高度概括了中国开放型经济体系的本质特征和主要内容，进一步深化了对外开放理论。这充分表明，新的时代条件下，我国对外开放的主要目标发生了转变，不仅将"引进来"和"走出去"相结合，而且在此基础上，发挥比较优势，完善开放型经济体系，提高开放型经济水平，从而形成参与国际竞争的新优势。

胡锦涛在多次讲话中针对如何落实这一理念提出了具体要求，归纳起来主要有：提高对外贸易质量和效益，以质取胜，着力转变对外贸易增长方式；优化对外开放结构和布局；提高利用外资的质量和水平；深化沿海开放，加快内地开放，提升沿边开放，实现对内对外开放相互促进等。② 此外，还提出了要维护和完善全球经贸规则和体系建设，力所能及地参与全球治理，主动承担与我国发展水平和能力相适应的国际责任，维护国际经贸体系，在国际事务中有所作为，贡献中国智慧。同时，处理好气候变化、生态环境、知识产权等问题，维护企业权益和国家利益，加大对其他发展中国家的援助和支持等。

党的十八大报告指出，要创新开放模式，形成以技术、品牌、质量、服务为核心竞争能力的出口新优势，统筹双边、多边、区域次区域开放合作，为全面提高开放型经济发展水平、构建开放型经济体系，更好地以开放促发展、促改革、促创新，具有重要指导意义。

从发展外向型经济到发展开放型经济，再到全面提高开放型经济水平，反映了中国共产党对外思想的不断深化，体现了中国特色社会主义对外开放理论的演进、创新和发展历程。

---

① 胡锦涛：《高举中国特色社会主义伟大旗帜 为夺取全面建设小康社会新胜利而奋斗——在中国共产党第十七次全国代表大会上的报告》，北京：人民出版社 2007 年版，第 26 页。

② 胡锦涛：《高举中国特色社会主义伟大旗帜 为夺取全面建设小康社会新胜利而奋斗——在中国共产党第十七次全国代表大会上的报告》，北京：人民出版社 2007 年版，第 27 页。

3. 坚持互利共赢的开放战略

胡锦涛在 2005 年召开的中央经济工作会议上提出，要积极实施互利共赢的对外开放战略。党的十六届五中全会正式提出"实施互利共赢的开放战略"。胡锦涛指出，"在国内市场和国际市场联系日益紧密的情况下，我们必须树立全球战略意识，实施互利共赢的开放战略，着力转变对外贸易增长方式，全面提高对外开放水平，扬长避短，趋利避害，在更大范围、更广领域、更高层次上参与国际经济技术合作和竞争，使对外开放更好地促进国内改革发展。"①

互利共赢的对外开放战略，是在实现自身发展的同时兼顾他国尤其是发展中国家的利益诉求，把既符合我国利益、又能促进共同发展，作为处理与各国经贸关系和参与国际竞争的基本准则，所追求的是以合作促发展，以合作谋和平、促进世界范围内各民族的共同繁荣进步的良性发展模式，"以自己的发展促进地区和世界共同发展，扩大同各方利益的汇合点"。②

从"部分让利"到"互利"，再到"共赢"，是在全面认识中国发展对国际社会影响不断上升的大趋势的基础上，对如何通过自身发展为促进地区和世界共同繁荣作出贡献进行思考的结果，彰显了对外开放战略的发展进步，体现了我们党始终坚持平等互利、互相尊重的原则。毛泽东、邓小平都很重视这一点，可以说，互利共赢是中国共产党人对外交往的一贯追求，清晰表达了中国在经济全球化进程中与他国合作和发展的原则、要求和迎接全球化挑战的积极姿态。

4. 完善对外开放的制度保障

在经济全球化带来的机遇中也掺杂着一定的风险，国际竞争异常激烈，随着中国"走出去"的程度加深，维护企业合法权益和国家利益，保护海外资产和人员安全，提高国家经济安全，营造公平竞争的环境，成为对外开放的重要方面。

---

① 《十六大以来重要文献选编》（中），北京：中央文献出版社 2006 年版，第 1097 页。
② 《胡锦涛文选》（第 2 卷），北京：人民出版社 2016 年版，第 651 页。

为此，首先，要加强制度保障，完善对外开放有关方针政策和体制机制，创造良好法治环境，完善公平贸易政策，规范市场运行秩序，健全市场信用体系，改进市场监管体系，形成稳定、透明的涉外经济管理体制。其次，按照市场经济和世贸组织规则的要求，加快内外贸一体化进程。完善对外投资服务体系，确保各类企业在对外经济贸易活动中的自主权和平等地位。最后，强化服务和监管职能。依法管理涉外经济活动，进一步提高贸易和投资的自由、便利程度。健全对境外投资企业的监管机制，促进我国跨国公司的发展。完善对外贸易运行监控体系和国际收支预警机制，切实维护国家根本利益和保障国家经济安全。[1]

四、习近平关于对外开放的重要论述

改革开放以来的成就充分证明，对外开放是推动我国经济社会发展的不竭动力。当今世界正处于大发展、大变革、大调整时期，中国发展面临着新的发展机遇与挑战，对发展开放型经济提出了更高的要求。以习近平同志为核心的党中央统筹国内国际两个大局，顺应中国经济与世界经济深度融合、命运与共的历史潮流，以巨大的政治勇气和强烈的历史担当，实施更加积极主动的开放战略，发展更高层次的开放性经济，带领全党全国各族人民在新的历史起点取得了举世瞩目的历史性成就，创造性地提出了一系列新理念、新思想、新战略，既是对以往对外开放思想的继承与发展，也是对国际经济关系理论的超越，蕴含着丰富的中国智慧，不仅为中国继续扩大对外开放提供了根本遵循，也为世界上其他国家探索适合自身的开放道路提供了经验借鉴，为解决国际经济交往问题提供了中国方案，把中国化马克思主义对外开放理论推进到新高度、新境界。

目前，我国已成为世界第一大贸易国，货物贸易总额居世界第一，吸引外资

---

[1] 《十六大以来重要文献选编》（上），北京：中央文献出版社 2005 年版，第 474 页。

和对外投资居世界前列，产业国际化水平和影响力不断提升，成为140多个国家和地区的主要贸易伙伴，共建"一带一路"成为深受欢迎的国际公共产品和国际合作平台，形成更大范围、更宽领域、更深层次对外开放格局。同时，全面推进中国特色大国外交，推动构建人类命运共同体，坚定维护国际公平正义，倡导践行真正的多边主义，旗帜鲜明反对一切霸权主义和强权政治，全面开展抗击新冠疫情合作，展现负责任的大国担当，赢得广泛国际赞誉。

（一）坚持开放发展理念

思想是行动的先导，理论是实践的指南。发展理念能够为发展目标、方向和着力点的确立提供基本依据，从根本上决定着发展的效果。进入新时代，中国以更加开放的心态融入世界，对外开放的理念也不断变化和调整，具有重要的转折意义。以习近平同志为核心的党中央科学把握我国经济社会发展规律，提出了一系列先进理念。开放理念作为新发展理念之一，是新时代坚持和发展中国特色社会主义的基本方略，是习近平关于对外开放重要论述的根本理念，是新时代我国经济对外开放的根本指南，为开启主动、双向、公平、全面、共赢、高质量的新一轮对外开放提供了根本遵循。

习近平总书记从主动开放、共赢开放、全面开放、公平开放、双向开放、包容开放六个方面阐述了开放发展理念的基本内容。主动开放就是要更加积极主动地扩大对外开放，主动融入世界市场和世界发展潮流；共赢开放就是要推动世界经济全球化朝着互利共赢的方向发展，在开放中分享发展机会和利益，构建广泛利益共同体、共同维护多边贸易机制；全面开放就是要实现空间和内容上的全方位协调开放，既要实现陆海内外、东西双向协调全面开放，也要实现内外需、进出口在结构和布局上的平衡协调开放；公平开放就是要构建公平公正合理的内外资发展环境，提供法治化、国际化、透明高效的营商投资环境，从而推动构建更加公平公正的全球经济规则和治理体系；双向开放就是要把"引进来"和"走出去"更好地结合起来，打开与开放型经济相适应的、更加多元的对外开放新通道；

包容开放就是要谋求普惠包容、求同存异的国际发展合作，秉持共商共建共享的原则，以开放的胸襟，反对保护主义，摒弃零和博弈，促进各国的共同发展。

开放发展理念指导人们如何将对外开放与时代要求结合起来，实现中国与世界的双向、共赢开放，是从被动学习、接受到主动塑造、参与制定规则的转变，这种进步是建立在中国自身实力与信心的重大飞跃的基础上的。

(二) 推动形成全面开放新格局

提高开放型经济水平，构建开放型经济新体制，推动形成全面开放新格局成为新时代中国对外开放的核心任务。《中共中央 国务院关于构建开放型经济新体制的若干意见》具体阐述了构建开放型经济新体制的总体要求和管理体制改革的具体内容，包括创新外商投资管理体制、建立促进走出去战略的新体制、构建外贸可持续发展新机制、优化对外开放区域布局等。[1] 党的十九大报告正式提出，要以"一带一路"建设为重点，坚持引进来和走出去并重，形成陆海内外联动、东西双向互济的开放格局；赋予自由贸易试验区更大改革自主权，探索建设自由贸易港。[2]

1. 形成"陆海内外联动、东西双向互济"的开放格局

推动形成陆海内外联动、东西双向互济的开放格局是党中央准确判断国际形势、深刻把握国内改革发展要求所作出的重大战略部署。我国对外开放经历了从东部沿海经济特区起步，到沿边、沿江、内陆地区，由东向西、由点及面渐次展开，开放布局在空间上向纵深推进的过程。推动全面开放新格局，就要进一步拓展、完善对外开放区域布局，在东部沿海地区和超大特大城市继续巩固开放先导地位的同时，中西部和东北地区高水平对外开放也将向纵深发展。具体来看，陆

---

① 《中共中央 国务院关于构建开放型经济新体制的若干意见》，北京：人民出版社 2015 年版，第 1 页。

② 习近平：《决胜全面建成小康社会 夺取新时代中国特色社会主义伟大胜利——在中国共产党第十九次全国代表大会上的报告》，北京：人民出版社 2017 年版，第 34~35 页。

海内外联动就是根据地缘走向，陆上依托国际大通道，以共建国家中心城市为支撑，以共建国家为支撑，以重点经贸合作区为平台，形成经济发展联动效应，促进经济发展；东西双向互济则是指通过"一带一路"建设解决国内发展不平衡问题，从而推动东西部地区实现平衡发展。

2. 完善对外开放贸易和投资布局

党的十九大报告提出，要拓展对外贸易，培育贸易新业态新模式，推进贸易强国建设。[①] 除了继续完善对外贸易布局以外，对外投资布局是我国需要拓展的新领域。双向投资对于我国的经济发展具有重要意义，不仅能够使我国更迅速更深度地融入世界经济，而且能够更好地统筹两种资源和两种市场，因此，对外投资布局是更高级形态的对外开放。进入新时代，要不断完善对外开放双向投资布局，促进"引进来"与"走出去"协调发展。可以从两个方面着手：一是充分集聚全球的优势资源，有效、积极利用外资；二是增强整合并拓展配置全球资源和产业链的能力，促进与世界各国的优势互补，扩大利益汇合点。以此推动构建开放型经济新体制，推动形成全面开放新布局。

3. 促进"一带一路"国际合作

在新时代扩大全面对外开放的具体实现路径方面，中国坚持打开国门搞建设，积极促进"一带一路"国际合作。这是习近平总书记深刻思考人类前途命运以及中国和世界发展大势，为促进全球共同繁荣、打造国际合作新平台、增添共同发展新动力所提出的中国方案，开辟了我国参与和引领全球开放合作的新境界，具有里程碑意义。"一带一路"建设既是统筹扩大对外开放和对内改革、提高对外开放水平的重大战略举措，也是协调中国与共建国家关系、深化双边和多边利益、发展和平外交的纽带，为实现中华民族伟大复兴创造了和平的外部环境。

---

① 习近平：《决胜全面建成小康社会 夺取新时代中国特色社会主义伟大胜利——在中国共产党第十九次全国代表大会上的报告》，北京：人民出版社 2017 年版，第 35 页。

2013 年 9 月和 10 月，习近平总书记在访问中亚和东南亚国家期间，先后提出了"丝绸之路经济带"和"21 世纪海上丝绸之路"的思想。"一带一路"以共商共建共享为基本原则，以深化"五通"合作为关键支撑，以构建全面开放新格局为努力方向。"一带一路"的提出大大丰富了对外开放的理念，也给国际社会发展带来了新的启迪。丝绸之路自古就是一条贸易之路，更是一条友谊之路。凭借着这条道路，中国的四大发明传到了中亚和西方国家，改变了一些国家的历史发展进程。这条带着历史记忆的道路积淀了以和平合作、开放包容、互学互鉴、互利共赢为核心的丝路精神，能够给沿线各个国家带来巨大利益，是一条不仅造福中国人民也造福世界人民的共赢之路，而不是只为少数国家谋私利的狭窄小路。习近平总书记在主持中央政治局集体学习时强调，"一带一路"建设是我国在新的历史条件下实行全方位对外开放的重大举措、推行互利共赢的重要平台。我们必须以更高的站位、更广的视野、创新的理念和创新的思维，扎扎实实做好各项工作，使沿线各国人民切实感受到"一带一路"带来的好处。① 首先，"一带一路"建设以共建共商共享为基本原则；其次，以实现政策沟通、设施联通、贸易畅通、资金融通、民心相通为关键支撑；最后，以推动经济大融合、构建利益共同体、实现文明交流为发展目标。

4. 设立自由贸易区和自由贸易港

进入新时代，中国在贸易和投资方面的力度、广度和深度日益加深。中国坚定支持多边贸易体制，严格遵守世贸组织的规定，积极参与全球范围内的服务贸易协定、政府采购等谈判活动。同时，我国积极发展内对接世界的平台，推动国内自由贸易区试验区建设，不断赋予自由贸易试验区以更多的自主权，鼓励地方充分利用自身优势，大胆尝试、敢于尝试，不断形成多种创新成果，充分彰显其试验田的带头引领作用。

---

① 中共中央文献研究室：《习近平关于社会主义经济建设论述摘编》，北京：中央文献出版社 2017 年版，第 268 页。

自由贸易区是高于多边贸易机制开放水平的一种对外开放新途径和新方式。2013 年，国务院批复成立上海自由贸易试验区。2014 年 12 月，党中央、国务院决定设立广东、天津、福建三个自由贸易试验区，2016 年 8 月，决定设立辽宁、浙江、河南、湖北、重庆、四川、陕西七个自贸区，代表中国自贸区建设进入了试点探索的新征程，将进一步对接国际经贸规则，在更广领域、更大范围形成各具特色、各有侧重的试点格局，推动形成全面开放新格局。习近平总书记在党的十九大上强调，要赋予自由贸易试验区更大改革自主权，探索建设自由贸易港。① 2018 年 4 月，党中央决定支持海南全岛建设自由贸易试验区，支持海南逐步探索、稳步推进中国特色自由贸易港建设，分步骤、分阶段建立自由贸易港政策和制度体系。

自由贸易区代表更大范围、更宽领域、更高水平的市场开放。不断加强自由贸易区建设是我国对外开放做出的新的战略调整。自进入 21 世纪以来，我国就紧紧围绕自由贸易区的建设，推行各种政策，进行战略部署，并陆续与相关国家签订了自由贸易协定，同时，积极推动与东盟、中日韩、亚太自由贸易区的谈判。我们逐步在立足本国国情的基础上，建构起联结周边、辐射"一带一路"并面向全世界的自由贸易网格化发展格局。截至 2022 年 2 月，我国已经与 26 个国家和地区签署了众多涉及自由贸易的相关协定和贸易安排，大大推动了多边合作的进程，通过开放水平更高、灵活性更强的区域自由贸易协定，为参与未来国际经济贸易规则制定和全球多边贸易改革积蓄力量。

(三) 推动更高水平的对外开放

习近平总书记在多个场合反复强调，中国开放的大门永远不会关上，只会越开越大。开放是国家繁荣发展的必由之路，"不断扩大对外开放、提高对外开放

---

① 习近平：《决胜全面建成小康社会　夺取新时代中国特色社会主义伟大胜利——在中国共产党第十九次全国代表大会上的报告》，北京：人民出版社 2017 年版，第 35 页。

水平，以开放促改革、促发展，是我国发展不断取得新成就的重要法宝"，① 要"实现更大范围、更宽领域、更深层次上全面提高开放型经济水平"。② 更大范围就是要加强推进与新兴国家和非洲等地区的经济交互，优先促进同周边国家的互联互通；更宽领域就是要促进在金融、电信、医疗、教育等更多领域的相互开放；更深层次就是要促进国内外资源和市场的更深度融合，提升合作层次。2018年中央经济工作会议提出"制度型开放"的新表述，要求适应新形势，推动由商品和要素流动型开放向规则等制度型开放转变。③ 制度型开放的重要内涵之一就是在学习规则和参与规则制定的过程中，更多用市场化和法治化手段推进开放。《中共中央关于制定国民经济和社会发展第十四个五年规划和二〇三五年远景目标的建议》提出，要实行高水平对外开放，开拓合作共赢新局面。④ 基于此，"十四五"规划纲要对建设更高水平开放型经济新体制进行了战略安排：要推进贸易和投资自由化便利化，持续深化商品和要素流动型开放，稳步拓展规则、规制、管理、标准等制度型开放，提升对外开放平台功能，优化区域发展布局，健全开放安全保障体系等。⑤

更高水平开放在理论内涵上主要有两大要点：一是坚持实施更大范围、更宽领域、更深层次逐步依托新型比较优势的开放，通过"引进来"与"走出去"相结合的战略，依靠双向投资、协调发展等方式，培育竞争新优势，促进国际产能合作；二是依托我国大市场优势，统筹好国内、国际两个大局，立足于既符合我国利益，又能促进共同发展的基本点，以此来处理与各国的经贸关系，促进国际合

---

① 中共中央文献研究室：《习近平关于社会主义经济建设论述摘编》，北京：中央文献出版社 2017年版，第 291 页。

② 习近平：《中国经济保持持续健康发展 中国将提高开放型经济水平》，载《人民日报》2013 年 4 月9 日。

③ 《中央经济工作会议在北京举行》，载《人民日报》2018 年 12 月 22 日。

④ 《中共中央关于制定国民经济和社会发展第十四个五年规划和二〇三五年远景目标的建议》，北京：人民出版社 2020 年版，第 30 页。

⑤ 《中华人民共和国国民经济和社会发展第十四个五年规划和二〇三五年远景目标纲要》，北京：人民出版社 2021 年版，第 122~124 页。

作，实现互利共赢。这是一个循环上升的过程，关键要利用好国际国内两个市场、两种资源，实现高效互动，深度融入到国内国际双循环中去，这也是加快构建新发展格局的必然要求。

（四）推动构建新型国际关系

习近平总书记在党的十九大报告中指出，中国特色大国外交要推动构建新型国际关系，要推动构建人类命运共同体。[①] 这句话高度凝练了新时代中国特色大国外交总目标的努力方向。推动建立新型国际关系作为新时代中国特色大国外交的两个重要使命之一，是新时代对外开放深入推进的重要保障，充分彰显了新时代的中国致力于为世界求和平、谋发展的大国担当和世界情怀，充分展现了中华优秀传统文化中"以和为贵""和而不同"的价值追求和民族特质。习近平倡导建立的新型国际关系是前所未有的新思路，拓展了国际关系领域的边界与内容，展现了中国的政治智慧，为国际社会共建国际新秩序指明了方向，是新时代处理对外关系的行动指南，具有深刻的理论和思想内涵。

首先，相互尊重是构建新型国际关系的坚实基础。在新型国际关系的构建中，相互尊重是根基和前提，是世界各国和平共处、和谐发展的基础。世界各国一律平等，我们坚决反对霸权主义，反对以强凌弱。相互尊重，先要坚持主权原则，就是要尊重各国根据各自国情选择发展道路，各国主权和领土完整不容侵犯，各国主权范围内的事务，无论国家的大小、强弱与否，都应由本国政府和人民去管，不能以各种理由干涉他国内政，不同制度与文明一律平等，世界的命运，应该由各国人民共同掌握，不能搞大国霸权主义。强调要不冲突不对抗，摒弃"丛林法则"，改变国际体系中以强凌弱、以大欺小的不公正局面。相互尊重是国家交往的前提条件，是世界的和平繁荣的保障。

其次，公平正义是构建新型国际关系的重要准则。公平正义，是构建新型国

---

① 习近平：《决胜全面建成小康社会 夺取新时代中国特色社会主义伟大胜利——在中国共产党第十九次全国代表大会上的报告》，北京：人民出版社 2017 年版，第 19 页。

际关系的重要准则。习近平强调，要坚持正确义利观，要做到权利和义务并重。构建新型国际关系，强调要维护世界各国的正当合法权益，强调各国合作共赢，在做大"蛋糕"的同时，坚持分配中的公平，切好"蛋糕"。传统的国际关系存在"弱肉强食"的"丛林法则"，很多发展中国家的正当合法权益没有得到很好的维护，这不利于新兴经济体的良性发展，极易陷入零和博弈的局面。中国历来反对霸权主义，主张互帮互助、互商互谅，强调各国遵循公平公正原则，以此为准绳来解决全球性问题。

最后，合作共赢是构建新型国际关系的核心理念。合作共赢的理念，充分彰显了中国的战略自信，新型国际关系的构建离不开合作共赢。当今世界，面临越来越多的全球性、公共性问题，这就需要世界各国通力合作共同应对挑战，因为单凭一国之力，已经难以解决。合作共赢是构建新型国际关系的核心理念，这一理念是超越民族国家的全球观，表达了中国追求合作发展的美好愿景。将维护人类共同利益作为处理国际关系的出发点，才能推动全球治理体系更加公正合理。只有不断加强国际互动与协调合作，才能共建共享人类命运共同体，在增进共同利益中，实现各国更好的发展。在处理国际关系中，要坚持在求同存异、互信互利中，扩大全球利益、促进各国发展；要坚持以人类命运共同体理念为指导，深化各国合作，发展互商互谅的伙伴关系，共同应对各种全球性问题，谋求包容互惠的发展前景，在国际合作中实现繁荣。合作共赢，要求各国在国际合作中，寻求共同利益的"最大公约数"，在互信互利中促进各国繁荣发展。只有摒弃赢者通吃的旧思维，秉承双赢、共赢的义利观，才能实现互鉴互利的共赢式发展。

(五)构建人类命运共同体

中国始终坚持维护世界和平、促进共同发展的外交政策宗旨，致力于构建人类命运共同体，呼吁世界各国弘扬和平、发展、公平、正义、民主、自由的全人类价值，尊重世界文明多样性，共同应对各种全球性挑战。2013年在莫斯科国际关系学院的演讲中，习近平总书记第一次提出"你中有我、我中有你的命运共同体"的思想。2015年9月，在第70届联合国大会上，习近平总书记全面阐明了人类命运共同体的内涵。2017 年，党的十九大报告中多次提到关于人类命运共同体的理念，从政治、安全、经济、文化、生态五个方面，就其核心内容作出了明确阐述，也即"建设持久和平、普遍安全、共同繁荣、开放包容、清洁美丽的世界"。[1] 习近平总书记明确指出，"中国特色大国外交要推动构建新型国际关系，推动构建人类命运共同体。"[2]

当今世界面临的时代困境和发展难题十分复杂，包括经济、社会、文化、生态、医疗、能源等各方面的现实考验。而 2020 年以来，新冠疫情在全球肆虐，更是提醒世界，人类生活在同一个地球上，各国是相互依存、休戚与共的，没有哪个国家可以独善其身。因此，要树立命运共同体意识，尊重每个民族国家的独立、平等和自主，以对话解决争端，避免霸权主义和强权政治，保证持久和平，这是国际交往与合作的基础。在这个基础之上，遵循互利共赢的原则，秉持共商共建共享的全球治理观，加强合作与交流，共同推进世界的繁荣发展。党的二十大指出，构建人类命运共同体是世界各国人民前途所在。万物并育而不相害，道并行而不相悖。只有各国行天下之大道、和睦相处、合作共赢，繁荣才能持久，安全才有保障。

从提出"一带一路"到倡议建立人类命运共同体，中国致力于推进全球化向公正方向发展，为全球经济发展提出可行方案，引发全世界关注和积极响应。中国是人类命运共同体理念的提出者，也是这一理念的积极实践者。中国在关注自身发展以外，积极帮助其他国家发展，在推进全球治理体系变革、推动构建新型国际关系方面作出重要贡献，使自己的国际形象和国际影响力都大幅提高。

(六) 推进全球治理体系变革

随着人类社会的进步和世界性难题的不断出现，国际社会对凝聚全球共识、推动全球治理体系更加公正合理的诉求日渐强烈和迫切，而中国综合国力的提

---

[1] 习近平：《决胜全面建成小康社会　夺取新时代中国特色社会主义伟大胜利——在中国共产党第十九次全国代表大会上的报告》，北京：人民出版社 2017 年版，第 58 页。

[2] 习近平：《决胜全面建成小康社会　夺取新时代中国特色社会主义伟大胜利——在中国共产党第十九次全国代表大会上的报告》，北京：人民出版社 2017 年版，第 59 页。

升，以及国际影响的持续增强，使其在推动和引领全球治理体系变革过程中日益成为重要力量。以习近平同志为核心的党中央精准把握中国发展实际，站在全新的高度看待世界发展大势，积极参与全球治理体系改革和建设。积极参与全球经济治理，践行共商共建共享的全球治理观，维护公平的国际经济秩序，提升中国在全球治理中的制度性话语权是习近平关于对外开放重要论述中中国参与全球治理的价值目标，是对中国化马克思主义对外开放理论的升华发展，是适应我国发展面临的新形势、提升我国在全球治理改革和建设中的话语权、重塑国际合作和竞争新优势的战略抉择。

弘扬共商共建共享的全球治理理念。习近平总书记明确指出，要推动全球治理理念创新发展，弘扬共商、共建、共享的全球治理理念。① 党的十九大报告提出："中国秉持共商共建共享的全球治理观，倡导国际关系民主化……将继续发挥负责任大国作用，积极参与全球治理体系改革和建设，不断贡献中国智慧和力量。"②作为负责任的大国，中国积极参与和推动全球治理体系变革，以中国智慧引领全球治理体系变革。2020 年 11 月在二十国集团领导人第十五次峰会第一阶段会议上的讲话中，习近平总书记强调："应该遵循共商共建共享原则，坚持多边主义，坚持开放包容，坚持互利合作，坚持与时俱进。"③重大全球性挑战，需要各国共同应对，"四个坚持"简明扼要地表达了中国主张，为重塑后疫情时代的世界提供了中国方案。党的二十大提出，要坚定维护以联合国为核心的国际体系、以国际法为基础的国际秩序、以联合国宪章宗旨和原则为基础的国际关系基本准则，反对一切形式的单边主义，反对搞针对特定国家的阵营化和排他性小圈子，推动世界贸易组织、亚太经合组织等多边机制更好发挥作用。

提升中国在全球治理中的制度性话语权。党的十八大以来，为了更好地实施

---

① 习近平：《推动全球治理体制更加公正更加合理 为我国发展和世界和平创造有利条件》，载《人民日报》2015 年 10 月 14 日。

② 习近平：《决胜全面建成小康社会 夺取新时代中国特色社会主义伟大胜利——在中国共产党第十九次全国代表大会上的报告》，北京：人民出版社 2017 年版，第 60 页。

③ 习近平：《勠力战疫 共创未来——在二十国集团领导人第十五次峰会第一阶段会议上的讲话》，载《光明日报》2020 年 11 月 22 日。

互利共赢的开放战略，顺应我国深度融入世界经济的趋势，习近平总书记特别重视提升中国的国际话语权，强调要"讲好中国故事，传播好中国声音，阐释好中国特色"。① 在国际话语权建设方面，重要的是增强制度性话语权。党的十八届五中全会提出，要坚持开放发展，"积极参与全球经济治理和公共产品供给，提高我国在全球经济治理中的制度性话语权，构建广泛的利益共同体。"②党的二十大提出，要增强新兴市场国家和发展中国家在全球事务中的代表性和发言权。提高我国制度性话语权，既有利于提高我国的国际影响力，为我国经济发展提供良好国际环境，又有利于改善国际经济秩序，为世界经济稳定增长提供重要保障，推动全球经济可持续发展。

积极参与全球安全规则制定。"共同、综合、合作、可持续安全"的全球安全观是新时代中国对国际安全和全球安全治理的核心理念，坚持通过和平方式解决国家间的问题和争端，坚持政治解决各种地区热点问题，提高预测预警预防各类安全风险能力。一国安全不能以损害他国安全为代价，地区安全更不能以强化军事集团为保障。党的二十大提出，要加强国际安全合作，积极参与联合国维和行动，为维护世界和平和地区稳定发挥建设性作用。

综上，对外开放是我国必须长期坚持的一项基本国策，是我国参与经济全球化、发展生产力、提高综合国力、改善人民群众生活水平的必然要求。中华人民共和国成立以来，特别是改革开放40多年的实践证明，中国特色社会主义对外开放理论是对马克思主义对外开放思想的继承和创新，是我国经济社会全面进步的重要理论根基。中国化马克思主义对外开放理论逻辑不断发展、深化和升华，从寻求外国资金和技术支持帮助阶段，到合作共赢阶段，再到寻求参与规则制度制定阶段，是中国特色对外开放思想的不断进步，是中国化马克思主义对外开放理论的不断丰富和发展。这一基本特征表明：党的对外开放理论之所以能够与时俱进，持续以前进的姿态成功指引实践，就在于其具有守正创新的理论品质。

---

① 习近平：《建设社会主义文化强国　着力提高国家文化软实力》，载《人民日报》2014年1月1日。
② 《中共中央关于制定国民经济和社会发展第十三个五年规划的建议》，北京：人民出版社2015年版，第9页。

本书系 2020 年度国家社科基金重大项目"中国共产党解决农村绝对贫困问题的路径、经验与启示研究"（项目批准号：20&ZD018）的阶段性成果之一，旨在探讨中国化马克思主义经济理论。

本书以马克思主义政治经济学为理论支撑，以中国化马克思主义经济理论为研究对象，以马克思列宁主义、毛泽东思想、邓小平理论、"三个代表"重要思想、科学发展观和习近平新时代中国特色社会主义思想为逻辑主线，以中国共产党人的百年奋斗为实践背景，从学理上梳理马克思主义经济理论中国化的进程。本书以理论和历史的视角探讨中国化马克思主义经济理论，厘清各个经济理论之间的逻辑进路，并最终落脚于习近平新时代中国特色社会主义思想。唯物史观认为，生产力决定生产关系，经济基础决定上层建筑。研究中国化马克思主义经济理论的发展过程，有助于理解习近平经济思想，有助于深刻把握中国化时代化的马克思主义，有助于在理论基础上进行实践开拓创新。

本书是集体智慧的结晶，是团队协作的成果。武汉大学李楠教授带头参与了书稿的策划与执行，进行了相关的课题研究。李楠教授参与了书稿提纲的拟定，同团队成员经过多次讨论与修改，最终确定了写作大纲，并安排了写作任务与具体分工。各章写作分工如下：第一章，李清洪；第二章，张艾平、王川；第三章，李楠、谢兆豪；第四章，吴林潼；第五章，李昀励；第六章，徐卓仕；第七章，乐三；第八章，黄合；第九章，杜克捷。在书稿的写作与修改中，团队成员黎诺凡、郭聪、胡明潇、杨子巍也参与其中。李楠教授对书稿进行了初步统稿及修改，并最后定稿。

由于时间仓促，本书存在诸多不足，错误之处在所难免，欢迎各位读者批评指正。

本书在编写过程中，引用了大量的文献与资料，这些文献与资料对书稿写作提供了莫大的帮助，因为整体关系未能一一注释，特向各位作者致以衷心的感谢。

在本书出版过程中，武汉大学出版社的各位领导和编辑给予了诸多帮助，在此对他们的努力和支持表示诚挚的感谢!

实践没有止境,理论创新也没有止境。在全面建设社会主义现代化国家、实现第二个百年奋斗目标、以中国式现代化全面推进中华民族伟大复兴的新征程中,还有诸多任务等待着我们。未来,中国化马克思主义经济理论的篇章将越来越宏大,等待挖掘的问题也会更多,我们会继续进行相关研究,努力把中国化马克思主义经济理论的研究系统化。